Movimiento anexionista en Puerto Rico

Edgardo Meléndez

Movimiento anexionista en Puerto Rico

EDITORIAL DE LA UNIVERSIDAD
DE PUERTO RICO
1993

Primera edición, 1993

Catalogación de la Biblioteca del Congreso
Library of Congress Cataloging-Publication Data

Meléndez, Edgardo.
    [Puerto Rico's statehood movement. Spanish]
    Movimiento anexionista en Puerto Rico / Edgardo Meléndez. –
1. ed.
        p. cm.
    ISBN 0-8477-0186-7
        1. Puerto Rico–Politics and government–1898-1952. 2. Puerto Rico–
Politics and government– 1952- 3. Statehood (American politics) 4.
Political participation–Puerto Rico. 5. Political parties–Puerto Rico. I.
Title.
JL 1056.M4518 1993
972.9505–dc20   92-12178
                                                                    CIP

Título original: *Puerto Rico's Statehood Movement*
Portada: Yolanda Pastrana
Tipografía y diseño: Carmen M. Cruz-Quiñones

Impreso en los Estados Unidos de América
Printed in the United States of America

EDITORIAL DE LA UNIVERSIDAD DE PUERTO RICO
Apartado 23322
Estación de la Universidad
Río Piedras, Puerto Rico 00931-3322
Telf. (809) 250-0550
Fax (809) 753-9116

A mis padres:
Ligia
y
Edwin

CONTENIDO

Capítulo 1

INTRODUCCIÓN

Creemos que la sutil ruta surcada en los mares de nuestra política insular por la idea anexionista no ha sido estudiada con suficiente rigor histórico. Unos cuantos fetiches bien intencionados, otros cuantos mitos profundamente sentidos, y algunas vanidades simpáticamente aplaudidas han hecho perder de vista algunos aspectos importantes de la historia de esa idea, que sólo ha sido considerada como ruta preconcebida del imperialista astuto.

Antonio Rivera, *El Laborantismo* (1943)

Las fuerzas anexionistas en Puerto Rico han aumentado su fuerza electoral desde la creación del Estado Libre Asociado a comienzos de la década de los años cincuenta. Desde entonces, la consigna de convertir a Puerto Rico en el quincuagésimo primer estado de la federación estadounidense ha ganado mayor apoyo; un partido estadista, el Partido Nuevo Progresista (PNP), ha ganado el control del gobierno local en 1968, 1976, 1980 y 1992. Este libro evaluará el movimiento estadista en Puerto Rico, las fuerzas sociales que históricamente han conformado su política y la naturaleza de su programa.

Trasfondo histórico

Algunos sectores en Puerto Rico propulsaban ya la anexión de la Isla a los Estados Unidos durante la última parte del siglo diecinueve, cuando la Isla permanecía aún bajo la dominación de España. Entre los más importantes proponentes de la anexión se encontraban aquellos grupos que perseguían la independencia de Puerto Rico o la autonomía bajo España. Bajo la dominación de los Estados Unidos las fuerzas anexionistas organizaron el Partido Republicano, la más importante expresión de sentimiento estadista en Puerto Rico durante las primeras seis décadas de este siglo. El Partido Republicano dominó la Cámara de Delegados (la cámara baja del parlamento colonial entonces) entre 1900 y 1904, pero luego fue opacado políticamente por el Partido Unión. En 1924, los sectores más conservadores de los partidos Republicano y Unión acordaron un pacto político que creó la Alianza, la cual ganó las elecciones de ese año y las de 1928. En 1932 las facciones Republicanas se unieron nuevamente en el Partido Unión Republicana (PUR); el PUR acordó un pacto electoral con el Partido Socialista (PS) que llevó a formar la Coalición, la cual ganó las elecciones de 1932 y 1936. Sin embargo, los Republicanos perdieron apoyo electoral durante la década de los cuarenta, a la misma vez que el naciente Partido Popular Democrático (PPD) imponía su hegemonía política. En los años cincuenta el Partido Estadista Republicano (PER) se convirtió en el principal partido de oposición y comenzó a ganar apoyo electoral. En 1968 el PNP ganó las elecciones, convirtiéndose así en el primer partido estadista en ganar por una mayoría de votos. Desde la victoria del PNP en 1968, y, más aún, desde 1976, el movimiento estadista se ha convertido en una importante fuerza política en la Isla, y la estadidad se ha convertido en un asunto crucial en las relaciones entre Puerto Rico y los Estados Unidos.

Existen varias diferencias importantes entre el movimiento estadista contemporáneo y los partidos previos al PNP que deben aclararse para evaluar correctamente el significado histórico de los desarrollos recientes. En primer lugar, y contrariamente a organizaciones estadistas anteriores, el movimiento estadista bajo el PNP se ha convertido en un movimiento de masas, con una amplia base de apoyo multiclasista. Desde las primeras décadas de este siglo, el Partido Republicano representó a los sectores azucareros, financieros y comerciales de la burguesía local. El partido logró además el apoyo de las clases medias y, hasta 1915, cuando se creó el Partido Socialista, de sectores anexionistas de la clase obrera. La creación del PS dividió el apoyo a la anexión en función de las clases y, aun bajo la Coalición, la estadidad no pudo convertirse en una alternativa política viable. El PNP, por el contrario, ha alcanzado el apoyo de varias clases y grupos sociales, convirtiéndose en un fuerte y viable movimiento político.

En segundo lugar, el movimiento estadista ha evolucionado de una posición conservadora, favorecedora del *statu quo* social, a otra más "reformista", y aun tal vez hasta "neo-populista". El liderato de clase media del Partido Republicano durante las primeras décadas de este siglo le imprimió a la estadidad un aura idealista, tratando de adaptar las instituciones y valores puertorriqueños a los más "avanzados" de los Estados Unidos. Pero la crisis de la industria azucarera y el surgimiento del PPD en los años cuarenta aumentó la influencia y el control de la burguesía azucarera sobre el movimiento y su ideología, dándoles a estos un carácter conservador, y hasta reaccionario. La formación del PNP significó el ascenso al dominio del movimiento de una burguesía industrial en alianza con nuevas clases medias. Para poder ampliar la base de apoyo de la estadidad, este nuevo liderato presentó un programa y una ideología más apropiada a los intereses de otras clases y grupos; también le removió a la estadidad el manto conservador que la arropó en las décadas de los cuarenta y cincuenta.

Finalmente, el movimiento estadista contemporáneo está encabezado por un liderato más dinámico que busca alcanzar la estadidad en el plazo más corto posible. Mientras que en décadas anteriores la estadidad era vista como un objetivo a largo plazo, el programa político del PNP bajo Carlos Romero Barceló fue de "estadidad ahora". El surgimiento de este programa estadista "inmediatista" tiene que ser entendido en relación estrecha a los cambios ocurridos en las estructuras económicas y políticas de Puerto Rico, particularmente a partir del proceso de mayor integración económica y política de la Isla a los Estados Unidos luego de los años cincuenta. Además, comenzando en la década de los setenta, algunos sectores en la sociedad y en el gobierno de los Estados Unidos han contemplado la estadidad como una alternativa para resolver el "problema puertorriqueño".

Cómo explicar el fenómeno estadista

El movimiento estadista es un elemento crucial en la historia política contemporánea de Puerto Rico. Hasta hace muy poco, sin embargo, ha sido uno de los fenómenos políticos menos estudiados en Puerto Rico, a pesar del hecho de que un partido estadista ha luchado efectivamente por el poder en las últimas dos décadas. El movimiento estadista ha sido estudiado generalmente como parte de una narrativa histórico-política (centrada mayormente en la condición política —*status*— de la Isla), dentro de un esquema de desarrollo político o simplemente como propaganda política o educativa.[1] Estos estudios analizan el movimiento estadista de forma su-

---

[1] Las primeras dos categorías incluyen la indispensable obra de Reece B. Bothwell, ed., *Puerto Rico: Cien años de lucha política,* 4 vols. (Río Piedras: Editorial Universitaria, 1979); Bolívar Págan, *Historia de los partidos políticos puertorriqueños,* 2 vols. (San Juan, M. Pareja, 1972); Carmen Ramos de Santiago, *El gobierno de Puerto Rico* (Río Piedras, Editorial Universitaria, 1970); Robert W. Anderson, *Gobierno y partidos políticos en Puerto Rico* (Madrid: Editorial Tecnos, 1970). Una visión estrictamente partidaria es presentada por Wilfredo Figueroa Díaz, *El movimiento estadista en Puerto Rico* (Hato Rey: Editorial Cultural, 1979).

perficial, centrando el foco en meros fragmentos de su programa e ideología, en su liderato y en sus maniobras políticas. Es sólo recientemente cuando el movimiento estadista ha sido estudiado desde una más amplia perspectiva histórica y científico-social.[2]

De los estudios que han tratado el tema podemos extraer varios enfoques explicativos. Uno de los más aceptados ve el movimiento estadista contemporáneo como un producto de la "modernización" de Puerto Rico y del crecimiento de la clase media. Según argumenta Henry Wells, como consecuencia del programa de modernización auspiciado por el PPD bajo el ELA, ha crecido una gran clase media que "se dedicaba con decisión a acumular bienes, comodidades, seguridad física y económica, instrucción de alta calidad y otros valores beneficiosos modernos". De acuerdo a Wells, esta clase media se ha ido en contra del PPD y del ELA por "su creencia de que bajo la estadidad probablemente podrían acumular más valores beneficiosos que bajo el Estado Libre Asociado".[3]

Un segundo esquema explicativo ve el movimiento estadista como el movimiento de una clase media asimilada a la cultura estadounidense y sin ningún sentido de identidad nacional. Se argumenta en este análisis que la ausencia de una identidad nacional es el resultado de un imperialismo cultural y de la ausencia de una burguesía nacional. El movimiento estadista contemporáneo se convierte en un fenómeno predominantemente cultural, determinado mayormente por la asimilación de los puertorriqueños, particularmente de sus élites. Según se ha concluido, "la anexión a la metrópoli no es la causa de la asimilación cultural sino su efecto".[4]

[2] Aarón G. Ramos, "The Development of Annexationist Politics in Twentieth Century Puerto Rico", in Adalberto López, ed., *The Puerto Ricans* (Cambridge, Mass.: Schenkman, 1980), pp. 257-72; Ilya Martínez y Haroldo Dilla Alfonso, "Las tendencias anexionistas en el proceso político puertorriqueño", *El Caribe Contemporáneo* no. 6 (junio 1982), pp. 70-91; Luis Martínez Fernández, *El Partido Nuevo Progresista* (Río Piedras: Editorial Edil, 1986); y Mariano Negrón Portillo, "El liderato anexionista antes y después del cambio de soberanía", *Revista del Colegio de Abogados de Puerto Rico* (octubre 1972), pp. 369-91.

[3] Henry Wells, *La modernización de Puerto Rico* (Río Piedras: Editorial Universitaria, 1972), p. 340. También comparten este enfoque Gordon Lewis, *Puerto Rico: Power and Freedom in the Caribbean* (New York: Monthly Review Press, 1974), p. 344; y Kenneth Farr, *Personalism and Party Politics: Institutionalization of the Popular Democratic Party of Puerto Rico* (Hato Rey: Inter-American University Press, 1973), p. 90.

[4] Manuel Maldonado-Denis, *Puerto Rico: Una interpretación histórico social* (México: Siglo XXI, 1974), p. 218. Ver además a Pedro Juan Rúa, *Bolívar ante Marx y otros ensayos* (Río Piedras: Ediciones Huracán, 1978), pp. 83-85.

Una tercera explicación relaciona el movimiento estadista con los conflictos y política de las clases sociales. En su examen de la política de clases en Puerto Rico durante el siglo veinte, A. G. Quintero-Rivera ve al Partido Republicano como el representante de la "pequeña burguesía intermediaria y de una emergente burguesía anti-nacional". Argumenta que esta burguesía "anti-nacional" se compone de intermediarios del capital estadounidense (socios, administradores), dueños de plantaciones azucareras y comerciantes vinculados al capital americano; la pequeña burguesía, mayormente su sector profesional, buscaba la modernización de Puerto Rico según el modelo estadounidense. Con respecto al movimiento estadista contemporáneo, Quintero-Rivera lo caracteriza como el movimiento político de unos "nuevos intermediarios" del capital estadounidense en Puerto Rico. Según su argumento, como resultado de la particular industrialización que experimentó Puerto Rico y de la penetración y posición dominante del capital estadounidense en la economía local, ha surgido un sector ligado al capital americano (los nuevos intermediarios) que ven en la estadidad la mejor protección de sus intereses.[5] Al mismo tiempo, en la medida en que el programa de industrialización se reenfocaba hacia la atracción de industrias de uso intensivo de capital en la década de los sesenta, se creó una población económicamente marginada en los centros urbanos; esta población ha apoyado la estadidad dada la poca atención que le ha prestado el PPD o por los beneficios económicos que reciben del gobierno de los Estados Unidos y que creen seguros sólo bajo la estadidad. De acuerdo con este argumento, el apoyo de estos sectores marginados a la estadidad es producto de su "voto de protesta" en contra del PPD o del comportamiento político oportunista de estos sectores urbanos.[6] Otro análisis dentro de este esquema explicativo es el presentado por Aarón G. Ramos.[7] El autor divide la evolución del anexionismo durante el

---

[5] A. G. Quintero-Rivera, *Conflictos de clase y política en Puerto Rico* (Río Piedras: Ediciones Huracán: 1976), p. 71, 137-38. Manuel Maldonado-Denis utiliza el término "burguesía intermediaria" para denotar esta relación, en *Hacia una interpretación marxista de la historia de Puerto Rico y otros ensayos* (Río Piedras, Editorial Antillana, 1977), p. 51.

[6] Quintero-Rivera, *Conflictos;* Rafael Ramírez, *El arrabal y la política* (Río Piedras: Editorial Universitaria, 1977), pp. 28, 153; y Ramos, *op.cit.*, p. 268.

[7] Ramos, *op.cit.;* además, "La Revista 'El Estado' en la historia del anexionismo puertorriqueño, 1945-1960", *Revista de Historia* I, no. 2 (julio-dic. 1985), pp. 215-21; y su introducción a Aarón G. Ramos, ed., *Las ideas anexionistas en Puerto Rico bajo la dominación norteamericana* (Río Piedras: Ediciones Huracán, 1987), pp. 11-53. Un buen análisis de la evolución del movimiento anexionista es provisto también por Villar Martínez y Dilla Alfonso, *op.cit.*

siglo veinte en dos grandes períodos: la política anexionista del viejo partido Republicano desde principios de siglo hasta la década de los cuarenta y el nuevo tipo de anexionismo que emergió en el período de la posguerra. Ramos subdivide el primer período en dos fases. En la primera, caracterizada por el anexionismo idealista y populista de José Celso Barbosa, sectores de la burguesía y las clases medias se unen para presentar un programa de transformación capitalista e ideales republicanos. La segunda fase, que comienza con la muerte de Barbosa en 1921, inaugura un período de realismo político en el cual —bajo el liderato conservador de la burguesía azucarera y confrontando una fuerte oposición a la estadidad en la metró- poli— los Republicanos elaboran una estrategia gradualista para la estadidad. El movimiento estadista moderno también se caracteriza por dos grandes fases: un período transitorio representado por el PER y el ascenso de la política populista del PNP. La política del PER se caracterizó por la lucha entre el viejo liderato conservador republicano y los nuevos grupos creados por el capitalismo de la posguerra —la élite industrial y las nuevas clases medias, que promovían una política más reformista y populista. Bajo el liderato de la élite industrial, el PNP presentó un programa anexionista basado en un "capitalismo de consenso" que vinculaba los intereses de la masa popular con los de la élite industrial. Bajo el liderato de Carlos Romero Barceló el programa anexionista adquirió un tono populista: la estadidad se presentó como la solución a la desigualdad social en la Isla, a ser lograda mediante la integración de los puertorriqueños al estado bene- factor estadounidense como otro grupo minoritario más luchando por la igualdad dentro de la federación.

Otra explicación del movimiento anexionista es el enfoque desde la perspectiva de la integración de clase/económica, propuesto por Frank Bonilla y Ricardo Campos. Según Bonilla y Campos, la industrialización de Puerto Rico luego de los años cincuenta propulsó la integración de su economía a la de los Estados Unidos, convirtiéndola en un "enclave o economía regional de la economía estadounidense". Bonilla y Campos han argumentado que el carácter regional de la economía puertorriqueña está basado en la determinación de los precios del capital, la fuerza de trabajo y las mercancías por los mecanismos del mercado y la estructura política de los Estados Unidos. Junto al proceso de integración económica hubo un proceso de absorción de las "formaciones de clase locales... dentro del mayor sistema de relaciones de clase de los Estados Unidos".[8] Este proceso

---

[8] Ricardo Campos y Frank Bonilla, "Bootstraps and Enterprise Zones: The Underside of Late Capitalism", trabajo presentado en el XIV Congreso Latinoamericano de Sociología celebrado en San Juan, 5-12 de octubre de 1981, p.

incluye la absorción de la burguesía puertorriqueña a la de los Estados Unidos y las resultantes consecuencias en cuanto a organización económica e intereses de clase. Bonilla y Campos argumentan que las diferencias entre la burguesía puertorriqueña y sectores del capital estadounidense "toman la forma de conflictos intraclase... Su organización y movimiento no son los de una clase social con sus propios intereses; sus intereses responden a la reproducción del modo de producción en su totalidad. Por esta razón, los capitalistas puertorriqueños meramente se afianzan como apéndices ultramarinos de la burguesía de los Estados Unidos." Concluyen los autores que la burguesía puertorriqueña apoya la estadidad como producto de esta integración económica y absorción social.[9] En escritos más recientes, Bonilla y Campos usan la teoría de los circuitos en los flujos de capital, fuerza de trabajo y mercancías entre los Estados Unidos y Puerto Rico para explicar la integración de Puerto Rico a la economía estadounidense. Esto lleva a una reevaluación de la burguesía puertorriqueña y su relación con la anexión: "La clase capitalista puertorriqueña, aliada desigualmente en una red de intereses con sus contrapartes estadounidenses, se opone firmemente a la independencia. Enfrentándose a una creciente crisis económica y social durante las últimas décadas, este sector ve cada vez más en la anexión la senda a la salvación económica".[10]

La estadidad y la clase media

Como punto de partida de este libro, algunos comentarios son necesarios sobre estos enfoques explicativos. Primero, estoy en desacuerdo con la proposición de que el movimiento estadista contemporáneo es meramente

---

5; Frank Bonilla, "Clase y nación: Elementos para una discusión", en Rafael Ramírez y Wenceslao Serra-Deliz, eds., *Crisis y crítica en las ciencias sociales en Puerto Rico* (Río Piedras: Centro de Investigaciones Sociales, 1980), p. 165; Centro de Estudios Puertorriqueños, History Task Force, *Labor Migration Under Capitalism: The Puerto Rican Experience* (New York: Monthly Review Press, 1979), p. 128, 141. Traducción del autor.

[9] Ricardo Campos y Frank Bonilla, "Industrialization and Migration: Some Effects on the Puerto Rican Working Class", *Latin American Perspectives* III, no.3 (Summer 1976), p. 68; Bonilla, "Clase y nación," p. 166-67; Frank Bonilla y Ricardo Campos, "A Wealth of Poor: Puerto Ricans in the New Economic Order". *Daedalus* 110, no.2 (Spring 1981), p. 167. Traducción del autor.

[10] Bonilla y Campos, "A Wealth of Poor", p. 167.

un fenómeno urbano de clase media, tanto en su base social como en ideología. Como indicáramos anteriormente, una de las características del movimiento estadista contemporáneo es su base multiclasista. Análisis de las elecciones de 1968 han indicado que el apoyo al PNP no provino exclusivamente de la clase media ni de sectores urbanos. De acuerdo a un estudio estadístico del área metropolitana de San Juan, el PNP obtuvo el más bajo nivel de apoyo entre los "sectores socio-económicos medios", mientras que el mayor apoyo al partido provino de los sectores socio-económicos "altos" y "medios bajos y bajos".[11] Otro estudio de estas elecciones encontró que, aunque el apoyo al PNP fue mayormente urbano, las áreas rurales siguieron el patrón de aumento en el apoyo al partido.[12]

La noción de que el movimiento estadista es un fenómeno de clase media no toma en cuenta los cambios ideológicos que han ocurrido en el movimiento, y falla en explicar su evolución histórica. Las clases medias siempre han apoyado la estadidad para Puerto Rico; pero también lo ha hecho la burguesía. Durante las décadas de los cuarenta y cincuenta, cuando la burguesía azucarera dominaba la política e ideología estadista, la ideología y el programa del movimiento estaban muy lejos de representar los "valores modernos" de los que habla Wells; de hecho, estaban más cercanos a una posición reaccionaria en el verdadero sentido de la palabra (defender realidades y valores ya pasados). El cambio en el programa e ideología del PER de los años cincuenta al PNP, luego de 1967, se debió no tan sólo al surgimiento de unas "nuevas" clases medias, sino también a la posición preponderante de la burguesía industrial dentro del movimiento, como lo ejemplifica Luis A. Ferré. De hecho, fueron Ferré y su grupo los que encabezaron la transición del reaccionario PER al PNP, y esto de ninguna forma estuvo relacionado con la búsqueda de "valores modernos" por la clase media, sino más bien a los conflictos sociales y políticos en Puerto Rico en aquel momento. Más aún, esta noción no toma en cuenta el apoyo dado a la estadidad por sectores de la clase obrera y los marginados a través del siglo; han sido estos sectores, más que las clases medias, los que han visto en la estadidad la base para alcanzar los "valores modernos" por medio de la presencia del estado norteamericano en Puerto Rico.

---

[11] Marcia Quintero, *Elecciones de 1968 en Puerto Rico: Análisis estadístico por grupos socio-económicos* (San Juan: CEREP, 1972), p. 39.

[12] Luis E. Agrait, "Las elecciones de 1968 en Puerto Rico", *Revista de Ciencias Sociales* 16, no.1 (marzo 1972), p. 41.

La estadidad y la identidad nacional

Aunque aceptamos que el asunto de la identidad nacional es un factor a considerar en la explicación del fenómeno estadista en Puerto Rico, es necesario incluir en tal análisis las estructuras económicas y políticas que han influido en su desarrollo. El considerar el movimiento estadista como una derivación de un fenómeno cultural (la asimilación), aislado de otros factores, disminuye nuestra capacidad para entender tal fenómeno. Más aún, la noción de que el movimiento estadista contemporáneo responde a la asimilación cultural de la población es equivocada. La ideología del movimiento, por ejemplo, ya no propone la asimilación cultural como un prerrequisito para la estadidad: de aquí el desarrollo del concepto de "estadidad jíbara". La idea de que los puertorriqueños pueden mantener y asegurar su identidad y cultura bajo la estadidad fue desarrollada en las décadas de los treinta y cuarenta. Desde entonces, ninguna figura política o ideológica del movimiento ha defendido la asimilación cultural como prerrequisito para obtener la estadidad. El tema de la asimilación fue un asunto candente durante las primeras décadas de dominación estadouni-dense en Puerto Rico. La defensa de la asimilación cultural propuesta por los Republicanos de principios de siglo fue vista como un mecanismo para facilitar la integración económica, social y política de Puerto Rico a los Estados Unidos. Pero aun los Republicanos de esa época pudieron presentar el concepto de la "patria regional", basado en la noción de la "independen-cia dentro de la federación"; con esta noción buscaban legitimar el poder de las clases dominantes locales sobre los asuntos culturales y las estructuras políticas y económicas locales.

La cuestión de la identidad nacional debe ser estudiada en relación con su contenido y consecuencias económicas, sociales y políticas. En Puerto Rico, la política siempre ha sido "política de status", lo que implica que diferentes grupos y clases sociales presentan distintos programas económi-cos, políticos y sociales alrededor de esta cuestión; esto, a su vez, produce diferentes interpretaciones de lo que es identidad nacional.[13] Tratar de

---

[13] Según Arcadio Díaz Quiñones, "es indispensable admitir la pluralidad de la sociedad puertorriqueña, como paso previo a la comprensión de una difícil cohesión nacional, cuyas formulaciones son inseparables de la configuración de la clases sociales y sus conflictos, tanto como del marco de dependencia colonial. La propia imagen histórica y social —la 'identidad nacional'— no es, no puede ser, estática: se ha ido modificanfo a través de los cambios provocados por el tejido de conflictos internos y externos". En "Introducción" a A. G. Quintero-Rivera y otros, *Puerto Rico: Identidad nacional y clases sociales* (Río Piedras: Editorial Huracán, 1979), p. 10.

entender la estadidad como la política de la asimilación cultural (o la independencia como la política de la identidad nacional) no ayuda a comprender el asunto cabalmente. La asimilación no ha sido la política de los anexionistas desde la década de los treinta, y sería equivocado explicar el apoyo a la estadidad en Puerto Rico a base del grado de asimilación cultural de la población. Por ejemplo, sería equivocado argumentar que los puertorriqueños han estado asimilados culturalmente durante las últimas dos décadas, a pesar de que existe un fuerte movimiento estadista. Después de todo, el que exista una concepción de estadidad jíbara es indicativo de la falta de asimilación cultural en la población; por eso, precisamente, argumentan los estadistas que la identidad puertorriqueña será protegida bajo la estadidad. Más aún, si relacionamos el anexionismo con la asimilación, ¿cómo podemos explicar entonces la crisis del anexionismo durante los años cuarenta (la "desasimilación" de la población) y su resurgir durante la década de los sesenta (la "reasimilación" de la población)? ¿Cómo podemos explicar la transformación de los Autonomistas Ortodoxos del siglo diecinueve –que no eran anexionistas– en el eje del Partido Republicano después de la invasión estadounidense? ¿Cómo podemos explicar los orígenes del anexionismo como tal? Además, ¿cómo se puede explicar la coexistencia de la independencia junto a la estadidad como alternativa política en la plataforma Republicana durante las décadas de los veinte y los treinta? Finalmente, ¿cómo podemos explicar la existencia de concepciones como la "patria regional" y la "estadidad jíbara" dentro del programa estadista? Obviamente, el uso de factores culturales no es suficiente para explicar el movimiento estadista en Puerto Rico. La política y programas estadistas deben ser entendidos examinando cómo las clases y grupos sociales se organizan para defender sus intereses; la naturaleza y forma de sus conflictos; y cómo son influidos por las estructuras sociales, económicas y políticas existentes.

La estadidad y el conflicto socio-político

La última afirmación nos introduce al tercer enfoque sobre el anexionismo puertorriqueño, el cual estudia el movimiento estadista dentro del esquema del conflicto social y político entre las clases y grupos sociales. Este enfoque ha provisto el mejor análisis para el entendimiento del movimiento estadista y su evolución histórica.[14] Sin embargo, algunas

---

[14] Se incluyen las obras previamente citadas de Quintero-Rivera, Ramos, Campos y Bonilla, Negrón Portillo, Villar Martínez y Dilla Alfonso y Maldonado-Denis. También, Wilfredo Mattos Cintrón, *La política y lo político en Puerto Rico* (México: Serie Popular Era, 1980).

de sus proposiciones deben ser reevaluadas, incluyendo las que tratan de la caracterización de la burguesía puertorriqueña. Por ejemplo, se ha argumentado que durante las primeras décadas de este siglo no existía una "burguesía nacional" en Puerto Rico; por otro lado, la burguesía del mismo período ha sido caracterizada como una "burguesía anti-nacional". De la misma forma, la burguesía local contemporánea ha sido caracterizada como "dependiente-intermediaria" o como los "nuevos intermediarios" del capital estadounidense.[15] El problema general que aquí se presenta es cómo explicar la ausencia de un estado nacional en Puerto Rico; se ha argumentado que ante la inexistencia de una burguesía nacional, la burguesía puertorriqueña se ha inclinado a favorecer la anexión. Aunque esta afirmación es correcta, la caracterización que se hace de la burguesía puertorriqueña y su relación con el anexionismo debe ser reevaluada.

Algunos sectores de la burguesía puertorriqueña vinculados directamente al capital estadounidense favorecen la anexión, pero también lo hacen otros sectores no vinculados a este capital. El apoyo de la burguesía puertorriqueña a la estadidad no se da necesariamente porque ésta tiene un vínculo directo con el capital de los Estados Unidos; la burguesía puertorriqueña apoya la estadidad porque cree que tan sólo la presencia del capital y del estado norteamericano en Puerto Rico puede asegurar la preservación del capitalismo en la Isla. Por esta razón la burguesía puertorriqueña ha apoyado siempre algún tipo de relación con los Estados Unidos, incluyendo la estadidad. La burguesía puertorriqueña, en general, ha favorecido la anexión históricamente. Pero el apoyo de la burguesía a la estadidad no es absoluto. Como indicáramos anteriormente, el Partido Republicano durante los años veinte y treinta, cuando la burguesía azucarera ocupaba una posición preponderante en el partido, apoyó la independencia como alternativa para Puerto Rico en caso de que la estadidad no fuera otorgada. Más aún, el plantear que la burguesía puertorriqueña es "anti-nacional" o que no existe una "burguesía nacional" puede oscurecer el hecho de que sí existe una burguesía puertorriqueña o local, y que ésta ha favorecido históricamente la estadidad.

Este es el problema que confrontan aquellas caracterizaciones de la burguesía puertorriqueña que la definen como "intermediaria" o "nuevos intermediarios". Por ejemplo, la transición de burguesía "anti-nacional" a "nuevos intermediarios" (en los términos de Quintero-Rivera) nunca es

---

[15] Maldonado-Denis, *Puerto Rico*, pp. 77, 167; y *Hacia una interpretación*, p. 51. Además, Quintero-Rivera, *Conflictos*, pp. 61-62, 138.

explicada. Más aún, el uso de estas caracterizaciones para explicar las posturas anexionistas de la burguesía es algo limitado. La mayor parte del capital estadounidense está en Puerto Rico por los beneficios que recibe del Estado Libre Asociado, beneficios que lo más seguro no existirán bajo la estadidad. Sus representantes locales (los nuevos intermediarios) probablemente saben esto. Además, usar el ascenso de la burguesía intermediaria o de los nuevos intermediarios para explicar el desarrollo del movimiento anexionista contemporáneo no provee un entendimiento cabal de esta relación por dos razones. Primero, en Puerto Rico han existido intermediarios del capital estadounidense desde la invasión de los Estados Unidos y la subsiguiente penetración de este capital en la Isla. Y aunque la naturaleza del capital estadounidense en Puerto Rico haya cambiado con el tiempo, la función de los intermediarios ha permanecido igual. Así que en realidad no hay nada nuevo acerca de los intermediarios en Puerto Rico. Segundo, aunque sectores de la burguesía intermediaria han apoyado la anexión en diferentes momentos, es históricamente desacertado presentarlos como la principal fuerza social en el ascenso del anexionismo contemporáneo. Como será discutido más adelante en el libro, la principal fuerza social en la formación del PNP, en cuanto a programa y liderato, lo fue la burguesía industrial local, no los sectores intermediarios. Aunque el papel de los intermediarios ha crecido en el PNP bajo el liderato de Romero, la posición de la burguesía local es todavía crucial para entender la política estadista contemporánea.

Otro asunto importante en el estudio del anexionismo puertorriqueño trata del creciente apoyo que le han dado los pobres de las áreas urbanas y rurales al partido estadista en las últimas dos décadas. No es del todo correcto visualizar el apoyo de estos sectores como meramente un voto de protesta en contra del PPD o como un oportunismo pasajero. Este apoyo proviene, más bien, de las presiones económicas impuestas sobre este sector por la inestabilidad económica del ELA y por su creciente dependencia de subsidios gubernamentales. Ya que la mayoría de estos fondos provienen del gobierno federal, dada la incapacidad del ELA de financiarse a sí mismo, ha sido el sector estadista el que ha cargado con el mayor apoyo de estos sectores.

Estadidad e integración

El estudio del movimiento anexionista estaría incompleto sin examinar cómo las estructuras económicas, sociales y políticas locales, y su continuo proceso de integración a las estructuras estadounidenses, han influido el proceso político puertorriqueño. Esta ha sido la mayor contribución del enfoque de integración de clase/económica al análisis político. Pero más que la política puertorriqueña, como tal, el principal interés de este enfoque es la naturaleza del capitalismo en Puerto Rico. Esto impone un alto nivel de abstracción en el análisis que requiere de ciertas formas de mediación para el estudio concreto de la política.[16] Este asunto se relaciona con el tratado anteriormente sobre cómo caracterizar la burguesía puertorriqueña. Amplias generalizaciones sobre esta clase en su totalidad ("anti-nacional", "intermediarios", "apéndices") no son las más adecuadas para explicar las particularidades socioeconómicas y políticas en el desarrollo de esta clase, ni para dar cuenta de cómo se ha vinculado históricamente al capital estadounidense.

Algunas aclaraciones sobre la relación entre integración y anexionismo en Puerto Rico son necesarias. La integración de Puerto Rico a los Estados Unidos no puede explicar la totalidad del fenómeno anexionista, como por ejemplo, cómo se originó éste, ya que las tendencias anexionistas del siglo diecinueve precedieron a la integración a los Estados Unidos. Durante el siglo pasado el sentimiento proanexionista floreció como reacción al colonialismo español en la Isla. Pero bajo la hegemonía de los Estados Unidos, las estructuras socioeconómicas y políticas que promueven la integración a la metrópoli han determinado la evolución y desarrollo del anexionismo. La integración, sin embargo, no debe verse como el resultado meramente de estructuras abstractas, sino también como producto del comportamiento de clases y grupos sociales organizados políticamente. Tanto la integración estatal como económica de Puerto Rico a los Estados Unidos fue posible gracias al apoyo dado por clases y grupos sociales locales a este proceso. Este es el contexto, por ejemplo, dentro del cual se debe entender el Partido Republicano de comienzos de siglo. La integración económica ha variado de forma en diferentes períodos, pero siempre ha estado relacionada con la expansión del capitalismo en Puerto Rico bajo la hegemonía del capital

---

[16] Como ha argumentado Gregor McLennan, "los diferentes niveles y modalidades del ser son acomodados en la ciencia en diferentes niveles de abstracción...; los resultados a largo plazo deben cuadrar con mecanismos más particulares. Estos fenómenos de más bajo nivel (lucha de clases, política, 'accidentes históricos', carreras individuales) tienen condiciones de existencia que median los procesos más amplios expresados a un nivel de abstracción más elevado". Gregor McLennan, *Marxism and the Methodologies of History* (London: Verso, 1981), pp. 64, 43-44. Traducción del autor.

estadounidense. Este proceso ha estado acompañado por la integración del gobierno colonial al estado norteamericano.

Estado y política en Puerto Rico

De 1898 a 1952 el estado metropolitano administraba directamente la colonia; este régimen limitaba el espacio político disponible a las clases y grupos sociales locales. Aunque el Estado Libre Asociado no ha alterado la naturaleza colonial de la estructura estatal en Puerto Rico, ha provisto, sin embargo, autonomía en la administración de los asuntos locales a los grupos dominantes locales. El estado colonial en Puerto Rico, en vez de irse separando, se ha adentrado cada vez más en el Estado metropolitano. Las instituciones del Estado norteamericano se han extendido a la colonia desde la misma formación del gobierno colonial en 1900 bajo el Acta Foraker; luego, con la otorgación de la ciudadanía estadounidense en 1917, la transferencia de programas federales de bienestar durante la década de los treinta, y cada vez más desde la fundación del ELA. Las demarcaciones entre el Estado colonial y el Estado metropolitano se han ido borrando cada vez más bajo el ELA. Mientras el Estado norteamericano ha aumentado su presencia e intervención en la Isla, el ELA ha provisto una estructura de poder para la administración de la colonia al alcance de grupos locales. Pero, al igual que antes, el centro de poder permanece en la metrópoli, y por esto es por lo que los grupos locales son tan propensos a relacionarse con las estructuras de poder metropolitanas como intermediarios coloniales.

Es muy importante considerar la presencia del Estado norteamericano en Puerto Rico. El Estado no es una entidad abstracta, se compone de aparatos e instituciones que realizan ciertas tareas necesarias para el mantenimiento y la reproducción de la sociedad y el Estado mismo. El Estado en Puerto Rico está representado tanto por las instituciones y aparatos del Estado metropolitano como por las del Estado colonial (el ELA desde 1952). La integración económica de la Isla ha estado acompañada por la integración de las estructuras estatales locales al Estado norteamericano desde el comienzo de la dominación estadounidense en Puerto Rico.[17] Esta integra-

---

[17] Kelvin Santiago, "Algunos aspectos de la integración de Puerto Rico al interior del Estado metropolitano: los orígenes de la nueva estructura estatal colonial: 1898-1929", *Revista de Ciencias Sociales* 23, nos. 3-4 (julio-dic. 1981), pp. 292-346; Miriam Muñiz Varela, "Análisis del capital monopólico azucarero y el papel del Estado en el proceso de transición al capitalismo en Puerto Rico: 1898-1920", en *ibidem*, pp. 443-94.

ción se acrecentó luego de la formación del ELA y se manifiesta de diversas formas, como por ejemplo, en el aumento en fondos federales a Puerto Rico luego de la década de los sesenta. Una consecuencia de este proceso ha sido el fortalecimiento de los vínculos entre el Estado metropolitano y los puertorriqueños que se benefician de estas transferencias: aquellos que dependen de los fondos federales para su subsistencia, trabajo o ganancias. El movimiento estadista contemporáneo es el beneficiario directo de esta mayor identificación de la población con el estado norteamericano.

Dada la naturaleza colonial de la estructura política en Puerto Rico, la política puertorriqueña ha girado históricamente alrededor del asunto del status político. La política de status en Puerto Rico durante este siglo ha estado definida por la presencia estadounidense en la Isla. Esto tiene mayor peso, sin duda alguna, en el movimiento estadista, que requirió de la presencia de los Estados Unidos en Puerto Rico para convertirse en un movimiento político significativo. En Cuba durante el siglo XIX existió una tendencia anexionista más fuerte que la de Puerto Rico, ambas vinculadas al movimiento separatista. Pero el fuerte nacionalismo cubano fue capaz de contener al anexionismo en su seno, y propulsar la independencia de Cuba luego de la guerra cubano-hispanoamericana, mientras que Puerto Rico, donde el nacionalismo fue relativamente débil durante el siglo XIX, pasó a ser una colonia de los Estados Unidos; y en esta isla el anexionismo se transformó en un movimiento político importante durante el siglo XX.

El programa y la ideología anexionista en Puerto Rico han estado directamente vinculados a la presencia institucional del Estado norteamericano en la Isla. Durante las primeras dos décadas bajo la dominación estadounidense, el programa estadista giró alrededor de la implantación de la Constitución de los Estados Unidos a la Isla y de la americanización económica, política e ideológica de Puerto Rico. Desde la década de los veinte la estadidad se ha presentado como una alternativa al coloniaje y como la forma de alcanzar la igualdad para los puertorriqueños dentro de la ciudadanía estadounidense. Desde los años sesenta la estadidad se ha presentado como el mecanismo para garantizar la transferencia del Estado benefactor estadounidense a Puerto Rico.

La evolución del movimiento estadista en Puerto Rico no puede ser entendida desde la perspectiva que se concentra en la llamada "política de status". Si bien es cierto que, de un modo u otro, las formas políticas tradicionales (autonomía, independencia, anexionismo) han estado en el centro del conflicto político puertorriqueño desde el siglo diecinueve, es también muy cierto que esas formas son recipientes políticos con diferentes contenidos en distintos períodos históricos. El asunto del status político no es una esfera autónoma, incambiable en tiempo y espacio. La política del status refleja el debate sobre la forma del Estado en Puerto Rico. Como tal, representa las alianzas y programas de clases sociales en condiciones históricas y estructurales determinadas. Es esto lo que diferencia, por ejemplo, la política y el programa autonomista del siglo diecinueve del autonomismo del PPD de 1940 o del PPD de los años ochenta. Lo mismo se aplica a la política y programa del anexionismo durante el siglo veinte. Este anexionismo no se puede explicar meramente como un fenómeno ideológico con una existencia independiente de fuerzas sociales. Desde el anexionismo idealista del siglo diecinueve, pasando por el proyecto republicano de las primeras décadas del siglo veinte, a la crisis del republicanismo en los cuarenta, y, finalmente, a los programas de "estadidad como redención" y "estadidad como igualdad" del PNP, el anexionismo puertorriqueño ha reflejado los principales cambios en la sociedad puertorriqueña.

Este libro analiza la evolución del movimiento estadista en Puerto Rico desde el siglo diecinueve hasta el presente. El capítulo dos examina la política y sociedad en el Puerto Rico decimonónico y los orígenes del anexionismo durante este período. El capítulo tres estudia el movimiento estadista durante las primeras tres décadas de dominación estadounidense en Puerto Rico concentrándose en la política del Partido Republicano. El capítulo cuatro tratará la crisis del republicanismo y del programa estadista durante las décadas de los treinta y cuarenta. El capítulo cinco analizará la transformación del movimiento estadista en la posguerra, desde la formación del Partido Estadista Republicano, a comienzos de los cincuenta, hasta la creación del Partido Nuevo Progresista en 1968. Los capítulos seis y siete estudiarán la evolución del PNP, el crecimiento del anexionismo durante este período y las fuerzas sociales que dirigen y apoyan este movimiento. El capítulo seis examina la política y el gobierno del PNP bajo Luis A. Ferré. El capítulo siete analiza el programa estadista y el gobierno PNP bajo Carlos Romero Barceló, la ruptura del PNP en 1984 y la formación del Partido de Renovación Puertorriqueña y los resultados y eventos posteriores a las elecciones de 1984. El epílogo discutirá los acontecimientos más importantes en la trayectoria del PNP de 1984 a 1992, particularmente los vinculados a las elecciones de 1988, el fracasado proceso plebiscitario de 1989-91 y las elecciones de 1992.

Capítulo 2

EL ANEXIONISMO EN PUERTO RICO
DURANTE EL SIGLO DIECINUEVE

Las tendencias anexionistas en Puerto Rico durante el siglo XIX surgen como una reacción a las estructuras políticas y económicas y a los consecuentes conflictos socio-políticos imperantes bajo el régimen español. La base social del anexionismo decimonónico se encuentra en aquellos sectores (mayormente criollos) más afectados por el régimen español: cañeros, algunos hacendados del café y la pequeña burguesía comercial y profesional. El desarrollo de estos sectores estuvo limitado por las barreras impuestas por el colonialismo español: el monopolio en el comercio y las finanzas, el atraso económico y social de la Isla y la ausencia de participación política de los criollos en la estructura estatal local.

La proposición central de este capítulo es que el apoyo para la anexión de Puerto Rico a los Estados Unidos surgió a mediados del siglo XIX como una tendencia política no organizada, la cual se manifestó en los dos principales movimientos políticos criollos —el movimiento liberal/autonomista y el separatista. Los primeros buscaban un régimen liberal dentro de un esquema autonomista con España, mientras que los segundos demandaban la independencia total. Será a finales del siglo XIX cuando cobrará vida lo que será la alianza eje del partido Republicano durante las primeras décadas del siglo XX, la alianza entre el sector cañero de la burguesía y la pequeña burguesía.

Los sectores proanexionistas decimonónicos representan más que una mera oposición al régimen español en Puerto Rico. Estos jugaron un papel muy importante en la implantación del régimen estadounidense en la Isla: los sectores anexionistas fueron una base de apoyo vital para las nuevas estructuras socioeconómicas y políticas del nuevo régimen norteamericano.

Sociedad y política en Puerto Rico durante el siglo XIX

La estructura estatal-política durante el siglo XIX se caracterizó por el control del Estado metropolitano sobre los asuntos administrativos de la colonia, el monopolio de los puestos administrativos por los españoles, y la falta de participación y poder de los principales sectores socio-económicos criollos en los asuntos políticos y económicos de la colonia. La política española de exclusivismo político y económico impidió el acceso de los criollos al gobierno y a la política, mientras que España monopolizó los mecanismos del comercio para asegurarse así la apropiación máxima del excedente agrícola.[1] Fue a principios del último tercio de siglo cuando los criollos comenzaron a demandar una mayor participación en la toma de decisiones económicas y políticas de la colonia; el sector más radical llegó inclusive a rebelarse en contra de la metrópoli (el Grito de Lares en 1868). Es en esta época cuando se consolidó la hacienda como unidad productiva eje de una economía agro-exportadora. Esta situación había sido promovida por el propio Estado metropolitano, que buscaba aumentar las aportaciones al fisco con la tributación a los productos agrícolas exportados.[2]

El gobierno colonial salvaguardó las condiciones para la reproducción de la hacienda durante la mayor parte del siglo. Pero el crecimiento de la hacienda y de la clase de hacendados entró en conflicto con el régimen español en Puerto Rico en la década de los setenta. El Estado metropolitano mantuvo una política mercantilista que limitaba el desarrollo de la hacienda y del comercio criollo y que favorecía los intereses comerciales españoles, tanto en España como en Puerto Rico. La expansión de la producción agrícola durante este período sacó a relucir las contradicciones de los hacendados criollos con los comerciantes y el Estado metropolitano. A comienzos de esta década se rompen los llamados "lazos de dependencia" entre el Estado colonial y los hacendados. Después de 1873, con la abolición de la esclavitud y la terminación del régimen de la libreta, los hacendados dejaron de depender del Estado para asegurarse la mano de obra necesaria para la producción de la hacienda. Anteriormente, el Estado colonial satisfacía esta necesidad de la hacienda a través de la expropiación de tierras a campesinos, las "leyes contra vagos", el "régimen de la libreta", y el mantenimiento de la esclavitud. Desde

---

[1] Gordon Lewis, *Puerto Rico: Freedom and Power in the Caribbean* (New York: Monthly Review Press, 1963), cap. 2.

[2] A.G. Quintero-Rivera, *Conflictos de clase y política en Puerto Rico* (Río Piedras: Ediciones Huracán, 1976), p. 14.

1873, los hacendados tuvieron que asegurarse la mano de obra a través de mecanismos propios, mayormente a través del agrego, el endeudamiento y el trabajo asalariado.[3] La creciente oposición de los criollos a las estructuras coloniales y la decadencia del imperio español, bajo fuerte ataque en Cuba, produjeron una serie de reformas a finales del siglo que culminaron con el gobierno autonomista de 1897, formado meses antes de la invasión estadounidense en julio de 1898.

El conflicto político a finales del siglo XIX estuvo determinado, en términos generales, por los conflictos entre la élite criolla (hacendados y comerciantes) y la clase de grandes comerciantes (españoles en su gran mayoría). Estos últimos no tan sólo controlaban el comercio en la colonia, sino también las fuentes de crédito y financiamiento disponibles, posición privilegiada que era protegida por el Estado colonial. Esta estructura económica llevó a un gran número de hacendados y medianos y pequeños comerciantes al endeudamiento crónico y a la quiebra.[4] Aquellos que dependían de la permanencia en Puerto Rico del Estado metropolitano para mantener sus posiciones privilegiadas apoyaron a los partidos conservadores/ pro-españoles, mientras que los más afectados por el régimen español dieron su apoyo al movimiento liberal/autonomista o engrosaron las filas del separatismo. Los comerciantes, la burocracia gubernamental y todos aquellos que se beneficiaban del régimen colonial en Puerto Rico apoyaron a los partidos Incondicionales. Los criollos se agruparon primero alrededor del Partido Liberal Reformista, fundado en 1870, y luego en el Partido Autonomista, fundado en 1887. Estos partidos respondían a las demandas principales de la élite criolla: el comercio libre, un régimen político liberal, el gobierno propio, facilidades de crédito y el acceso a la tecnología moderna.[5]

---

[3] Sobre el régimen de trabajo vea Labor Gómez Acevedo, *Organización y reglamentación del trabajo en el Puerto Rico del siglo XIX* (San Juan: Instituto de Cultura Puertorriqueña, 1970).

[4] Astrid T. Cubano, "Comercio y hegemonía social: los comerciantes de Arecibo, 1857-1887" (Tesis de maestría, Dept. de Historia, UPR, 1979); Laird W. Bergard, "Toward Puerto Rico's Grito de Lares: Coffee, Social Stratification, and Class Conflict, 1828-1868", *Hispanic American Historical Review* 60, no.4 (November 1980), pp. 619-42; Fernando Picó, *Amargo café* (Río Piedras: Ediciones Huracán, 1981), cap. 2.

[5] Dulce M. Tirado Merced, "Las raíces sociales del liberalismo criollo: el Partido Liberal Reformista (1870-1875)" (Tesis de maestría, Dept. de Historia, UPR, 1981); Félix Mejías, *De la crisis económica del 86 al año terrible del 87* (Río Piedras: Ediciones Puerto, 1972); Pilar Barbosa de Rosario *De Baldorioty a Barbosa: Historia del autonomismo puertorriqueño, 1887-1896* (San Juan: Editorial "La obra de José Celso Barbosa", 1974).

El principal movimiento político criollo durante las últimas tres décadas del siglo XIX fue liberal, reformista y autonomista. El liberalismo proveyó las herramientas ideológicas contra el absolutismo español en Puerto Rico. Sus objetivos económicos y políticos fueron las reformas descentralizantes del régimen español en Puerto Rico y no la separación total de España. El autonomismo fue un movimiento político encabezado por representantes de los intereses de la clase hacendada criolla. Las principales demandas de este movimiento político fueron la defensa económica de los criollos (particularmente de los hacendados), el comercio libre (mayormente con los Estados Unidos), la autonomía política y el control del aparato burocrático en la Isla. El movimiento político de los criollos a finales del siglo XIX estuvo determinado por la configuración de su principal sector social, los hacendados. Su apoyo al reformismo y a la autonomía, alejándose de alternativas radicales como la independencia, tiene que ser explicado a base de su debilidad estructural como clase.[6] Este punto es importante para entender no tan sólo el movimiento político criollo en este período, sino también la evolución socioeconómica y política de la Isla luego de la invasión estadounidense. En la debilidad estructural de esta clase subyace la fácil y rápida consolidación de una economía capitalista dominada por el capital estadounidense en alianza con sectores de las clases propietarias criollas y la pequeña burguesía.

Las bases políticas del anexionismo decimonónico

Cualquier referencia al anexionismo decimonónico en Puerto Rico tiene que tratar el fenómeno como una tendencia política; no existen indicaciones claras de que existiera un movimiento político organizado durante este período. Existe sí evidencia de inclinaciones proanexionistas dentro de los movimientos de oposición al régimen español: los movimientos liberal autonomista y separatista.

El liberalismo puertorriqueño fue históricamente una fuente de tendencias anexionistas. Como reacción al absolutismo español en Puerto Rico, el liberalismo representó las aspiraciones políticas de la élite criolla. La alternativa liberal al absolutismo español estuvo encarnada en el gran "Coloso del Norte". Liberal, económicamente avanzado y en proceso de

---

[6] Tirado Merced, "Las raíces sociales", p. 204; Mariano Negrón Portillo, *Reformismo liberal, reformismo conservador: dos etapas del autonomismo puertorriqueño (1895-1914)* Río Piedras: Centro de Investigaciones Sociales, UPR, 1981), p. 21.

expansión, Estados Unidos se convirtió en el modelo político de los liberales puertorriqueños. Esta atracción de los criollos hacia el liberalismo estadounidense alimentó los sentimientos proanexionistas a través del período.[7]

Para la élite criolla, Estados Unidos fue también el ejemplo de una gran potencia industrial, lo que España jamás sería. Los productores agrícolas deseaban penetrar su inmenso mercado; los comerciantes deseaban sus innumerables mercancías; los terratenientes y los hombres de negocios ambicionaban el empuje de su capital. Estudios de la percepción de los puertorriqueños sobre los Estados Unidos en este período reflejan la gran admiración de los criollos por el sistema económico de ese país.[8]

Esta admiración por el sistema económico de los Estados Unidos descansó en las relaciones económicas de la colonia española con el poderoso vecino norteño. Cuando Estados Unidos invadió la Isla, las relaciones comerciales y financieras entre ambos países existían ya por más de un siglo. Los contactos comerciales entre Estados Unidos y Puerto Rico pueden remontarse a la época colonial y luego al contrabando, influido por la expansión económica estadounidense durante el siglo XIX. Estados Unidos obtuvo una posición privilegiada en sus relaciones económicas con Puerto Rico una vez éstas se legalizaron a comienzos de siglo; para 1830 Estados Unidos era la principal fuente de importaciones (27%) y el principal mercado para las exportaciones puertorriqueñas (49%).[9] Aunque España logró reemplazar a Estados Unidos económicamente a través de la imposición de tarifas, este último permaneció entre los principales socios económicos de Puerto Rico. Estados Unidos era el principal comprador de azúcar puertorriqueña ya para finales de siglo. Puerto Rico necesitaba comerciar

---

[7] Lidio Cruz Monclova, *Historia de Puerto Rico (Siglo XIX)* (Río Piedras: Editorial Universitaria, 1952), vol. 2 pt. 1, p. 130; Germán Delgado Pasapera, *Puerto Rico: sus luchas emancipadoras* (Río Piedras: Editorial Cultural, 1984), pp. 180-83; Carmelo Rosario Natal, "Betances y los anexionistas, 1850-1870: apuntes sobre un problema", *Revista de Historia*, 1 no. 2 (julio-dic. 1985), pp. 113-130.

[8] Manuel Alvarado Morales, "Idea acerca de los Estados Unidos de América en los periódicos *La Correspondencia de Puerto Rico* y *La Democracia* (1890-1898)" (Tesis de maestría, Dept. de Historia, UPR, 1975); y Paul Nelson Chiles, "The Puerto Rican Press Reaction to the United States, 1888-1889" (Ph.D. diss., Dept. of History, Univ. of Pennsylvania, 1944).

[9] Arturo Morales Carrión, *Albores históricos del capitalismo en Puerto Rico* (Río Piedras: Editorial Universitaria, 1976), pp. 75-131; Julian S. Steward, *The People of Puerto Rico* (Chicago: University of Illinois Press, 1956), p. 52.

con otras economías más avanzadas —como la de Estados Unidos— ya que el predominio de la agricultura comercial limitaba el cultivo de alimentos, su baja capacidad industrial no le permitía la producción de bienes manufacturados y España no tenía la capacidad productiva para satisfacer su mercado. Para finales de siglo Puerto Rico compraba una cuarta parte de sus importaciones a los Estados Unidos, incluyendo maquinaria, bienes manufacturados y alimentos como trigo y carne.[10] Estas relaciones comerciales fortalecieron los lazos entre algunos sectores criollos y los Estados Unidos, particularmente aquellos con casas comerciales o productos ligados al comercio norteamericano.

Las tendencias anexionistas

La admiración de algunos criollos por el sistema económico y político de los Estados Unidos se dejó sentir en la política de la Isla. Una carta de José P. Morales a José Julián Acosta, entonces líder del Partido Liberal, menciona la división dentro del partido entre los admiradores "de la raza latina" y "los partidarios de la propaganda protestante y admiradores de la civilización norteamericana".[11] En 1891, Luis Muñoz Rivera, entonces líder del Partido Autonomista, propuso la anexión a los Estados Unidos como una de las alternativas para los autonomistas puertorriqueños.[12] Sin embargo, es muy difícil especular sobre la naturaleza de las tendencias anexionistas dentro del movimiento liberal autonomista ya que no existe mucha documentación al respecto.

Existen referencias sobre un llamado "partido anexionista" durante este período, pero su evolución y destino son desconocidos. Una referencia sobre dicho fenómeno es dada por Pilar Barbosa en su estudio del autonomismo durante el siglo XIX. Un tal Juan Ramón Ramos dice en una carta que la simpatía de su padre por los Estados del Norte en la guerra civil le llevó a afiliarse al "partido anexionista" en 1865, ya que este partido "era el único que aquí combatía la dominación española".[13] Otra referencia a dicho "partido anexionista" fue ofrecida por Ramón Emeterio Betances, la

---

[10] Henry K. Carroll, *Report on the Island of Porto Rico* (Washington, DC: Goverment Printing Office, 1899; reimpreso por Arno Press, New York, 1975), p. 17.

[11] Citado en Tirado Merced, "Las raíces sociales", p. 37.

[12] Luis Muñoz Rivera, *Campañas políticas*, vol. 1 (Madrid: Editorial Puerto Rico, 1925), p. 45.

[13] P. Barbosa, *De Baldorioty a Barbosa*, p. 12.

figura más destacada del movimiento separatista decimonónico; según Betances, "durante los primeros días de la insurrección [de 1868], existía en Cuba y Puerto Rico un partido que quería anexar las Islas a los Estados Unidos de América". Las cartas de Betances están llenas de referencias a los anexionistas cubanos y puertorriqueños y sobre su papel político a través del siglo.[14]

La existencia del "partido anexionista" es reconocida también por el cónsul de los Estados Unidos en Puerto Rico. En 1867 el cónsul reconoce la existencia de un partido independentista y de "otro partido, mucho más considerable, ansioso por un gobierno republicano, pero con la anexión a los Estados Unidos o bajo su protección sin la esclavitud".[15] Sin embargo, se desconoce el paradero de este partido anexionista después de 1868. Ya se ha reconocido la existencia de clubes revolucionarios con abiertas tendencias anexionistas en la organización de la sublevación de 1868. El gobernador colonial en aquel momento se quejó de que en mayo de 1868 una serie de panfletos confiscados demandaban la anexión de Puerto Rico a los Estados Unidos.[16] De acuerdo con el cónsul estadounidense, los clubes anexionistas que participaban en la organización de la revuelta de Lares decidieron retirarse de la intentona porque los conspiradores no pudieron ponerse de acuerdo sobre la forma política de la futura república —independencia o anexión a los Estados Unidos. El cónsul alega que una de las causas del fracaso de Lares fue precisamente la retirada de aquellos a última hora.[17] Estos clubes anexionistas en la época del Grito de Lares son probablemente los mismos o están relacionados con el partido anexionista discutido anteriormente. La vinculación entre el anexionismo y el separatismo decimonónico debe estudiarse más a fondo. La manifestación más clara de este fenómeno se encuentra, sin embargo, en la Sección Puerto Rico del Partido Revolucionario Cubano (SPR-PRC).

---

[14] Luis Bonafoux, *Betances* (San Juan: Instituto de Cultura, 1970), pp. 102, 288-90; la cita en francés es traducción del autor. Ver también a Rosario Natal, "Betances y los anexionistas".

[15] Centro de Investigaciones Históricas (CIH), *Despachos de los cónsules norteamericanos en Puerto Rico 1818-1898)*, vol. 1, (Río Piedras: Editorial Universitaria, 1982 p. 760. Traducción del inglés por el autor.

[16] Delgado Pasapera, *Puerto Rico*, p. 181.

[17] CIH, *Despachos*, vol. 1, pp. 810-12, y 917; además P. Barbosa, *De Baldorioty a Barbosa*, pp. 15-16.

La Sección Puerto Rico del Partido Revolucionario Cubano

La Sección Puerto Rico se fundó en diciembre de 1895 en la ciudad de Nueva York por un grupo de puertorriqueños, la mayoría de ellos exilados. La SPR buscaba realizar uno de los objetivos del PRC: el de ser "auxiliar en la independencia de Puerto Rico".[18] La relación de la Sección Puerto Rico con el liderato del PRC fue muy estrecha, aunque contó con bastante autonomía para sus acciones y labores organizativas. Su liderato "estaba compuesto, en su mayoría, por personas educadas o que habían residido prolongadamente en Estados Unidos, y que habían internalizado las ideas de vida de esta sociedad, en particular el concepto republicano de gobierno. Algunos de ellos mantenían vínculos con el mundo comercial norteamericano y puertorriqueño. Lazos que se estrecharían luego del cambio de soberanía".[19] Entre su liderato y entre los miembros más destacados se encuentran figuras claves del movimiento estadista luego del 98: su presidente Julio H. Henna, Roberto H. Todd, Pedro J. Besosa, Félix Matos Bernier, Eduardo Lugo Viña, Manuel del Valle Atiles, Antonio Mattei Lluveras y Mateo Fajardo, entre otros.

La SPR estuvo dividida internamente entre los que apoyaban la independencia y aquellos que buscaban la anexión de la Isla a los Estados Unidos. Estos últimos tuvieron una gran influencia en los asuntos cotidianos de la organización, y, en algunas ocasiones, fueron la voz dominante en las deliberaciones del comité ejecutivo de la Sección. Sin embargo, estuvieron restringidos por los estatutos y la política del PRC de llevar a cabo acciones en favor de la anexión dentro de la organización. De acuerdo con Betances: "Sé que Henna es anexionista y él me lo confiesa; pero sé también que no hace política anexionista, por no tener ese derecho".[20] Al momento

---

[18] Sobre la SPR-PRC, ver lo siguiente: Partido Revolucionario Cubano, *Memoria de los trabajos realizados por la Sección Puerto Rico del Partido Revolucionario Cubano, 1895 a 1898,* (New York: A. W. Howes, sin fecha); Roberto H. Todd, *José Julio Henna, 1848-1924* (San Juan: Cantero Fernández, 1930), y *La invasión americana: Cómo surgió la idea de traer la guerra a Puerto Rico* (San Juan: Cantero Fernández, 1938); además, Carmelo Rosario Natal, *Puerto Rico y la crisis de la Guerra Hispanoamericana (1895-1898)* (Hato Rey: Ramallo Bros., 1975), cap. 3; y P. Barbosa, *De Baldorioty a Barbosa,* cap. 15.

[19] Mariano Negrón Portillo, "El liderato anexionista antes y después del cambio de soberanía", *Revista del Colegio de Abogados de Puerto Rico* (Octubre 1972), p. 382.

[20] Citado en Rosario Natal, *Puerto Rico y la crisis,* p. 97.

de la invasión, Henna, que ostentaba la ciudadanía estadounidense, creyó que el gobierno norteamericano reconocería el derecho a la autodeterminación de los puertorriqueños, incluyendo el derecho a escoger la anexión. La "decepción profunda" que le causó a Henna la anexión de la Isla por los Estados Unidos, sin haber éste consultado a los puertorriqueños y por la implantación de un régimen colonial, fue una posición que no fue compartida por la mayoría del liderato de la SPR, como demuestra el relato hecho por Todd.[21]

Entre las acciones proyectadas por la SPR y el PRC en favor de la independencia de Puerto Rico se encuentra un plan de invasión militar de Puerto Rico entre 1895-96, que sería encabezado por el destacado general puertorriqueño Juan Ríus Rivera. La invasión no fue realizada por dificultades militares y por la falta de apoyo en Puerto Rico.[22]

La SPR se destacó por su participación en la invasión estadounidense a Puerto Rico en 1898. Los miembros de la SPR sobresalieron "por su labor tendiente a facilitar la invasión de las fuerzas norteamericanas y, sobre todo, por su colaboración con éstos en la consolidación de su poder sobre la Isla".[23] Al comienzo de la confrontación entre España y Estados Unidos, líderes de la SPR contactaron al gobierno estadounidense, pidiéndole participar en la invasión y ofreciendo un regimiento de voluntarios puertorriqueños para desembarcar con las tropas invasoras. También escribieron un Manifiesto al pueblo de Puerto Rico pidiéndole su apoyo a la invasión de los Estados Unidos y su colaboración con el nuevo gobierno invasor.[24]

La bahía en el pueblo de Guánica fue el punto escogido para la invasión estadounidense. Guánica, localizado en el suroeste de la Isla, tenía un pequeño destacamento militar español y su bahía era muy apropiada para la entrada de barcos y para el desembarco de las tropas. Pero una razón muy importante para su selección fue política: el área suroeste de Puerto Rico era reconocida "durante los últimos años [como] refugio y cuartel general de la mayor parte de los separatistas puertorriqueños".[25] Y no sólo fue un área de

---

[21] Todd, *José Julio Henna*, pp. 21, 37.

[22] PRC, *Memoria*, pp. 7-14; P. Barbosa, *De Baldorioty a Barbosa*, pp. 295-305.

[23] Negrón Portillo, "El liderato anexionista", p. 380.

[24] Todd, *La invasión americana*, pp.7-8, 13-19; PRC, *Memoria*, pp. 23-24, 29. El Manifiesto es citado en Todd, *José Julio Henna*, pp. 28-29.

[25] Angel Rivero, *Crónica de la Guerra Hispanoamericana* (New York: Plus Ultra, 1973), p. 473, y además pp.182-84 para los planes de invasión; y Carmelo Rosario

gran influencia separatista, sino un foco de anexionismo también; muchos de los miembros anexionistas de la SPR provenían de esta área. En 1897 se dio una rebelión separatista en el pueblo de Yauco, colindante con Guánica, en la que conocidos anexionistas jugaron un papel dirigente.[26]

De acuerdo con el historiador Carmelo Rosario Natal, el pueblo de Guánica fue escogido no tan sólo por su bahía y pobres defensas, sino también por el hecho de que "un buen número de habitantes de los pueblos limítrofes eran desafectos a España. De ellos se esperaba que colaborasen en las operaciones iniciales". Considera, más aún, que uno de los factores que explican la "encantadora e infantil disposición" de los puertorriqueños en aclamar a las tropas invasoras fue la "creciente ola de sentimiento anexionista" en la Isla.[27] En su travesía a lo largo de la costa suroeste, de Guánica a Ponce, las tropas estadounidenses recibieron el apoyo de los cuerpos administrativos locales y de la población. En Yauco y Guánica, los primeros dos pueblos en ser ocupados por las tropas norteamericanas, los alcaldes agradecen a Dios por la invasión, declaran su lealtad a los Estados Unidos y proclaman a viva voz "Viva Puerto Rico americano".[28] La guerra en Puerto Rico duró solamente unos trece días y ocupó unas 3,415 tropas estadounidenses; al momento del armisticio, Estados Unidos controlaba unos 23 pueblos del total de 70 de la Isla. Las tropas estadounidenses no encontraron gran resistencia por parte de los puertorriqueños, y recibieron generalmente apoyo en todos los pueblos ocupados.[29] La élite criolla se destacó por su apoyo a la invasión, como se refleja en el magno baile ofrecido por el Casino de Ponce —institución de las clases dominantes de la región—, el 29 de julio, al General Miles, comandante en jefe de la invasión.[30]

Natal, *Puerto Rico y la crisis*, pp. 68, 102, 219; el informe del cónsul de Estados Unidos del 6 de junio de 1898, en Centro de Investigaciones Históricas, *Despachos de los cónsules norteamericanos en Puerto Rico (1868-1898*, vol. 2 (manuscrito, CIH, UPR); y Fernando Picó, *La guerra después de la guerra* (Río Piedras: Ediciones Huracán, 1987), p. 55-56.

[26] Negrón Portillo, "El liderato anexionista", pp. 370-79, 394; Rosario Natal, *Puerto Rico y la crisis*, pp.116-18.

[27] Rosario Natal, *Puerto Rico y la crisis*, pp. 219, 241.

[28] Rivero, *Crónica*, p. 159-60.

[29] Rosario Natal, *Puerto Rico y la crisis*, cap. 6; Rivero, *Crónica*; Picó, *La guerra*, pp. 57-64.

[30] Antonio Mirabal, "La invasión norteamericana en Ponce", *El Día* (Ponce), 18 de diciembre de 1949, p. 39.

La rápida y certera toma de la Isla por los norteamericanos fue facilitada por el apoyo y participación de anexionistas puertorriqueños. El sector anexionista de la SPR-PRC que acompañó a las tropas estadounidenses en la invasión se distinguió por facilitarles su avance y por administrar los pueblos ocupados. En la mayoría de estos, los anexionistas fueron dejados a cargo por los militares norteamericanos para organizar nuevos gobiernos locales.[31]

La Torre del Viejo

La continuidad entre el anexionismo decimonónico y su materialización en el Partido Republicano, luego de instaurado el régimen norteamericano, la encontramos no en una construcción ideológica sino en las bases sociales y en el programa político de los sectores que le dieron vida. El eje del Partido Republicano, en las primeras décadas de este siglo, fue la alianza programática entre la pequeña burguesía comercial y financiera y la burguesía local (particularmente su sector cañero). Esta alianza se materializó, por primera vez, una década antes de instaurado el régimen norteamericano en Puerto Rico, dentro de la facción más radical del autonomismo puertorriqueño decimonónico.

El postulado más aceptado por los que han estudiado el tema es que las bases del Partido Republicano —y por lo tanto del anexionismo moderno— se encuentran en el Partido Autonomista Ortodoxo, y esto es correcto en parte (recordemos la SPR-PRC). Las bases del Partido Autonomista Ortodoxo, y del anexionismo organizado como tal, se remontan al año de 1887, en una sociedad secreta llamada "La Torre del Viejo", en la que, por primera vez, líderes representativos de los que vendrían a ser los sectores eje del Partido Republicano se acercarían a un programa político común.

El Partido Autonomista se fundó en 1887 en la ciudad de Ponce, baluarte de la élite criolla. El año es también recordado en nuestra historia como el "año terrible del 87" debido a la brutal represión que el régimen colonial y los Incondicionales españoles desataron contra los criollos, particularmente contra el liderato del Partido Autonomista. Aunque la

---

[31] *Ibidem,*; Rivero, *Crónica,* cap. 28; Rosario Natal, *Puerto Rico y la crisis,* cap. 6; y Mariano Negrón Portillo, *Cuadrillas anexionistas y revueltas campesinas en Puerto Rico, 1898-1899* (Río Piedras: Centro de Investigaciones Sociales, UPR, 1987), pp. 15-28.

fundación del partido fue la causa general de la represión, la causa inmediata fueron las acciones de un grupo de clubes secretos anti-españoles que
vinieron a conocerse como La Torre del Viejo.[32] Que el mejor recuento
histórico y análisis de esta organización por uno de sus miembros sea el de
José Celso Barbosa (el "Viejo de la Torre") no es coincidencia. Entre los
miembros más destacados de dicha sociedad secreta se encuentran muchos
de los líderes del posterior Partido Autonomista Ortodoxo y del Partido
Republicano: Barbosa, José Gómez Brioso, Rosendo Matienzo Cintrón,
Todd, Ricardo Natal, José Guzmán de Benítez, Julián Blanco Sosa, Pedro
del Valle Atiles, Juan Hernández López, Félix Tió y otros. Barbosa define la
formación y los objetivos de la sociedad secreta de la siguiente forma:

> Y en aquella secreta, pero magna y patriótica asamblea se discutió
> extensamente el problema económico de los boricuas; y como único
> remedio, hijo de la desesperación, se organizó y surgió a la vida una
> vasta sociedad secreta para auxilio, protección, defensa y progreso del
> puertorriqueño... El fin primordial, el ideal que aquella sociedad
> secreta perseguía, era el auxilio, protección y mutua defensa entre los
> puertorriqueños para su progreso moral y material, a fin de salvar, así,
> su situación precaria económica, y de que volvieran a ser los dueños,
> siquiera en una pequeña proporción, de las fuentes de riqueza de su
> tierra.[33]

La recuperación de "las fuentes de riqueza" del país sería la base sobre la
cual se levantaría el programa político de estos sectores. Si el Partido
Autonomista en 1887 recogió en su seno al grueso de los hacendados y de la
pequeña burguesía, los sectores más radicales de éstos nutrieron las sociedades secretas y pasaron luego a formar el Partido Autonomista Ortodoxo.

La actividad de las sociedades secretas estuvieron vinculadas y se nutrieron de la
formación y el crecimiento del Partido Autonomista. La actividad principal
de las sociedades secretas fue el boicoteo de sus miembros a los comercios
españoles (los "mojados") y el patrocinio a establecimientos de "los hijos del

---

[32] Lidio Cruz Monclova, *Historia del año de 1887* (Río Piedras: Editorial
Universitaria, 1970), p. 187ff.: Antonio S. Pedreira, *El año terrible del 87* (San Juan:
Editorial Biblioteca de Autores Puertorriqueños, 1945).

[33] José Celso Barbosa, *Orientando al pueblo, 1900-1921,* editado por Pilar
Barbosa (San Juan: Imprenta Venezuela, 1939), pp. 242-44.

país" (los "secos"). Se fomentó la creación de cooperativas y asociaciones de ayuda mutua entre los miembros y que no se patrocinaran negocios que no emplearan a puertorriqueños. Los comerciantes y agricultores miembros estaban obligados a hacer negocios mutuamente y a excluir a los españoles. La sociedad creció bastante en toda la Isla, pero especialmente en el área sur y oeste.[34] La posición del liderato del Partido Autonomista frente a las sociedades secretas fue difícil. No podían oponerse a ellas ya que muchos de sus miembros eran militantes del partido y porque el objetivo de romper con el monopolio económico de los españoles era parte del programa Autonomista. Pero, por otro lado, el liderato del partido no estaba en total acuerdo con las acciones de las sociedades, particularmente con los actos violentos contra el Estado y los comerciantes españoles (e.g., la quema de negocios). Los Incondicionales y el gobierno español vincularon a miembros de la organización con el Partido Autonomista, aun cuando su liderato criticó las acciones de las sociedades secretas. El creciente apoyo popular al Partido Autonomista y el éxito del boicoteo propulsaron al gobierno a desatar una represión brutal dirigida contra los criollos en general, pero particularmente contra el liderato autonomista.[35]

Los sectores más radicales de los hacendados y de la pequeña burguesía profesional y comercial, la base del Partido Autonomista, apoyaron las sociedades secretas y luego se agruparon alrededor del Partido Autonomista Ortodoxo. Fue precisamente el objetivo de recuperar las "fuentes de riqueza" lo que unió en un programa político común a representantes de estas diferentes clases y grupos sociales. Hacendados y dueños de las centrales azucareras, comerciantes y profesionales fueron agrupados en un bloque político cuyo programa no fue de reformas sino de trasformación de las estructuras económicas y políticas imperantes. Este bloque se cohesiona en 1887 bajo La Torre del Viejo y será el eje central del Partido Autonomista Ortodoxo; su programa cobrará mayor importancia en el Partido Republicano, bajo el régimen económico y político implantado por los Estados Unidos.

---

[34] Mejías, *De la crisis económica del 86*, p. 67; J. C. Barbosa, *Orientando al pueblo*, pp. 244-46; Monclova, *Historia del año de 1887*, pp. 188-95; Delgado Pasapera, *Puerto Rico*, pp. 384-99.

[35] Cruz Monclova, *Historia del año de 1887*, pp. 195-95, 222-26, y 228-37.

Las bases sociales del anexionismo decimonónico

Tres grupos sociales se destacaron por su apoyo al anexionismo durante el último tercio del siglo XIX, al menos en cuanto a su aportación al liderato: el sector cañero, el sector cafetalero del suroeste y la pequeña burguesía comercial y profesional. Las tendencias anexionistas durante el siglo XIX echaron sus raíces más profundas en el sector cañero de Puerto Rico. La razón para ello es clara: la industria cañera fue el sector económico más abatido de Puerto Rico en las últimas tres décadas del siglo pasado, y la anexión de la Isla a los Estados Unidos se vio como la solución lógica a sus problemas económicos. Durante este período tres problemas principales afectaron a los hacendados: la falta de crédito para financiar la producción, la escasez de mano de obra, y la política tarifaria de España. Estos problemas afectaron en diversa forma a los dos sectores principales de la clase hacendada, los caficultores y los cañeros, y más gravemente a estos últimos. Por ejemplo, cuando en la década de los setenta surgió la central como alternativa a la crisis de la hacienda azucarera, ésta confrontó problemas por la falta de crédito y la escasez en la mano de obra. La crisis de la producción cañera se ahondó precisamente cuando mucho del crédito disponible para la industria cañera se movió hacia la producción de café, cuyo auge comenzaba precisamente en este período; a su vez, se dio un proceso de migración de la costa (cañera) al interior (zona cafetalera), agravando el problema de mano de obra en la región cañera.[36]

Tal vez el mayor impedimento al desarrollo de la industria cañera en Puerto Rico fue el sistema tarifario español. Mientras que el café puertorriqueño encontró en la década iniciada en 1870 un mercado en Europa (incluyendo a España) y Cuba, mercado al cual tenía acceso a través de España, no fue así con el azúcar. El azúcar puertorriqueña fue gravada fuertemente por España para proteger su propia industria, y el mercado europeo estaba saturado de azúcar de remolacha. El mercado "natural" para el azúcar puertorriqueña era el mercado de los Estados Unidos, y así fue durante la mayor parte del siglo. Fue precisamente durante la época más crítica para la industria azucarera puertorriqueña cuando España entró en una guerra tarifaria con los Estados Unidos, en cuyo centro se encontraba la

---

[36] Ver Andrés Ramos Mattei, *La hacienda azucarera: su crecimiento y crisis en Puerto Rico (siglo XIX)* (San Juan: CEREP, 1981); Laird W. Bergard, "Agrarian History of Puerto Rico, 1870-1930", *Latin American Research Review* 13, no. 3 (1978), p. 65-66; y Picó, *Amargo café*, pp. 26, 28, 75, 98.

exportación de azúcar puertorriqueña a este país. El resultado de la política tarifaria española fue la postración continua de la industria azucarera puertorriqueña.[37]

Para los intereses cañeros en Puerto Rico, la crítica situación por la cual pasaban era causada por el régimen económico y político de España. No es de extrañar, entonces, que, ante esta situación, el sector cañero haya sido el más ávido defensor de la anexión a los Estados Unidos. Así quedó reflejado en las declaraciones del Sr. Ricardo Natal, hacendado cañero de Mayagüez, ante la Comisión Carroll de 1899, para quien los intereses cañeros fueron "el punto determinante en favor de la anexión a los Estados Unidos" y que la posibilidad de entrada libre del azúcar puertorriqueña al mercado norteamericano "ha hecho mucho para despertar el interés en Porto Rico a favor de la anexión".[38]

Las tendencias anexionistas en Puerto Rico a finales del siglo pasado florecieron en el suroeste de la Isla, cercano a la ciudad de Ponce, donde predominaban la actividad comercial y el cultivo del azúcar. Un importante sector anexionista fueron los comerciantes criollos de esta área, que mantenían relaciones comerciales con Estados Unidos y cuyo crecimiento económico estuvo limitado por el régimen español.[39] Otro grupo anexionista de importancia económica fueron los hacendados cafetaleros de origen corso centrados en el pueblo de Yauco. Estos se destacaron por establecer brechas en el comercio e incluso por llegar a servir de prestamistas a otros hacendados, producto de su afluencia económica y la modernización de la produc-

---

[37] Ramos Mattei, *La hacienda azucarera*, pp. 35-37. Para un análisis de las industrias del café y del azúcar a fines de siglo XIX vea a Astrid Cubano Iguina, *El hilo en el laberinto: Claves de la lucha política en Puerto Rico (siglo XIX)* (Río Piedras: Ediciones Huracán, 1990).

[38] En Carroll, *Report*, p. 69

[39] Ver Rosario Natal, *Puerto Rico y la crisis*, p. 241; Negrón Portillo, "El liderato anexionista", pp. 376-78; y Wilfredo Mattos Cintrón, *La política y lo político en Puerto Rico* (México: Ediciones Era, 1980), p. 48-49. Para una discusión de Ponce como la "capital alterna" vea el capítulo I de Angel G. Quintero Rivera, *Patricios y plebeyos: burgueses, hacendados, artesanos y obreros; las relaciones de clase en el Puerto Rico de cambio de siglo* (Río Piedras: Ediciones Huracán, 1988). Sobre la fundación del Banco Crédito y Ahorro Ponceño en 1895 por sectores criollos que trataban de romper el monopolio de los comerciantes españoles sobre el crédito y las finanzas, vea "El Banco Crédito y Ahorro Ponceño", *El Día* (Ponce), 18 de diciembre de 1949, pp. 35 y 40.

ción cafetalera.[40] Políticamente sobresalieron por su credo liberal (herencia del republicanismo francés), su tenaz oposición al régimen económico y político español y por su admiración al republicanismo norteamericano. De sus filas salieron destacados anexionistas del período, muchos de ellos miembros de la SPR-PRC; muchos participaron en la organización de la intentona de Yauco de 1897.[41]

El sector profesional —abogados, doctores, periodistas y otros— fue también una fuente importante de liderato para la SPR y el Partido Autonomista. ¿Por qué tomaron los profesionales este camino político? Este sector representaba la intelectualidad, portadores por excelencia del acervo ideológico liberal durante la época, muchos de ellos educados en Europa y Estados Unidos. Muchos eran descendientes de los hacendados y sentían empatía por la situación de esta clase. Más aún, éstos también encontraban a su paso limitaciones económicas impuestas por el régimen español que impedían su desarrollo como grupo social: los gravámenes que les imponía el régimen en impuestos por ejercer su profesión; la escasez de dinero y pobreza general que limitaba la prestación adecuadamente renumerada de servicios; la falta de escuelas y hospitales; las restricciones a la prensa, etc. Además, como grupo social intermedio, se les impedía estructuralmente escalar a posiciones sociales más altas dentro del aparato productivo y comercial del país, así como dentro del aparato burocrático estatal.[42]

Otro sector de importancia que se movió políticamente hacia los Autonomistas Ortodoxos, y al Partido Republicano luego de 1898, fue el formado por los obreros y artesanos urbanos. Estos grupos crecieron en las principales ciudades del país, bajo el estímulo, en parte, del comercio. Gran número de éstos fueron a las ciudades luego de la abolición de la esclavitud y de la terminación del régimen de la libreta. Otros abandonaron las áreas cañeras durante la crisis de la industria o a causa de la ruptura del sistema de agregados con la aparición de las centrales azucareras. Muchos termina-

---

[40] Ver Carlos Buitrago, *Los orígenes históricos de la sociedad precapitalista en Puerto Rico* (Río Piedras: Ediciones Huracán, 1976); y Vivian Caro, "La formación de la gran propiedad cafetalera: la hacienda Pietri, 1858-1898", *Anales de Investigación Histórica* 2, no. 1 (1975), pp. 1-111.

[41] Negrón Portillo, "El liderato anexionista", p. 370-71.

[42] Vea los comentarios de Barbosa a este respecto en J. C. Barbosa, *Orientando al pueblo,* p. 241.

ron como asalariados agrícolas en las centrales; otros se mudaron a las ciudades a vender su fuerza de trabajo. Este grupo de asalariados (tabaqueros, zapateros, tipógrafos, panaderos y otros), junto a los artesanos, desarrollaron posturas ideológicas y políticas de oposición al régimen español. Movidos tanto por una serie de malestares generales (inflación, falta de moneda, impuestos) como particulares (prohibición de sindicatos), estos asalariados apoyaron al sector más radical del autonomismo, al Partido Autonomista Ortodoxo.[43]

El anexionismo y los Autonomistas Ortodoxos

La causa inmediata para la formación del Partido Autonomista Ortodoxo fue el pacto entre la facción encabezada por Luis Muñoz Rivera dentro del Partido Autonomista y un partido monárquico en España, el cual fusionó al partido criollo con el partido español a cambio de una promesa de reformas autonomistas para Puerto Rico en 1897. La oposición al pacto por la facción encabezada por Barbosa se basó en su renuencia a fundirse con un partido español, particularmente con uno monárquico. Esta facción se opuso al tipo de autonomía demandado por los "fusionistas". La posición Ortodoxa fue de descentralización completa dentro del régimen español. La facción encabezada por Barbosa se caracterizó por su defensa del republicanismo, el autonomismo, y la completa descentralización política y administrativa.[44]

Es pertinente elaborar aquí dos puntos concernientes al Partido Autonomista Ortodoxo y su posterior evolución política hacia el Partido Republicano. Son estos, en primer lugar, el que se refiere a la diferenciación entre los Autonomistas Ortodoxos y el Partido Liberal Fusionista, encabezado por Muñoz Rivera, y, en segundo lugar, el que ser refiere al grado de afinidad con el anexionismo en los Ortodoxos. En cuanto al primer punto, se ha alegado que la principal diferencia entre los dos partidos reside en la

---

[43] Gervasio García y A. G. Quintero-Rivera, *Desafío y solidaridad: Breve historia del movimiento obrero puertorriqueño* (Río Piedras: Ediciones Huracán, 1982), pp. 13-29; y A. G. Quintero-Rivera, "Socialista y tabaquero: La proletarización de los artesanos", *Sin Nombre* 8, no. 4 (enero-marzo 1978), pp. 100-37.

[44] Pilar Barbosa, *La Comisión Autonomista de 1896* (San Juan: Imprenta Venezuela, 1975), p. 159.

oposición de sus dos líderes máximos, Muñoz Rivera y Barbosa.[45] Esta concepción, que entiende la política como la interacción de los grandes individuos, no tiene la capacidad analítica para explicar toda una gama de fenómenos políticos. La otra proposición, que trata de explicar las diferencias entre las fuerzas autonomistas, propone que la distinción es de grados entre su liderato, representando los Autonomistas Ortodoxos "aquellos grupos más interesados en la 'modernización' de la sociedad puertorriqueña".[46] Aunque hay que reconocer que dentro de ambos partidos hay una proporción desmedida de profesionales en su liderato, el principal elemento diferenciador entre los Ortodoxos y los Liberales parece ser el apoyo dado por los cañeros y la pequeña burguesía radical a los Ortodoxos, mientras que los hacendados del café apoyaban mayormente a los Liberales.[47] Este es uno de los principales elementos que distinguen sus programas políticos. Para los Ortodoxos, pero no para los Liberales Fusionistas, su liberalismo republicano no era negociable, y, aunque los Ortodoxos titubearon en el asunto de la fusión con los partidos peninsulares, se opusieron tenazmente a la fusión con un partido monárquico.[48] Los Autonomistas Ortodoxos exigían una autonomía mucho más amplia y descentralizada que los Liberales. Su oposición al gobierno autonomista de 1897 se basó no sólo en los ataques y manipulaciones de los Liberales en su contra, sino también en las limitaciones impuestas por España a dicha autonomía.[49] De acuerdo con Barbosa, la autonomía "con España era el summum de aspiraciones que podía tener nuestro país".[50]

El otro asunto concerniente al Partido Autonomista Ortodoxo y su futura evolución política tiene que ver con la llamada "vocación anexionista" de los ortodoxos. Wilfredo Mattos Cintrón sostiene que, por carecer "de un claro programa anexionista, el partido ortodoxo se tenía que cobijar bajo la

[45] Entre otros, Antonio S. Pedreira, *Un hombre del pueblo: José Celso Barbosa* (San Juan: Instituto de Cultura Puertorriqueña, 1965), pp. 169-70; Bolívar Pagán, *Historia de los partidos políticos puertorriqueños* (San Juan: M. Pareja, 1972) vol 1, p. 15.

[46] Negrón Portillo, *Reformismo Liberal,* p. 19.

[47] Mattos Cintrón, *La política,* pp. 48, 181-82; Quintero-Rivera, *Conflictos,* pp. 29-31.

[48] P. Barbosa, *La Comisión Autonomista,* p. 155.

[49] Cruz Monclova, *Historia de Puerto Rico,* vol. 3, pt. 3, p.201.

[50] J. C. Barbosa, *Orientando al pueblo,* p. 136.

bandera del republicanismo para encubrir su inclinación hacia Estados Unidos. Una vez que la invasión altera el panorama político, los ortodoxos descubren su lugar político natural y fundan el Partido Republicano".[51] Sin embargo, el republicanismo no fue un manto encubridor de posiciones anexionistas sino precisamente una de las razones que harán "inclinar" al autonomismo ortodoxo hacia el anexionismo, después de la invasión. El Partido Autonomista Ortodoxo no podía tener "un claro programa anexionista" bajo el régimen español porque ésa no era su meta. Aunque dentro de sus filas militaron miembros con posiciones anexionistas (muchos de estos provenientes de la SPR-PRC), ésta nunca fue la posición del máximo liderato ni del partido. No debe sorprendernos, entonces, que no exista evidencia documentada ni mención de declaración alguna en favor de la anexión por el liderato principal de los Ortodoxos antes de la invasión de 1898. Como cuestión de hecho, las declaraciones del partido y sus líderes antes y durante la invasión son negativas hacia los Estados Unidos. Cuando Estados Unidos declaró la guerra contra España, *El País*, órgano político del Partido Autonomista Ortodoxo, declaró que los Estados Unidos "era la moderna Cartago", que jamás serían "esclavos de los yankees", y que juraban estar "de una manera definitiva, irrevocable, incontrastable, y para siempre unidos a la suerte de España".[52] El propio Barbosa, comentando en 1918 sobre el Partido Autonomista de 1887, declara: "Tal vez, si el triunfo de aquel programa, y la realización de aquellos ideales hubieran cambiado por completo el destino de este pueblo, la catástrofe de 1898 no hubiera tenido lugar".[53]

Sin embargo, el 27 de agosto de 1898, poco más de un mes después de la invasión, un grupo de los más destacados líderes del país —entre ellos el grueso del liderato Autonomista Ortodoxo— entregó un documento al gobierno militar en el cual aceptaban y defendían la "soberanía de los Estados Unidos" sobre Puerto Rico e hicieron pública su aspiración a ser "un estado más dentro de la Unión para afirmar la personalidad del pueblo

[51] Mattos Cintrón, *La política*, p. 49.

[52] Cruz Monclova, *Historia de Puerto Rico*, vol. 3, pt. 3, pp.219-21.

[53] J. C. Barbosa, *Orientando al pueblo*, pp. 241-42. Para el rechazo de Barbosa de acusaciones de oportunismo lanzadas en su contra en 1899, vea *Asamblea Republicana celebrada en San Juan, Puerto Rico, 1 y 2 de julio de 1899* (San Juan: Imprenta de "El País", 1899), p. 33.

rtorriqueño".[54] ¿Cómo pueden conciliarse estos eventos con la formación posterior del Partido Republicano, espina dorsal del anexionismo durante varias décadas? ¿Dónde existe, entonces, la continuidad del anexionismo antes y después de la invasión?

La continuidad del anexionismo reside no en alguna construcción ideológica (anexionismo, asimilismo, etc.), ni en el supuesto oportunismo político de un grupo, sino en el programa político de unas clases y grupos sociales específicos. Como expusiéramos anteriormente, los Ortodoxos tenían mayor afinidad con la presencia de Estados Unidos en Puerto Rico que los sectores dentro del Partido Liberal.[55] La afinidad de los Ortodoxos con la anexión reside, no tan sólo en la identidad de intereses y de programa de los sectores sociales que formaban el Partido con la presencia de los Estados Unidos en Puerto Rico, sino también, más importante aún, con la implantación en la Isla del sistema económico y político norteamericano. Opuesto al absolutismo español se encontraba el sistema democrático republicano; al contrario de las limitaciones comerciales y de las caducas relaciones de producción que España representaba, Estados Unidos era el símbolo del comercio libre, el mercado ansiado y las relaciones capitalistas de producción; ante una España en decadencia se presentaba un poderoso y vigoroso Estados Unidos.

Una vez que España otorgó la autonomía a Puerto Rico, los Incondicionales se debilitaron como fuerza política. El conflicto social y político interno inmediatamente antes de la invasión giraba alrededor de los dos partidos criollos, el Liberal (Barbosa los llamo los "nuevos Incondicionales") y el Autonomista Ortodoxo. La invasión norteamericana "alteraba el panorama político", no descubriendo una "vocación anexionista" en los ortodoxos, sino presentando la oportunidad de cambiar la relación de fuerzas entre los partidos coloniales y sus diferentes sectores sociales. Así queda expuesto en el preámbulo del Manifiesto del liderato del Partido Autonomista Ortodoxo en mayo de 1899, donde proponen la creación de un nuevo partido político (el Republicano): "Disueltos los antiguos partidos que luchaban por las libertades de Puerto Rico durante la soberanía española, surge ahora la necesidad de agrupar en torno de un nuevo programa político a los residentes en el país que quieren trabajar por el

---

[54] Luis M. Díaz Soler, *Rosendo Matienzo Cintrón: Orientador y guardián de una cultura* (Río Piedras: Instituto de Literatura Puertorriqueña, 1960) vol. 1 pp. 163-64.

[55] Mattos Cintrón, *La política*, pp. 49-51; Negrón Portillo, "El liderato anexionista", p. 385.

desenvolvimiento de los intereses locales bajo el amparo de la gloriosa bandera americana."[56]

La afinidad hacia la presencia de los Estados Unidos en Puerto Rico por las fuerzas sociales agrupadas en el Partido Ortodoxo no se limitó a lo ideológico y político, sino que se extendió a lo económico también. Las llamadas "brechas al capitalismo" durante el siglo XIX son un factor importante para entender este proceso. Es precisamente entre los sectores agrupados alrededor de los Autonomistas Ortodoxos, luego Republicanos, donde encontramos una predisposición más aguda hacia la economía capitalista. La industria azucarera a finales del siglo XIX tenía el nivel más avanzado de relaciones capitalistas en Puerto Rico.[57] Esto se aplica también a los cafetaleros del suroeste y a algunos comerciantes criollos, como los de Ponce, que buscaban mayores relaciones comerciales con los Estados Unidos y que ya se habían movido a las finanzas (creando el Banco Crédito y Ahorro Ponceño). Estos sectores sociales estaban limitados por el régimen colonial español, y vieron en el capitalismo estadounidense las condiciones necesarias para su desarrollo.

El anexionismo y el régimen estadounidense

Un último asunto a tratar es la caracterización de los Autonomistas Ortodoxos-Republicanos como espina dorsal del anexionismo en las próximas décadas. En 1899, luego de que el Tratado de París cediera Puerto Rico a los Estados Unidos, el Partido Liberal se convirtió en Partido Federal y el Partido Autonomista Ortodoxo en Partido Republicano. Ambos apoyaron la anexión de Puerto Rico a los Estados Unidos y afirmaron su objetivo de convertir a Puerto Rico en estado de la Unión americana. Las diferencias en su apoyo a la anexión quedaron claramente evidentes luego que fuera establecido el régimen colonial estadounidense en Puerto Rico. Finalizado el gobierno militar (1898-1900), y aprobada la Ley Foraker en 1900, medidas que establecieron las estructuras del nuevo régimen económico y político en Puerto Rico, los Federales tomaron una posición de oposición al régimen,

---

[56] Bolívar Pagán, *Historia*, vol. 1 pp. 34-35. José Tous Soto, entonces presidente del partido, hizo comentarios similares en 1923, en su "The Republican Party of Porto Rico", en E. Fernández García, *El libro azul de Puerto Rico* (San Juan: El Libro Azul Publishing, 1923), p. 201.

[57] A. G. Quintero-Rivera, "Background to the Emergence of Imperialist Capitalism in Puerto Rico", en Adalberto López, ed., *The Puerto Ricans* (Cambridge, MA: Schenkman, 1980), p. 111, y "Socialista y tabaquero".

llegando incluso a abandonar la estadidad como reclamo político, mientras que el Partido Republicano pasó a apoyar incondicionalmente al nuevo gobierno y sus medidas económicas y políticas.

Aun cuando, tanto el Partido Federal como el Republicano, demostraron una disposición favorable hacia la anexión durante los primeros años después de la invasión, aquellos sectores que se agruparon alrededor del Partido Republicano (los Autonomistas Ortodoxos y los miembros de la SPR) trabajaron asidua y concretamente para asegurar la presencia de Estados Unidos en Puerto Rico y por la formación de un nuevo aparato estatal. Junto a los miembros de la SPR, que participaron en la invasión, muchos otros se unieron a las tropas estadounidenses en su avanzada (como traductores, guías, espías), sirvieron a los militares en innumerables tareas (como rastreadores, enlaces, en los gobiernos provisionales) y trabajaron para obtener el mayor apoyo posible de la población para la ocupación norteamericana. En muchos pueblos de la Isla los anexionistas buscaron la rendición pacífica a las tropas estadounidenses, formaron nuevas administraciones locales y circularon manifiestos abiertamente anexionistas.[58] En pocos meses, aparecieron a través de toda la Isla un sinnúmero de periódicos de corte anexionista e incluso en Ponce se sugiere la formación de un Partido Anexionista.[59] El liderato del Partido Autonomista Ortodoxo fue el primero en manifestar públicamente su apoyo a la anexión y a la estadidad para Puerto Rico.[60] Más importante aún es la participación de estos sectores "en la consolidación del poder norteamericano sobre la Isla... No encontramos en los liberales, luego federales, una franca disponibilidad por cooperar con el invasor y facilitarle una rápida concreción de su poder".[61] Para cuando se llevó a cabo la fundación del Partido Republicano, el 4 de julio de 1899, ya grandes sectores de éste se encontraban insertos dentro de la recién impuesta estructura estatal norteamericana en Puerto Rico. El Partido Republicano se convirtió así en parte del mecanismo de dominación de Estados Unidos en Puerto Rico y en su principal base de apoyo político.[62]

---

[58] Cruz Monclova, *Historia de Puerto Rico*, vol. 3, part 3 pp. 374-85.

[59] Antonio Mirabal, "Ponce y los partidos políticos de Puerto Rico", *El Día* (Ponce), 18 de diciembre de 1949, pp. 27, 31; Rosario Natal, *Puerto Rico y la crisis*, pp. 242, 249-50, 263.

[60] Díaz Soler, *Rosendo Matienzo Cintrón*, p. 167.

[61] Negrón Portillo, "El liderato anexionista", pp. 384-85.

[62] See Edward S. Wilson, *Political Development of Porto Rico* (Columbus, OH: Fred J. Heer Publishing, 1905), p. 113.

Capítulo 3

EL PARTIDO REPUBLICANO, 1989-1924: ADVENIMIENTO Y RUPTURA DEL ANEXIONISMO

El Partido Republicano se convirtió en la principal fuente de apoyo del régimen estadounidense en la Isla durante las primeras décadas del siglo. Sus programas y acciones dentro del gobierno colonial buscaron fortalecer la presencia del estado y el capital estadounidenses en Puerto Rico. La colaboración de los Republicanos con el nuevo régimen no puede explicarse meramente como producto de un oportunismo extremo o fruto de una mentalidad asimilista; ésta se levantó en el proyecto histórico de los sectores dirigentes del partido. La política Republicana tiene que entenderse a partir de lo que he llamado el proyecto Republicano: su objetivo era la total transformación de la sociedad puertorriqueña por medio de la absorción de las instituciones sociales, económicas, políticas y culturales de los Estados Unidos. El proyecto definió la estadidad dentro de la concepción de "patria regional" y legitimó, a su vez, el intento de los sectores dirigentes del partido por controlar los asuntos internos de la Isla. La legitimidad del proyecto Republicano fue cuestionada como resultado de las limitaciones impuestas por la estructura colonial y la dominación económica del capital estadounidense en la Isla. El Partido Republicano sufrió una ruptura en 1924, fruto del desacuerdo de los sectores dirigentes en cuanto a los objetivos del partido y las alianzas con otros partidos.

Las transformaciones bajo el nuevo régimen

La política de Estados Unidos hacia Puerto Rico durante las primeras dos décadas de este siglo fue dirigida a asegurar su presencia en el recién adquirido territorio. El gobierno militar de 1898-1900 implantó una serie de reformas que buscaban erradicar los vestigios del régimen español en Puerto Rico y de facilitar la más rápida expansión del capital estadounidense en la Isla. Estas medidas incluyeron la abolición del gobierno local formado bajo la Carta Autonómica y la formación de un gobierno centralizado en manos de los militares estadounidenses. Las principales medidas económicas del gobierno militar —la reforma a los estatutos contributivos, la congelación del crédito y la devaluación del peso— facilitaron la expansión de las corporaciones estadounidenses en la Isla y la transferencia de tierras de propietarios locales al capital norteamericano. Las políticas del gobierno militar sirvieron de "instrumento preparatorio" para el sistema colonial que se impuso bajo el Acta Foraker de 1900.[1]

El Acta Foraker representó la institucionalización de la hegemonía de los Estados Unidos en Puerto Rico. Bajo ella se crearon nuevas instituciones estatales y económicas que servirían de pilares al sistema colonial que permanecerá vigente por el resto del siglo.[2] El Acta Foraker estableció un gobierno "autocrático" para asegurar así la administración del territorio por el gobierno de Estados Unidos y restringir el poder de los grupos locales.[3] El eje de la nueva estructura estatal fue el control de la administración local por el Ejecutivo estadounidense, que nombraba al gobernador colonial y a los seis miembros de su gabinete. Estos últimos, a su vez, eran miembros de la cámara alta de la legislatura local, violando así la separación constitucional de poderes existente en Estados Unidos; esta estructura le otorgó al gobernador el poder de maniatar a la cámara baja, formada por representantes electos y, por lo tanto, la única estructura estatal abierta a los grupos locales. Los miembros de la corte suprema local también eran nombrados por el Presidente, mientras que el Congreso tenía la potestad de anular cualquier ley aprobada en la Isla. La autonomía municipal, el principal

---

[1] La frase es de Edward J. Berbusse, *The United States in Puerto Rico*, 1898-1900 (Chapel Hill: University of North Carolina Press, 1966), p. 109; sobre el gobierno militar vea además: Consuelo Maldonado, "Developments in Puerto Rican Political-Administrative, Fiscal and Comercial Structures During 1898-1900" (Ph.D. diss., Graduate School of Public Administration, Syracuse University, 1974).

[2] Lyman J. Gould, *La ley Foraker: Raíces de la política colonial de los Estados Unidos* (Río Piedras: Editorial Universitaria, 1975).

[3] En palabras de W. F. Willoughby, entonces secretario de estado de Puerto Rico, según citado en Edgardo L. Martínez Nazario, "Estudio histórico-teórico sobre el desarrollo administrativo del sector público en Puerto Rico" (Tesis de maestría, Escuela de Administración Pública, UPR, 1971), pp. 41-42

bastión político de los hacendados hasta entonces, fue grandemente reducida bajo el nuevo gobierno centralizado. En términos económicos, con el Acta Foraker se impuso la tarifa estadounidense a Puerto Rico, limitando así el comercio con otros países. También se impusieron las leyes de cabotaje de los Estados Unidos, requiriendo que todo comercio marítimo se realizara en barcos estadounidenses. En el acta de 1900 también se incluyó la Ley de los 500 Acres, que restringió la cantidad de tierras poseídas por cualquier corporación; esta ley permaneció como letra muerta por cuatro décadas, ya que no se proveyó ningún mecanismo para ejecutarla.[4]

El Acta Jones de 1917 les concedió la ciudadanía estadounidense a los puertorriqueños y reformó la legislatura colonial. De acuerdo con José Cabranes, al concederles la ciudadanía a los puertorriqueños, Estados Unidos prevenía cualquier reclamo de independencia y mantenía así su poder colonial sobre el territorio. La ciudadanía otorgada fue incompleta, ya que "nunca hubo la intención de conferir a los puertorriqueños 'ningún derecho que el pueblo americano no quisiera que tuvieran'".[5] La condición colonial de la Isla fue reafirmada por los llamados Casos Insulares, las decisiones de la Corte Suprema de Estados Unidos sobre Puerto Rico. La Isla fue declarada un territorio "no incorporado", esto es, no formaba parte jurídica o políticamente de Estados Unidos, sin derecho a reclamar la estadidad o la aplicabilidad de la Constitución.[6] Esto creó una posición contradictoria para los puertorriqueños: aunque los puertorriqueños estaban integrados al estado metropolitano por ser ciudadanos, Puerto Rico como entidad jurídico-política no lo estaba. Las consecuencias de estas medidas son cruciales para entender la política puertorriqueña: el colonia-

---

[4] Gould, *La ley Foraker*, María D. Luque de Sánchez, *La ocupación norteamericana y la ley Foraker* (Río Piedras: Editorial Universitaria, 1980).

[5] José A. Cabranes, *Citizenship and the American Empire: Notes on the Legislative History of the United States Citizenship of Puerto Ricans* (New Haven, Conn.: Yale University Press, 1979), p. 6; traducción del inglés del autor. La frases citadas son del Senador Foraker, en 1900, sobre el asunto de Puerto Rico. Truman R. Clark argumenta que la ciudadanía estadounidense fue otorgada para restringir el fervor independentista en la época; en *Puerto Rico and the United States, 1917-1933* (Pittsburgh, Penn.: University of Pittsburgh Press, 1975), p. 23.

[6] Los Casos Insulares aparecen en Commonwealth of Puerto Rico, *Documents on the Constitutional History of Puerto Rico* (Washington, D.C.: Office of the Commonwealth, 1964), pp. 117-20, 120-31, y 140-49.

lismo y la ciudadanía permanecen aún como el meollo de la política puertorriqueña, particularmente importante para el movimiento estadista.

La otra medida importante del Acta Jones fue la reforma de la legislatura local con la creación de dos cámaras cuyos miembros serían electos popularmente. El gabinete era nombrado por el gobernador, con la excepción de los comisionados de educación y justicia. Aunque la nueva reforma política le abrió un espacio en el gobierno a la élite local, ésta permaneció sin la oportunidad para gobernar. Si las nuevas estructuras coloniales limitaron el acceso de aquellos grupos criollos dominantes bajo el régimen español al poder estatal, la nueva estructura económica que surgió luego de 1898 destruyó o reestructuró su base socioeconómica.

Las transformaciones económicas que sufrió Puerto Rico durante las primeras tres décadas luego de la invasión fueron tan profundas como las transformaciones políticas. La Isla experimentó la expansión de la economía capitalista bajo la hegemonía del capital estadounidense y comenzó un proceso de integración económica a los Estados Unidos.[7] El capital estadounidense llegó a controlar la agricultura, las finanzas y el comercio, para lo cual obtuvo el apoyo del estado colonial. El eje de la nueva economía capitalista y la mayor área de inversión fue la industria azucarera; ésta no tan sólo dominó rápidamente las importaciones y exportaciones de la Isla, sino que transformó radicalmente el patrón de la propiedad de las tierras y del cultivo agrícola a favor de la producción de azúcar, controlado por cuatro corporaciones estadounidenses.[8]

La expansión de la economía capitalista bajo la hegemonía del capital estadounidense transformó la estructura de clases y el carácter del conflicto político en Puerto Rico durante este período. Los cambios más importantes

---

[7] Kelvin Santiago, "Algunos aspectos de la integración de Puerto Rico al interior del Estado metropolitano: los orígenes de la nueva estructura estatal colonial: 1898-1929", *Revista de Ciencias Sociales* 23 nos. 3-4 (julio-diciembre 1981), pp. 295-346; y James Dietz, *Economic History of Puerto Rico: Institutional Change and Capitalist Development* (Princeton, N.J.: Princeton University Press, 1986), cap. 2.

[8] Sobre la economía del azúcar vea: Arthur Gayer, Paul T. Horman, and Earle K. James, *The Sugar Economy of Puerto Rico* (New York: Columbia University Press, 1938); Esteban A. Bird, *Report on the Sugar Industry in Relation to the Social and Economic System of Puerto Rico* (San Juan: Bureau of Supplies, Printing, and Transportation, 1941); Bailey W. and Justine W. Diffie, *Porto Rico: A Broken Pledge* (New York: Vanguard Press, 1931).

en la estructura de clases fueron: la consolidación de una burguesía puertorriqueña vinculada a la industria del azúcar, el comercio, y las finanzas; la
consolidación de una pequeña burguesía comercial y profesional; el debilitamiento de la clase hacendada, particularmente de su sector cafetalero; y el
desarrollo de la clase obrera.[9] De gran importancia para nuestro estudio es
el desarrollo de la burguesía puertorriqueña. Durante el siglo XIX la
reducida burguesía puertorriqueña –vinculada principalmente al azúcar, al
comercio y a las incipientes instituciones bancarias criollas– sufrió las
limitaciones impuestas por el régimen colonial español. La llegada del
estado norteamericano, la expansión del capital estadounidense y la creciente integración económica de Puerto Rico a los Estados Unidos sentó las
bases para su desarrollo como clase.[10] Beneficiándose de la expansión de la
economía capitalista, aumentaron las filas de la pequeña burguesía profesional y comercial.

El surgimiento de nuevos actores sociales, junto a las estructuras del
nuevo régimen, transformaron la política en Puerto Rico. Importantes
sectores de la naciente burguesía azucarera, financiera y comercial puertorriqueña y de la pequeña burguesía comercial y profesional conformaron el
liderato del Partido Republicano, la principal fuente de apoyo a la presencia
económica y política de Estados Unidos en Puerto Rico. La clase hacendada
–encabezada por los hacendados del café, cuya posición económica y
política fue minada por el nuevo régimen estadounidense– dirigió la
oposición al régimen desde el Partido Unión de Puerto Rico, formado en
1904.[11] La clase obrera, mayormente el proletariado azucarero y los obreros
urbanos, organizaron el Partido Socialista en 1915, convirtiéndose en uno
de los actores principales de la política puertorriqueña durante la década de
los años veinte.

---

[9] A. G. Quintero-Rivera, *Conflictos de clase y política en Puerto Rico* (Río Piedras:
Ediciones Huracán, 1976); Dietz, *Economic History*, cap. 2.

[10] Thomas C. Cochran, *The Puerto Rican Businessman: A Study in Cultural
Change* (Philadelphia: University of Pennsylvania Press, 1959); Biagio di Venuti,
Money and Banking in Puerto Rico (Río Piedras: University of Puerto Rico Press,
1950); Quintero-Rivera, *Conflictos*.

[11] Mariano Negrón Portillo, *Reformismo liberal, reformismo conservador: Dos
etapas del autonomismo puertorriqueño* (Río Piedras: Centro de Investigaciones Sociales,
1981).

La inserción de los Republicanos en el nuevo régimen

El Partido Republicano fue fundado el 4 de julio de 1899; la mayoría de sus miembros provenían de las filas del Partido Autonomista Ortodoxo. Su programa propuso la "anexión definitiva y sincera" de Puerto Rico a los Estados Unidos; demandó que se reconociera a Puerto Rico como un territorio organizado en transición a la estadidad y consignó su deseo de "intervenir decididamente en la vida insular y en la vida nacional"; asimismo prometió "fidelidad a nuestra nueva nacionalidad". Entre sus demandas se encuentran la de un gobierno civil para la Isla, el sufragio universal, libertades civiles, instrucción en inglés, reforma contributiva, libertad de comercio, el cambio de moneda al dólar, ayuda a la agricultura, y la implantación del sistema judicial norteamericano.[12] En términos generales, el programa Republicano era muy parecido al del Partido Federal. Pero los republicanos hicieron mayor hincapié en la americanización de la Isla, deseando una asimilación más rápida a las instituciones, costumbres, cultura, y formas políticas democráticas de los Estados Unidos. Ambos partidos concebían la estadidad como un gobierno autónomo dentro de la federación estadounidense. Al igual que bajo el régimen español, la autonomía regional (esta vez la estadidad bajo la federación estadounidense) representaba la aspiración de los sectores dominantes criollos de tomar o mantener el poder económico y político en Puerto Rico.

Los Partidos Republicano y Federal se diferenciaron claramente en la composición social de su liderato y en sus bases de apoyo popular. El Partido Federal se presentó como el partido de las "clases directivas del país" que representaba a "los grandes intereses regionales" frente al "populacho soez", frente a la "escoria de los suburbios".[13] El Partido Republicano, en cambio, se presentó como el partido de las masas populares. Ambos partidos se diferenciaban también en los aspectos raciales. Ya para las

---

[12] El programa Republicano aparece en Bolívar Pagán, *Historia de los partidos políticos puertorriqueños* (San Juan: M. Pareja, 1972), pp. 34-37. La formación del partido es discutida en Antonio Mirabal "Ponce y los partidos políticos de Puerto Rico", *El Día* (Ponce), 18 de diciembre de 1949, pp. 27, 31-32; y Roberto H. Todd, *Patriotas puertorriqueños* (Madrid: Ediciones Iberoamericanas, 1965), pp. 72-73. La asamblea es reseñada en Partido Republicano, *Asamblea Republicana celebrada en San Juan, Puerto Rico, 1 y 2 de julio de 1899* (San Juan: Imprenta de "El País", 1899), pp. 10-25.

[13] Negrón Portillo, *Reformismo liberal*, p. 36.

elecciones municipales de 1899 las diferencias sociales entre ambos partidos era evidente. Edward S. Wilson anota que, mientras la élite blanca votaba por los federales, "los negros y la gente de color, generalmente los pobres y desafortunados, el populacho de las ciudades, y un gran contingente de los hombres, que recordaban muy bien la crueldad española, y querían erradicar todo vestigio de ella, votaban por la papeleta republicana".[14] Leo S. Rowe indicó en 1904 que el Partido Republicano "apelaba al elemento más radical de la población nativa" y que el partido "fue organizado con una visión de atraer a sí el apoyo de aquellos elementos hasta entonces despreciados, los blancos pobres y los negros". Según Rowe, el Partido Federal agrupó a "los elementos más conservadores" de la élite, caracterizados por sus "tendencias borbónicas" y un "horror a la dominación negra, junto con el miedo a lo que resultaría de una mayor extensión del sufragio de los blancos pobres".[15] El Partido Republicano mantuvo esta imagen de un partido con apoyo popular durante la mayor parte del período bajo consideración, mientras que el partido Federal se presentó como el partido de los grandes intereses económicos y de la élite blanca.[16] Esta imagen del antiguo Partido Republicano se debió a la posición privilegiada en su liderato de los profesionales, el sector más articulado y progresista del partido, y por el apoyo que recibió de la población negra y de sectores de la clase obrera.

Las diferencias políticas e ideológicas entre los dos partidos salieron a relucir cuando las estructuras económicas y políticas del nuevo régimen empezaron a debatirse en Washington y Puerto Rico. En un principio, las demandas de ambos partidos fueron similares: gobierno territorial como forma transitoria a la estadidad, comercio libre, facilidades de crédito, el

---

[14] Edward S. Wilson, *Political Development of Porto Rico* (Columbus, Oh.: Fred J. Heer Publishing, 1905), pp. 77-78; traducción del inglés por el autor. Una descripción similar es ofrecida por Daniel H. O'Leary, "The Development of Political Parties in Puerto Rico Under American Occupation" (Ph.D. diss., Boston College, 1936), p. 12.

[15] Leo S. Rowe, *The United States and Puerto Rico* (New York: Longmans, Green and Co., 1904; reimpreso por Arno Press, New York, 1975), p. 247-48; traducción del inglés por el autor.

[16] A. Hyatt Verrill, *Porto Rico: Past and Present* (New York: Dodd, Mead and Co., 1914), p. 134. La vinculación del Partido Republicano con sectores populares, en el fenómeno que se ha conocido popularmente como "las turbas republicanas", es discutido detalladamente por Mariano Negrón Portillo, *Las turbas republicanas, 1900-1904* (Río Piedras: Ediciones Huracán, 1990).

cambio de moneda, y subsidios a la agricultura, entre otros. Sin embargo, los republicanos figuraron prominentemente en las delegaciones que representaban los intereses comerciales y financieros, mientras que los federales tendieron a representar los intereses agrícolas, particularmente los del café. Por otro lado, los republicanos pidieron que Estados Unidos estableciera un régimen de tutoría sobre Puerto Rico mientras los puertorriqueños se educaban en las formas democráticas, en el gobierno propio y se preparaban para la estadidad; por otro lado, los federales demandaron la concesión inmediata del gobierno propio y la autonomía.[17] Las diferencias entre ambos partidos se agudizaron con la imposición del Acta Foraker en 1900. El Partido Federal, que agrupó a aquellos sectores más afectados económica y políticamente por el nuevo régimen, desarrolló una postura de oposición al nuevo régimen. Los republicanos, cuyos sectores dominantes vieron en el nuevo régimen la oportunidad para convertirse en grupo dominante local, apoyaron al nuevo gobierno colonial.[18]

El Partido Republicano, con el apoyo del gobierno estadounidense, ganó acceso al gobierno colonial durante los primeros años del siglo. Los republicanos obtuvieron la mayoría de los puestos puertorriqueños del Consejo Ejecutivo, la cámara alta de la legislatura local, cuyos miembros eran nombrados por el Presidente de Estados Unidos. Entre 1900 y 1917 los republicanos obtuvieron la mayoría de los puestos en el Consejo, aunque, desde 1904, el Partido Unión fue el partido electoralmente dominante. Más aún, entre 1900 y 1904 el Partido Republicano fue el único en tener representación en la legislatura. Por ley, una nueva distribución electoral fue requerida para las elecciones de 1900. Los republicanos del Consejo Ejecutivo, apoyados por los miembros estadounidenses y por el gobernador, propusieron una ley de redistribución electoral, conocida popularmente como "el jorobado", que favoreció abiertamente a los republicanos. La ley fue aprobada a pesar de la oposición de los dos miembros federales del Consejo, que renunciaron poco después de aprobada la ley. El partido Federal se abstuvo de participar en las elecciones de 1900, dándole al Partido Republicano la oportunidad de obtener una victoria absoluta y controlar la legislatura colonial. El Partido Republicano fortaleció su

---

[17] Luque de Sánchez, *La ocupación*, pp. 94-108; y Gould, *La ley Foraker*, pp. 75-80.

[18] Véanse los comentarios de Matienzo Cintrón en la asamblea Republicana de 1899, en *Asamblea Republicana*, pp. 27-28.

control sobre el gobierno colonial cuando las vacantes federales fueron ocupadas por republicanos.[19] La importancia de tener a los republicanos en el gobierno colonial fue apreciada entonces por un observador estadounidense, para quien la falta de oposición "probó ser una gran ventaja durante la primera y segunda sesión de la Asamblea Legislativa"; la institucionalización del nuevo régimen fue facilitada por "el apoyo incuestionable de un partido cuya fe en las instituciones americanas nació de la fe indisputable en los principios de nuestro gobierno".[20]

Los primeros dos gobiernos civiles bajo el régimen norteamericano, dominados por los republicanos en la legislatura y en el Consejo Ejecutivo, promovieron la transferencia de las instituciones estadounidenses a Puerto Rico. Durante el primer gobierno civil de 1900 a 1902 se aprobaron 36 leyes, incluyendo el traspaso de los códigos político, civil y penal de Estados Unidos, la reforma del sistema de instrucción pública, el sistema electoral, las regulaciones obrero-patronales, la administración municipal y el cuerpo de policía. Se le otorgaron también tierras al gobierno federal y la facultad para apropiarse de aquellas que fueran necesarias para cuestiones de defensa.[21] Las leyes aprobadas en el área económica sirvieron para consolidar las relaciones sociales capitalistas y facilitar la penetración y expansión del capital estadounidense en la Isla. Por ejemplo, la reforma del sistema contributivo favoreció al gran capital y facilitó el traspaso de tierras de terratenientes locales a manos de corporaciones estadounidenses; la implantación de una nueva ley corporativa facilitó la entrada del capital corporativo ausentista en Puerto Rico.[22] Estas leyes minaron el poder económico y político de los hacendados, la principal fuerza de oposición al nuevo régimen.[23]

---

[19] Pagán, *Historia*, pp. 73-74; Todd, *Patriotas*, p. 81.

[20] Rowe, *The United States and Puerto Rico*, p. 254; traducción del inglés por el autor. Comentarios similares fueron hechos por el Gobernador Hunt en 1902; en United States War Department, *Annual Report of the Governor of Puerto Rico, 1902-1903* (Washington, D.C.: Goverment Printing Office, 1903) p. 13. La vinculación entre el Partido Republicano y el recién instaurado régimen colonial es discutida por Negrón Portillo, *Las turbas republicanas*.

[21] Luque de Sánchez, *La ocupación*, pp. 152-59; Pagán, *Historia*, p. 77.

[22] Maldonado, "Developments", pp. 18-19. También Rowe, *The United States and Puerto Rico*, p. 163.

[23] Quintero-Rivera, *Conflictos*, pp. 39-49.

La primera ruptura Republicana

El Partido Unión triunfó electoralmente en 1904 debido a la creciente oposición a las políticas del gobierno estadounidense y de sus aliados locales. Una facción importante del nuevo partido fue formada por disidentes Republicanos. El Partido Republicano había obtenido el apoyo de terratenientes y obreros durante sus primeros años. El primer movimiento disidente dentro del partido surgió por el descontento entre profesionales y terratenientes con las políticas del partido. Los disidentes Republicanos estuvieron encabezados por Rosendo Matienzo Cintrón y recibieron apoyo de varios comités municipales del partido, particularmente en Ponce y Mayagüez. En 1902, luego de que su propuesta fuera rechazada por una asamblea republicana, Matienzo Cintrón propuso al país la creación de la Unión Puertorriqueña Americana. Entre sus objetivos se encontraban la regeneración de la vida política de Puerto Rico bajo la unificación de los partidos, una completa autonomía política, elecciones libres, la elección popular de ambas cámaras legislativas y el rechazo al nuevo sistema contributivo. Esta propuesta fue aclamada por el Partido Federal y rechazada nuevamente por el Partido Republicano. Ante el rechazo de la propuesta de Matienzo Cintrón, los disidentes republicanos abandonaron el partido y fueron instrumento decisivo en la formación del Partido Unión de Puerto Rico.[24] La disidencia republicana incluyó a un grupo importante del sector profesional del partido, muchos de ellos destacados ideólogos del anexionismo como Matienzo Cintrón, José Julio Henna, Federico Degetau (entonces Comisionado Residente de Puerto Rico), Manuel Zeno Gandía y otros.[25]

Otro asunto que dividió al Partido Republicano fue su incorporación al Partido Republicano de Estados Unidos. Los opositores a esta medida argumentaron que dicha incorporación rompía con el carácter "regional" del partido local. La Asamblea Republicana de 1902 decidió en favor de la

---

[24] Ver Luis M. Díaz Soler, *Rosendo Matienzo Cintrón: Orientador y guardián de una cultura* (Río Piedras: Instituto de Literatura Puertorriqueña, 1960), pp. 218-54. La asamblea Republicana de 1904 es reseñada en Julio Medina González, *El escándalo o Revista de la Asamblea celebrada en el teatro de Ponce por el Partido Republicano de Puerto Rico, en los días 25, 26, y 27 de abril del año 1904* (Mayagüez: Tipografía La Voz de la Patria, 1904?).

[25] Quintero-Rivera, *Conflictos*, pp. 60-62; Negrón Portillo, *Reformismo liberal*, p. 46.

incorporación al Partido Republicano Nacional "con la esperanza de ser protegidos por el Partido Republicano de los Estados Unidos".[26] Los republicanos locales conocían su propia fuerza y la de su adversario, y reconocieron, además, que no podrían controlar la legislatura por mucho tiempo. Estaban también interesados en el patronazgo local que la administración republicana estadounidense pudiera proveerles. El partido nacional, opuesto inicialmente a la incorporación del partido local, accedió a ésta, finalmente, al reconocer que dependían de los republicanos locales para la más fácil administración de la Isla.[27]

La identificación de los republicanos puertorriqueños con el Partido Republicano Nacional ha sido explicada en términos raciales: el partido Republicano Nacional era el partido de Lincoln, de la libertad y la igualdad. Siendo Barbosa negro, y dependiendo el partido del apoyo de la población negra del país, era lógico, pues, que Barbosa apoyara a los republicanos y se opusiera al Partido Demócrata, que representaba al racismo y al Ku Klux Klan en el sur de Estados Unidos.[28] Pero más importante para explicar la identificación de los republicanos locales con el Partido Republicano Nacional es el hecho de que este último era el partido en el poder al momento de la invasión y era el partido "imperialista" en Estados Unidos. Serían los republicanos los que con mayor probabilidad apoyarían la anexión de Puerto Rico a los Estados Unidos. La realidad, sin embargo, fue distinta y avivó los conflictos dentro de las filas republicanas locales.

El Partido Republicano local quedó identificado con el partido que impuso el colonialismo en Puerto Rico. Mientras que el Partido Demócrata cuestionaba en sus programas de 1900 y 1904 el régimen colonial impuesto en la Isla y la anexión sin incorporación o ciudadanía, el Partido Republicano Nacional exaltaba el gobierno civil que había establecido en la Isla y la gran porción de patronazgo en el gobierno local que había otorgado a los nativos.[29]

---

[26] Partido Republicano, *Informe de los delegados del Partido Republicano de Puerto Rico ante la Convención Nacional Republicana celebrada en Chicago el 21 de junio de 1904* (San Juan: Tipografía "El País", 1904), pp. 6-9.

[27] *Ibidem*, p. 23.

[28] Argumento de Pilar Barbosa, *La política en dos tiempos* (sin lugar: Editorial José C. Barbosa, 1978?), pp 31-33.

[29] En Reece B. Bothwell, ed., *Puerto Rico: Cien años de lucha política* (Río Piedras: Editorial Universitaria, 1979) vol. 4 pp. 1478-81.

El apoyo de los republicanos al gobierno colonial y al partido en los Estados Unidos que lo había impuesto creó insatisfacción dentro de las filas del partido. Federico Degetau catalogó la incorporación al Partido Republicano Nacional como una "abdicación por nuestra parte de aquellas convicciones que mantuvimos como nuestros principios en la Constitución de nuestro Partido Republicano Puertorriqueño".[30] Para Degetau, líder de la oposición a la incorporación, el Partido Republicano Nacional representaba todo lo contrario a los ideales de los puertorriqueños: el partido les había negado la ciudadanía y el gobierno propio y aun la promesa de la estadidad en su programa nacional. Degetau se opuso tenazmente a la incorporación ya que "son los demócratas los que más favorables se han mostrado en el reconocimiento de los derechos de la Isla".[31] Argumentó que la incorporación representaba un proceso de "americanización" de la política puertorriqueña que no favorecía los intereses de los puertorriqueños; la incorporación "consiste en la abortada tentativa de despojar a nuestro partido de su bandera, de su nombre y de su carácter regional".[32] Finalmente, Degetau se hizo eco de las quejas del sector terrateniente republicano al acusar al Partido Republicano Nacional de imponer una tarifa que discriminaba contra los intereses del café puertorriqueño y favorecía a otros productos.[33]

Los republicanos pasaron a una posición política secundaria luego de la derrota electoral de 1904, ya que los Unionistas ganaron todas la elecciones y controlaron la Cámara de Delegados durante las próximas dos décadas. Pero aun después de esta derrota, los republicanos continuaron ejerciendo cargos en el gobierno dentro del Consejo Ejecutivo y otras instituciones. El Consejo Ejecutivo, cuyos miembros puertorriqueños eran mayormente republicanos, funcionó como un freno a las demandas Unionistas. Un estudio del proceso legislativo entre 1905 y 1914 concluyó que la gran mayoría de los proyectos de ley no aprobados por el Consejo fueron medidas que beneficiaban los intereses de los sectores representados por el Partido Unión, particularmente de su sector hacendado.[34] Aunque estuvieron desincorporados del Partido Republicano Nacional entre 1913 y 1919,

---

[30] *Ibidem,* vol. 2 p. 209.

[31] Angel M. Mergad, *Federico Degetau: un orientador de su pueblo* (New York: Hispanic Institute, 1944), pp. 178-79.

[32] Bothwell, *Puerto Rico,* vol. 2, p. 212.

[33] *Ibidem,* p. 215; y Medina González, *El escándalo,* p. 33.

[34] Mariano Negrón Portillo, "Conflictos legislativos en Puerto Rico, 1905-1914", *La Toga* 10, no. 1 (abril 1978), pp. 25-27.

los republicanos puertorriqueños celebraron las victorias del partido nacional como si fueran propias, pues se sabían hijos predilectos del patronazgo federal republicano. Pero las repetidas derrotas electorales, la lenta desintegración del partido y el cambio de liderato hicieron mella en el partido, convirtiéndolo en un "partido de patronazgo".[35]

El proyecto republicano

La noción tradicional que se tiene del Partido Republicano de principios de siglo es la de que sus miembros eran colaboradores serviles de los norteamericanos, luchadores incansables por el poder político, represivos (¡quién no se acuerda de las famosas "turbas republicanas"!), buscadores insaciables de patronazgo, anti-puertorriqueños y asimilistas empedernidos. La realidad es compleja, y sin duda, estas caracterizaciones pueden representar algo de la realidad republicana, aunque también pueden describir de igual forma a los unionistas de la época. Pero estas caracterizaciones son inadecuadas para entender la naturaleza real del Partido Republicano y del anexionismo durante este período. Aunque hoy en día se les reconoce a los sectores subordinados su capacidad de resistencia y de proponer proyectos históricos y alternativos a los dominantes, no se les reconoce esta misma capacidad a la burguesía y a clases y grupos aliados. La burguesía puertorriqueña, con todos los mecanismos de poder económico, social y político a su alcance, y unida a una pequeña burguesía intelectualmente destacada, sí presentó un proyecto histórico coherente, al cual he llamado el "proyecto republicano". La base de este proyecto histórico fue la transformación total de la sociedad puertorriqueña; transformación que se iba a realizar a través de la absorción de las formas económicas, sociales, políticas y culturales de los Estados Unidos.

Americanización

El eje del proyecto republicano lo fue el programa de "americanización". El Partido Republicano se veía a sí mismo como el vehículo de la

---

[35] Clark, *Puerto Rico and the United States*, pp. 78-79. El patronazgo fue tan importante para el Partido Republicano que el artículo 39 de su reglamento de 1920 bregaba exclusivamente con la política de patronazgo del partido. Vea Partido Republicano Puertorriqueño, *Constitución y plataforma del Partido Republicano Puertorriqueño* (San Juan: Tipografía Times Publishing, 1920), p. 10. El artículo reapareció en el reglamento Republicano de 1923.

americanización de la Isla. Barbosa, el líder e ideólogo principal del partido, fue conocido en los círculos estadounidenses como "The Rock of Americanization".[36] Pero el programa anexionista no puede reducirse a su apoyo de la asimilación cultural, aunque este elemento sí existió en el programa de americanización. Los republicanos vieron la americanización como un programa histórico en todos los ámbitos: social, económico, político, legal y cultural. Barbosa definió la política del Partido Republicano en 1908 de la siguiente manera: "Auxiliar del gobierno americano en Puerto Rico, protegió su acción *en cuanto vio palpable el intento de transformar las condiciones político-sociales del país*".[37] De eso precisamente se trataba en el programa republicano: de la transformación total de la sociedad puertorriqueña.

El programa republicano de americanización estuvo dirigido a promover el desarrollo de las instituciones sociales, económicas y políticas de Estados Unidos en Puerto Rico. El sistema económico y político estadounidense había sido el modelo de muchos liberales autonomistas puertorriqueños durante el siglo XIX. La necesidad de americanizar a Puerto Rico se basó en dos realidades que se imponían a los republicanos: primero, el hecho de la anexión de Puerto Rico a los Estados Unidos como algo irreversible; y, segundo, la necesidad, por ende, de acoplar la sociedad puertorriqueña a la norteamericana. Según Barbosa, el Partido Republicano creía que "estando nosotros ligados al pueblo americano por accidentes geográficos, por vínculos comerciales, y, últimamente, por leyes inapelables de la historia, deberíamos realizar un gran esfuerzo... para insuflar en nuestro espíritu el pensamiento redentor de aquel gran pueblo".[38] La americanización era necesaria para absorber e internalizar debidamente los logros políticos y económicos de Estados Unidos: "Al defender la americanización de la Isla, lo hemos hecho porque deseamos que nuestro futuro gobierno esté cimentado en iguales instituciones democráticas en que se cimentó esa gran república y que nuestro país asimile todo aquello que ha hecho grande y poderoso al pueblo americano".[39] Dado el hecho irreversible de la anexión y la necesidad de absorber las instituciones norteamericanas, la americanización era

---

[36] José A. Gautier Dapena, "Nacimiento de los partidos políticos bajo la soberanía de los Estados Unidos: programas y tendencias", *Historia* 3 no. 2 (Oct. 1953), p. 171.

[37] José Celso Barbosa, *Orientando al pueblo*, 1900-1921, editado e introducido por Pilar Barbosa (San Juan: Imprenta Venezuela, 1939), p. 59.

[38] *Ibidem*, p. 53.

[39] *Ibidem*, pp. 33, 163.

necesaria por ser *el único camino para coexistir al lado de la vigorosa raza que habita en el continente.*[40]

La política republicana de americanización estuvo asentada en la noción de la superioridad de la sociedad estadounidense y de la raza anglosajona. De acuerdo con Barbosa, la raza anglosajona creaba gobiernos de libertad que estaban enraizados en el pueblo: "Esta es toda la política anglosajona, que va dando tan maravillosos resultados al punto de que no hay gobiernos más felices y mejor constituidos que los de los pueblos pertenecientes a este tronco humano".[41] Puerto Rico, de una estirpe latina y "tropical", debía envolverse en el "espíritu" anglosajón. Durante la Asamblea Republicana de 1904 se propuso la americanización de Puerto Rico de forma que "el espíritu nacional [estadounidense] influya en un país insular produciendo los beneficiosos resultados que ha producido en los países del continente".[42]

La política republicana de americanización, particularmente en el ámbito cultural, fue muy conflictiva. Por ejemplo, en 1902, mientras dominaba la Cámara de Delegados, el partido aprobó una ley que instituía el inglés como el idioma oficial de Puerto Rico e impulsaba su uso como vernáculo de enseñanza en las escuelas públicas. Esta política trajo consigo una serie de conflictos, tanto políticos (con el sector nacionalista del Partido Unión) como pedagógicos. La americanización cultural, incluyendo la propagación del inglés, era crucial para el programa Republicano y el proceso anexionista, dada la renuencia en Estados Unidos de anexar poblaciones ajenas a la cultura y la raza de este país. El español y el inglés, "Calderón y Shakespeare", pueden coexistir en "el cerebro del puertorriqueño," pero, establece Barbosa, "nos importa mucho más, y nos conviene a nosotros mucho más, cultivar a Shakespeare que descuidarlo".[43]

Pero la cuestión de la americanización de Puerto Rico sobrepasa la cuestión cultural, ya que fue vinculada a la adaptación del país a las "fuerzas económicas" de Estados Unidos. De acuerdo con una noción común en el anexionismo del período, Puerto Rico se consideraba en un nivel socioeconómico inferior al de Estados Unidos, entre otras razones, por su

---

[40] *Ibidem,* p. 34.

[41] *Ibidem,* p. 85. Ver también a Claudio Capó, *¿República independiente o Estado federal?* (San Juan: n.p., 1921), pp. 33, 77.

[42] Medina González, *El escándalo,* p. 5.

[43] Barbosa, *Orientando al pueblo,* pp. 33-34.

trasfondo racial y cultural. No existían industrias en Puerto Rico dada la falta de la "ética capitalista" de la tradición anglosajona.[44] Había que facilitar la entrada de instituciones económicas estadounidenses que propiciaran el desarrollo económico de la Isla. Ya Barbosa había indicado en 1899 lo que sería la política económica del partido: "el estimular la introducción de capital en la forma de bancos, sociedades, compañías, etc.... para la creación de nuevas empresas, atrayendo el factor primordial que es necesario para nuestra prosperidad, a saber, el capital".[45]

Como discutiéramos anteriormente, la política de los republicanos, mientras controlaron la legislatura entre 1900 y 1904, estuvo dirigida a propiciar las condiciones necesarias para la entrada del capital norteamericano a Puerto Rico; por ejemplo, el programa republicano de 1902 pretendió enmendar la Ley de 500 Acres "en el sentido de permitir a dichas Corporaciones poseer hasta cinco mil cuerdas".[46] En la medida en que el Partido Unión incrementó su oposición al gobierno colonial y a la expansión del capital estadounidense en Puerto Rico, el Partido Republicano se tornó en el defensor de este capital.

> El Partido Republicano es el único partido en Puerto Rico que es genuinamente favorable hacia los americanos... Estos hombres comprenden que los americanos han hecho grandes inversiones en Puerto Rico y saben también que existe más capital de fuentes similares a ser invertido aquí... y estando consciente que el capital invertido en la isla tiene derecho a ser protegido... no han vacilado en ponerse de pie y combatir las maquinaciones de los enemigos del poder americano en Puerto Rico.[47]

La americanización económica y el apoyo al régimen colonial fueron mano a mano en el programa republicano.

---

[44] Capó, ¿República independiente...?, p. 82.

[45] En Henry K. Carroll, *Report on the Island of Porto Rico* (Washington, D.C.: Government Printing Office, 1899; reimpreso por Arno Press, New York, 1975), p. 115; traducción del inglés por el autor.

[46] Bothwell, *Puerto Rico*, vol. 1, pt. 1, p. 277.

[47] *El Tiempo*, 1912, según citado en Luis A. Vélez Aquino, "Puerto Rican Press Reaction to the Shift From Spanish to United Sovereignty, 1898-1917" (Ph.D. diss., Dept. of Education, Columbia University, New York, 1968), pp. 112-13; traducción del inglés por el autor.

Independencia

El proceso de transformación de la sociedad puertorriqueña requería la absorción de todas las "formas" norteamericanas; el programa de americanización tenía, por lo tanto, como conclusión lógica, la entrada de Puerto Rico a la federación americana, esto es, la estadidad. El primer asunto que se elaboró en el programa estadista fue la viabilidad de la estadidad frente a la otra alternativa del momento, la independencia. Para establecer la imposibilidad o no deseabilidad de la independencia se argumentó que Puerto Rico no contaba con los elementos necesarios para ser un país independiente, por razones que van desde su pequeñez territorial, la poca y atrasada población, la falta de recursos naturales y tecnológicos, su incapacidad para gobernarse y las tradiciones de "sangre latina" hacia formas no democráticas de gobierno hasta la necesidad del mundo moderno en formar grandes sociedades y la incapacidad de defenderse militarmente.[48] A Barbosa le gustaba citar las condiciones del mundo moderno que exigen "la constitución de grandes grupos sociales que pueden equilibrarse para mantener el orden y la paz". Junto a esto se encuentra la necesidad de que un país necesita ser grande económicamente y fuerte militarmente. Barbosa concluye que "es preciso convenir en que la isla de Puerto Rico no se encuentra en condiciones para ser una república independiente, fuerte y vigorosa por sí misma. En tales condiciones, necesita Puerto Rico del auxilio ajeno que le proporcione la fuerza y le dé la consistencia de que ella desgraciadamente carece".[49] Que esto era una cortina de humo intelectual vino a verse claramente luego, cuando los republicanos adoptaron la independencia como alternativa al colonialismo.

Junto a este argumento para rechazar la independencia, los anexionistas de principio de siglo propusieron la inevitabilidad de la anexión basándose en la mutualidad de intereses entre Estados Unidos y Puerto Rico. Según los republicanos, Puerto Rico necesita militarmente de los Estados Unidos para su defensa, y los "Estados Unidos forman el mercado natural para los productos insulares".[50] A su vez, Estados Unidos necesita de Puerto Rico

---

[48] Ver, por ejemplo, el progama Republicano de 1898 en Pagán, *Historia*, vol. 1, p. 34.

[49] Barbosa, *Orientando al pueblo*, pp. 83-84. También Capó, *¿República independiente...?*, p. 97.

[50] Federico Degetau, *Pequeño resumen de sus obras en favor de la ciudadanía y el estado para Puerto Rico*, editado por Ana Degetau (Madrid: n.p., 1916), p. 18

como bastión estratégico en América Latina y como mercado para sus productos. Finalmente, se alega que la presencia de Estados Unidos era la única garantía para mantener el régimen democrático en la Isla.[51]

La estadidad como la "patria regional"

Junto a las nociones de la indeseabilidad e imposibilidad de la independencia y de la necesidad de la anexión, los Republicanos elaboraron una concepción que buscaba precisamente alterar la concepción tradicional de la independencia e incorporar ésta a la de estadidad. De aquí surge la concepción de la estadidad como independencia, el concepto de la "patria regional". Esta concepción, que ya se había asomado entre los autonomistas decimonónicos, buscaba, al igual que antes, establecer los límites económicos y políticos de los sectores dominantes locales a la vez que los relacionaba con las variables étnico-culturales de la población puertorriqueña. Expresamente, los sectores dominantes del Partido Republicano buscaban delinear su marco de dominación dentro de Puerto Rico a la vez que mantenían la concepción de una personalidad puertorriqueña dentro de la federación norteamericana.

El concepto de la patria regional fue presentado por Degetau en la primera asamblea republicana de 1899:

El patriotismo americano tiene el doble concepto del amor profundo a la región nativa, como base y fundamento del amor y respeto profundo al Estado general, a sus instituciones y a sus leyes...; sólo manteniendo la personalidad de nuestra región, libremente desarrollada en el seno de esa Unión de Estados que constituyen la República Federal Americana, es como habremos organizado nuestra patria dignamente para vivir la vida del derecho y de la justicia.[52]

El concepto republicano de patria regional sobrepasaba lo relacionado estrictamente con "lo nacional" (esto es, en cuanto a la personalidad étnico-cultural de un pueblo) y se enmarcaba en las instituciones y formas de vida de un pueblo. En la asamblea republicana de 1899 Rossy declaró que "la

---

[51] Federico Degetau, *The Political Status of Porto Rico* (Washington, D.C.: Globe Printing Co., 1902), p. 16. También Degetau, *Pequeño resumen,* p. 17; Barbosa, *Orientando al pueblo,* pp. 89, 163; Capó, *¿República independiente...?,* pp. 78, 93-94.

[52] *Asamblea Republicana,* p. 29.

patria es la realización del derecho, el ejercicio de la libertad; el establecimiento de la justicia".[53] Posteriormente Barbosa escribiría: "No sólo es
patria la tierra donde se nace. Nuestras libertades y derechos son patria
también".[54] La personalidad puertorriqueña, aunque a veces fue negada su
existencia (Barbosa la catalogó en una ocasión como en "gestación"),
quedaría protegida por el "patriotismo regional". El patriotismo puertorriqueño no tiene nada incompatible con el patriotismo americano, ya que "ni
el neoyorquino, ni el marilandés, ni el tejano, tienen que sacrificar un ápice
de su patriotismo local por el hecho de formar parte de la nación americana".[55]

El elemento principal de la concepción de la patria regional es la
noción de la completa autonomía —o independencia— de los puertorriqueños en sus asuntos locales bajo la estadidad. Esta noción reflejó la concepción existente sobre el sistema federal estadounidense entonces, el cual se
definía más como una confederación que como una federación: se establе-
cía que Estados Unidos era una "República de Repúblicas, un Estado de
estados". Esta visión del federalismo estadounidense fue compartida tanto
por republicanos como por los federales/unionistas, lo que puede explicar
su atracción al anexionismo. Dentro de esta concepción, es el federalismo el
que "ha producido el fenomenal progreso y engrandecimiento de la República". Además, a él "se debe que el sentimiento regional nunca esté en
conflicto con el sentimiento nacional". La patria regional garantizaría la
preservación de la personalidad puertorriqueña dentro de la estructura
federal estadounidense.[56]

Pero la "patria regional" significaba mucho más: representaba la aspiración de los sectores dirigentes dentro del Partido Republicano a convertirse
en grupo dominante regional en Puerto Rico bajo el amparo del Estado
norteamericano. La estadidad como independencia significaba el control
total sobre los asuntos locales dentro de la federación norteamericana:

> Como estado, Puerto Rico sería dueño de sus destinos y los
> puertorriqueños podrían resolver libre e independientemente todos
> sus problemas locales; sin más nexos que aquellos que existen entre los

---

[53] *Ibidem*, p. 32.

[54] Barbosa, *Orientando al pueblo*, p. 37.

[55] *Ibidem*, pp. 34-35.

[56] *Ibidem*, p. 42.

distintos estados de la Unión Americana, con el gobierno federal... Así
coordina este partido el sentimiento de la independencia con la
organización de una verdadera república independiente para la localidad,
y la unión con el resto de la nación formando un todo consistente,
fuerte y poderoso para las grandes transformaciones de la vida futura...[57]

Nosotros somos regionalistas, separatistas, independentistas... pero
somos regionalistas, separatistas, independentistas al modo que los son
las naciones o estados que forman el pueblo de los Estados Unidos de
América.[58]

Así fue cómo la independencia, representando el control sobre los asuntos
locales, quedó vinculada a la estadidad dentro del programa republicano.

El resquebrajamiento del proyecto republicano

El primer gran obstáculo al proyecto republicano lo presentó precisamente el Estado norteamericano al establecer el régimen colonial y proponer la no viabilidad de la estadidad para Puerto Rico. La política republicana de apoyar al régimen estadounidense en la Isla creó una situación
contradictoria para el partido: por un lado, el gobierno norteamericano
reiteró su oposición a la estadidad, mientras que, por el otro, el partido que
apoyaba al régimen estadounidense en Puerto Rico tenía un programa cuya
principal demanda era precisamente la estadidad. Aunque esto no afectó
inmediatamente las relaciones entre el partido y el gobierno norteamericano, sí limitó las posibilidades del proyecto republicano. No sólo fue la
principal demanda republicana rechazada, sino que el régimen colonial
limitaba la autonomía económica y política que éstos deseaban.

Como resultado de esta contradictoria situación, los republicanos
buscaron reformas al régimen colonial mientras echaban a un lado la

---

[57] *Ibidem,* pp. 110, 87, respectivamente.

[58] José Celso Barbosa, en *El Tiempo,* 1916, reproducido en *Avance,* 16-31 de
julio de 1975 p. 57. Esta percepción errónea de los puertorriqueños sobre el
federalismo estadounidense fue notada por Rowe en 1904: "Los nativos... no
podían entender que el sistema americano, en vez de ser el gobierno extremadamente
descentralizado de los primeros años del siglo, se ha convertido en uno donde el
gobierno central establece las normas de eficiencia y vela por que las autoridades
locales cumplan de forma estricta con esas normas". En Rowe, *The United States and
Puerto Rico,* p. 155.

demanda de estadidad y promovían la colaboración con el gobierno estadounidense. En su programa de 1899, antes de que el Acta Foraker fuera aprobada, los republicanos demandaron la anexión, con un gobierno territorial como forma de transición. Luego del Acta Foraker, la principal demanda republicana fue la organización de Puerto Rico como un territorio de Estados Unidos y no la estadidad. La primera demanda de reformas al régimen colonial por el Partido Republicano en 1902 fue la separación de poderes entre el ejecutivo y el legislativo en el gobierno colonial. En 1906 los republicanos demandaron el gobierno propio y la ciudadanía estadounidense para los puertorriqueños. Estas fueron el grueso de las demandas republicanas antes del Acta Jones de 1917.

Fue mayormente el sector profesional republicano —que había elaborado el proyecto republicano como nacional y que temía su colapso— el que comenzó a criticar al régimen colonial durante este período. El temor de los republicanos se acrecentó por las victorias electorales unionistas y por la creciente colaboración entre éstos y el gobierno estadounidense, particularmente luego de la victoria demócrata en 1912; además, el gobierno norteamericano estaba considerando una serie de reformas presentadas por los unionistas. En 1913 el Partido Republicano de Puerto Rico se desincorporó del Partido Nacional, supuestamente por la oposición de éste a un proyecto de ley que otorgaría la ciudadanía estadounidense a los puertorriqueños y por su oposición a la estadidad para Puerto Rico. Los republicanos locales argumentaron que "quedó plenamente demostrado que el Partido Republicano Nacional, por sus tendencias y propósitos colonialistas, es, además, contrario, antagónico y enemigo de los altos ideales que persigue el Partido Republicano Portorriqueno [sic]".[59] Los republicanos locales comenzaron también a redefinir su política hacia el régimen colonial.

La reacción contra el colonialismo y los "hijos ajenos"

El ataque más enérgico del Partido Republicano en contra del régimen colonial vino en respuesta a la Ley Jones. El Acta Jones reflejó el interés de la administración del Presidente Wilson por reformar el régimen colonial en Puerto Rico y por conceder algunas de las reformas demandadas por los unionistas. Los republicanos rechazaron el proyecto por considerarlo, aparte de ser unionista, una reforma al régimen colonial. Para Barbosa era una

---

[59] Bothwell, *Puerto Rico,* vol. 1 pt. 1, pp. 337-38.

"suprema burla" que luego de veinte años de un régimen colonial supuestamente transitorio donde se buscaba "adiestrar al pueblo en las prácticas del
gobierno propio" se presente un proyecto que busca "organizar a Puerto
Rico en forma de Colonia Americana, con restricciones mayores de las que
hoy tienen".[60] A esto añade que "jamás aceptaríamos gustosos la tutela
americana con caracteres de permanencia ni de buen agrado acogeríamos la
idea de... constituirnos para 'in eternum' como una dependencia, como una
colonia, factoría, donde hubiéramos de sufrir por siempre el dominio de
un pueblo extraño".[61] La única alternativa al coloniaje es el gobierno
propio, y para ello "no hay más que dos caminos: uno, el Estado; otro, La
República Independiente. Los Republicanos buscan y ansían la primera
solución, preferentemente a la segunda".[62] Los republicanos acusan al
proyecto Jones de "organizar la posesión, la dependencia, el dominio como
una colonia Americana"; de restringir el gobierno propio y de meramente
reformar el régimen colonial existente.[63]

Aun con esta posición respecto a la Ley Jones, el Partido Republicano
apoyó la medida a raíz de una de sus concesiones: la otorgación de la
ciudadanía estadounidense a los puertorriqueños. Para los republicanos, la
Ley Jones era un paso hacia la estadidad al incorporar a los puertorriqueños
al Estado norteamericano como ciudadanos. Aunque la ciudadanía otorgada no traía consigo promesa alguna de estadidad futura, los republicanos la
aceptaron como una victoria para el partido.[64] Pero la oposición de los
republicanos al régimen colonial continuó. En su asamblea de 1917, luego
de aprobada la Ley Jones, el Partido Republicano declaró que su apoyo a
ésta iba acompañado de reclamos encaminados al gobierno propio, y
solicitaron al Congreso que "consigne la promesa de admitir a Puerto Rico
como un estado de la Unión" y que Puerto Rico fuera declarado un
territorio incorporado mientras alcanzaba la estadidad. Como conclusión,
añaden: "Protestamos de cualquier plan colonial, y declaramos que si el
pueblo de los Estados Unidos no desea admitirnos en la familia de Estados,
no tiene abierta otra solución que concedernos la independencia".[65]

---

[60] Barbosa, *Orientando al pueblo*, p. 117.

[61] Barbosa, en *Avance*, p. 58.

[62] Pagán, *Historia*, p. 155.

[63] Barbosa, *Orientando al pueblo*, pp. 118, 128-29, and 134-36.

[64] *Ibidem*, p. 139.

[65] Pagán, *Historia*, pp. 182-84.

Pero tal vez el mayor obstáculo al proyecto republicano fue de índole económica: el dominio de los "hijos ajenos" sobre la economía. Barbosa previno de los peligros envueltos en el control de la economía por los "hijos ajenos" en un artículo de 1910 que trataba sobre la tenencia de tierras: "Mas el verdadero peligro está en esas grandes empresas industriales si a tiempo no se vigilan, investigan y repelen...; el azúcar, el tabaco, y más tarde el café, serán controlados por esas grandes sociedades; los pequeños terratenientes convertidos en mayordomos..."[66] Pero no es hasta 1918 cuando Barbosa lanza su más severo ataque al dominio económico del capital extranjero. En el último de sus artículos sobre los "hijos ajenos", donde narra la historia de "La Torre del Viejo", Barbosa concluye:

> Es necesario unir todas las simpatías, todos los esfuerzos de nuestros amigos, para un fin común:... salvar a nuestros hijos de la esclavitud económica, para que, dejando de ser agregados en la finca propia, pasen a ser dueños y administradores de su propia tierra...
>
> Y es necesario que cese en Puerto Rico la actual situación en la que solamente un pequeño número de puertorriqueños escapados del naufragio colonial, tienen hoy verdadera influencia, riqueza y prestigio; y en cambio, una colonia extranjera continúa siendo la más rica e influyente y ocupa el puesto más saliente en la vida de nuestro pueblo; y la entidad puertorriqueña se esfuma en lo relativo a la vida económica; y la mayoría de sus habitantes continúa en la esclavitud económica, sometidos al poder del dinero de los hijos ajenos, cuyas riquezas los hacen poderosos e influyentes como en el pasado. Bajo la bandera americana, en lo político, gozamos de las mismas libertades, de los mismos derechos y prominencias de cualquier ciudadano americano, pero en lo económico, muy poco hemos avanzado, y no se puede ser dueño de un país sin ser dueño de sus riquezas...
>
> Si hemos de hacer una patria nuestra, si nuestros hijos han de ser libres y felices en su tierra, tienen indispensablemente que ser dueños y señores de las riquezas de su patria. No hay independencia política sin la independencia económica...[67]

¿A que se debe, según Barbosa, este dominio económico del país por los hijos ajenos?

---

[66] Barbosa, *Orientando al pueblo,* p. 253.

[67] *Ibidem,* pp. 247-49.

Se debe en gran parte a que hemos vivido soñando y persiguiendo constantemente un ideal...de constituir una patria libre para nuestros hijos, sin darnos cuenta de que mientras realizábamos esa labor de alto patriotismo, los otros, los ajenos, esos quienes no les importaba nada nuestro status presente o futuro, aprovechaban la oportunidad del nuevo día, para acaparar las industrias, el comercio, y las tierras, y se adueñaban del país...

La solución a esta situación, propuesta por Barbosa, es que "dejemos ya de considerar por algún tiempo el problema político, como el más importante y principal, y dediquemos todas nuestras energías a solucionar el problema económico".[68] El proyecto republicano fue grandemente cuestionado para la segunda década del siglo. Los hijos ajenos controlaban la vida económica del país y los hijos del país habían perdido el poder político. Y todo esto debido al "perseguir un ideal". La estadidad se presentaba ahora confrontando al elemento fundamental del proyecto republicano: el gobierno propio, esa aspiración al dominio sobre la sociedad puertorriqueña.

La paz social y la cuestión obrera

El proyecto republicano se vio acosado por otro problema mayor, uno que no sólo ponía en peligro la realización misma del proyecto, sino también la trama social de Puerto Rico: la lucha entre el capital y el trabajo. El proyecto republicano requería de la paz social, ya que necesitaba de un frente unido de todos los puertorriqueños; pero la paz social era amenazada por la lucha de clases en la Isla. El programa republicano de 1920 propuso, en típico lenguaje barbosista, que el principal objetivo del partido era la promoción de "la paz social, y la igual dignidad y ponderada compensación del capital y el trabajo logrando que los portorriqueños [sic] seamos dueños del suelo de nuestra Patria y de sus industrias y el Pueblo mismo árbitro de la producción, circulación y distribución equitativa de las riquezas, para que, de esta suerte lo sea también de sus propios destinos políticos..."[69] El llamado a la paz social entre el capital y el trabajo se hizo más urgente en el programa republicano de 1923, el cual establecía que la "lucha existente entre el Capital y el Trabajo demanda en esta ocasión, más que en ninguna otra, el que los partidos del país se pronuncien con toda franqueza, y sin

---

[68] *Ibidem,* p. 236-37.

[69] En Bothwell, *Puerto Rico,* vol. 1, pt. 1, pp. 373-74.

reserva alguna con respecto a las medidas que proponen, para regular las relaciones mutuas de estos factores de la producción y del progreso de los pueblos". Más adelante concluye: "Que entre el Capital y el Trabajo deben existir y mantenerse relaciones de armonía, de paz y de mutua confianza y respeto".[70] El mantenimiento de la paz social se convirtió en el problema principal para los republicanos a comienzos de la década de los veinte. Esto les presentó un dilema: los republicanos podían establecer una alianza con los unionistas en contra de los trabajadores, esto es, del Partido Socialista; o podían aliarse con la clase obrera, con los socialistas. Bajo el liderato de Barbosa, los republicanos optaron por lo segundo.

La búsqueda de un acuerdo de "paz social" entre el capital y el trabajo fue un elemento importante en el intento de los republicanos por lograr un acuerdo electoral con los socialistas entre 1920 y 1924. Según Barbosa, tanto el capital como el trabajo tenían que hacer concesiones: el capital tenía que abandonar su objetivo de dominar totalmente al trabajo, mientras que los trabajadores tenían que modificar su objetivo de transformar totalmente la sociedad. Pero correspondía al capital hacer la primera concesión, pues había sido su régimen económico y político el que había promovido la organización económica y política de la clase trabajadora. El movimiento obrero y el Partido Socialista crecieron a causa de los "errores cometidos por los capitalistas, las persecuciones injustas de que fueron objeto, la falta de equidad y de justicia por parte de las autoridades".[71] La paz social podría entonces mantenerse mediante la unidad entre el capital y el trabajo. Era también necesario compartir el gobierno con la clase obrera "para que se preparen para un futuro no muy lejano, en que puedan empuñar las riendas del gobierno. Que entonces, mientras mejor preparados estén para gobernar el país, mejor será para la nueva era política que se avecina".[72] La colaboración con los socialistas era, por lo tanto, legitimada en cuanto a lo político e ideológico, como parte del proyecto republicano.

Políticamente, los republicanos necesitaban del apoyo de la clase obrera para detener el avance electoral del Partido Unión. Además, el apoyo que tuvieron los republicanos de sectores de la clase obrera durante la primera

---

[70] *Ibidem,* p. 415.

[71] Entrevista con Barbosa en *Puerto Rico Ilustrado,* 25 de diciembre de 1920, p. 6.

[72] *Ibidem.* Para comentarios similares de Manuel F. Rossy vea Pilar Barbosa, *Manuel F. Rossy y Calderón: Ciudadano cabal* (San Juan: Editorial "La obra de José Celso Barbosa", 1981), pp. 33-36, 111.

década y media del siglo fue diezmado por la creación del Partido Socialista. El sector profesional del partido, ya en conflicto con el sector burgués sobre el contenido del programa partidista, elaboró una política para incorporar a la clase y al movimiento obrero al partido: "No estáis justificados en formar un partido de clase. 'The American Federation of Labor' os da en el Continente la pauta a seguir".[73] Los republicanos esperaban que la clase obrera restringiera sus acciones al área de las reformas económicas y a las actividades sindicales y que políticamente apoyara al partido más cercano a su programa, al Partido Republicano.

La política de las coaliciones

Las fisuras dentro del proyecto republicano eran ya evidentes a comienzos de la década de los veinte: la estadidad, que prometía a los republicanos el gobierno propio para asegurar su dominio sobre la sociedad puertorriqueña, fue descartada por el gobierno estadounidense; su aspiración a dominar la sociedad puertorriqueña estaba también amenazada por el control de las "fuentes de riqueza" por los "hijos ajenos" y por la subordinación política impuesta por el régimen colonial; finalmente, la lucha entre el capital y el trabajo amenazaba con destruir el tejido social mismo de la sociedad puertorriqueña, haciendo irrelevante cualquier proyecto histórico. La reacción de los sectores dominantes del Partido Republicano a esta situación provocó la primera gran fisura dentro del partido. El sector encabezado por la burguesía republicana llevó a cabo una alianza política con el Partido Unión basado en la búsqueda de gobierno propio y en la oposición al Partido Socialista. El sector pequeño burgués abandonó el partido y concertó una alianza con los socialistas basándose en la búsqueda de la paz social.

Bajo el liderato de Barbosa, quien murió en 1921, el Partido Republicano evadió cualquier alianza política con el Partido Unión y, después de 1919, persiguió un acuerdo electoral con los socialistas. Aunque no se llegó a acuerdo alguno a nivel nacional, se establecieron acuerdos locales entre los republicanos y los socialistas, y se lograron gobiernos de coalición en los pueblos de Ponce (bajo la bandera del Partido Popular), Arecibo y

---

[73] Bothwell, *Puerto Rico*, vol. 1, pt. 1, p. 372. Los Republicanos hicieron las mismas demandas a la AFL en *La Respuesta enviada a los Representantes de la Federación Americana del Trabajo* (San Juan: The Times Publishing, 1920), p. 32.

Fajardo.[74] En 1924 José Tous Soto, entonces presidente del partido y abogado de corporaciones azucareras, reanudó las conversaciones con los socialistas.[75] Estas discusiones exacerbaron los conflictos dentro del partido, llevando finalmente a la ruptura de 1924.

La causa inmediata para la ruptura fue la introducción en Washington de un proyecto de ley que liberalizaba el régimen colonial en Puerto Rico y concedía la elección popular del gobernador.[76] Tous Soto y la delegación republicana fueron a Washington a cabildear por el proyecto. Los funcionarios estadounidenses condicionaron su apoyo a la ley, demandando que los republicanos se unieran a los unionistas en un frente para "la defensa de los intereses de Puerto Rico". John Weeks, entonces Secretario de Guerra, les dijo categóricamente a los republicanos: "Si esto de liberalizar el régimen de Puerto Rico tiende a que ustedes mantengan el Estado, yo no ayudaré esa medida. Puerto Rico no debe ser Estado ni puede ser Estado de la Unión Americana".[77] Finalmente, los funcionarios estadounidenses les hicieron ver claro a los republicanos que Estados Unidos no apoyaría reforma alguna que llevara a la participación de los socialistas en el gobierno colonial. Según Tous Soto, "después de orientado en Washington, después de pesar la responsabilidad de una coalición heterogénea que ha dado resultados tan amargos dondequiera que se ha experimentado", los republicanos acordaron que el pacto con los socialistas no era posible, pues la "sola posibilidad del pacto, puede determinar que el Congreso se abstenga de conceder al Pueblo de Puerto Rico el derecho a elegir su propio ejecutivo; porque tendría el temor de que resultara electo un elemento radical".[78] En el viaje de regreso a Puerto Rico, Antonio R. Barceló, presidente del Partido Unión, y Tous Soto acordaron las bases de la Alianza. Fue así como el sector burgués del Partido Republicano, encabezado por su presidente, encontró el apoyo necesario en Washington para unirse al sector burgués del Partido Unión y oponerse a un posible pacto con los socialistas. El sector pequeño

---

[74] Nilsa Rivera Colón, "Los pleitos electorales Socialistas en Fajardo: 1920-1924" (Tesis de Maestria, Dept. de Historia, UPR, 1981), pp. 55-58.

[75] Roberto H. Todd, "Cómo se formaron la Alianza y la Coalición en el año 1924", parte 1, *El Mundo*, 5 de mayo de 1940, p. 5.

[76] Pagán, *Historia*, p. 226.

[77] Roberto H. Todd, "Cómo se formaron la Alianza y la Coalición en el año 1924", parte 2, *El Mundo*, 12 de mayo de 1940, p. 4.

[78] Bothwell, *Puerto Rico*, vol. 1, pt. 1, p. 436.

burgués republicano, opuesto a la alianza con sus "enemigos históricos", decidió formar una alianza política con los socialistas. De esta forma, los dos elementos esenciales del proyecto republicano —la búsqueda del gobierno propio y la búsqueda de la paz social entre el capital y el trabajo— quedaron separados.

El elemento principal para explicar la formación de la Alianza lo fue la "amenaza roja": la consolidación y crecimiento del Partido Socialista. El partido fue fundado en 1915, y ya en 1917 obtuvo 14% de los votos; esta cifra aumentó a 23.7% en 1920. El Partido Unión, confrontado con la posibilidad de una alianza entre los socialistas y los republicanos, decidió pactar un acuerdo político con sus enemigos políticos. Los republicanos aliancistas buscaban un acuerdo político que los retornara al poder en el gobierno colonial. Pero la base de la Alianza residió en el acuerdo entre los sectores burgueses de ambos partidos en contra de los socialistas. La alianza con la burguesía republicana fue posible una vez que el sector conservador del Partido Unión, agrupado alrededor de los centralistas azucareros, ganara el control del partido a comienzos de la década de los veinte. La burguesía de ambos partidos formaron lo que en la época se conoció como "las fuerzas vivas".[79] La posible coalición entre los socialistas y el Partido Republicano "alarmó grandemente a los capitalistas que dominaban las juntas dirigentes de los partidos Unionista y Republicano"; la burguesía republicana era "una clase opuesta activamente al movimiento obrero en general, y temía la posibilidad de que un partido de trabajadores llegara al poder".[80]

La Alianza se basó en un acuerdo programático de naturaleza muy amplia y ambigua que incorporó las demandas políticas básicas de ambos partidos. El manifiesto, firmado por los presidentes de los Partidos Unión y Republicano, afirmó que ambos partidos "han encontrado, al fin, un punto de contacto, una idea común para unir sus aspiraciones, el pleno *self-government* para Puerto Rico que consagra nuestra propia soberanía dentro

---

[79] *Fuerzas vivas* era el nombre dado a un grupo de asociaciones burguesas que incluían la Asociación de Productores de Azúcar, la Cámara de Comercio y la Asociación de Agricultores. Ver a Rivera Colón, "Los pleitos electorales", cap. 5.

[80] O'Leary, "The Development of Political Parties", pp. 86-87. También Pilar Barbosa, *La política en dos tiempos*, pp. 92-93. Ver además los comentarios de Luis Sánchez Morales, representante de la burguesía republicana en P. Barbosa, *Manuel F. Rossy*, p. 122.

de la soberanía". Esta última noción fue elaborada como un compromiso entre ambos partidos con respecto a la cuestión del status político, pues tanto la estadidad como la autonomía cabrían bajo la sombrilla de la "soberanía dentro de la soberanía". El asunto del status político de la Isla fue dejado a un lado para evitar "la separación de la familia puertorriqueña en opuestos bandos" y así "dedicar nuestros esfuerzos, iniciativas y actividades al estudio y solución de los problemas sociales y económicos".[81]

El punto principal de desavenencia dentro de las filas republicanas fue el asunto de la estadidad. Aunque la alternativa estadista coexistía dentro del programa de la Alianza, quedó en un segundo plano dentro de los pronunciamientos de Tous Soto. Las demandas por la inmediata aplicación de la Constitución de Estados Unidos a Puerto Rico y por la incorporación territorial a los Estados Unidos quedaron a un lado, argumentándose que Puerto Rico no estaba preparado económicamente para la estadidad. La demanda tradicional del Partido Republicano por la incorporación inmediata de Puerto Rico como un paso transitorio a la estadidad fue abandonada. Además, Tous Soto argumentó que los puertorriqueños no estaban preparados para la estadidad dada las divisiones políticas en cuanto al asunto y por la oposición que existía a la estadidad en los Estados Unidos. Para Tous Soto, la estadidad es "pendiente muy agria, si las circunstancias no nos ayudan... Para subir esta pendiente, venciendo obstáculos: distancia, lengua, raza, costumbres, prejuicios, necesitamos la conjunción de todas las voluntades al común esfuerzo". Tous Soto le dio prioridad al gobierno propio sobre otros asuntos, incluyendo la estadidad. Si los Estados Unidos no quieren otorgar la estadidad a Puerto Rico, como la forma política para garantizar el control por los puertorriqueños de los asuntos locales, no existía, entonces, ninguna otra alternativa sino la independencia: "Si después de preparado el pueblo de Puerto Rico, toca a las puertas del Hogar Nacional y las halla cerradas sistemáticamente por el prejuicio, nuestro único camino será formar un hogar separado y libre".[82]

La fisura republicana vino durante la "borrascosa" asamblea del partido el 4 de mayo de 1924 en Mayagüez, donde se debatió la propuesta para formar la Alianza. Tous Soto defendió el pacto con los unionistas, mientras que la oposición estuvo encabezada por Rafael Martínez Nadal. La propues-

---

[81] Pagán, *Historia,* pp. 230-32.
[82] Bothwell, *Puerto Rico,* vol. 1, pt. 1, p. 433-34.

ta en favor de la Alianza ganó por 130 a 55.[83] El sector pequeño burgués (la llamada vieja guardia barbosista), encabezada por Martínez Nadal, se reunió inmediatamente en asamblea y formó el Partido Republicano Puro.[84] Martínez Nadal caracterizó la participación republicana en la Alianza como una "imposición del señor José Tous Soto y de los intereses creados americanos". Más adelante, dijo de Tous Soto: "Un hombre, al servicio de las corporaciones de Puerto Rico, le asestó alevosamente la puñalada de muerte por la espalda" a la estadidad y al Partido Republica-no.[85] Manuel F. Rossy, ex-presidente del partido, caracterizó la alianza con los unionistas, "nuestros naturales y continuos adversarios", como un "desastre", destacando "la enorme disparidad de criterio entre una y otra colectividad, no sólo en el orden político, sino también en el orden económico".[86]

Los republicanos puros llevaron a cabo una alianza electoral con los socialistas basada en un programa mínimo que incluía el objetivo de unión permanente con Estados Unidos. El ideal de la estadidad, apoyado por el liderato principal del Partido Socialista, fue un factor importante en concretar la Coalición.[87] Los socialistas buscaban lograr dos objetivos con su participación en la Coalición: resistir la ofensiva de las "fuerzas vivas", la coalición de la burguesía en la Alianza, y permitirle al partido penetrar el aparato estatal a través del proceso electoral, estrategia definida por su liderato e ideología reformista.[88]

El proyecto republicano, el primer proyecto estadista en Puerto Rico, sufrió una ruptura con la fisura republicana en 1924. El régimen colonial de

---

[83] Detalles de la asamblea aparecen en Teófilo Maldonado, *Rafael Martínez Nadal: Su vida* (San Juan: Imprenta Venezuela, 1937), pp. 34-42; y Pagán, *Historia*, pp. 237-38.

[84] Maldonado, *Rafael Martínez Nadal*, pp. 43-51. Ver además a P. Barbosa, *La Política en dos tiempos*, p. 94, y *Manuel F. Rossy*, pp. 79-80.

[85] Maldonado, *Rafael Martínez Nadal*, pp. 40-41.

[86] P. Barbosa, *Manuel F. Rossy*, pp. 153-54.

[87] Rossy argumentó que la estadidad fue un elemento importante en posibilitar la Coalición; en P. Barbosa, *Manuel F. Rossy*, p. 255.

[88] A. G. Quintero-Rivera, "La clase obrera y el proceso político puertorriqueño", parte 4, *Revista de Ciencias Sociales* 19 no. 3 (1975), pp. 263-98; y la "Introducción" de Blas Oliveras a Epifanio Fiz Jiménez, *El racket del Capitolio* (San Juan: Editorial Esther, 1944), pp. 10-11.

Estados Unidos en Puerto Rico y la hegemonía de los "hijos ajenos" sobre la economía local fueron grandes impedimentos a la realización del proyecto republicano. La ruptura de 1924 vino como consecuencia de las visiones opuestas de los sectores dominantes del Partido Republicano en cuanto a la alianza con la clase obrera y su partido. Aunque la "familia republicana" se reunificaría en 1932 bajo el Partido Unión Republicana, las diferencias entre ambos sectores no fueron mitigadas. La ruptura de 1924 dio comienzo a un período de conflictos internos dentro del republicanismo que duraría por dos décadas y arroparía al anexionismo en una crisis política y programática.

Capítulo 4

RUPTURA Y CRISIS
DEL ANEXIONISMO, 1924-1952

La división del Partido Republicano en 1924 dio comienzo a un período de rupturas y crisis en el republicanismo que se extenderá hasta la década de los cincuenta. Las causas de la crisis no fueron del todo internas al movimiento; después de todo, las facciones republicanas se reunificaron nuevamente en 1932, y, junto al Partido Socialista (bajo la Coalición), controlaron la legislatura hasta 1940. La crisis del republicanismo debe verse como sintomática de los cambios ocurridos en la sociedad puertorriqueña a partir de la década de los treinta. La decadencia de la industria azucarera, el auge en el conflicto social y político que dio paso a nuevas alianzas de fuerzas sociales, y la formación del Partido Popular Democrático (PPD) minaron las bases sociales y políticas del republicanismo. La crisis del republicanismo en los años cuarenta transformó la política del movimiento anexionista de un total apoyo al régimen estadounidense a una total oposición al cambio social y político. El movimiento anexionista perdió su base de apoyo popular y cayó bajo la hegemonía del sector más conservador de la burguesía puertorriqueña, el azucarero. La estadidad perdió la base reformista de sus primeros años y se convirtió en símbolo de una oposición extremadamente conservadora.

La crisis del republicanismo y el ascenso del conservadurismo fueron factores determinantes en la transformación del programa estadista, del idealismo del proyecto republicano al ultra- conservadurismo del programa estadista de la década de los cuarenta. La crisis del republicanismo fue el resultado, por un lado, de la incapacidad de los sectores dirigentes del Partido Republicano —la pequeña burguesía y la burguesía azucarera— en adaptarse a las transformaciones sociales y económicas y a las reformas políticas acontecidas en los años treinta; y, por otro lado, de las continuas disputas político-ideológicas entre estos sectores sociales dirigentes dentro del republicanismo. Aunque el programa anexionista tomó visos de extremo conservadurismo y una postura defensiva, nuevos elementos fueron introducidos en el discurso estadista durante el período en cuestión que permanecerían como parte esencial del programa en futuras décadas.

La crisis política del republicanismo

Crisis y reforma en Puerto Rico

Los cambios políticos acaecidos durante la década de los treinta tienen que ser entendidos dentro del esquema de la crisis económica y política del período. El precipitante más importante de la crisis en el aspecto económico fue el estancamiento de la industria azucarera, eje de la economía durante las primeras décadas del siglo.[1] Aunque esta industria no fue grandemente afectada por la depresión de inicios de la década de los treinta, siendo capaz de mantener sus niveles de producción y ganancias anteriores, dos factores la afectaron a largo plazo: la incapacidad de financiarse internamente y la imposición por los Estados Unidos de una cuota azucarera en 1934 bajo la Ley Costigan-Jones. La incapacidad de mantener un nivel de reinversión adecuado fue resultado principalmente de la política de las corporaciones de no reinvertir en la Isla, a pesar de que la tasa de ganancia permaneció estable durante los años de la depresión; mientras que un 75 por ciento de las ganancias se pagó en dividendos, sólo un 25 por ciento fue reinvertido en la industria.[2]

El gobierno estadounidense impuso la cuota azucarera a Puerto Rico precisamente cuando la industria azucarera de la Isla había comenzado a

---

[1] Sobre los distintos aspectos de la crisis, ver: Angel G. Quintero-Rivera, "La base social de la transformación ideológica del Partido Popular en la década del '40" en Gerardo Navas Dávila, ed., *Cambio y desarrollo en Puerto Rico: la transformación ideológica del Partido Popular Democrático* (Hato Rey, P.R.: Master Typesetting, 1980), pp. 37-119; José Juan Baldrich, "Class and State: The Origins of Populism in Puerto Rico, 1934-52" (Ph.D. Dissertation, Department of Sociology, Yale University, 1981), cap. 3; Thomas Mathews, *La política puertorriqueña y el Nuevo Trato* (Río Piedras, P.R.: Editorial Universitaria, 1975).

[2] Esteban A. Bird, *Report on the Sugar Industry in Relation to the Social and Economic System of Puerto Rico.* (San Juan: Bureau of Supplies, Printing and Transportation, 1941), pp. 40, 96, 114-115 y 125.

abaratar sus costos de producción. La industria azucarera en Puerto Rico requería de la protección de la tarifa estadounidense para sobrevivir, ya que el azúcar producida en Puerto Rico sobrevivía en el mercado norteamericano gracias a la protección ofrecida por la tarifa, la cual era un subsidio al capital azucarero estadounidense en la Isla.[3] Para finales de los años treinta la capacidad de expansión de la industria azucarera en Puerto Rico se había reducido grandemente.[4] Con las limitaciones impuestas por la cuota, el único mecanismo para aumentar las ganancias era una disminución mayor en los costos de producción y lograr un aumento en la productividad, ambos muy difíciles de alcanzar dadas las circunstancias. La situación de la industria se complicó con la política reformista del PPD, que en los años iniciales de la década de los cuarenta propulsó una reforma agraria (e.g., la ejecución de la Ley de 500 Acres) y promovió un aumento en los niveles salariales del proletariado azucarero. Es precisamente durante éste período cuando comienza a darse el retiro gradual de las corporaciones azucareras norteamericanas de la Isla.[5] La declinación de la industria para finales de la década se reflejó en su baja en la importancia relativa en la economía de Puerto Rico.[6]

La condición crítica de la industria azucarera fue un elemento principal en la crisis económica de los treinta. La incapacidad de los principales sectores productivos (el azúcar, el café y el tabaco) para expandirse antes de la depresión, junto al crecimiento poblacional, llevó a lo que Quintero-Rivera ha catalogado como una "explosión estructural del desempleo".[7] El

---

[3] Harvey S. Perloff, *Puerto Rico's Economic Future* (Chicago: University of Chicago Press, 1950; reimpreso por Arno Press, New York, 1975), p. 144.

[4] Arthur Gayer, Paul T. Horman, and Earl K. James, *The Sugar Economy of Puerto Rico* (New York: Columbia University Press, 1938), p. 160; Bird, *Report on the Sugar Industry*, p. 114-115; José A. Herrero, "En torno a la mitología del azúcar" (mimeo, 1970), p. 67.

[5] Perloff, *Puerto Rico's Economic Future*, pp. 164 y 111; Herrero, "En torno a la mitología del azúcar", p. 67.

[6] Mientras que en 1921 el azúcar representaba el 64.5 por ciento de las exportaciones de la Isla, en 1948 esta cifra se redujo al 48 por ciento. En 1940 la industria azucarera representaba el 24 por ciento del empleo, reduciéndose éste a 14.6 por ciento en 1950. La industria azucarera proveyó el 15.7 por ciento del ingreso neto en 1940, cifra que se redujo a 10 por ciento en 1946. Cifras tomadas de Perloff, *Puerto Rico's Economic Future*, pp. 136-37 y 58; Junta de Planificación de Puerto Rico, *Informe Económico al Gobernador, 1969* (San Juan: Junta de Planificación, 1970), p. A-22.

[7] Quintero-Rivera, "La base social", pp. 53-73.

desempleo y la marginación se convirtieron en el principal problema social
de la década; se estima que para 1933 sólo el 35 por ciento de la población
trabajadora tenía un empleo remunerado.[8] La década estuvo plagada de
conflictos huelgarios; entre ellos, de obreros de la caña, choferes públicos y
obreros portuarios. La FLT, por largo tiempo organización garantizadora de
la paz social entre los trabajadores, perdió su influencia entre la clase obrera,
que comenzó a organizarse en uniones más radicales fuera de la federación.

Los tres principales partidos políticos del período (Liberal, Republicano y Socialista) padecieron de rupturas internas que les impidieron ejercer
liderato político efectivo, lo que promovió la inestabilidad del sistema
político y del estado colonial.[9] La legislatura colonial —controlada por la
Coalición Republicano-Socialista— y el gobierno estuvieron plagados de
corrupción e incompetencia, lo que, aunado a la creciente oposición al
régimen colonial, le restó legitimidad al aparato estatal en la Isla. Durante
este período el Partido Nacionalista, bajo el liderato de Pedro Albizu
Campos, tomó una postura radical contra el régimen colonial, incluyendo
el uso de la fuerza contra el gobierno. El régimen colonial también fue
cuestionado en los Estados Unidos, y en 1936 se introdujo en el Congreso el
proyecto Tydings para la independencia de Puerto Rico. El proyecto recibió
el respaldo de los partidos Liberal y Republicano, que juntos comandaban
una mayoría electoral en aquel momento. Aunque fue un proyecto
natimuerto, abrió un período de debate político que promovió la división
interna entre los partidos.

En reacción a la crisis, durante este período se inició un proceso de
reforma política del régimen colonial. La presión de las fuerzas sociales
locales para cambiar el *statu quo* llevó a una redefinición de las alianzas
políticas que hizo posible el surgimiento del PPD y su política reformista-
populista.[10] Por otro lado, el gobierno estadounidense llevó a cabo un largo
proceso de reforma del aparato estatal colonial que comenzó con la

---

[8] Mathews, *La política puertorriqueña*, p. 133.

[9] Baldrich, "Class and the State", cap. 4; A.G. Quintero-Rivera, "La clase
obrera y el proceso político en Puerto Rico", (IV, segunda parte) *Revista de Ciencias
Sociales* XX:1-2 (marzo 1976), pp. 3-48; Blanca Silvestrini, *Los trabajadores
puertorriqueños y el Partido Socialista (1932-1940)* (Río Piedras: Editorial Universitaria,
1979).

[10] Baldrich, "Class and the State", caps. 5 y 6; Quintero-Rivera, "La base
social;" Emilio Pantojas García, "Desarrollismo y lucha de clases: Los límites del
proyecto populista durante la década del cuarenta", *Revista de Ciencias Sociales*
XXIV:3-4 (julio-diciembre 1985), pp. 355-390.

implantación del Nuevo Trato en Puerto Rico y culminó con la creación del ELA.

El objetivo primordial de esta política de reforma fue la promoción de la estabilidad social y política en la colonia. Dos políticas fueron implantadas por el estado norteamericano para alcanzar este objetivo. La primera fue el uso de la represión por el aparato colonial y el estado federal, ejemplificado por la administración del general Winship y la campaña contra el Partido Nacionalista, que culminó en la efectiva desarticulación política de dicho partido. La segunda política fue la de impulsar la reforma social y política a través de la intervención directa del estado federal. El proceso de reforma comenzó con la extensión del Nuevo Trato a la Isla mediante la creación de dos programas gubernamentales principales: la "Puerto Rico Emergency Relief Administration" (PRERA) y la "Puerto Rico Reconstruction Administration" (PRRA). Estos programas representan la primera intervención fiscal masiva del estado norteamericano en la Isla (mediante la transferencia de fondos federales) para promover la estabilidad social, instrumento que se utilizará efectivamente en décadas posteriores.[11] Las fuerzas internas que buscaban la reforma se manifestaron en el Plan Chardón,[12] en la participación de un sector reformista Liberal en la administración de la PRRA y en el mismo programa inicial (1940) del PPD.

El proceso de reforma del aparato estatal colonial durante la década de los cuarenta comenzó con las medidas que implantó la administración del gobernador Tugwell. La reforma del aparato estatal por la administración Tugwell fue un elemento necesario para llevar a cabo la reforma socio-económica durante los años cuarenta y establecer las bases económicas y políticas del ELA. El propio Tugwell reconoció que su misión en Puerto Rico era la de "ordenar los asuntos civiles" (*shape civil affairs*) para mantener a la Isla dentro de la hegemonía norteamericana. Para alcanzar esto, e implantar las reformas socio-económicas, fue necesario transformar el aparato estatal.[13] La administración de Tugwell también apoyó al PPD a

---

[11] Mathews, *La política puertorriqueña*, cap. 5; Gordon Lewis, *Puerto Rico: Power and Freedom in the Caribbean* (New York: Monthly Review Press, 1963), pp. 123-142; David F. Ross, *The Long Uphill Path* (San Juan: Editorial Edil, 1976), cap.2.

[12] Puerto Rico Policy Commission, *Report of the Puerto Rico Policy Commission* (San Juan: np, 1934), p. 7.

[13] Rexford G. Tugwell, *The Stricken Land: The Story of Puerto Rico* (Garden City: Doubleday, 1947), p. 148; y Rexford G. Tugwell, *Puerto Rican Public Papers* (San Juan: Service Office of the Government of Puerto Rico, 1945; reimpreso por Arno Press, New York, 1975), p. 47-48.

implantar las reformas sociales y económicas. Reformas al régimen colonial fueron propulsadas en Puerto Rico y los Estados Unidos para mediados de la década de los cuarenta. Como resultado, Jesús T. Piñero se convirtió en 1947 en el primer puertorriqueño en ser nombrado gobernador de la Isla; en 1948 los puertorriqueños eligieron gobernador por primera vez a Luis Muñoz Marín. El gobierno estadounidense y el PPD negociaron una serie de reformas al régimen colonial que les otorgó a los puertorriqueños una mayor participación en el manejo de los asuntos locales; este proceso culminó con la aprobación del ELA en 1952. El ELA legitimó la hegemonía de los Estados Unidos en la Isla y promovió la estabilidad política al otorgarles poder sobre los asuntos internos a los sectores locales dominantes agrupados en el PPD.[14]

La década de los cuarenta fue de transición en el aspecto económico, de un modelo de capitalismo agrícola mono-exportador al de capitalismo industrial. El PPD inició un programa de industrialización a comienzos de la década basado en la estrategia de "sustitución de importaciones", en el que el estado colonial intentó ser la fuerza motriz del proceso de industrialización por medio de la propiedad directa de las industrias. En 1947 el estado colonial inició un nuevo modelo de industrialización, bajo el nombre de "Operación Manos a la Obra", en el que la tarea de industrializar la economía recayó en el capital privado extranjero (mayormente norteamericano) y el estado tomó el papel de atraer este capital por medio de incentivos (exención contributiva, mano de obra barata y controlada, subsidios, etc.). La creación del Estado Libre Asociado en 1952 proveyó el armazón político a esta nueva política económica.

Este largo proceso de crisis y reforma llevó a una redefinición de las alianzas políticas existentes en la década de los treinta, lo que promovió la transformación de los partidos existentes ante el avance del PPD y de su programa populista/reformista. La crisis del republicanismo, sin embargo, había comenzado con la ruptura en 1924 de los sectores ejes del partido. La década de los treinta se inicia con la ruptura de la Alianza y con el pacto electoral de la reunificada familia republicana con el Partido Socialista, alianza política llena de grandes conflictos.

---

[14] Carmen Ramos de Santiago, *El gobierno de Puero Rico* (San Juan: Editorial Universitaria, 1970), cap. 4; y Emilio González, "El estado y las clases dominantes en la situación colonial", *Revista Mexicana de Sociología* 40:3 (julio-sept. 1978), pp. 1141-1152.

Los republicanos y la política de coaliciones

La Alianza, el pacto electoral entre los partidos Republicano y Unión, fue un intento de unificar los distintos sectores de la burguesía local y los hacendados en un programa político común para la defensa de sus intereses comunes mínimos. Pero las diferencias en las bases clasistas y en las posiciones político-ideológicas de cada partido hicieron de la Alianza un pacto político muy frágil. Aunque la Alianza ganó las elecciones de 1924 y 1928, estuvo plagada desde sus orígenes de problemas relacionados con la distribución de puestos públicos y el patronazgo electoral entre los unionistas y los republicanos y por su incapacidad para integrarse organizativa y programáticamente.[15] La Alianza, a fin de cuentas, no pudo conciliar las diferencias entre la burguesía republicana y los hacendados unionistas.

La crisis de la Alianza fue el resultado tanto de la desesperación política de los hacendados unionistas como de sus antagonismos de clase. En 1928 Barceló y Tous Soto demandaron del presidente Coolidge una reforma del régimen colonial que les otorgara más poderes autonómicos a los sectores dominantes criollos. La asamblea de la Alianza de ese mismo año demandó del Congreso estadounidense la admisión de Puerto Rico a la federación bajo la fórmula política de un "Estado especial" con un trato fiscal y político distinto al concedido a otros territorios. Confrontados con la negativa del gobierno estadounidense de conceder reformas y con la falta de entusiasmo de los republicanos en conseguirlas, los unionistas decidieron retirarse de la Alianza en 1929. Encabezado por Barceló, el Partido Unión comenzó una campaña por la independencia y en contra de los grandes monopolios y el ausentismo económico.[16]

La crisis de la Alianza fue precipitada también por los antagonismos de clase que ésta encerraba. Para 1925 ya Barceló había entrado en conflicto con las "fuerzas vivas", las organizaciones representativas de la burguesía puertorriqueña de la época. El conflicto surgió del intento de Barceló de pactar con los socialistas y de un número de reformas fiscales propulsadas por los unionistas que confligían con los intereses de la burguesía local, particularmente con su sector azucarero. Esto enajenó a Barceló no solamente de los republicanos sino también del sector burgués unionista, como quedó reflejado en su disputa con Eduardo Giorgetti, máximo representan-

---

[15] Bolívar Pagán, *Historia de los partidos políticos puertorriqueños* (San Juan: M. Pareja, 1972), vol. I, p. 248.

[16] *Ibidem*, vol.I, pp. 276-310, 317-18 y 336-37.

te de los intereses azucareros del Partido Unión.[17] El conflicto dentro de la Alianza se ahondó luego de las elecciones de 1928, cuando los republicanos presentaron un programa legislativo que reflejaba los intereses de las "fuerzas vivas". Con la partida de los unionistas quedaron en la Alianza los republicanos y un grupo de unionistas, estos últimos reconocidos por sus posturas anexionistas, que incluía al grueso del sector burgués/azucarero del partido. El sector azucarero que permaneció en el Partido Unión, que luego se convertiría en Partido Liberal, se destacó por sus posturas conservadoras y pro-autonomistas.[18]

Una vez disuelta la Alianza se hizo un realineamiento de fuerzas socio-políticas a inicios de la década de los treinta que llevó a un pacto político entre la clase obrera y la burguesía republicana en la Coalición. Las bases para esta alianza se encuentran en las transformaciones ocurridas en ambos partidos. Los cambios en el partido de la burguesía estuvieron relacionados con la formación del Partido Unión Republicana (PUR) en 1932. La salida de los unionistas dejó a los republicanos con el control de la Alianza. Pero tanto los republicanos aliancistas como los republicanos puros eran políticamente débiles. Los republicanos puros sabían que estarían subordinados a los socialistas en la Coalición. Los republicanos aliancistas, luego de fallidos intentos de atraer nuevamente a los unionistas a la Alianza,[19] buscaron asegurar su supervivencia política con la unión de la familia republicana. Ambas facciones republicanas sabían que solamente unidos podían resistir el empuje socialista y prevenir a la vez el triunfo electoral de los liberales (antiguos unionistas). Tras agrios debates, particularmente sobre los temas de independencia, estadidad y la colaboración con los socialistas, las dos agrupaciones republicanas acordaron un programa político común.

La alianza entre el PUR y los socialistas en 1932 fue cualitativamente distinta a la alianza anterior entre los republicanos puros y el Partido Socialista. En 1924 el PS entró en una alianza política con el sector pequeño-burgués del Partido Republicano; pero en 1932 la alianza con los republica-

[17] *Ibidem*, p. 250; Truman R. Clark, *Puerto Rico and the United States, 1917-1933* (Pittsburgh: University of Pittsburgh Press, 1975), p. 96; y Nilsa Rivera Colón, "Los pleitos electorales Socialistas en Fajardo: 1920 y 1924" (Tesis de Maestría, Departamento de Historia, Universidad de Puerto Rico, 1981), pp. 178-82.

[18] Pagán, *Historia*, vol.I, p. 314.

[19] "Tous Soto se ha dirigido a varios líderes aliancistas proponiéndoles un plan para llegar a un entendido con los Unionistas", *El Mundo*, 14 de enero de 1932, pp. 1 y 3.

nos incluía a la burguesía republicana que se había unido al PUR. Aunque el PUR fue una frágil alianza entre las dos facciones republicanas, los compromisos necesarios para la unificación incluyeron la defensa de los intereses burgueses/azucareros del partido. El liderato del PUR fue compartido por ambas facciones (Martínez Nadal, republicano puro, fue nombrado presidente, mientras que Alfonso Valdés, aliancista, fue electo vicepresidente); sin embargo, por su posición dentro de la sociedad, el sector burgués/azucarero ocupó un lugar prominente en la política del PUR a través de la década.[20]

El pacto coalicionista requirió que la burguesía republicana aceptara la alianza política con la clase obrera, sus "enemigos de clase". Un factor que facilitó este pacto electoral fue la aceptación por la burguesía republicana de que el liderato socialista bajo Iglesias era todo menos radical.[21] Más aún, la burguesía republicana había aceptado el postulado de la facción pequeño burguesa republicana sobre la necesidad de promover relaciones armoniosas entre el capital y el trabajo para mantener así la paz social.[22] Aunque la Coalición se fundó sobre el interés común de ambos partidos en obtener el control de la legislatura colonial, los conflictos que surgieron como secuela de las demandas contradictorias de las fuerzas sociales de cada partido y de las pugnas internas en ambas organizaciones —propiciadas por la participación mutua en la Coalición— llevaron al rompimiento de la Coalición y al resquebrajamiento de los Partidos Unión Republicana y Socialista.

La Coalición no pudo conciliar los intereses opuestos de dos organizaciones políticas que representaban clases sociales distintas. La labor legislati-

---

[20] Todos los centralistas electos a la Legislatura entre 1936 y 1944 fueron republicanos; Baldrich, "Class and State", pp. 182-185.

[21] Luis Sánchez Morales, prestigioso representante de la burguesía republicana que en 1924 había declarado que nunca entraría en acuerdos con los "rojos Bolsheviques", en 1931 describió al liderato Socialista de la siguiente forma: "Y no se crea que abrigo temor alguno de los hombres que vienen al gobierno de las filas del trabajo. Ellos pertenecen a la escuela americana, donde han aprendido a desechar teorías ilusorias y a atenerse a sanas realidades...(Santiago) Iglesias, (Rafael) Alonso y (Prudencio) Rivera Martínez son dignos de nuestra confianza y estimación". Luis Sánchez Morales, *De antes y de ahora* (Madrid: Centro Editorial Rubén Darío, 1936), pp. 331 y 334.

[22] Véase también los comentarios de Miguel A. García Méndez en Angel M. Torregrosa, *Miguel Angel García Méndez* (Puerto Rico: sp, 1939), pp. 37-38; y además las declaraciones de Martínez Nadal en Rafael Rivera Santiago, *Comprensión y análisis* (San Juan: Imprenta Venezuela, 1938), p. 134-35.

va de la Coalición estuvo plagada de conflictos entre ambos partidos, particularmente en lo relacionado con proyectos para mejorar las condiciones de vida de los trabajadores.[23] La extensión del Nuevo Trato a Puerto Rico creó nuevos conflictos en la Coalición. El PS apoyó la transferencia de todos los programas federales cuyo objetivo fuese el mejorar las condiciones materiales de la clase obrera del país. La burguesía puertorriqueña, sin embargo, se opuso a la extensión de dichos programas porque, al igual que sus homólogos en los Estados Unidos, consideraban esta política como una intromisión impropia del estado en la empresa privada.[24] Una vez implantado el Nuevo Trato en la Isla, la burguesía local luchó por "adaptar" estos programas a las "condiciones particulares" de Puerto Rico, lo que acrecentó los conflictos internos en el PS.[25] Aunque la Coalición ganó las elecciones de 1936, ya estaba dividida para esa fecha. Su gobierno, caracterizado por una administración corrupta y por una desmoralización rampante, sufrió gran desprestigio.[26] Ambos partidos enfrentaron graves conflictos internos que los llevarían al resquebrajamiento muy poco tiempo después.

La oposición a la reforma social

Una serie de rupturas en el PUR a finales de la década de los treinta le permitió a la burguesía republicana afianzar su influencia sobre el movimiento y el programa estadista. Uno de los acontecimientos más significativos para la evolución del PUR fue la salida de los colonos del partido. El crecimiento de la industria azucarera desde principios de siglo llevó a los colonos a dar su apoyo político a los centralistas. La mayoría de los colonos eran republicanos, mientras que los que militaron en el Partido Unión/Liberal formaron su sector más conservador y pro-anexionista (muchos de los cuales se integraron en el PUR a través de la Alianza). Dada la comunidad de intereses entre colonos y centralistas, los conflictos entre ellos surgieron luego de la crisis de la industria azucarera en los treinta.

Los colonos controlaban el 48.7 por ciento de la tierra dedicada al cultivo de la caña de azúcar, pero sólo producían el 35.5 por ciento de la

[23] Mathews, *La política puertorriqueña*, pp. 57 y 78-80; Silvestrini, *Los trabajadores puertorriqueños*, pp. 38-40.

[24] Mathews, *La política puertorriqueña*, pp. 123-126.

[25] Silvestrini, *Los trabajadores puertorriqueños*, p. 44-86.

[26] Epifanio Fiz Jiménez, *El racket del Capitolio (Gobierno de la Coalición Repúblico-Socialista), años 1932 al 1940* (San Juan: Editorial Esther, 1944).

caña. Los colonos cultivaban sus cosechas de forma independiente y luego vendían la caña a las centrales, que elaboraban el azúcar. Los colonos estaban pues a la merced de las centrales para disponer de sus cosechas; dada esta situación, las centrales fijaban el precio de la caña a su favor.[27] La cuota a la producción azucarera impuesta por la Ley Costigan-Jones empeoró la situación económica de los colonos, que recibieron todo el peso de las nuevas restricciones. Sufrieron la discriminación en la distribución de la cuota, mientras que las centrales recibieron el mayor número de pagos por contratos de azúcar establecidos por aquella. En 1935, mientras el 98.2 por ciento de los contratos de azúcar recibieron el 25.4 por ciento de los pagos totales, el 0.4 por ciento de los contratos recibieron el 56.2 por ciento de los pagos totales.[28] Esta situación, junto a la excesiva caída de los precios del azúcar, creó una precaria situación económica para los colonos, reflejada en su crónico endeudamiento con las centrales. Los colonos se vieron forzados a tomar dinero prestado de las centrales para cubrir sus gastos de producción y se encontraron en una situación de gran dependencia económica frente a los centralistas para mediados de la década de los treinta, ya que más de dos terceras partes de los colonos eran financiados por las centrales. Los conflictos entre colonos y centralistas se extendieron a los contratos de trabajo con los obreros del azúcar. Estos contratos favorecían a las centrales ya que el salario mínimo era determinado a base de los niveles salariales de las centrales, superiores a lo que podían pagar la mayoría de los colonos.[29]

La imposición de la cuota azucarera por la ley Costigan-Jones y la implantación del Nuevo Trato en Puerto Rico acrecentaron los conflictos entre los colonos y el PUR. Aunque el PUR trató de conciliar todos los intereses azucareros en el partido,[30] los colonos no tardaron en descubrir que la cuota beneficiaba a los centralistas a sus expensas. Como reacción a esta situación, los colonos formaron la Asociación de Colonos en 1934 para defender sus intereses frente a los centralistas. La creación de esta organización reflejó la profunda separación entre los colonos y el PUR. La Asociación fue organizada por Jesús T. Piñero, destacado líder republicano, quien

---

[27] Gayer, Horman, and James, *The Sugar Economy,* pp. 78, 136-143.

[28] Bird, *Report on the Sugar Industry,* p. 68.

[29] Gayer, Horman, and James, *The Sugar Economy,* p. 144 y cap. 5, passim.

[30] Vea el discurso de García Méndez en su histórico debate con Muñoz Marín sobre la ley Costigan Jones en Torregrosa, *Miguel Angel García Méndez.* Véase también Mathews, *La política puertorriqueña,* pp. 133-37 y 148ss.

luego fue miembro-fundador del PPD. Mientras la Asociación de Colonos apoyaba el programa del PPD, la Asociación de Productores de Azúcar (APA) —que, aun cuando históricamente estuvo controlada por los intereses centralistas buscó agrupar a todos los sectores azucareros— pasó a ser representante de los intereses azucareros del PUR. Durante toda la década de los cuarenta todos los presidentes de la APA fueron líderes del PUR, como Miguel Angel García Méndez que fue su más notable ejemplo.

La ruptura final de los colonos con los centralistas surgió a raíz del debate sobre el Plan Chardón, un intento de establecer el Nuevo Trato en Puerto Rico. El plan incluía medidas para combatir el ausentismo azucarero; la ejecución de la Ley de los 500 Acres; y una propuesta para que el gobierno adquiriese varias centrales y que éstas refinasen el azúcar de los colonos a precios favorables para éstos. El PUR, presionado por los centralistas, rechazó de plano el Plan Chardón, lo que finalmente enajenó del partido a los colonos, que apoyaban dicho plan.[31] Los colonos abandonaron en masa el PUR y se unieron al Partido Liberal, donde Muñoz y su grupo apoyaban el Plan Chardón y el Nuevo Trato en Puerto Rico; los colonos se convirtieron en una fuerza importante dentro del PPD.[32]

La política del sector azucarero del PUR durante la década de los treinta también enajenó al sector profesional pequeño burgués del partido. Este sector apoyaba al régimen estadounidense en Puerto Rico por considerarlo beneficioso para su propio desarrollo como clase. La expansión de la economía azucarera y el comercio, el crecimiento del mercado de servicios y la expansión de la burocracia estatal sentaron las condiciones para su reproducción social. El estancamiento económico de los años treinta, sin embargo, limitó las oportunidades de empleo para los profesionales que comenzaron a padecer el desempleo y subempleo.[33] Bajo estas condiciones, las lealtades políticas de los profesionales comenzaron a cambiar cuando el liderato republicano alejó a este sector con su política conservadora en favor del *statu quo* y en contra de la reforma. En una época en que el gobierno era la principal y más segura fuente de empleo para muchos profesionales, el

---

[31] Mathews, *La política puertorriqueña*, pp. 182-87, 191, 233.

[32] El Partido Liberal nominó a Piñero en su papeleta de 1936. Piñero, quien mantuvo su defensa de la estadidad, declaró que el Partido Republicano Puro bajo Martínez Nadal era "un partido de avanzada social" hasta que la gente proveniente de la Alianza se incorporó al partido. En Teófilo Maldonado, *Hombres de primera plana* (Puerto Rico: Editorial Campos, 1958), p. 180.

[33] Ver Quintero-Rivera, "La base social", pp. 58-65.

PUR se opuso vehementemente a la extensión de los programas federales a la Isla y al crecimiento del gobierno local. Para finales de los años treinta un gran número de profesionales republicanos abandonaron el PUR y se integraron en el PPD.

Las reformas Populares afectaron adversamente a un sector de la burguesía puertorriqueña, el azucarero.[34] La burguesía azucarera lanzó una campaña de oposición al PPD, a la cual atrajo al resto de la burguesía local. Para la burguesía puertorriqueña, durante la década de los cuarenta, el PPD era un movimiento radical que buscaba transformar las estructuras socio-económicas del capitalismo en la Isla y traer la independencia. Su percepción sobre el PPD llevó a la burguesía a fortalecer su apoyo a la estadidad como la única alternativa para detener la independencia y el cambio social.[35]

El sector burgués azucarero tomó la dirección de la oposición a las reformas del PPD. En 1941 forzaron a los republicanos a votar en bloque en contra de la Ley de Tierras, pieza central del programa de reforma agraria del PPD.[36] La burguesía azucarera criticó al PPD por lo que llamó la "nacionalización" de la industria azucarera y los controles excesivos impuestos a ésta por el gobierno Popular.[37] También atacaron al gobierno por su intervención "impropia" en las relaciones capital-trabajo en la industria azucarera al apoyar la sindicalización de los obreros de la caña y el aumento en el salario mínimo a éstos.[38] La burguesía atacó al unísono el programa inicial de industrialización del PPD, argumentando que éste escondía "la tendencia creciente hacia el dominio de la empresa privada por el gobierno insular".[39] La Asociación de Industriales criticó la administración de Tugwell

---

[34] Pantojas, "Desarrollismo y lucha de clases", pp. 15, 29.

[35] Raymond L. Scheele, "The Prominent Families of Puerto Rico", en Julian Steward et al, *The People of Puerto Rico* (Chicago: University of Illinois Press, 1972), p. 446.

[36] Baldrich, "Class and the State", p. 184.

[37] U.S. Congress. House, Committee on Insular Affairs. *Investigation of Political, Economic and Social Conditions in Puerto Rico.* 79th Congress, 1st Session, House Report no. 497, May 1, 1945 (Wash., D.C.: U.S. Government Printing Office, 1945), p. 26-27.

[38] Joselo Sánchez Dergan, "La industria azucarera operada por el gobierno de Puerto Rico: Necesidad de una política pública azucarera" (Tesis de Maestría, Escuela de Administración Pública, Universidad de Puerto Rico, 1975), p. 73.

[39] Committee on Insular Affairs, *Investigation,* p. 27. Traducción del autor.

porque ésta "muy poco hizo para ayudar al desarrollo de la industria privada", mientras que estimulaba la intromisión del estado en la economía.[40] La burguesía se opuso igualmente al crecimiento de las estructuras gubernamentales; el primer plan de la Junta de Planificación fue descrito por la Cámara de Comercio como "un programa heterodoxo cuyo propósito principal es la intensificación de la lucha de clases". Según ellos, las recién creadas corporaciones públicas "se están apoderando gradualmente de toda importante empresa industrial, comercial y agrícola de propiedad privada en la isla...".[41] Todavía en 1948, a un año de iniciada la Operación Manos a la Obra, el candidato estadista a gobernador por la oposición fustigaba al gobierno Popular porque "con esa política de control sobre las industrias va derecho hacia el comunismo".[42] El dominio político del PPD durante los años cuarenta propulsó las alianzas entre los partidos de oposición a base de dos elementos: oposición al programa de reformas del PPD y el apoyo a la estadidad.

El crecimiento político del PPD dio base también para el conflicto dentro de los movimientos que se le oponían. En 1939 una facción disidente, encabezada por el representante Miguel A. García Méndez rompió con el PUR y formó el Partido Unión Republicana Reformista (PURR). Este, a su vez, se unió a una facción disidente del PS, el Partido Laborista Puro, y a los remanentes del moribundo Partido Liberal, y formaron la Unificación Tripartita Puertorriqueña, conocida popularmente como la "Mogolla".[43] La Coalición, la alianza entre el PS y el PUR, ganó las elecciones de 1940 por un pequeño margen; el PPD, sin embargo, controló el Senado y perdió la Cámara por un voto. Aun así, el PPD fue capaz de realizar su programa gracias a la colaboración de sectores de la Unificación (los laboristas), que apoyaron las principales medidas Populares, y por el respaldo dado por el gobernador Tugwell. Esto fue una de las causas del colapso de la Unificación Tripartita (los laboristas regresarían al PS en 1943).

---

[40] "Industriales dicen Tugwell no dio ayuda", *El Mundo,* 5 de enero de 1947, p. 1.

[41] Citas de Charles T. Goodsell, *Administración de una revolución,* (Río Piedras: Editorial Universitaria, 1978), pp. 179 y 216 respectivamente.

[42] "Travieso plantea caso competencia oficial a la iniciativa privada", *El Mundo,* 27 de octubre de 1948, p. 1.

[43] Pagán, *Historia,* vol. 2, pp. 145-50.

En 1944 los republicanos reformistas se unieron al PUR para formar el Partido Unión Republicana Progresista (PURP). En ese mismo año el PURP se unió al PS y al Partido Liberal (PL) en una coalición electoral contra el PPD, siendo derrotados abrumadoramente. Para las elecciones de 1948, el PURP, convertido en Partido Estadista Puertorriqueño (PEP), se unió nuevamente al PS y al PL en contra del PPD. Este no sólo aumentó su margen electoral, sino que también ganó todos los distritos legislativos y perdió en un solo municipio; la oposición eligió únicamente a un senador y un representante.[44] La hegemonía electoral y política del PPD fue tal que sólo un partido, el PEP, sobrevivió al cambio de década, convirtiéndose así en el principal partido de oposición (el PL desapareció en 1948 y el PS en 1954).

Para comienzos de la década de los años cincuenta la oposición en Puerto Rico estaba representada por un partido que promovía la estadidad y estaba controlado por la burguesía. Una fuente de su apoyo electoral fue la pequeña burguesía comercial, descontenta con la política económica del PPD.[45] También recibió apoyo de un número de veteranos de la Segunda Guerra Mundial y del creciente número de empleados del gobierno federal en Puerto Rico.[46] Un sector del PS, aliado a los republicanos desde la década anterior, permaneció dentro del partido estadista. Este sector obrero y el creciente número de marginados que comenzó a apoyar al partido para ésta época le proveyeron al Partido Estadista su pequeña base popular.[47]

La transformación del programa anexionista

La familia republicana: una unidad conflictiva

La formación del PUR en 1932 fue un intento de unificar nuevamente los diversos intereses de la familia republicana. La ruptura del Partido Republicano en 1924 reflejó diversas concepciones del gobierno propio, la

[44] *Ibidem,* pp. 269-77.

[45] Baldrich, "Class and the State", pp. 192 y 244.

[46] Sobre el apoyo dado por los veteranos y los empleados del gobierno federal a los partidos estadistas, véase *El Estado* I:1 (sept.-oct. 1945), p. 26-27; I:3 (enero-feb. 1956), pp. 11, 27 y 29; II:7 (nov.-dic. 1946), pp. 5, 11 y 27; II:10 (julio-agosto 1947), p. 35; II:12 (nov.-dic. 1947), pp. 23-25; II:8 (enero-feb. 1948), pp. 5 y 24; y III:15 (julio-agosto 1948), pp. 35 y 37.

[47] Baldrich, "Class and the State", p. 228 y 230.

independencia, la estadidad y los socialistas de parte de las facciones republicanas. Aunque estas diferencias no obstaculizaron la reunificación de los republicanos, sí sentaron las bases para futuros conflictos. El programa final del PUR fue una avenencia, más bien una amalgama, de estas posiciones divergentes.[48]

Si, por un lado los republicanos aliancistas tuvieron que aceptar la alianza con los socialistas, por el otro, los puros tuvieron que aceptar la independencia como una alternativa política del partido. Según Rafael Martínez Nadal, líder de los republicanos puros, el partido "había realizado uno de los sacrificios más grandes de su vida política por tratar de conseguir la unión de una gran parte de la familia puertorriqueña... Habíamos aprobado un programa, en que por primera vez en 30 años de vida, se dejaba asomar en nuestra plataforma la posible solicitud de la independencia".[49] En cuanto al status político de la Isla, el programa del PUR demandó la "admisión de Puerto Rico como Estado de los Estados Unidos de América, y, en caso de que esta demanda fuese negada, o que actos del Congreso de los Estados Unidos la hicieran irrealizable, entonces el Partido Unión Republicana trabajará para conseguir la plena soberanía interna y externa, igualmente compatible con nuestros ideales de libertad y gobierno propio".[50] Se propusieron otras medidas para facilitar el gobierno propio en lo que la condición política de la Isla se resolvía; demandas de reforma social fueron también incluidas como gesto conciliatorio hacia los socialistas.

La conciliación de los diversos intereses dentro del PUR no libró al partido de conflictos internos, ya que tanto republicanos puros como aliancistas se opusieron a la unificación.[51] La resistencia más feroz surgió de un grupo de republicanos aliancistas, facción que estuvo encabezada por no otro que José Tous Soto, quien, como presidente del Partido Republicano, propulsó la alianza con los unionistas. Tous Soto presentó, por primera vez dentro del republicanismo, una severa crítica contra la estadidad. Ya para 1924 Tous Soto había expresado dudas sobre la posibilidad y viabilidad de

---

[48] Los debates aparecen en B. Pagán, *Historia*, vol. II, pp. 3-12.

[49] "No se llegó a un acuerdo en las Asambleas de la Alianza Portorriqueña y el Partido Republicano Puro", *El Mundo*, 2 de enero de 1932, p. 10.

[50] Reece B. Bothwell, ed., *Puerto Rico: Cien años de lucha política* (Río Piedras: Editorial Universitaria, 1979), vol. I, pt. 1, p. 500.

[51] Pagán, *Historia*, vol.II, p. 8; *El Mundo*, 2 de enero de 1932, p. 60; y 14 de enero de 1932, p. 6.

la estadidad (discutida en el capítulo 3). Pero en 1932 estas dudas se habían convertido en una severa crítica al ideal. Para Tous Soto, la estadidad ofrecía sólo "desventajas". En cuanto a la economía, Puerto Rico tendría que pagar impuestos federales y no tendría el poder para regular su comercio externo o para decidir asuntos como la prohibición, lo cual afectaba grandemente a la industria del ron en Puerto Rico. En el aspecto político, las ventajas de la estadidad eran las de tener dos senadores y siete representantes y una Constitución "made in Borinquen". Pero éstas no eran "ventajas" reales; los siete representantes serían "una gota de agua en el océano" y la adición de dos senadores de Puerto Rico perturbaría el balance entre demócratas y republicanos en el Senado estadounidense, razón por la cual el Senado nunca otorgaría la estadidad a la Isla, según Tous Soto. Más aún, argumentó el líder republicano, Estados Unidos no estaba en la disposición de otorgar la estadidad a Puerto Rico por razones político-culturales: "Puerto Rico, y cualquier comunidad cuya ideología no sea genuinamente americana, constituye un peligro para la estabilidad nacional... Puerto Rico no será nunca una comunidad genuinamente americana... Seremos americanos a flor de epidermis, pero en lo profundo de nuestro ser... seremos borinqueños intransmutables". Pero, más importante para Tous Soto, la estadidad no le convenía a Puerto Rico porque ésta no le proveería el gobierno propio deseado por los republicanos debido a las transformaciones del federalismo estadounidense:

> ...la invasión de poder federal en la vida interior de los estados [es] cada vez más acentuada... De aquí la copiosísima legislación federal que año tras año cae sobre los estados, arrastrando en creciente avalancha las tan decantadas prerrogativas estaduales...

> No existe estadista alguno... capaz de demostrar las ventajas de la condición de estado federal, no por incapacidad, sino por imposibilidad de hacerlo.[52]

Tous Soto intentó reorganizar la Alianza buscando atraer nuevamente a los unionistas para prevenir así la fusión con los republicanos puros.[53] El intento fracasó y como resultado Tous Soto fue enterrado políticamente.

---

[52] "Después de 31 años de predicación el Partido Republicano no pudo lograr formar opinión estadual sólida y sustancial', dice Tous Soto", *El Mundo,* 6 de enero de 1932, p. 6.

[53] *Ibidem,* 14 de enero de 1932, pp. 1 y 3.

La reunificación de la familia republicana bajo el PUR no tardó en mostrar sus fisuras internas. En 1934 surgió la primera gran disidencia de importancia con el llamado "Grupo de los 76". Esta facción estuvo formada por miembros prominentes de la Alianza, particularmente de antiguos unionistas. Atacaron el excesivo poder individual de Martínez Nadal en el PUR y la constante discriminación en contra de miembros provenientes de la Alianza, especialmente contra unionistas. El "Grupo" también criticó la lucha por puestos públicos entre republicanos puros y aliancistas, los ataques innecesarios contra el gobernador y la oposición indebida a los recién transferidos programas federales del Nuevo Trato.[54]

Pero la más severa crítica del "Grupo de los 76" al liderato del PUR estuvo relacionada con el pacto con los socialistas. Atacaron las bases de la Coalición misma, argumentando que los socialistas querían imponer su credo político-ideológico sobre los republicanos y que estos últimos habían tenido que apoyar medidas que iban en contra de su programa. En una resolución aprobada por el "Grupo de los 76", dirigida al liderato del PUR, se expone que "el pacto coalicionista en ninguno de sus preceptos establece para los partidos pactantes la obligación de tolerar y de solidarizarse un partido con el otro"; se establece, además, que los preceptos del pacto coalicionista "ni explícita ni implícitamente establecen para los partidos pactantes obligación alguna de solidarizarse mutuamente en la gestión de leyes de clase en el orden económico, religioso o social o de principios políticos" que no coinciden fundamentalmente con los postulados programáticos respectivos de ambos partidos.[55] El "Grupo de los 76" fue expulsado del PUR, supuestamente por su participación en la llamada Liga Cívica, organización que había atacado públicamente al PUR. En 1935 el "Grupo" formó el Partido Regional, cuyos principales planteamientos fueron la reforma administrativa y el pedido de mayor gobierno propio.[56]

---

[54] Los detalles del debate son narrados por Francisco M. Zeno, miembro del "Grupo de los 76", en *En defensa propia: ante mi partido y ante la opinión pública de mi país* (San Juan: Tip. 'La Correspondencia de Puerto Rico', 1934). El Manifiesto del "Grupo" aparece en Bothwell, *Puerto Rico*, vol. II, pp. 473-78.

[55] Bothwell, *Puerto Rico*, vol.II, p. 475. Para las acusaciones presentadas por el Grupo, véase a Zeno, *En defensa propia*, p. 20. La ruptura entre el Grupo y el liderato del PUR, y su relación con el pacto coalicionista es discutido en Carlos R. Zapata Oliveras, "Situación política, económica y administrativa de Ponce durante la incumbencia de Blás Oliveras (enero 1933-enero 1937)" (Tesis de Maestría, Departamento de Historia, Universidad de Puerto Rico, 1980), pp. 87-108.

[56] Bothwell, *Historia*, vol. II, pp. 449-471; Pagán, *Historia*, vol. II, pp. 68-70.

El Partido Regional desapareció tan rápidamente como surgió, pasando la mayoría de sus miembros a las filas del PPD.

El rechazo a la independencia

La introducción del proyecto Tydings para la independencia de Puerto Rico desató los conflictos internos dentro del PUR. El proyecto Tydings confrontó al PUR con la naturaleza de su apoyo a la independencia, creando de inmediato una división partidista: el liderato del partido, encabezado por Martínez Nadal, apoyó el proyecto de independencia, mientras que un sector, encabezado por García Méndez, se opuso con el argumento de que el proyecto excluía la estadidad como alternativa.

El apoyo dado al proyecto Tydings y a la independencia por el PUR fue coyuntural. Partió de la percepción de que el gobierno estadounidense no otorgaría la estadidad a Puerto Rico. Sin embargo, hay que recordar que, para sectores del PUR, la independencia aún permanecía como un camino hacia el gobierno propio. De acuerdo con Martínez Nadal, "Es evidente que la Administración no está dispuesta a admitirnos como un Estado. Ante esta situación... a lo único que puede irse a Washington es a demandar que se modifiquen las bases sobre las cuales se nos ha de conceder la facultad de constituir la soberanía de nuestra República".[57] Pero el PUR no tenía un programa hacia o para la independencia; esta alternativa había sido elaborada por los republicanos de un modo especulativo, como alternativa de gobierno propio si la estadidad era rechazada. Más aún, los republicanos Puros habían sido empujados a dar su apoyo a la independencia para alcanzar la unidad republicana en un solo partido; esta situación creó una noción muy fragmentada e idealista de la independencia. De acuerdo con Martínez Nadal, el PUR

> tiene consignada en su plataforma la independencia, como reflejo de la dignidad para cuando actos del Congreso o del pueblo de los Estados Unidos nos indiquen la imposibilidad de constituirnos en un Estado de la Unión, entre el hambre y la deshonra, yo señalo a mi pueblo el camino de la dignidad.[58]

---

[57] Bothwell, *Puerto Rico*, vol. II, p. 562.

[58] Citado en Teófilo Maldonado, *Rafael Martínez Nadal: Su vida* (San Juan: Imprenta Venezuela, 1937), p. 102.

La ausencia de un programa para la independencia en el PUR llevó a Martínez Nadal a argumentar que una vez la República fuese concedida a Puerto Rico, el PUR se retiraría del gobierno, ya que "es justo que intervengan los hombres que sinceramente la defendieron siempre".[59] García Méndez, por otro lado, propuso que, junto a la independencia, se les presentase a los puertorriqueños otra alternativa de gobierno propio, lo que llamó el "Estado-Independiente"; esta propuesta incluía "un Estado de la Unión Americana o un Estado Libre siguiendo líneas del Estado Autónomo del Canadá". La propuesta, que refleja la posición de un sector republicano renuente a la separación de Puerto Rico de los Estados Unidos, se parecía a la fórmula del Estado Libre Asociado, a la cual se opondría tenazmente García Méndez años más tarde.[60] A raíz del debate interno del proyecto, el grupo de García Méndez comenzó a separarse del liderato del PUR.

El proyecto Tydings confrontó a los republicanos con la posibilidad de la independencia, pero para la década de los treinta la independencia confrontó a los republicanos con otro problema: el carácter social de la república. Tanto el sector pequeño burgués como el sector burgués del PUR comenzaron a oponerse a la independencia debido a la incertidumbre sobre la posible dirección política que una república pudiese tomar. Para Martínez Nadal, el proyecto Tydings confrontó al PUR con

> el dilema de independencia o colonia, este clamor de justicia con hambre, miseria y desolación, y como única esperanza en el porvenir, una República compuesta de castas opresoras o castas oprimidas, o una República comunista o soviética. Porque no había otro camino a seguir en lo futuro... vendría el dominio, la revolución del proletariado, que nos colocaría en la misma situación de España, Rusia y de otros sitios desgraciados del mundo.[61]

García Méndez también se opuso a la independencia, argumentando que daría paso a la violencia, mientras que la estadidad proveería la seguridad interna y externa que requería la sociedad puertorriqueña. La independencia, argumentó García Méndez, estimularía los conflictos sociales en Puerto Rico: "el día que llegue la República resucitarán los odios africanos".[62] La

---

[59] Bothwell, *Puerto Rico,* vol.II, p. 562.

[60] *Ibidem,* p. 571.

[61] *Ibidem,* vol. II, p. 627-28; y vol. III, p. 159.

[62] García Méndez en Torregrosa, *García Méndez,* p. 165.

independencia dejó de ser una alternativa viable para los republicanos, ya que traía consigo el espectro del cambio social.

El ascenso del conservadurismo

El PUR se dividió en 1940 cuando su sector burgués/azucarero, encabezado por García Méndez, se desprendió del partido y formó el Partido Unión Republicana Reformista (PURR). El asunto de la independencia nada tuvo que ver con el cisma, ya que en 1940 ambos partidos apoyaron la estadidad exclusivamente. La causa fue la misma que llevó a la ruptura del Partido Republicano en 1924: las posiciones conflictivas de los sectores pequeño-burgués y burgués republicano con respecto a "la cuestión social". Aunque la pequeña-burguesía republicana era conservadora, su programa incluía ciertas reformas sociales que buscaban promover la paz social, pues se veían a sí mismos como los mediadores en el conflicto entre el capital y el trabajo. Este sector controlaba la organización del PUR y, en gran medida, imponía su ideología en el programa del partido. Pero el PUR se había construido sobre la base de compromisos, que incluían la defensa de los intereses de la burguesía azucarera, esto es, la defensa de la industria del azúcar. Durante la década de los treinta el PUR fue el oponente más tenaz a cualquier reforma en la industria azucarera y constantemente propuso medidas para su protección. En 1936 el PUR eliminó de su programa la cláusula que demandaba la ejecución de la Ley de los 500 Acres, anatema para el sector azucarero.

La defensa de la industria del azúcar por la pequeña burguesía republicana respondía en cierta medida a sus propios intereses: la industria fue el eje del crecimiento económico de la Isla desde principios de siglo y proveyó las bases materiales para el desarrollo de esta clase. Por lo tanto, los intereses de la pequeña burguesía coincidían con los de la burguesía azucarera y, por eso, ambas apoyaron medidas que beneficiaban este sector. Pero el grupo pequeño burgués trató de mantener su autonomía frente al sector azucarero, lo que incluía la separación de sus intereses de los de la industria azucarera. Para Martínez Nadal: "Las corporaciones nada tienen que ver con la Unión Republicana... si a la Unión Republicana se le dijera que sustituyendo la siembra de caña por otros frutos... podríamos combatir mejor el latifundio y el absentismo no repararíamos en hacerlo".[63] Este grupo mantenía la vieja posición Barbosista de que la mejor forma de

---

[63] En Bothwell, *Puerto Rico*, vol. II, pp. 625-26.

garantizar la paz social era a través de la conciliación entre el capital y el trabajo. Para Martínez Nadal, la paz social era posible tan sólo si las desigualdades sociales eran atenuadas o eliminadas, y le correspondía al capital dar los primeros pasos en este proceso:

> Vivimos hoy tiempos de profundas inquietudes sociales y el mundo siente en sus entrañas... las convulsiones desesperadas de las multitudes infelices y su protesta rugiente contra las injustas desigualdades de esta sociedad...
>
> Es hoy obligación de hombres cristianos y justos contribuir generosamente a poner fin en Puerto Rico a estos desniveles y desigualdades cuyo único asidero para subsistir, perturbando la paz espiritual de nuestro pueblo, es la desmedida ambición rayana en avaricia, de obtener enormes y desproporcionados beneficios en las empresas agrícolas e industriales...
>
> ...Es indispensable que una nueva filosofía económico-social sea la que regule las relaciones del Capital y el Trabajo, inspirada en el principio cristiano de amor entre todos los hombres y en la justa y equitativa distribución entre estas dos fuentes productoras...
>
> El beneficio legítimo del capital no debe asumir proporciones usurarias. Debe el Capital iniciar la política de limitar sus cálculos de beneficios a cifras moderadas y razonables...[64]

De acuerdo con Martínez Nadal, el PUR debería seguir una política de conciliación de estas clases sociales en conflicto para asegurar la paz social en Puerto Rico:

> La Unión Republicana no debe ir a laborar exclusivamente para su propio beneficio, sino que buscará un desenvolvimiento pacífico, libre y feliz para todas las clases de Puerto Rico. El capital tiene que darse cuenta de que no vive como vivía hace treinta años. Esta presión que existe actualmente en el mundo, lo que anhela es el bienestar de todos... este clamor de justicia que a veces culmina en revoluciones y derramamientos de sangre, este anhelo de justicia social, todos estos anhelos populares, tienen que haber rodeado a Puerto Rico, y su presencia se siente en todos los ambientes, de tal modo que nadie puede escapar al curso que a esos anhelos les dan los hombres hacia la

---

[64] Martínez Nadal en Rafael Rivera Santiago, *Comprensión y análisis*, pp. 135-36.

justicia social. El capital de aquí no puede sustraerse a esas presiones, y si así no fuera, el capital de Puerto Rico cometería uno de los más graves errores...[65]

Estos postulados expuestos por Martínez Nadal sentaron las bases político-ideológicas para la alianza electoral con los socialistas, alianza a la cual se opuso crecientemente el sector burgués/azucarero del PUR.

La ruptura entre la pequeña burguesía y el sector burgués/azucarero del PUR surgió como resultado de sus diferencias en cuanto a la coalición electoral con los socialistas y sobre la filosofía social del partido. El sector burgués/azucarero había aceptado el pacto con los socialistas bajo el postulado de que esta acción aseguraría la paz social en Puerto Rico. Pero para el final de la década de los treinta esta noción carecía de fundamento real. El PS había enajenado a los principales sectores de la clase obrera que le habían dado vida, en parte debido a su alianza con los republicanos. Gran número de obreros y uniones desafiaron la política de paz laboral del liderato socialista-federacionista, lanzándose a la huelga y formando nuevas uniones fuera de la FLT. Para inicios de los cuarenta el PS no podía garantizar la paz social como representante de la clase obrera. Ante esta situación, el sector burgués/azucarero se opuso a la renovación de la Coalición con el PS. Argumentaron además que la Coalición había sido un fracaso en el gobierno, plagada de corrupción e inmoralidad, causado todo esto, claro está, por los socialistas.[66]

El sector burgués/azucarero comenzó además a articular sus diferencias con la pequeña burguesía en cuanto a la filosofía social del partido. Para el sector burgués/azucarero los problemas sociales del país no eran resultado de las desigualdades sociales sino de la política económica discriminatoria del gobierno federal hacia la Isla (e.g., la Ley Costigan-Jones) y de la administración inepta en la Isla.[67] Para García Méndez la concentración de capital y el monocultivo en la industria azucarera no era un problema fundamental en Puerto Rico. Según García Méndez, el absentismo económico no existía en Puerto Rico, ya que "en Puerto Rico tenemos el 91% del

---

[65] Bothwell, *Puerto Rico*, vol. II, pp. 626-27.

[66] En *ibidem*, vol. III, pp. 250-54. El PURR cargó con el sector burgués/azucarero del PUR; entre sus miembros más destacados se encontraban: los hermanos García Méndez, Miguel A. y Juan B.; los hermanos Ferré, Luis A. y José; María Luisa Arcelay; Etienne Totti, Jaime Calaf y Juan Wirshing Serrallés.

[67] En Torregrosa, *García Méndez*, pp. 218-19.

total de fincas directamente manejadas por sus residentes". De igual forma argumenta que el latifundio es inexistente en la Isla: "El latifundio potencialmente podrá existir, pero no el latifundio en su concepto cabal implicativo del factor 'tierras yermas', 'tierras baldías'..., no es posible que siquiera remotamente pueda entenderse como existente aquí".[68]

Las reformas implementadas por el PPD y la administración del gobernador Tugwell durante 1940-1944 llevaron a los partidos estadistas a tomar posiciones conservadoras en defensa del *statu quo*. El sorpresivo éxito electoral del PPD en 1940 sacudió a la oposición; luego de las elecciones, ambas fracciones republicanas clamaron por la unidad, basada principalmente en su oposición al programa del PPD.[69] La unificación del PUR y del PURR se llevó a cabo en 1944 con la formación del Partido Unión Republicana Progresista (PURP). Esta vez el sector burgués/azucarero moldeó el programa y la ideología del partido estadista. El programa del PURP fue de total oposición al PPD: se oponía a toda reforma social, económica y gubernamental, y favorecía la estadidad como alternativa a la independencia.

Como declaró Celestino Iriarte, al llamar a la unidad de la familia republicana, el objetivo del nuevo partido era el "derrotar al Partido Popular que se ha adueñado del Gobierno y tiene trastornada nuestra organización social, política y económica como pueblo".[70] El programa del PURP fue una amalgama de postulados incoherentes amarrados por un elemento en común: la defensa del mundo existente ante el ataque por fuerzas "revolucionarias". Entre sus postulados principales estaban: "afincación de las relaciones entre obreros y patronos a través del convenio colectivo" (i.e., la no intervención del gobierno en la fijación de salarios); "campaña contra la política subversiva, independentista, totalitaria o comunista" (del PPD); "fomento de la industrialización [privada]; protección de los productos nativos [e.g., el azúcar]..."[71] El PURP buscaba la paz social, pero mantenía que ésta sería alcanzada a través de la imposición de valores cristianos y no a través de la conciliación de intereses contradictorios de clase.[72] La burguesía proponía ahora la "cooperación" entre las clases y

---

[68] *Ibidem*, p. 133.

[69] En Bothwell, *Puerto Rico*, vol. III, pp. 307-309.

[70] "Unión Republicana Progresista es el nuevo nombre de UR y la Unificación", *El Mundo*, 1 de mayo de 1944, p. 6.

[71] *Ibidem*, p. 18.

[72] Programa del PURP en Bothwell, *Puerto Rico*, vol. II, p. 205.

acusaba al PPD de fomentar el "odio de clases" en la Isla. El PURP "combatirá todo intento de dividir a los portorriqueños [sic] en grupos y clases combatientes entre sí, a base de odios y diferencias sociales y económicas, porque tales métodos son la negación de la democracia". Su solución a la inestabilidad social y económica era una fuerte dosis de *laissez faire*: todo marcharía bien si el estado no intervenía en la economía y permitía el libre juego del mercado. Sostienen que "el gobierno no debe ser un competidor, ni un interventor, ni mucho menos un contralor o patrono de las diversas arterias económicas del pueblo; que la gestión del gobierno en relación con los negocios, las industrias y la agricultura debe confinarse a reglamentar mediante legislación, a servir y auspiciar, pero nunca a interferir, dominar y competir."[73]

La oposición de la burguesía a la intervención estatal no era meramente ideológica, sino que reaccionaba a la política pública del período. Por ejemplo, la burguesía se opuso a la regulación gubernamental de los salarios y al apoyo del gobierno a la sindicalización de los trabajadores, lo cual interfería con el libre juego del mercado en la determinación de salarios; demandaron la regulación de la relación capital-trabajo por medio del convenio colectivo entre las partes.[74] La llamada "reforma agraria" del PURP reflejó la preocupación económica y política de su sector azucarero por el programa de reforma agraria del PPD. El programa era llanamente una defensa de la industria azucarera y de la burguesía azucarera; establecía que el PURP vendería las tierras y centrales azucareras en manos del gobierno al sector privado y que "mantendrá la ley de 500 acres, aplicándola en forma ordenada y justa".[75] Durante de la década de los cuarenta la defensa de la industria azucarera permaneció como el elemento central del programa de los partidos estadistas. Nada refleja esto mejor que el anuncio de la Asociación de Productores de Azúcar de Puerto Rico en la revista anexionista *El Estado*: "All is not sugar in Puerto Rico... but sugar is everything to Puerto Rico".

El programa de 1948 del Partido Estadista Puertorriqueño reduplicó los ataques al crecimiento del Estado, declarando que "cada vez se va acercando

---

[73] "La URP resolvió hoy ir sola a elecciones", *El Mundo*, 21 de agosto de 1944, p. 10. Ver también el programa del PURP en Pagán, *Historia*, vol. II, p. 206.

[74] Ver el escrito de García Méndez en *El Día* (Ponce), 18 de diciembre de 1949, p. 23.

[75] "URP ofrece libros gratis a estudiantes", *El Mundo*, 18 de agosto de 1944, p. 5.

más nuestro gobierno, en la práctica, a un régimen de tipo totalitario". El programa del PEP atacó "al latifundio y el monopolio, en manos del estado, la competencia desleal de éste contra el operador privado, la centralización creciente del poder público, que conduce a la dictadura política, y la incompetencia administrativa". Ya que la limitación de la empresa privada por el Estado tan sólo podía perjudicar la economía, el programa planteaba "el estímulo y protección de la iniciativa privada, para crear más abundantes medios de vida, progresos y bienestar, a través del fecundo ejercicio de la libre empresa". El PEP propuso la eliminación de la Compañía Agrícola y de la Autoridad de Tierras, organismos creados para llevar a cabo la reforma agraria del PPD. Propuso, además, eliminar la Autoridad de Transporte y la Autoridad de Comunicaciones y transferir la prestación de estos servicios a la empresa privada. Reafirmó el interés de aplicar la Ley de 500 Acres "en forma ordenada, razonable y justa" y la reducción de las contribuciones "sobre tierras dedicadas al cultivo de comestibles" (i.e., el azúcar). En cuanto a las relaciones obrero-patronales, el programa del PEP destacó la necesidad de la "máxima cooperación entre el capital y el trabajo".[76]

Ya para finales de la década de los cuarenta el programa del viejo Partido Republicano se había transformado radicalmente. Este programa presentaba al conservadurismo y a la estadidad como las alternativas ante el ataque radical contra el *statu quo* por parte del PPD. La crisis del republicanismo y el ascenso del conservadurismo dentro del movimiento anexionista trajeron consigo la transformación del programa estadista.

La redefinición de la estadidad

El período bajo estudio fue de crisis para el movimiento estadista por varias razones: el descenso vertiginoso en el apoyo electoral a los partidos estadistas; el cambio en las bases de apoyo social del anexionismo, que lo transformó en un movimiento representativo de los intereses de la burguesía (principalmente de su sector azucarero), con una ideología y una política extremadamente conservadora; y la constante fragmentación del movimiento. Juntos, estos procesos transformaron el programa estadista.

El primer programa estadista fue elaborado por el Partido Republicano durante las primeras décadas de este siglo. Formaba parte de lo que he llamado el proyecto republicano (capítulo 3). Parte esencial de este proyecto

---

[76] El programa del PEP aparece en Bothwell, *Puerto Rico*, vol. I, pt. 1, pp. 674-81, y en *El Mundo*, 31 de octubre de 1948, p. 12.

era la integración de Puerto Rico a la federación norteamericana, esto es, la estadidad. Esta fue concebida dentro del concepto de "patria regional" o la "estadidad como independencia" dentro de la federación; o sea, la concepción de que los sectores dominantes locales tendrían total autonomía sobre los asuntos locales. Esta noción se vio transformada con el "nuevo federalismo" de la administración de Roosevelt, que no ofrecía garantías de gobierno propio total para los estados; la intervención creciente del gobierno federal en los asuntos de los estados limitaba el poder de las clases dominantes locales.

En los debates sobre la formación del PUR, discutidos anteriormente, vimos como Tous Soto se opuso a la estadidad precisamente por la limitación que imponía al gobierno propio local la expansión de poderes federales sobre los estados. Los republicanos ya habían sentido la intromisión federal en los asuntos locales. La burguesía azucarera republicana se había opuesto a la extensión de la Prohibición en Puerto Rico y había luchado para que el partido propugnara su eliminación. En 1932 el Comisionado Residente en Washington, miembro del PUR, sometió un proyecto para otorgar a la isla "autonomía en materia prohibicionista"; "el *bill* había sido presentado como un paso al gobierno propio".[77] Pero la verdadera confrontación con la realidad del federalismo estadounidense surgió con la aplicación del "nuevo federalismo" de la administración Roosevelt a Puerto Rico. La imposición de la Ley Costigan-Jones, la transferencia a la Isla de la Ley de Ajuste Agrícola y el NIRA, y la implantación de PRERA y PRRA y otros programas federales levantaron la ira de los republicanos puertorriqueños. El sector burgués/azucarero republicano fue el más vociferante opositor a esta "invasión" de poderes federales sobre los asuntos "internos" de Puerto Rico. Un furioso García Méndez declaró: "Permitir que en Puerto Rico se realicen funciones de un supergobierno faltando al respeto a la más alta cumbre de la soberanía popular, es cosa que sólo los pueblos envilecidos pueden soportar". Contestando a la acusación de que los republicanos se oponían al programa de reconstrucción impulsado por el gobierno federal, argumentó García Méndez que "queremos la reconstrucción con la intervención de nuestras agencias gubernamentales, en respeto al jirón de soberanía de que gozamos".[78]

La burguesía azucarera sintió esta intromisión mucho más amenazante al darse cuenta de que el gobierno federal podía actuar contra sus intereses

---

[77] "Córdova Dávila presentó un proyecto de ley para otorgar a Puerto Rico autonomía en materia prohibicionista", *El Mundo*, 5 de enero de 1932, p. 1.

[78] García Méndez en Torregrosa, *García Méndez*, pp. 137 y 127, respectivamente.

económicos. Esto fue ya un hecho durante la década de los treinta, con programas como la PRRA y la Ley Costigan-Jones, pero se convirtió en una realidad más inmediata y apremiante durante la administración de Tugwell. Las reformas sociales iniciadas por el PPD y apoyadas por Tugwell asediaron a la burguesía azucarera. En la asamblea constituyente del PURP en 1944 se aprobó una resolución que condenaba a la "administración Nacional" por mantener en su puesto a Tugwell, catalogado como "indeseable para este país, por su conducta arbitraria y contumaz en contra de los más sagrados intereses de este pueblo".[79] Se condenó igualmente al Departamento del Interior por su política "errónea" hacia Puerto Rico y por su complicidad con Tugwell.

La realidad de que el federalismo estadounidense no garantizaba el gobierno propio a las clases dominantes locales llevó a un cambio en la concepción de la estadidad propuesta por los anexionistas puertorriqueños. La noción, según la cual, la estadidad representaba el gobierno propio fue suplantada por la que sostenía que sólo la estadidad podía garantizar la plena participación de los puertorriqueños en el Congreso, la fuente de poder en el sistema federal estadounidense. Luis Ferré elaboró esta concepción de la estadidad en su discurso ante la asamblea constituyente del ELA en 1951:

> ¿Cómo puede garantizar su vida un pueblo, cuya industria está a merced de los actos de un cuerpo extraño de legisladores que... pueden condenarle a muerte sin que tenga nuestro pueblo recurso alguno en derecho para defenderse?

> ...Hasta que Puerto Rico tenga representación plena en el Congreso, con votos suficientes para que sus intereses económicos sean tomados en consideración –no como gracia que se nos concede generosamente sino con toda la fuerza del derecho a la vida que tienen 2,200,000 ciudadanos americanos– nuestro status político no estará resuelto. ¿Cómo ha de estarlo, si es en el Congreso, en cuyas deliberaciones no pueden participar activamente nuestros representantes, donde reside la autoridad suprema que garantiza nuestras vidas en lo económico?[80]

---

[79] Pagán, *Historia*, vol. II, p. 206-207; *El Mundo*, 21 de agosto de 1944, pp. 1, 5-6 y 10.

[80] Luis A. Ferré, *El propósito humano*, editado por Antonio Quiñones Calderón (San Juan: Ediciones Nuevas, 1972), p. 239. Ver también "Ferré afirma Ley 600 deja indefenso a Puerto Rico en el orden económico", *El Estado*, IV:27 (nov.-dic. 1951), pp. 25-27.

La noción de que la estadidad representaba el gobierno propio fue sustituida por una concepción, según la cual, la estadidad era el único mecanismo para garantizar "la igualdad en la soberanía de la estadidad federada", como la llamó Ferré; la estadidad era la única alternativa política que puede proveerle a Puerto Rico "las herramientas necesarias para garantizar nuestro progreso económico".[81]

Durante la década de los años cuarenta los Republicanos concluyeron que la independencia—previamente considerada como "el refugio para la dignidad del pueblo puertorriqueño cuando la estadidad fuere rechazada"— no era una alternativa viable para los anexionistas. Como fue discutido anteriormente, tanto Martínez Nadal como García Méndez temían que la independencia acarreara conflictos sociales que llevaran a una "república soviética". A comienzos de los años cuarenta, se nota un cambio en el programa anexionista con respecto a la independencia: ésta deja de ser una alternativa junto a la estadidad como forma de obtener el gobierno propio; a la vez, se desarrolla una retórica anti-independentista, anti-comunista en el discurso estadista que lo impregnará por el resto del siglo. La estadidad se convierte en la única alternativa para los anexionistas puertorriqueños.

Hay varias razones para explicar este cambio en el programa anexionista. El ascenso del PPD, con una retórica independentista en sus primeros años y un programa de reforma social, promovió una postura defensiva en la burguesía. Pero más importante, a nuestro entender, es la relativa debilidad material de la burguesía puertorriqueña en el período, particularmente de su sector principal, la burguesía azucarera. Antes de los años treinta, la relativa fortaleza económica y política de la burguesía azucarera le permitía jugar con la independencia como alternativa política. Pero entrada la década de los cuarenta, su base económica y política estaba bastante deteriorada, y la burguesía azucarera no estaba en condiciones de luchar por el control de un estado nacional; de aquí el viraje en relación con la independencia en el republicanismo. Por otro lado, la burguesía industrial estaba todavía en su infancia, aún políticamente subordinada a la burguesía azucarera, y compartía con ésta su temor a la reforma y la independencia.

Ya para 1944, la retórica anti-independentista, anti-comunista era evidente en el programa estadista.[82] Era prevaleciente la noción de que, confrontando el "peligro" de la independencia, la estadidad era la única

---

[81] Ferré, *El propósito humano,* p. 240.

[82] *El Mundo,* 1 de mayo de 1944, p. 18.

alternativa para brindar "seguridad".[83] Ramiro Colón, importante dirigente anexionista del período, expuso claramente esta noción en su discurso ante la asamblea constituyente del ELA en 1951: "Mientras no logremos la estadidad, siempre será una pesadilla en nuestra vida colectiva el fantasma de la independencia internacional. Mientras no seamos un estado... no dispondremos de la paz social".[84] La independencia abre las puertas al conflicto social; sólo la estadidad, a través de la protección que provee el Estado norteamericano, puede asegurarle a la burguesía puertorriqueña la reproducción de la sociedad capitalista en Puerto Rico.[85]

El empuje hacia la estadidad

A la vez que la estadidad adquiría un carácter defensivo, el movimiento comenzó a perder apoyo popular, como se refleja en las estadísticas electorales a partir de 1940. En 1945 un comité congresional de Estados Unidos caracterizó la estadidad como "un asunto político gastado en Puerto Rico por el momento".[86] Este carácter defensivo y la pérdida de apoyo popular llevó a una política de "empuje hacia la estadidad" por las diversas organizaciones anexionistas durante los años cuarenta, incrementando el proselitismo estadista y su oposición al PPD.[87]

---

[83] Véase a Fernando J. Geigel, *El ideal de un pueblo y los partidos políticos* (San Juan: Tipografía Cantero Fernández, 1940), p. 26-27. En su "Por qué votar por el Partido Estadista", Enrique Córdova Dávila, ex-Comisionado Residente, propone claramente la estadidad como la única alternativa para prevenir la independencia; en *El Mundo*, 3 de noviembre de 1952, p. 25. Ver también, del historiador e ideólogo de la estadidad, Reece B. Bothwell, "La República-Un espejismo", *El Estado*, I:1 (sept.-oct. 1945), pp. 17, 19, 21, 23 y 27.

[84] "Puerto Rico tiene necesidad de resolver el problema de soberanía", *El Estado*, IV:27 (nov.-dic. 1951), p. 23.

[85] Luis A. Ferré, "El día de Lincoln", en *ibidem*, 3:14 (marzo-abril 1948), pp. 13-21 y 39.

[86] Committee on Insular Affairs, *Investigation*, p. 25. La postura defensiva que tomó la estadidad durante este período creó una cierta ansiedad entre su liderato. En 1944 García Méndez discutió con el Senador Pepper de la Florida la posibilidad de que Puerto Rico pudiera ser anexado a dicho estado en caso de que la Isla no fuese admitida como estado a la federación; en "Discute anexión de P.R. a Florida", *El Mundo*, 1 de mayo de 1944, p. 1.

[87] Wilfredo Figueroa Díaz, *El movimiento estadista en Puerto Rico* (Hato Rey, P.R.: Editorial Cultural, 1979), p. 39.

El empuje hacia la estadidad incluyó la búsqueda de apoyo entre diversas organizaciones cívicas y sociales en los Estados Unidos y la creación de nuevas organizaciones para promover la estadidad. A lo largo de la década, los estadistas buscaron el apoyo de diversas organizaciones en los Estados Unidos, incluyendo la AFL, la "Lions International", la Legión Americana, el "Congress of American Teachers" y otros. Para esta época, la estadidad volvió a aparecer en el programa del Partido Republicano de EE.UU.[88] Nuevas organizaciones fueron creadas para diseminar el evangelio estadista y reunificar a todos los estadistas. Las nuevas organizaciones se crearon fuera de los partidos políticos con el único objetivo de promover la búsqueda de la estadidad. En 1940 se creó la "Puerto Rican-American Women's League" para promover la estadidad en los Estados Unidos.[89] En 1943 se creó la Asociación Puertorriqueña Pro-Estadidad (APPE), la organización estadista más destacada de la década, con el propósito de unificar en sus filas a todos los estadistas; un año más tarde, se organizó la Asociación Universitaria Pro Estadidad (AUPE) con el mismo propósito. En 1945 Luis López Tizol fundó la revista *El Estado* con el objetivo, según el editor, de proveerles a los estadistas un foro para el debate donde pudieran resolver sus diferencias políticas.[90]

La necesidad de la unidad del movimiento estadista se derivó de su debilidad y carácter defensivo durante este período, y de la convicción de que la estadidad representaba la única oposición viable al programa del PPD. En 1948 el PURP se convirtió en Partido Estadista Puertorriqueño, demostrando así la importancia dada a la estadidad sobre cualquier otra consideración. Como expresó Ramiro Colón, presidente de la APPE y dirigente del PEP, la estadidad era esencial para la estabilidad económica y política de Puerto Rico: "Sin estabilidad política no puede haber estabilidad económica y bajo la bandera americana no existe estabilidad política más que en el Estado". Era, pues, la tarea urgente de todos los estadistas el sobreponerse a las diferencias ideológicas y políticas y unificarse en un solo

---

[88] *Ibidem,* p. 38-43; *El Estado,* II:10 (julio-agosto 1947), p. 35; y III:15 (julio-agosto 1948), p. 1.

[89] American Council on Public Affairs and the Puerto Rican Women's League, *Puerto Rican Problems* (Wash., D.C.: American Council on Public Affairs, 1940), p. 15.

[90] Sobre la APPE vea a Emilio del Toro Cuebas, *Puerto Rico: Nuevo estado de la Unión* (San Juan: APPE, 1943). Para los objetivos del *El Estado,* vea "Editorial", *El Estado* I:1 (sept.-oct. 1945), p. 1.

partido para combatir el PPD y demostrar a los EE.UU. que los puertorriqueños deseaban la estadidad. Colón añadió que "las diferencias que puedan existir entre nosotros respecto a la ideología económico-social se desvanecerán al constituirnos en estado... Es hora de cerrar filas y de entrar decididos al combate, al combate duro y difícil que se avecina por la salvación del ideal".[91]

Aunque el movimiento estadista adquirió un carácter defensivo y extremadamente conservador durante este período, surgieron, sin embargo, nuevas concepciones en el programa anexionista, como la ya mencionada "estadidad es igualdad". Dos nuevas concepciones del anexionismo, de gran importancia para el movimiento en futuras décadas, también fueron desarrolladas durante este período: "la estadidad jíbara" y "la ciudadanía como la puerta a la estadidad".

La estadidad jíbara

La concepción de "estadidad jíbara" se dio a conocer en la década de los sesenta con la política estadista de Ferré. De particular interés aquí es la elaboración, durante este período, de uno de sus elementos constituyentes: la noción de que la "personalidad puertorriqueña" tendría que ser protegida aun dentro de la estadidad. La noción había aparecido anteriormente en el programa del viejo Partido Republicano bajo el concepto de "patria regional"; Barbosa, por ejemplo, sostuvo que el federalismo estadounidense proveía las condiciones necesarias para la supervivencia de las "características regionales" de los estados de la federación. Pero los viejos republicanos también mantuvieron que Puerto Rico tendría que "americanizarse" en algunos aspectos, al menos adoptando el inglés como vernáculo, para poder convertirse en estado. Varios factores llevaron a los anexionistas puertorriqueños a redefinir la relación entre la personalidad cultural de la Isla y la estadidad: la persistencia de sentimientos independentistas en la población; el crecimiento de un nacionalismo cultural durante la década de los treinta; y el fracaso de la política de "americanización", particularmente de la enseñanza pública en inglés.

---

[91] Ramiro L. Colón, *Discurso aniversario 25 de julio de 1948* (Ponce: Imprenta Fortuño, 1948), pp. 22-24. El cambio de nombre de URP a PEP se propuso como un mecanismo para "unificar a todos aquellos puertorriqueños que creen en el ideal de la estadidad como solución al status político de la Isla", y "que han combatido nuestra colectividad, no a base del ideal, y sí a base de nuestras normas de procedimiento". "Nuevo nombre a la URP en Isabela", *El Mundo,* 27 de mayo de 1948, p. 21.

Entre los primeros en tratar de presentar una nueva política cultural anexionista estuvo Luis Sánchez Morales, uno de los padres fundadores del Partido Republicano. Sánchez Morales razonó que Puerto Rico, al menos en la cuestión cultural, necesitaría una fórmula especial para llegar a la estadidad:

> El Territorio clásico... fue muy apropiado para los Territorios donde no había que americanizar a nadie, pero que nos volvería anti-americanos en un país cuya americanización tiene que basarse en el respeto de las tradiciones, leyes, costumbres, idioma y hasta modo de andar que forman nuestra personalidad... En una palabra: al Estado tenemos que ir por la autonomía amplísima de un gobierno especial que no nos estropee la fisonomía.[92]

Sánchez Morales fue más allá que muchos de sus correligionarios: la defensa de la personalidad puertorriqueña estaría por encima de cualquier otra consideración, incluyendo la estadidad misma: "Cualquier otra razón de materiales beneficios, y aun de libertad individual, nada significa, si ello ha de comprarse a costa de nuestra sustancia nacional. Si no podemos salvarla dentro de los Estados Unidos, la salvaremos fuera".[93] Sánchez Morales criticó el argumento nacionalista de que la estadidad representaría la pérdida de la personalidad puertorriqueña, argumentando que la estadidad no transformaría la personalidad puertorriqueña porque ésta ya estaba formada y no podía ser alterada.[94] El argumento de que la estadidad no afectaría la personalidad puertorriqueña fue reproducido en el discurso estadista por dirigentes como Martínez Nadal, García Méndez y Ferré.[95]

Mientras todas las referencias al gobierno propio y a la independencia fueron eliminadas del discurso estadista, el postulado de que las diferencias étnico-culturales no serían un impedimento a la estadidad para Puerto Rico permanecieron en él. El concepto de "patria regional" volvió a aparecer, aunque de distinta forma. Ahora se caracterizaba al sistema federal estadounidense como "multi-étnico", con capacidad para aceptar la diversidad étnico-cultural en sus entrañas. Esta concepción fue elaborada por Reece Bothwell, uno de los principales ideólogos estadistas del período:

---

[92] Sánchez Morales, *De antes y de ahora*, pp. 278, 280-81.

[93] *Ibidem*, p. 348.

[94] *Ibidem*, p. 324-25.

[95] Martínez Nadal en Rivera Santiago, *Comprensión y análisis*, p. 40; García Méndez en Torregrosa, *García Méndez*, p. 63, y "El Estado Libre Asociado y la personalidad de Puerto Rico", *El Mundo*, 21 de abril de 1961, p. 24.

> Los pueblos heterogéneos como Suiza, con cuatro idiomas, Canadá, con dos idiomas, y la Rusia Soviética con cuarenta y nueve nacionalidades, se han visto forzados a utilizar la fórmula federal de gobierno. Porque esta fórmula, de la cual es quizás el mejor modelo Estados Unidos, ofrece las ventajas de un gobierno central fuerte para atender los asuntos de interés general mientras que al mismo tiempo permite a las subdivisiones políticas... completa independencia en los asuntos internos de interés local... Y es por ello que somos del criterio de que Puerto Rico puede encajar perfectamente en la Federación de los Estados Unidos de América y sin sacrificar su idiosincrasia como pueblo.[96]

Bothwell alegó que las diferencias étnico-culturales de los puertorriqueños no serían un obstáculo a la estadidad; al contrario, serían una poderosa arma a ser utilizada en la federación. Según su argumento, la estadidad no requiere la asimilación de los puertorriqueños porque los Estados Unidos son una sociedad multi-étnica, un *melting pot* de diversas culturas, donde el conocimiento de otra lengua fuera del inglés representa una ventaja económica y social. Bothwell sostuvo además que Puerto Rico se beneficiaría del contacto con la cultura estadounidense al absorber los elementos de "progreso, democracia y libertad" tan típicos de la cultura anglo-sajona; mientras que, por otro lado, los Estados Unidos se beneficiarían de una mejoría en las relaciones con la América Latina.[97]

---

[96] Reece B. Bothwell, "Puerto Rico en la Federación Americana", *El Estado* III:18 (abril-mayo 1949), pp. 9 y 11. Esta aplicación por Bothwell del modelo de "federalismo multi-étnico" al caso de los Estados Unidos es incorrecta. En las federaciones multiétnicas, como las citadas por Bothwell (Suiza, Canadá y la Unión Soviética), la estructura federal está diseñada precisamente para acomodar las variaciones étnico-nacionales dentro del estado. Esto es, las unidades federales (cantones, provincias, repúblicas o territorios) se levantan sobre las diferencias étnicas, nacionales, culturales, lingüísticas y de otro tipo entre la población. Este no es el caso en los Estados Unidos y en otras federaciones, donde las unidades federales responden a criterios económicos, geográficos y políticos, y no étnico-nacionales. Sobre el federalismo multiétnico, véase a Ivo D. Duchacek, *Comparative Federalism: The Territorial Dimension of Politics* (New York: Halt, Rinehart, and Winston, 1970), capítulo 9.

[97] Ver a Reece B. Bothwell, "What are the Social and Political Objections to Statehood?", *El Estado* II:8 (enero-feb. 1947), pp. 31-45. También Ferré en *ibidem* III:18 (abril-mayo 1949), p. 19; y J. Colombán Rosario, "Statehood: Fifty Years of Struggle: 1898- 1948", *ibidem*, III:15 (julio-agosto 1948), p. 27.

El concepto de "estadidad jíbara" fue introducido en el discurso anexionista para sostener que Puerto Rico requería un proceso particular hacia la estadidad, un proceso que incluía la autonomía cultural. La concepción de que la ciudadanía estadounidense era la puerta (*gateway*) a la estadidad fue introducida para legitimar la demanda de la estadidad ante los Estados Unidos.

La ciudadanía americana: la puerta a la estadidad

Parte importante del viejo proyecto republicano fue la legitimación de la estadidad a base de las "necesidades mutuas" entre los Estados Unidos y Puerto Rico. Durante el período de crisis del anexionismo puertorriqueño surge una concepción que postula que los Estados Unidos tienen el deber de otorgar la estadidad a Puerto Rico por razón de las *obligaciones* contraídas entre ambas partes. La ciudadanía estadounidense, impuesta a los puertorriqueños en 1917, se convirtió en el instrumento de legitimación para obtener la estadidad. Esta noción ya aparecía en el programa del PURP en 1944:

> Esa ciudadanía, una vez otorgada, no es arrebatable. El solar puertorriqueño es parte integrante de los Estados Unidos, y toda persona nacida en Puerto Rico... es, por determinación del Congreso Federal, nativo de los Estados Unidos. Esta comunidad de relaciones jurídico-económicas y de intereses espirituales y morales ha engendrado una mutualidad indisoluble de obligaciones, prerrogativas y derechos que ata para siempre la marcha de ambos pueblos hacia un común destino... Sostenemos por tanto, *que el status político final de* Puerto Rico ha sido claramente definido...[98]

La estadidad cesó de ser una alternativa a ser escogida por los puertorriqueños o a ser otorgada por los Estados Unidos, y se convirtió en la "firme expresión del derecho de los puertorriqueños a gozar en toda su plenitud de los privilegios de la ciudadanía americana".[99] Estadidad y ciudadanía

---

[98] B. Pagán, *Historia*, vol.II, p. 215. Pedro A. Caballero hace el mismo planteamiento: "Nuestra contención es que ya estamos comprometidos con la estadidad como solución final a la cuestión del status... Ya es muy tarde para volver atrás. La decisión ya ha sido hecha por nosotros y por el gobierno de los Estados Unidos..." En "Statehood for Puerto Rico, Too Late to Go Back on It", *El Estado*, II:7 (nov.-dic. 1946), p. 41. Ver también a Ramiro Colón, *Discurso*, pp. 3-4.

[99] Pagán, *Historia*, vol.II, p. 205.

fueron entrelazadas en una sola proposición: si la estadidad era la única forma de gozar de los derechos de ciudadanía, esta última a su vez garantizaba el derecho de los puertorriqueños a la estadidad: "ha llegado el momento de comprender que los puertorriqueños constituyen una comunidad de ciudadanos estadounidenses y que *su ciudadanía es*, como ha sido para otros en el pasado, *la entrada para su admisión como un estado de la Unión*".[100] La ciudadanía establece el vínculo esencial entre los Estados Unidos y Puerto Rico; otorga derechos y obligaciones a ambas partes. Los puertorriqueños han tenido las obligaciones de la ciudadanía sin los derechos que la acompañan; han cumplido con sus obligaciones de ciudadanos americanos, permaneciendo leales a los Estados Unidos desde principios de siglo y pagando su "impuesto de sangre" (*blood tax*) a la nación con el sacrificio de su juventud en las guerras estadounidenses.[101]

Pero los Estados Unidos no han cumplido con sus obligaciones al no reconocerles a los puertorriqueños los derechos inherentes a la ciudadanía. La ciudadanía es vista como un contrato entre dos partes: cuando los puertorriqueños aceptaron la futura estadidad al aceptar la ciudadanía, los Estados Unidos incurrieron en la obligación de aceptar a Puerto Rico en la federación al otorgarla:

> La concesión de la ciudadanía americana en 1917 y la aceptación unánime por el pueblo de Puerto Rico fue ciertamente un plebiscito. La celebración de ese plebiscito en 1917 hace absurda y inusitada, e inclusive una crítica vil, la idea de consultarnos en otro plebiscito si queremos mantenernos leales al pacto de ese vínculo indestructible.[102]

Al imponerles la ciudadanía a los puertorriqueños, los Estados Unidos incurrieron en una obligación moral de otorgarles la estadidad; si Estados Unidos no les otorga la estadidad a los puertorriqueños estaría faltando a los principios morales que la sustentan como nación: "La dignidad y el honor de la ciudadanía americana no ordena más que una dirección y una alternativa para una comunidad de leales ciudadanos [que la estadidad]".[103]

---

[99] Pagán, *Historia*, vol.II, p. 205.

[100] Francisco Ponsa Feliú, "United States Citizenship: The Gateway to Statehood", *El Estado* I:3 (enero-feb. 1946), p. 29.

[101] Julio L. Pietrantoni, "Puerto Rico's Plead", *ibidem* II:7 (nov.-dic. 1946), pp. 15 y 25. También "Editorial", *ibidem*, III:14 (marzo-abril 1948), p. 2.

[102] Julio Pietrantoni, "Statehood, Our Supreme Anxiety", *ibidem*, III:15 (julio-agosto 1948), p. 35.

[103] *Ibidem*, p. 37. También J. Colombán Rosario, "Statehood", p. 33.

La concepción de la estadidad como un derecho de ciudadanía se convertirá en un elemento esencial del programa anexionista en las décadas siguientes, particularmente del programa estadista del Partido Nuevo Progresista bajo Carlos Romero Barceló. Aunque esta concepción se articuló cuando el movimiento anexionista pasaba por un período defensivo, le otorgará en años posteriores una cualidad ofensiva al programa anexionista.

Capítulo 5

EL ASCENSO DEL ANEXIONISMO DE LA POSGUERRA: DEL PER AL PNP, 1952-1968

El período entre la formación del Partido Estadista Puertorriqueño y el triunfo electoral del Partido Nuevo Progresista en 1968 fue de grandes cambios para el movimiento estadista en Puerto Rico. El conservador PER fue suplantado por un partido estadista más liberal y con mayor apoyo popular, el PNP. La expansión del capitalismo industrial en Puerto Rico creó las condiciones para la consolidación de una burguesía industrial local y estimuló el crecimiento de una nueva clase media y de unos sectores pobres y marginados, los cuales proveyeron el apoyo electoral al movimiento estadista en este período. La victoria del PNP en 1968 les dio a las fuerzas estadistas el control sobre el aparato gubernamental por primera vez en tres décadas. La victoria electoral del PNP no sólo rompió con el dominio político que había ejercido el PPD por veintiocho años, sino que ocurrió un año después de que el Estado Libre Asociado recibiera un apoyo mayoritario en un plebiscito auspiciado por los Estados Unidos en 1967.

La victoria electoral del PNP en 1968 representó no sólo el comienzo de un nuevo período en la política puertorriqueña, sino también una nueva etapa en el desarrollo del movimiento estadista en la Isla. Contrariamente a nociones comúnmente aceptadas por algunos, el PNP representa un rompimiento en ideología, liderato y programa con respecto a su antecesor, el PER. La transformación del movimiento estadista de la posguerra que tuvo como resultado la formación del PNP fue el producto de las luchas políticas e ideológicas entre sectores sociales dentro del Partido Republicano. Los emergentes sectores anexionistas dentro del PER retaron al liderato y el programa del sector conservador que controlaba la organización y el programa del partido estadista, encabezado por la burguesía azucarera. La oposición de los grupos de clase media y trabajadora al programa reaccionario de la burguesía azucarera fue importante para provocar la ruptura de la alianza entre la burguesía azucarera y la burguesía industrial dentro del PER, lo que dio origen a una nueva base política que facilitó la formación de PNP.

El papel de la burguesía industrial local, representada por Luis A. Ferré, es de gran importancia en la formación y el programa del PNP. El ascenso de la burguesía industrial local al liderato del movimiento estadista abrió una nueva etapa en la evolución del movimiento. El nuevo programa estadista fue elaborado dentro de un proyecto histórico de mayor envergadura que buscaba estabilizar al capitalismo en Puerto Rico a través de la eliminación de las tensiones de clases por medio de la reforma económica y social. La estadidad era vista por los nuevos sectores dirigentes como un instrumento para proveer estabilidad política a través de la seguridad que garantizaba el Estado norteamericano. La formación del PNP representa el ascenso de la burguesía industrial local a una posición dominante sobre el movimiento y programa estadista; esta clase, en alianza con sectores de las nuevas clases medias, pudieron cuajar un apoyo masivo a la estadidad al presentar un programa socioeconómico reformista.

El PER y la redefinición de la política estadista

El ocaso del Estado Libre Asociado

Entre los factores subyacentes en el ascenso del anexionismo de la posguerra se encuentran los problemas económicos y políticos del Estado Libre Asociado. El ELA comenzó a ser cuestionado en Puerto Rico y los Estados Unidos años más tarde luego de su creación en 1952. Entre otras cosas, el gobierno federal comenzó a tomar control sobre áreas económicas y sociales de Puerto Rico debido a la incapacidad del gobierno local para realizar determinadas funciones en esas áreas. Los problemas económicos y políticos del ELA se manifestaron internamente en el PPD, ya que los conflictos relacionados con la naturaleza y la dirección del ELA y con el programa partidista causaron su primera gran ruptura.

La creación del ELA sirvió doblemente a los intereses de los Estados Unidos. En su aspecto internacional, liberó a los Estados Unidos de acusaciones de colonialismo; en 1953 Estados Unidos logró que las Naciones Unidas aprobaran una declaración que reconocía la "autodeterminación" ejercida por Puerto Rico, removiendo a éste de la lista de territorios coloniales sujetos a fiscalización por la organización internacional. Por otro lado, el ELA consiguió legitimar la condición colonial de Puerto Rico, ya que aquel reconocimiento implicaba la aceptación de un grado de consentimiento de los puertorriqueños a la situación colonial.[1] El "gobierno propio" otorgado a la Isla no alteró la relación colonial ni transformó la hegemonía estadounidense en la Isla. El gobierno propio significó que los Estados Unidos no tendría que realizar la conflictiva tarea de la administración local, una función ahora realizada por los puertorriqueños; también significó una limitada autonomía en los asuntos locales para aquellos sectores que controlan el aparato estatal local.

La hegemonía política del PPD vino a depender del buen estado económico y político del ELA. El recién adquirido auto-gobierno y las políticas económicas de los años cincuenta legitimaron la nueva estructura política y la autoridad del PPD. Para finales de la década, el PPD comenzó a impulsar dos políticas que creía necesarias para fortalecer al ELA. Primero, el PPD buscó expandir la autonomía del ELA extendiendo la esfera de sus poderes sobre los asuntos locales; segundo, buscó activamente la "culminación" del ELA, esto es, el convertir este status en una estructura permanente. Ambas políticas se creían necesarias para mantener la viabilidad del estado local y la hegemonía del PPD también. Pero los intentos por alcanzar ambos objetivos fracasaron. En 1959 el gobierno de los Estados Unidos rechazó el proyecto congresional Fernós-Murray, impulsado por el PPD para proveer mayores poderes al ELA. El PPD continuó con sus intentos reformistas y durante la década de los sesenta buscó negociar con Washington un ELA "culminado". Como resultado de la llamada Comisión del Status, creada por el Congreso, se celebró en 1967 un plebiscito para decidir el status político de la Isla, en el cual salió victorioso el ELA por una mayoría de votos.[2] Pero fue una victoria pírrica para el PPD; no tan sólo la definición del ELA puesta a votación fue muy estrecha, sino que el plebiscito sentó las bases para la formación del PNP, el cual ganó las elecciones un año más tarde y puso fin así al reinado político que por más de dos décadas ejerció el PPD.

La creación del ELA en 1952 proveyó la base jurídica y política para la nueva política económica del PPD iniciada en 1947: la industrialización de

---

[1] Carmen Ramos de Santiago, *El gobierno de Puerto Rico* (Río Piedras: Editorial Universitaria, 1970), cap. 4.

[2] *Ibidem,* caps. 5 y 6.

la economía a través de la atracción del capital estadounidense. El fracaso de la política de industrialización de inicios de los años cuarenta y la expansión del capital estadounidense a mercados extranjeros en la posguerra crearon las condiciones para la nueva política económica. Según ésta, la función del reestructurado aparato estatal era la de proveer los incentivos necesarios para atraer el capital estadounidense y asegurar su permanencia en la Isla garantizándole altas tasas de ganancias. La autonomía fiscal del ELA le otorgaba el poder de eximir al capital estadounidense de pagar contribuciones locales y federales. Otro incentivo importante fue el garantizar salarios más bajos que en los Estados Unidos. Finalmente, la "asociación" del ELA con los Estados Unidos aseguraba la permanencia de Puerto Rico dentro de la esfera norteamericana, garantizando así la estabilidad política necesaria para la inversión extranjera.

Para mediados de la década de los sesenta la mayoría de las fábricas promovidas por Fomento, la agencia a cargo de implantar la política de industrialización gubernamental, eran propiedad de capital estadounidense; y proveían la mayor parte del ingreso y del empleo manufacturero de la isla.[3] La política inicial de industrialización se levantó sobre la atracción de industrias de alto uso de mano de obra, mayormente en la industria liviana de textiles. Aunque el gobierno pronosticó que estas industrias crearían los empleos necesarios para la creciente población, éste no fue el caso, y si el desempleo no aumentó extraordinariamente durante la década de los cincuenta fue debido a la migración masiva de puertorriqueños a los Estados Unidos. A comienzos de la década de los sesenta muchas de estas industrias comenzaron a abandonar la Isla debido a una caída en la tasa de ganancias, a la expiración de su período de exención contributiva y a las políticas económicas estadounidenses (como por ejemplo, el alza en el salario mínimo y la eliminación de las barreras de importación de textiles europeos). El gobierno comenzó entonces una nueva política de industrialización basada en la atracción de la industria pesada, particularmente las empresas petroquímicas, caracterizadas por el uso intensivo de capital. Se suponía que estas industrias pagarían mejores salarios y estimularían el crecimiento de industrias secundarias.[4] Pero estas expectativas nunca se

---

[3] Junta de Planificación de Puerto Rico, *Estadísticas Socio-económicas, 1980* (San Juan: Junta de Planificación, 1981), p. 3; Eliezer Curet Cuevas, *El desarollo económico de Puerto Rico: 1940 a 1972* (Hato Rey: Management Aid Center, 1979), p. 253.

[4] James L. Dietz, *Economic History of Puerto Rico* (Princeton, N.J.: Princeton University Press, 1986), pp. 247-55.

cumplieron, y el desempleo continuó creciendo rápidamente, un problema que el gobierno local nunca ha podido resolver.

El ELA fue celebrado como un pacto de soberanía entre los Estados Unidos y Puerto Rico, que otorgaba mayor autonomía a la Isla. Pero esta supuesta autonomía no ha separado a Puerto Rico de la metrópoli; al contrario, la integración económica y política es más evidente que durante el período de "colonialismo directo" (1898-1952). La llamada integración política del ELA al Estado metropolitano ha estado relacionada con la intervención creciente del Estado federal en los asuntos locales para garantizar la reproducción del capitalismo al proveer estabilidad social y política. Nada refleja este proceso mejor que el papel de los fondos federales en la Isla.

El aumento espectacular en la transferencia de fondos federales a Puerto Rico durante los años setenta llamó la atención hacia el asunto de la "dependencia" del ELA de los Estados Unidos. La primera gran transferencia de fondos federales a la Isla vino durante los años treinta con la aplicación del Nuevo Trato a Puerto Rico para promover el "bienestar social" y mitigar el descontento social creado por la crisis económica. La transferencia de fondos de guerra durante los primeros años cuarenta contribuyó al logro de la estabilidad económica y social durante el período,[5] un elemento importante para asegurar la creación del ELA. Más aún, la continua transferencia de fondos federales en el período de la posguerra aseguró el éxito económico del ELA. Un estudio sobre la formación de capital en Puerto Rico durante 1950-1960 concluyó que los $1.3 billones en transferencias del gobierno federal fueron decisivos para la expansión económica y el éxito del programa de industrialización al proveer fondos al estado local que hicieron posible que Puerto Rico pudiera promover su programa de exención contributiva.[6]

La transferencia de fondos federales a Puerto Rico se ha convertido en un instrumento crucial para garantizar la estabilidad social, económica y política en la Isla, mayormente al subsidiar a un gran sector de la población, mantener un alto nivel en la demanda agregada, y sostener económicamente al aparato estatal local. La aparente contradicción que existe en el hecho

---

[5] Harvey S. Perloff, *Puerto Rico's Economic Future* (Chicago: Chicago University Press, 1950; reimpreso por Arno Press, New York, 1975), pp. 58, 160, 383, 392, 400-401.

[6] Lyman D. Bothwell, "Capital Formation in Puerto Rico, 1950-1960" (Ph.D. Dissertation, Department of Economics, George Washington University, 1964).

de que la tasa de participación laboral ha permanecido alrededor del 40 por ciento desde la década de los setenta, a la vez que el desempleo creció extraordinariamente en el mismo período (alcanzando el 25 por ciento en 1983), mientras que, al mismo tiempo, los niveles de ingreso se han duplicado, se resuelve con el otro hecho de que en este período aumentaron vertiginosamente las transferencias de fondos federales a la Isla. De unos $300 millones en 1960, los fondos federales aumentaron a unos $700 millones en 1970 y a $4.4 billones en 1982. La proporción de fondos federales en el ingreso personal total aumentó de 5.7 por ciento en 1960 a 22 por ciento en 1982. (Las transferencias federales a individuos representaron el 76.7 por ciento de las transferencias estatales a individuos en 1982.) Además, el crecimiento en la burocracia del ELA estuvo vinculado al aumento en fondos federales: estos, que representaban el 23 por ciento del ingreso del ELA en 1960, alcanzaron el 31.7 por ciento en 1970, cifra que se ha mantenido estable desde entonces (aunque llegó a alcanzar el 36.6 por ciento en 1980).[7]

La importancia de los fondos federales en Puerto Rico ha afectado el funcionamiento del aparato estatal local, lo que se ha caracterizado generalmente como la "pérdida de autonomía" del ELA. El ejecutivo local se ha convertido, en palabras de un observador, en un "mediador", entre el gobierno federal y la población, cuya función primordial es la de procurar y manejar los fondos federales en la Isla. El manejo de los asuntos locales, el símbolo sacrosanto de la autonomía del ELA, se ha visto determinado cada vez más por las guías federales que regulan el uso de estos fondos. Las áreas de educación, servicios sociales, salud, y aun la de ley y orden son, cada vez más fiscalizadas y reguladas por el gobierno federal. En algunos casos, se han creado a nivel municipal estructuras paralelas fuera del gobierno del ELA para manejar programas federales.[8]

Estas limitaciones a los poderes del ELA afectaron la política interna del PPD en la década de los sesenta: se materializó una ruptura en la unidad programática y política que había caracterizado al partido por dos décadas,

---

[7] Junta de Planificación, *Informe económico al Gobernador, 1982* (San Juan: Junta de Planificación, 1983), p. A-26.

[8] Juan C. Rosado Cotto, "Fondos federales y la política pública del Estado Libre Asociado de Puerto Rico", *Revista de Administración Pública* VI:2 (marzo 1974); Richard B. Cappalli, *Federal Aid to Puerto Rico* (San Juan: Instituto de Derecho Urbano, 1970); Teresita Picó de Silva, "El impacto de los fondos federales en el desarrollo de Puerto Rico" (Tesis de Maestría, Escuela de Administración Pública, UPR, 1976).

creando la coyuntura para la derrota electoral del PPD en 1968. Un grupo de jóvenes miembros comenzó a cuestionar la naturaleza del PPD y del ELA a principios de la década. Esta "nueva guardia", compuesta mayormente de jóvenes profesionales y tecnócratas, criticó la falta de autonomía del ELA y su "dependencia" económica. También criticaron el control de la maquinaria partidista por una "vieja guardia" que limitaba la participación y la democracia interna, el "continuísmo" y el "caudillismo" de Muñoz Marín, y el abandono por el partido del programa populista que le había dado vida. La ruptura entre estos dos sectores se materializó en 1968 cuando el entonces gobernador Roberto Sánchez Vilella y su grupo de "nueva guardia" fueron forzados a salir del partido; estos crearon el Partido del Pueblo y lograron restarle los votos suficientes al PPD para que el PNP ganara las elecciones de ese año.[9]

La política de clases y la formación del PER

El conflicto que dividió al Partido Estadista Puertorriqueño (PEP) en 1952 sucedió mientras el partido discutía su posición con respecto a si apoyaba o no al Estado Libre Asociado. Sin embargo, este debate no fue la causa principal del cisma, sino que fue resultado de la lucha entre dos sectores dentro del PEP por tomar el liderato ideológico y programático del partido. El conflicto se hizo público cuando el grupo comandado por Miguel A. García Méndez —representante de los intereses azucareros del partido— y el industrial Luis A. Ferré se opuso al grupo encabezado por el presidente del partido, Celestino Iriarte, que reconocía al ELA.

El debate en cuestión giraba en torno a la naturaleza del ELA: si era un paso hacia la estadidad o meramente la continuación de la subordinación colonial de Puerto Rico a los Estados Unidos. Este debate comenzó en 1947 cuando Estados Unidos les otorgó a los puertorriqueños el derecho a elegir su gobernador. Un sector del partido entendió que las reformas que aumentaban el gobierno propio de la Isla eran pasos necesarios hacia la estadidad. Argumentaban que estas reformas le daban a Puerto Rico "la estructura de un gobierno más o menos similar al de un estado". Este sector, encabezado por Iriarte, asumió la misma posición con respecto a la creación del ELA; la aprobación de la Constitución del ELA en 1950 fue

---

[9] Ver Ismaro Velázquez, *Muñoz y Sánchez Vilella* (Río Piedras: Editorial Universitaria, 1974).

vista como "un paso transitorio hacia la estadidad".[10] Ferré, representante del sector opuesto, argumentó que aunque la Constitución del ELA le otorgaba poderes a la Isla para tratar sus asuntos internos, "la legislación fundamental que controla la vida económica de la Isla continuará siendo dictada por un Congreso donde Puerto Rico no tiene representación para luchar por y en beneficio de sus intereses".[11]

Estas diferencias se reflejaron en la organización interna del partido. Los opuestos al ELA argumentaban que votar por éste implicaría dar apoyo al programa del PPD. La solución a estas diferencias fue algo contradictoria. Se aprobó una resolución estableciendo que el ELA representaba un mayor gobierno propio para los puertorriqueños y que no obstaculizaba la estadidad. Finalmente, el PEP decidió votar en favor de la Constitución del ELA y condenó cualquier abstención electoral por los estadistas, pero dejó a sus miembros libres de votar como quisieran.[12] Esta decisión no resolvió los problemas internos, ya que García Méndez y Ferré aún insistían en que el ELA "podrá tener méritos como medida transitoria de gobierno, pero que representa la colonia por consentimiento".[13]

El conflicto que dividió al PEP en 1952 reflejó la lucha de poder entre el grupo de Iriarte y el grupo de García Méndez y Ferré. Aunque el sector burgués era ideológica y programáticamente dominante en el partido, no tenía el control total sobre la maquinaria partidista. El grupo de García Méndez y Ferré impuso un comité directivo al presidente Iriarte en la asamblea de agosto de 1951 para coordinar con éste la dirección de la organización y el programa del partido. Iriarte y su grupo sabían contra quiénes estaban luchando. En la asamblea del PEP de 1952, Iriarte advirtió a sus correligionarios que darle la presidencia del partido a García Méndez

---

[10] Citas de Enrique Lugo Silva, "Roosevelt's Contribution to Puerto Rican Self-Government", *El Estado* 4 no.19 (junio-julio 1949), p. 15, y *El Mundo*, 28 de agosto de 1950, p. 1.

[11] Luis A. Ferré, "The Puerto Rican Constitution", *El Estado* 4 no.22 (Sept.-Oct. 1950), p. 25. Iriarte estaba de acuerdo en este punto, vea sus comentarios en *ibidem*, 4 no.27 (nov.-dic. 1951), pp. 11 y 15.

[12] *El Mundo*, 22, 28 y 31 de agosto de 1950, p. 1, respectivamente.

[13] *Ibidem*, 6 de agosto de 1951, p. 1. Ver también a Robert Anderson, *Gobierno y partidos políticos en Puerto Rico* (Madrid: Editorial Tecnos, 1970), p. 106. De acuerdo a Ferré, la Constitución del ELA: "Ni jurídicamente ni constitucionalmente nos aleja de la estadidad"; en Luis A. Ferré, *El propósito humano,* ed., Antonio Quiñones Calderón (San Juan: Ediciones Nuevas de Puerto Rico, 1972), p. 243-45.

significaría entregarles el partido a los intereses y corporaciones azucareras.[14]

Iriarte estaba en lo correcto, pero éste había sido el caso por más de una década; sencillamente se exacerbó más aún con García Méndez en la presidencia. Tratando de resucitar su glorioso pasado, en 1953 el PEP se convirtió en Partido Estadista Republicano (PER), poniendo en evidencia su ideología: la estadidad es conservadurismo, el conservadurismo es estadidad. De acuerdo con García Méndez, con la inserción de la palabra "Republicano" en el nombre del partido "sólo estamos restableciéndola a un sitio más en armonía con el deseo del partido".[15]

El control del partido por García Méndez y Ferré significó el dominio del sector azucarero y del sector industrial burgués sobre las riendas del partido. El ascenso en el liderato del sector industrial burgués fue de suma importancia para el desarrollo de la política anexionista puertorriqueña en las décadas siguientes. De acuerdo con Aarón Ramos, la burguesía industrial le otorgó al movimiento anexionista "un compromiso más agresivo a la estadidad". Además, Ramos afirma que el coliderato en el partido estadista de estas dos facciones de la burguesía puertorriqueña le imprimió al PER "un carácter de transición" política; el PER fue "una organización de transición del viejo mundo agrario al nuevo ambiente industrial... La vida política del PER... reflejó la tensión entre estos dos grupos".[16]

La expansión del capitalismo industrial después de 1950 transformó la estructura social y el carácter del conflicto político en Puerto Rico. Uno de los cambios sociales que más influyeron en el movimiento anexionista de la posguerra fue la decadencia de la agricultura y de la burguesía azucarera. La aportación de la agricultura al producto bruto doméstico de Puerto Rico declinó del 17.5 por ciento en 1950 al 3.9 por ciento en 1969; la aportación del azúcar al valor total de la producción agrícola cayó del 53 por ciento al 19.2 por ciento durante el mismo período.[17] Los remanentes de la burguesía

---

[14] *El Mundo*, 6 de agosto de 1951, p. 16; Anderson, *Gobierno y partidos políticos*, p. 106. Luego de abandonar el PER, la facción de Iriarte formó el efímero Partido Boricua; en *El Mundo*, 1 de agosto de 1952, p. 5.

[15] *El Mundo*, 29 de julio de 1953, p. 4, y 28 de julio de 1953, p. 1.

[16] Aarón G. Ramos, "The Development of Annexationist Politics in Twentieth Century Puerto Rico", en Adalberto López, ed., *The Puerto Ricans* (Cambridge, Mass.: Schenkman, 1980), pp. 263-64.

[17] Junta de Planificación, *Informe económico al Gobernador, 1969* (San Juan: Junta de Planificación, 1970), pp. 5 y A-26; Junta de Planificación, *Estadísticas Socioeconómicas, 1980*, p. 7.

azucarera y de otros sectores agrícolas, particularmente los caficultores, se opusieron a la política económica del PPD. Sostenían que el programa de industrialización era perjudicial a la agricultura, y en particular, que la industrialización y el crecimiento en las oportunidades de trabajo en las área urbanas estaban agotando la fuerza de trabajo en las zonas rurales al promover la migración de trabajadores jóvenes y diestros.[18] Estos sectores apoyaron al PER y a la estadidad.

El desarrollo del capitalismo industrial en Puerto Rico alentó el surgimiento de una nueva base social para el anexionismo, principalmente entre los nuevos sectores medios, segmentos de la clase obrera y los pobres rurales y urbanos. Esta nueva base social forzó a que el anexionismo se distanciara del viejo programa reaccionario de la burguesía azucarera del PER. Los sectores medios proveyeron una fuente importante de apoyo al movimiento estadista de la posguerra. La industrialización de la economía llevó a un rápido crecimiento de las clases medias y sectores intermedios, particularmente en el extenso sector terciario (servicios, finanzas, gobierno), los cuales apoyaron masivamente a la estadidad.[19]

Otro grupo de suma importancia para la política estadista de este período fue el vinculado al gobierno federal, particularmente el sector de empleados federales en la Isla, cuyo número ha crecido sustancialmente desde la posguerra. Dada su posición dentro del Estado metropolitano, ha apoyado tradicionalmente a la estadidad y se ha opuesto en repetidas ocasiones al ELA. Este grupo fue de gran importancia en la fundación de Estadistas Unidos —organización que defendió la estadidad en el plebiscito de 1967— y en la creación del Partido Nuevo Progresista (PNP) en 1968.[20] También se destacan en su apoyo a la estadidad los puertorriqueños inscritos en la estructura militar estadounidense, en particular los oficiales.

---

[18] "Oreste Ramos ante los agricultores: Insta gobierno estimule agricultura como hace con la industria", *El Mundo,* 12 de noviembre de 1962, p. 1; "Lic. Juan B. García Méndez; Mira próximo año como el decisivo industria azúcar", *ibidem,* 28 de agosto de 1964, p. 29; Ramiro Colón, "Estadidad salvaría industria cafetalera", *El Estado* num.65 (junio-julio 1959), pp. 36-38; José A. Herero, "En torno a la mitología del azúcar" (Mimeo, 1970), pp. 68, 74, y 77.

[19] Juan Manuel Carrión, "The Petty Bourgeoisie and the Struggle for Independence in Puerto Rico", en López, ed., *The Puerto Ricans,* pp. 248-49; Ramos, "The Development of Annexationist Politics", p. 265-66.

[20] *El Estado* núm.63 (enero-feb. 1959), p. 14; *El Mundo,* 31 de mayo de 1967, p. 1; y 8 de junio de 1967, p. 26.

El apoyo a la estadidad entre los veteranos puertorriqueños del ejército estadounidense creció desde la segunda guerra mundial. Las principales organizaciones de veteranos en la época (la Legión Americana, la Asociación de Veteranos de Puerto Rico) eran defensoras inequívocas de la estadidad.[21]

Sectores de la clase obrera y de los pobres han ofrecido un creciente apoyo electoral a la estadidad después de 1950. La política de industrialización del PPD (caracterizada por bajos salarios, el desempleo estructural y la marginación social) y la identificación del PPD con los capitalistas llevó a muchos sectores de la clase obrera a alejarse del PPD y de su programa. Sectores de la clase obrera todavía sostienen la noción, presentada por los socialistas a principios de siglo, de que la única forma de asegurarle a la clase obrera puertorriqueña los beneficios y derechos alcanzados por la clase obrera estadounidense (salario mínimo federal, derechos laborales, beneficios en programas de bienestar) es con la estadidad.[22] Particularmente importantes en la época fueron los choferes de carros públicos, quienes fueron agentes tanto en la radicalización del movimiento obrero de los años cuarenta como en la formación del PPD. Alejados de la política obrera del PPD, los choferes de carros públicos comenzaron a dar su apoyo al PER ya en los años cincuenta y, como grupo, fueron muy importantes en la formación del PNP en 1967.[23]

Un grupo que ha recibido gran atención de científicos sociales por su apoyo a la estadidad ha sido el de los pobres o marginados urbanos. Estos habitan las áreas pobres de la ciudad (caseríos, arrabales), sufren de desempleo crónico o empleo parcial, reciben salarios de subsistencia y dependen de los servicios y de la asistencia estatal para su sobrevivencia económica. Los pobres urbanos, atraídos a la estadidad como un medio de levantar su nivel de vida, han incrementado su apoyo a los partidos estadistas desde la década de los cincuenta. Menos estudiados, pero igualmente importante en su apoyo a la estadidad, son los marginados rurales, los desplazados de la agricultura que permanecieron en las áreas rurales fuera de la fuerza laboral.

---

[21] Ver por ejemplo, *El Estado* VIII:39 (sept.-octubre 1954), p. 14-15, y núm.42 (marzo-abril 1955), pp. 9, 11; *El Mundo,* 26 de enero de 1967, p. 46. [22] *El Estado* VI:33 (mayo-junio 1953), pp. 13, 15; *El Mundo,* 27 de octubre de 1964, p. 7; y 1 de julio de 1967, p. 14.

[23] *El Mundo,* 5 de noviembre de 1956, p. 1; 26 de enero de 1967, p. 2. El único alcalde del PER en ser electo en más de una década (en San Lorenzo en 1960) era líder de una unión de choferes públicos. Ver *ibidem,* 10 de noviembre de 1961, pp. 1.

Para 1968 tanto los pobres urbanos como rurales dieron su apoyo al PNP, atraídos por su programa de reforma social y promesas de mayores beneficios federales.[24]

"La reacción se ha apoderado del PER"

Las transformaciones generales en la sociedad puertorriqueña en la posguerra y el surgimiento de una nueva base de apoyo social estimularon cambios radicales dentro del movimiento estadista. El más importante fue el cuestionamiento del liderato de la burguesía azucarera dentro del PER.

Aparte de las obvias afinidades de clase y de su apoyo a la estadidad, la alianza política de la burguesía azucarera y la burguesía industrial se fundó en la oposición común al programa socio-económico y político del PPD en los años cuarenta. Pero la burguesía industrial era una clase en ascenso, con una filosofía mucho más liberal. El ascenso de Ferré en el partido estadista reflejó la creciente influencia de esta clase dentro del movimiento. Ya en 1948 el programa del partido (entonces Partido Estadista Puertorriqueño-PEP) reflejaba la influencia de Ferré. Este fortaleció su liderato dentro del PER, y para 1952 codirigía el partido con su cuñado, García Méndez. Ferré fue un destacado defensor del programa de su partido y de la estadidad en las asambleas constituyentes del ELA. Ferré fue el candidato a gobernador por el PER en 1956 (y otra vez en 1960 y 1964) y el programa electoral del PER se conocía entonces como "el programa de Luis Ferré". Incluso, en 1955 un grupo dentro del PER empujó a Ferré para la presidencia del partido; este grupo criticó abiertamente el liderato de García Méndez. Las críticas al liderato de García Méndez aumentaron luego de las elecciones de 1956; aunque Ferré no estuvo ligado a este movimiento, estas acciones son muestra de los conflictos internos de diferentes sectores sociales dentro del PER.[25]

---

[24] Marcia Rivera, *Elecciones de 1968 en Puerto Rico: Análisis estadístico por grupos socio-económicos* (San Juan: CEREP, 1972), p.39; Rafael Ramírez, *El arrabal y la política* (Río Piedras: Editorial Universitaria, 1977); Luis Nieves Falcón, *La opinión pública y las aspiraciones de los puertorriqueños* (Río Piedras: Centro de Investigaciones Sociales, UPR, 1970), p. 237-39. Los sectores pobres y marginados ya daban su apoyo a los partidos estadistas en los años cincuenta; ver a Juan José Baldrich, "Class and the State: The Origins of Populism in Puerto Rico, 1934-1952" (Ph.D. Diss., Dept. of Sociology, Yale University, 1981), pp. 227, 229, y 234.

[25] *El Mundo*, 5 de noviembre de 1956, p. 20, y 20 de diciembre de 1955, pp. 1, 20. Ver también el artículo de Frank Torres en *El Estado*, num.47 (enero-feb. 1956), p. 19.

De 1956 a 1964, dos sectores se destacaron en su crítica al liderato de García Méndez: los sectores medios y el sector obrero. Las primeras señales de descontento en el PER provinieron de los sectores medios después de las elecciones de 1956. Jorge Luis Córdova Díaz, destacado líder estadista y ex-juez asociado de la Corte Suprema de Puerto Rico, lanzó un ataque virulento al liderato y programa del partido, especialmente contra García Méndez. Córdova Díaz argumentaba que el auge electoral del PER en 1956 no era suficiente para avanzar la causa estadista. El PER necesitaba "un cambio radical en sus métodos y programa" y una nueva imagen:

> El ideal de Estadidad tiene un fuerte arraigo en Puerto Rico.... Pero el ideal de estadidad no logrará para el Partido Estadista los votos de todos, ni aun de la mayoría, de los que favorecen, o pueden favorecer el logro de la estadidad, mientras cargue con el enorme lastre de estar identificado con la reacción, con una política económica ultraconservadora, con los grandes intereses económicos.
>
> ...Es que los líderes del partido, con la excepción de Luis Ferré, no se han distinguido por su preocupación por los intereses del obrero, del campesino, del desamparado.... Pero se trasluce que su credo económico y social es que el bienestar de las masas se logra protegiendo y estimulando los grandes intereses, el credo económico y social que se resume en el epígrama "What's good for General Motors is good for the country". Esa preocupación primaria por el capital y por los capitalistas, no importa cuán inspirada en la buena intención de que la prosperidad de éstos se refleje en bienestar para todos, es y debe ser antipática a nuestro pueblo....
>
> Es preciso, pues, si creemos en la estadidad, si queremos ser justos con ese ideal, liberarlo del lastre de actitudes económicas y sociales equivocadas con que hoy carga ese ideal en el Partido Estadista.[26]

Enrique Córdova Díaz, destacado líder estadista y hermano de Jorge Luis, también atacó al liderato y programa del partido:

> ...ningún partido de minoría puede esperar ganar una elección general sobre la base del asunto del status solamente. Dicho partido debe presentar, en adición al asunto del status, un programa social y económico progresista y realista... El Partido Estadista Republicano

---

[26] Jorge L. Córdova Díaz, "The 1956 Election and Statehood", *El Estado*, num.51 (nov.-dic. 1956), p. 14.

debe también abandonar viejas ideas y programas. Al hacer esto debe auspiciar programas liberales progresistas sin sacrificar el otro principio básico necesario para la existencia de la empresa privada dentro de una democracia gobernada para el bienestar del mayor número y no de los pocos... [y] debe abogar [por estos principios] bajo un liderato que no tenga vínculos con el pasado y que pueda ganarse la confianza del pueblo.[27]

No debe sorprender, pues, que estos sectores medios liberales apoyaran el programa de Ferré y su candidatura para la presidencia del partido. Ferré, sin embargo, trató de evitar una ruptura con García Méndez; apoyó públicamente el liderato de éste y se limitó a levantar pequeñas críticas de la organización interna del partido, lo que de todas formas eran sutiles ataques contra el liderato de su cuñado.[28]

La reacción de la maquinaria del partido contra este sector, y tal vez la indisposición de Ferré a confrontar a García Méndez por el liderato partidista, forzó a este grupo a abandonar el partido. En 1959 fundaron Ciudadanos Pro-Estado 51 (CPE-51). Entre su liderato principal se encontraban los hermanos Córdova Díaz, Enrique Lugo Silva, José C. Barbosa, hijo, Josefina Llovet, Alfonso Rivera Valdivieso y otros destacados estadistas. El fin de la organización fue la defensa de la estadidad por encima de cualquier otra consideración, fuera del esquema ideológico y programático del PER. De acuerdo con Enrique Córdova Díaz, el CPE 51: "Es no partidista, y la razón principal de su existencia es, quizás, demostrar que el movimiento de la estadidad en Puerto Rico es más extenso que el Partido Estadista Republicano local... gran número de personas... prefieren morir antes que votar por los Republicanos. Muchos de ellos son defensores de la estadidad".[29] Hasta la formación de Estadistas Unidos, el CPE-51 era apoyado por sectores opuestos al liderato y programa de García Méndez en el PER.[30] CPE-51 influyó en la participación de los estadistas en el plebiscito

---

[27] Enrique Córdova Díaz, "Modern Republicanism and the Statehood Party of Puerto Rico", *ibidem,* p. 17.

[28] Por ejemplo, *El Mundo,* 30 de diciembre de 1955, p. 1, y 22 de enero de 1958, p. 4.

[29] Citado en Wilfredo Figueroa Díaz, *El movimiento estadista en Puerto Rico* (Hato Rey: Editorial Cultural, 1979), p. 68-69; ver también *El Mundo,* 6 de mayo de 1959, p. 19.

[30] Figueroa Díaz, *El movimiento estadista,* p. 68; *El Mundo,* 16 de diciembre de 1961, p. 32, y 12 de diciembre de 1960, p. 23.

de 1967 y en la organización de Estadistas Unidos, estimulando así la ruptura en el PER. Sus miembros se destacaron en la fundación del PNP y en el gobierno de Ferré.[31]

El otro sector social que criticó al liderato y el programa conservador del PER fue el sector obrero, proveniente, en su mayoría, del Partido Socialista a través de las alianzas con los Republicanos en los años cuarenta o luego de la desintegración del partido en 1952.[32] Este fue el sector más conservador y pro-anexionista del PS y permaneció leal al partido hasta su desaparición. Su inclinación hacia la estadidad y su oposición al PPD lo movió al PER. Pero este grupo mantuvo sus ideas "socialistas" y su lealtad a las enseñanzas del "maestro" Santiago Iglesias, por lo que su presencia en el PER creó tensiones dentro del partido. El mejor recuento de las vicisitudes de este grupo en el PER nos lo ofrece José M. García Calderón. García Calderón había sido líder socialista y se unió al PER luego de la desaparición del PS; fue electo Representante a la Cámara por el PER en 1956. Según él, sus problemas con el liderato del PER se basaron en una contradicción fundamental dentro del partido: "Por bastante tiempo ha estado planteado en el Partido Estadista un duelo ideológico entre las personas que representan la filosofía y la actitud de las fuerzas de la reacción, y yo, que represento la filosofía social, la ideología y la actitud anti-reaccionaria". Según García Calderón, el sector obrero tenía una gran influencia dentro del PER y en la obtención del apoyo electoral popular del partido; declaró incluso que las medidas populares en la plataforma del PER habían sido promovidas por ese sector. Pero los intereses económicos "reaccionarios" dentro del partido se oponían a cualquier medida que beneficiara a las masas. García Calderón

---

[31] *El Mundo,* 10 de diciembre de 1962, p. 8, y 25 de enero de 1968, p. 1.

[32] El Partido Socialista se disolvió por acuerdo de una asamblea celebrada en 1954 en Arecibo; en dicha asamblea se aprobó una resolución instando a los miembros a integrarse al PPD. La misiva del presidente del partido al PPD explicando su decisión establecía que "esperamos haber llegado a un campo propicio para hacer una realidad nuestra ideología de reforma social y económica y de unión permanente del pueblo de Puerto Rico con el pueblo de los Estados Unidos". La decisión fue impugnada por un sector del partido. Ver "Socialistas disuelven el partido", *ibidem,* 4 de agosto de 1954, p. 1; e "Impugna la decisión de irse con los Populares", *ibidem,* 10 de agosto de 1954, p. 10. Durante la presidencia de Bolívar Pagán el liderato y programa del PS acentuó su caracter conservador y pro-estadista; vea "Socialistas postulan estadidad" *ibidem,* 6 de septiembre de 1943, p. 7.

fue altamente despreciado por el liderato del PER por su apoyo a medidas propuestas por el PPD y objetadas por el PER, como la distribución de zapatos a niños pobres, compensación para los desempleados rurales y distribución de tierras a los campesinos. La ruptura final con el partido vino cuando García Calderón sometió un proyecto para estudiar las prácticas anti-obreras de la Central Roig, propiedad de Antonio Roig, un prominente miembro del PER. El centralista usó toda su influencia en el PER, incluyendo la de su familiar Luis Ferré, para forzar el retiro de la medida. De acuerdo con García Calderón, "la reacción se ha apoderado del PER" y usa la estadidad para defender sus intereses económicos; sólo luego de que un partido estadista provea un programa social para las masas podrá la estadidad ser alcanzada.[33]

El sector obrero fue relativamente importante en el PER; manejaba varias de las maquinarias locales del partido, particularmente en las áreas urbanas, y era responsable en buena medida del apoyo popular logrado por el partido. Pero fuera de uno o dos representantes en la Legislatura, el sector obrero no tenía influencia en la maquinaria central, controlada por García Méndez y sus partidarios. Luego de las elecciones de 1960, el sector obrero comenzó a presionar al liderato central por mayor participación en la estructura central del partido, usando las estructuras locales bajo su control, y buscando mayor representación en la Legislatura. En 1963 el grupo falló en su intento de remover a García Méndez de la presidencia, provocando una fuerte reacción de la maquinaria central. Previamente a las elecciones de 1964, García Méndez impuso unos candidatos sobre los del sector obrero, en contra de las decisiones de los comités locales, forzando a éstos a salir de las estructuras partidarias. En agosto de 1964, el sector obrero abandonó el PER y propuso la creación de un nuevo partido: "Será un Partido Socialista, como el del maestro Santiago Iglesias Pantín".[34] El nuevo partido nunca cobró vida y muchos en este grupo se unieron luego a Ferré en Estadistas Unidos y en el PNP.

La ruptura del PER y Estadistas Unidos

El liderato conservador de García Méndez fue incesantemente cuestionado dentro del partido a partir de mediados de la década de los cincuenta.

---

[33] José M. García Calderón, "La reacción se ha apoderado del PER", *ibidem,* 29 de octubre de 1960, p. 18-19.

[34] *Ibidem,* 28 de agosto de 1964, p. 26; además 1 de julio de 1963, p. 1, y 11 de junio de 1964, pp. 1, 12.

Los nuevos sectores sociales que se integraban en el partido se vieron en oposición al liderato y programa de la burguesía azucarera en el PER. La participación electoral del PER en 1964, el debate sobre el informe de la Comisión de Status y el asunto de la participación de la estadidad en el plebiscito fueron los elementos que fomentaron una lucha ideológica en el partido que llevó a su ruptura en 1967.

Luego de las elecciones de 1964, un sector de clase media en el PER comenzó a cuestionar abiertamente las bases ideológicas del partido. Los miembros de este grupo, aunque pertenecían al PER, eran cercanos a CPE-51. Encabezados por Carlos Romero Barceló, el grupo se planteó la idea de formar un nuevo partido, que se llamaría Partido Reformista Liberal o Partido Liberal Progresista. La idea fue abandonada, y el grupo decidió "pelear desde adentro", esto es, reformar las estructuras del PER a la vez que se usaba a CPE-51 como vehículo político y organizativo.[35] En una asamblea del PER en 1965, Romero Barceló expuso que la causa estadista era perjudicada por el liderato conservador del PER y sus vínculos con el Partido Republicano Nacional; que existían estadistas dentro y fuera del PER en desacuerdo con lo anterior y que era necesario su apoyo para avanzar la causa de la estadidad:

> El Partido necesita reformas, cambios básicos y drásticos, y no meras alteraciones... Lo que procede es deshacernos de toda la carrocería del vehículo y quedarnos únicamente con el armazón para construir, encima de ese armazón, un nuevo vehículo capaz de llevarnos al triunfo y obtener la Estadidad para Puerto Rico.

> ...En la arena política de Puerto Rico no hay cabida para ningún partido conservador y ningún partido reaccionario. Todos los partidos en Puerto Rico que quieran tener la oportunidad al triunfo electoral deben tener ideas progresistas, renovadoras y liberales.

> ...Tiene que cambiarse el nombre del partido, eliminarse lo de Partido Republicano y cambiarse el liderato de este partido para que el pueblo pueda estar convencido del interés y deseo sincero de esta colectividad de llevar a cabo una renovación total donde quepan todos los estadistas de Puerto Rico.[36]

---

[35] Antonio Quiñones Calderón, *Del plebiscito a la Fortaleza* (Hato Rey: Ramallo Brothers, 1982), pp. 47-49.

[36] *Ibidem*, pp. 57, 60 y 62.

La posición de CPE-51 y de Romero era clara: la estadidad necesita de las masas para triunfar, y para atraer las masas a la estadidad el partido estadista necesita de una nueva imagen. Este mensaje no se perdió; esta concepción se convirtió en uno de los elementos que unieron a los sectores burgueses con los sectores medios del PER en la formación de un "nuevo vehículo" para la estadidad, el PNP. Pero para que esto sucediera, era necesario la ruptura entre el grupo de Ferré y el liderato de García Méndez.

La ruptura final entre García Méndez y Ferré surgió con el debate sobre la participación del PER en el plebiscito; García Méndez se opuso a dicha participación, mientras que Ferré la favoreció. En 1965 el Congreso nombró una comisión conjunta de congresistas estadounidenses y de puertorriqueños, la "Comisión Estados Unidos-Puerto Rico sobre el Status de Puerto Rico", para celebrar vistas públicas sobre la situación política de la Isla. El informe de la comisión concluyó que las tres alternativas políticas (Estado Libre Asociado, estadidad e independencia) eran soluciones igualmente aceptables para resolver el status político de Puerto Rico si era aprobado por el Congreso y por los puertorriqueños; también concluyó que los puertorriqueños deberían manifestar su preferencia a través de un plebiscito.[37] El PER había aceptado defender la estadidad en la Comisión de Status, lo que significaba aceptar las conclusiones a que llegara este cuerpo. Cuando surgió la posibilidad de celebrar un plebiscito sobre las tres alternativas de status, García Méndez abandonó la Comisión, permaneciendo Ferré en ella como el único defensor de la estadidad. Según García Méndez, el PPD utilizaba la Comisión y el plebiscito para legitimar al ELA; aceptar las conclusiones de la Comisión y participar en el plebiscito significaba apoyar al PPD y otorgarle legitimidad al ELA. Más aún, García Méndez argumentó que la participación de la estadidad en el plebiscito y su probable derrota en él perjudicaría la causa estadista.[38]

Las conclusiones de la Comisión de Status tenían un significado distinto para Ferré: la legitimación de la estadidad por el Congreso de los Estados Unidos. Participar en el plebiscito era demostrarle al Congreso que los puertorriqueños deseaban la estadidad —uno de los prerrequisitos para la estadidad que precisamente había enumerado la Comisión. Ferré argumentó que la participación en el plebiscito era la mejor defensa de la estadidad:

---

[37] United States-Puerto Rico Commission on the Status of Puerto Rico, *Commission Report* (Wash., D.C.: U.S. Government Printing Office, 1966), p. 14.

[38] Quiñones Calderón, *Del plebiscito a la Fortaleza*, p. 84.

Las conclusiones de esta Comisión son claras y terminantes respecto a la estadidad. Las puertas de la estadidad están abiertas para los puertorriqueños dentro de un plazo razonable de tiempo, sin riesgos económicos ni barreras culturales... Para lograr esto se necesita que los puertorriqueños expresemos nuestro deseo de que se nos admita como estado. Lograda esta expresión de deseo de entrar en la Unión, la estadidad ha sido siempre concedida y el Congreso ha tomado las medidas adecuadas para la protección del bienestar económico del nuevo estado, mediante medidas adecuadas de transición.[39]

Ferré estaba en lo correcto. El informe de la Comisión de Status había creado una nueva apertura para la estadidad que, junto al auge electoral del PER en los años sesenta, presentaba la oportunidad de empujar la estadidad en Puerto Rico y en los Estados Unidos. La inclusión de la opción estadista en el plebiscito era necesaria para legitimar la estadidad y darle viabilidad como una alternativa política.

Aunque el debate sobre el plebiscito fue la causa inmediata de la ruptura del PER, la causa subyacente fue otra: las diferencias ideológicas y políticas de los sectores sociales dirigentes en el PER. Esta diferencia quedó resaltada en los comentarios de un analista político sobre la Asamblea del PER que debatió la posición del partido con respecto al plebiscito:

Implicadas en el resultado de la asamblea están la dirigencia y orientación futuras del PER. La confrontación se ha convertido en pugilato entre la vieja guardia conservadora que encabeza García Méndez, y los republicanos más jóvenes que se unen tras Ferré.[40]

El resultado de la Asamblea no sorprendió a nadie; García Méndez controlaba la maquinaria del partido y su victoria sobre la oposición fue abrumadora. Pero fue una victoria pírrica, ya que Ferré comenzó inmediatamente a formar lo que había prometido en la Asamblea: una organización para

---

[39] Ferré, *El propósito humano*, pp. 258-59 y 281. El informe de la Comisión de Status no tan sólo reconoció, por primera vez, a la estadidad como una altenativa aceptable para el Congreso, sino que indicó, además, que los asuntos de índole económica y cultural no serían impedimentos al logro de la estadidad; el principal problema era político: obtener el apoyo necesario en Puerto Rico y los Estados Unidos. Ver United States-Puerto Rico Commission, *Report*, p. 15.

[40] A. W. Maldonado, "Asamblea PER: Confrontación entre García Méndez y Ferré", *El Mundo*, 21 de enero de 1967, p.1.

defender la estadidad en el plebiscito, Estadistas Unidos.[41] En su mensaje ante la Asamblea, Ferré trató de demostrar la necesidad de participar en el plebiscito partiendo de las conclusiones del informe de la Comisión de Status. Pero Ferré fue más lejos aún y presentó lo que sería la posición de Estadistas Unidos y del PNP: "...si ustedes se empeñan en que este partido solamente va a tener el voto de los republicanos netos, de los republicanos, como se dice, del corazón del rollo, no llegaremos nunca al poder".[42]

Ferré reiteró la posición tomada por el CPE-51 sobre la necesidad de obtener apoyo masivo para la estadidad y el partido estadista, y la necesidad de propulsar la estadidad desde el aparato estatal. Así quedó establecida la base para la formación de un nuevo programa y de un partido estadista.

Los conflictos entre los diferentes sectores sociales que coexistían en el PER irrumpieron finalmente en 1967, llevando a una ruptura en el partido y finalmente a la formación de Estadistas Unidos, el embrión del PNP. El nuevo partido, dominado programática y organizacionalmente por la burguesía industrial y los sectores medios del PER, presentó un nuevo programa que buscaba activamente obtener el apoyo de las masas. El programa del nuevo partido se levantó sobre la filosofía social de Ferré. Así, pues, para entender el programa y la política del PNP en sus primeros años debemos partir de un análisis de la política de la burguesía industrial durante el período de la posguerra y de la filosofía social de Ferré (como representante de esa clase).

El PNP y la política de la redención

La política de la burguesía industrial

La expansión del capitalismo industrial en la posguerra no sólo minó la base material de la burguesía azucarera, sino que creó las condiciones para el desarrollo de una burguesía industrial. La burguesía industrial se caracterizó, durante las primeras cuatro décadas de este siglo, por ser extremadamen-

---

[41] *Ibidem,* 23 de enero de 1967, pp. 1 y 20; 24 de enero de 1967, p. 1; 25 de enero de 1967, p. 1. Los eventos y controversias que surgieron en la asamblea del PER del 22 de enero y la formación de Estadistas Unidos es discutida en Quiñones Calderón, *Del plebiscito a la Fortaleza,* pp. 88-134. El discurso de Ferré ante la asamblea se encuentra en *El propósito humano,* pp. 264-75.

[42] Ferré, *El propósito humano,* p. 273. [43] Perloff, *Puerto Rico's Economic Future,* p. 97.

te pequeña y estar concentrada en áreas de relativa poca importancia económica. En los años treinta la única actividad manufacturera de importancia se reducía al azúcar, el tabaco y la industria de la aguja.[43] La segunda guerra mundial trajo consigo importantes cambios para esta clase: el flujo de fondos federales y la construcción de la infraestructura económica relacionada con la actividad de guerra, y el mejoramiento general de la economía, crearon la base material para el desarrollo de la burguesía industrial local.[44] Sin embargo, en su período de crecimiento, esta burguesía era todavía materialmente débil. Para 1945 había tan sólo unas 2,077 empresas manufactureras en Puerto Rico; la mayoría de ellas pequeñas. Sobre la mitad empleaba menos de siete trabajadores; sólo 122 empleaban sobre cien personas (mayormente en la producción de azúcar y ron, en el tabaco y en la industria de la aguja). Sobre el 70 por ciento de las empresas manufactureras estaban organizadas en empresas individuales, y tan sólo un 12 por ciento en corporaciones.[45]

Esta burguesía industrial local tiene su propia base de reproducción; no son en sentido estricto "intermediarios" del capital estadounidense, aunque coexisten con los capitalistas norteamericanos y sus intermediarios locales. La burguesía industrial puertorriqueña puede caracterizarse más apropiadamente usando la concepción de James O'Connor de "capital competitivo". Según O'Connor, en el "sector competitivo" del capital privado "la proporción física de capital a trabajo y la producción por trabajador, o productividad, son bajas, y el aumento en la producción depende menos de la inversión física de capital y el progreso técnico que del crecimiento en el empleo. La producción es típicamente a baja escala y los mercados son usualmente de alcance local o regional". La fuerza de trabajo en este sector, por lo regular, recibe bajos salarios y no pertenece a uniones; las condiciones de trabajo son pobres y el desempleo y subempleo son altos. Por esta razón, la fuerza de trabajo en este sector es forzada cada vez más a "mirar hacia el estado para sus medios de subsistencia. Están, pues, condenados a ser parcial o completamente dependientes del estado".[46] La relación entre

[43] Perloff, *Puerto Rico's Economic Future*, p. 97.

[44] Thomas C. Cochran, *The Puerto Rican Businessman: A Study in Cultural Change* (Philadelphia: University of Pennsylvania Press, 1959), pp. 64-65.

[45] Perloff, *Puerto Rico's Economic Future*, pp. 102-103.

[46] James O'Connor, *The Fiscal Crisis of the State* (New York: St. Martin's Press, 1973), pp. 13-15.

este sector competitivo y el otro sector del capital privado, el sector monopólico, no es totalmente contradictoria. Al contrario, aunque pueden existir contradicciones entre estos dos sectores, la expansión del capital monopólico beneficia al sector competitivo:

> El crecimiento del sector monopólico está basado en la expansión del capital y la tecnología. Es el principal sector de acumulación en la economía. El sector competitivo crece sobre la base de la expansión de la fuerza de trabajo que ha sido "liberada" por la acumulación y el crecimiento en el sector monopólico...; el sector competitivo no necesariamente declina con la acumulación pero se expande por el proceso de crecimiento en el sector monopólico.[47]

Proponemos aquí que el sector realmente "local" de la burguesía puertorriqueña puede ser mejor comprendido si lo consideramos como "capital competitivo" y no como una burguesía "intermediaria" o "dependiente" directamente vinculada al capital estadounidense. Como tal, la burguesía puertorriqueña nació como clase bajo la égida del capital estadounidense en Puerto Rico. Las estructuras económicas y políticas nacidas bajo la hegemonía económica y política de los Estados Unidos le permitieron reproducirse como clase. Sus sectores azucareros, bancarios y comerciales se beneficiaron de la expansión del capital estadounidense en Puerto Rico.[48] Esto no debe implicar que no existieran contradicciones entre la burguesía local y el capital y el Estado norteamericano en la Isla. Pero estas contradicciones están subordinadas al hecho de que la presencia de Estados Unidos en Puerto Rico asegura la expansión y reproducción del capitalismo en la Isla.

El carácter de capital competitivo de la burguesía industrial local se refleja en su concentración en industrias de uso intensivo de mano de obra como ropa; productos en madera y muebles; alimentos; productos en piedra, cerámica y cristal; metalurgia; y químicos. Más aún, su producción está limitada mayormente al mercado local. En 1967, el 72 por ciento de las

---

[47] David Gold, Clarence Lo, and Erik Olin Wright, "Some Recent Developments in Marxists Theories of the State", *Monthly Review* 27 no.6 (Nov. 1975), p. 41.

[48] Ver: A. G. Quintero-Rivera, *Conflictos de clase y política en Puerto Rico* (Río Piedras: Ediciones Huracán, 1976); Esteban A. Bird, *Report on the Sugar Industry in Relation to the Social and Economic System of Puerto Rico* (San Juan: Bureau of Supplies, Printing, and Transportation, 1941); Cochran, *The Puerto Rican Businessman;* Biagio di Venuti, *Money and Banking in Puerto Rico* (Río Piedras: University of Puerto Rico Press, 1950).

ventas de firmas locales fueron al mercado local.[49] Un informe de Fomento de 1957 señala que "los principales obstáculos a la empresa manufacturera local parecen ser el tamaño del mercado local, la falta de materias primas y semi-procesadas a precios competitivos, y la escasez de grandes fuentes de capital disponibles localmente y de conocimiento para invertir en industrias pesadas y de alta tecnología".[50] Al contrario de lo que afirma Fomento, la pequeña extensión del mercado no era el problema, ya que el mercado local se expandió de modo espectacular en los años cincuenta;[51] el problema para los industriales locales era la competencia con las importaciones y con el capital estadounidense establecido en la Isla que producía para el mercado local.

El programa de industrialización del PPD no benefició directamente a la burguesía industrial local, fuera del "ambiente industrial" que promovió.[52] Durante las décadas de los años cincuenta y sesenta, mientras la industrialización avanzaba y el número de empresas industriales aumentaba, hubo una reducción en el número de industrias locales. Mientras un grupo de capitalistas puertorriqueños —mayormente organizados en corporaciones— prosperó en el período, como lo evidencia el hecho de que el valor de la producción industrial local aumentó considerablemente, hubo un proceso paralelo de desplazamiento del capital local por capitalistas extranjeros.[53] El número de establecimientos manufactureros locales decayó de 95.4 a 65 por ciento del total de firmas manufactureras en la Isla de 1950 a 1960; su porción del ingreso manufacturero neto se redujo del 97.6 al 46.4 por ciento de 1948 a 1960.[54]

---

[49] Emilio González Díaz, *La política de los empresarios puertorriqueños* (Río Piedras: Ediciones Huracán, 1991), pp. 64-65; y Cochran, *The Puerto Rican Businessman*, p. 161.

[50] Economic Development Administration, *Social Directions in Industrial Development* (San Juan: Office of Economic Research, EDA, 1957), p. 13.

[51] Economic Development Administration, *Locally and Nonlocally Owned Enterprises in Puerto Rican Manufacturing Industries* (San Juan: Office of Economic Research, EDA, 1963), p. 25.

[52] Cochran, *The Puerto Rican Businessman*, p. 50.

[53] González Díaz, *La política de los empresarios puertorriqueños*, pp. 59, 64; y Cochran, *The Puerto Rican Businessman*, p. 64.

[54] Gilberto Cabrera, *Historia económica del comercio y la industria en Puerto Rico* (Hato Rey: Fundación Socio-Económica de Puerto Rico, 1980), pp. 56, 58.

Durante la década de los cuarenta, importantes sectores de la burguesía industrial se opusieron al programa "populista" del PPD, caracterizándolo como "socialista", pro-independencia y anti-empresa privada; esta clase argumentó que el programa de industrialización estatal del PPD era desfavorable a la manufactura local ya que las empresas estatales competían con el capital privado en la búsqueda de inversión, fuerza de trabajo y mercados, mientras que las empresas públicas estaban protegidas por el Estado y no pagaban contribuciones.[55] Sin embargo, esta retórica fue abandonada temprano en la década de los cincuenta cuando el PPD propulsó su programa de Operación Manos a la Obra.[56] Pero aun así, la burguesía criticó el programa de industrialización del PPD por ser discriminatorio contra el capital local. Criticaron al gobierno por no proteger al capital local de la "competencia desleal" causada por las importaciones estadounidenses y por el capital norteamericano establecido en la Isla; por la "ayuda exagerada" dada al capital estadounidense y por el menosprecio total del gobierno a los intereses locales.[57] En repetidas ocasiones, la Asociación de Industriales demandó la extensión de los subsidios e incentivos de Fomento a *todas* las industrias, locales y extranjeras, y la reducción en la carga contributiva a la industria local.[58]

La década de los cincuenta fue crítica para la burguesía industrial local. Su mayor preocupación durante este período fue la competencia con los

---

[55] "Industriales contra mayor contribución", *El Mundo*, 29 de octubre de 1946, p. 1; "Industriales dicen Tugwell no dio ayuda", *ibidem*, 5 de enero de 1947, p. 1; e *ibidem*, 29 de noviembre de 1948, p.1.

En la campaña electoral de 1956, Muñoz Marín, con su tradicional chispa sarcástica, refutó los ataques de Ferré sobre la política del PPD de "socializar" la economía y su supuesta actitud en contra de la empresa privada: "Luis Ferré sabe lo que puede esperar del Gobierno de Puerto Rico... Ha apostado diez millones y medio de dólares a que puede contar con eso. Y sabe que va a ganar la apuesta... Es más, si se puede juzgar por la cuantía de dinero invertido, es una de las personas que más confianza demuestra tener en mí y en mi gobierno". *El Mundo*, 7 de noviembre de 1956, p. 22. Ferré acababa de comprar varias empresas propiedad del estado, entre ellas la fábrica de cemento que dio paso a la Puerto Rican Cement.

[56] "Industriales dicen"; e *ibidem*, 10 de sept. de 1951, p. 1.

[57] Ver el artículo de Federico Torres Campos en *ibidem*, 31 de octubre de 1948, p. 13; y las críticas de la Asociación de Industriales en *ibidem*, 31 de octubre de 1948, p.1.

[58] Ver *ibidem*, 20 de abril de 1953, p. 25; "Industriales contra"; e *ibidem*, 29 de noviembre de 1955, p. 20.

productos norteamericanos, ya fueran importados o producidos localmente. La competencia amenazó a la burguesía industrial local en el corazón de su espacio económico, el mercado local. El mercado local se expandió rápidamente en la década, siendo altamente disputado por el capital extranjero en cuanto a importaciones y por el número de firmas promocionadas por Fomento. De acuerdo con un informe de Fomento de 1963, el valor de los embarques de la manufactura local al mercado puertorriqueño decayó de 85 a 73 por ciento en el corto período de 1954-58; a la misma vez, el valor de los embarques al mercado local por firmas manufactureras no locales en Puerto Rico aumentó en un 223 por ciento.[59] Aunque el PPD mantuvo que el principal objetivo de Operación Manos a la Obra era el de atraer capital extranjero para la producción de exportaciones, los productos de un gran número de firmas promocionadas por Fomento entraban en competencia directa con la manufactura local.[60]

Respondiendo a presiones del capital local, el PPD comenzó a prestarle atención al asunto de la competencia en el mercado local temprano en los años sesenta. En 1960 un estudio auspiciado por Fomento sobre la manufactura y el mercado local, preparado por Nathan Associates, concluyó que la expansión del mercado local en sí no aseguraba que el capital local fuera el principal beneficiario de ese crecimiento; y pronosticó una mayor competencia del capital estadounidense en el mercado local.[61]

Las relaciones entre la burguesía industrial local y el gobierno del PPD fueron muy tensas a comienzos de la década de los sesenta. La competencia de las importaciones y del capital manufacturero estadounidense en la Isla estaba afectando la manufactura local, y Fomento no manifestaba interés alguno por su situación.[62] El número de cierres de firmas locales aumentó, al igual que la adquisición de firmas locales por el capital extranjero y la inversión conjunta entre firmas locales y extranjeras (política promovida

---

[59] EDA, *Locally and Nonlocally Owned Enterprises,* p. 25.

[60] El listado de las industrias subsidiadas por Fomento aparece en Economic Development Administration, *Fomento-Promoted Manufacturing Plants, Classified by Industry (as of December 1958)* (San Juan: Office of Economic Research, EDA, 1959).

[61] Robert R. Nathan Associates, *Local Participation in Manufacturing Industries in Puerto Rico* (Wash., D.C.: The Associates, 1960), p. 10.

[62] Ver *El Mundo,* 29 de junio de 1962, p. 1; "Ante competencia, otros problemas", *ibidem,* 2 de julio de 1962, p. 1; e *ibidem,* 27 de mayo de 1961, p. 29.

por Fomento entonces).[63] Los capitalistas locales se quejaron de que, aun para las industrias que eran "asistidas por Fomento" (el término usado por Fomento para designar a las firmas locales bajo su programa), la ayuda era poca, casi siempre tardía y siempre incierta. En parte respondiendo a las demandas del capital local, pero, mayormente, atendiendo a sus propios intereses, el gobierno PPD creó el "Programa de Industrias Nativas" dentro de Fomento y el "Comité de Inversiones del Gobernador". El objetivo del gobierno era el de expandir la participación del capital local en la economía de Puerto Rico para poder crear una "sociedad económicamente balanceada" que fuera capaz de hacer sus propias decisiones económicas.[64] Detrás de todo este aparente esfuerzo en favor del capital local estaba la nueva política de industrialización del PPD dirigida a la atracción de capital de alta tecnología y de uso intensivo de capital (mayormente las petroquímicas) como el eje del programa de industrialización.[65] Ya que éstas eran industrias de uso intensivo de capital, no de uso intensivo de mano de obra, el problema de la producción de empleos tenía que ser resuelto de alguna forma; los estrategas de Fomento concibieron la industria local como el sector para absorber el excedente en fuerza de trabajo creado por las nueva política de industrialización.[66] El objetivo de esta nueva política nunca fue alcanzado; no sólo no pudo reducirse el desempleo, sino que se aceleró la decadencia del capital local durante el período. Para 1965, el 73 por ciento de todas las firmas promocionadas por Fomento eran propiedad del capital extranjero, mayormente estadounidense. Entre 1961 y 1965 sólo 205 firmas locales fueron promocionadas por Fomento; la inversión total para éstas, tanto pública como privada, alcanzó solamente $38 millones.[67] La posición del capital local dentro de la economía se deterioró grandemente; mientras

---

[63] "Fomento planea mayor atención a industria local", *ibidem,* 4 de julio de 1962, p. 3; "Para encarar competencia Fomento propulsa incentivos más amplios para industria", *ibidem,* 1 de diciembre de 1962, p. 22.

[64] "Asignan 400,000"; estimular industria puertorriqueña, *ibidem,* 29 de junio de 1962, p. 24; y "Ante competencia"; e *ibidem,* 5 de julio de 1962, p. 1.

[65] Este cambio en la política de industrialización ya había sido propuesto en 1957, en EDA, *Social Directions,* pp. 9-10; ver también los comentarios de Fomento en *El Mundo,* 1 de octubre de 1960, pp. 24; e *ibidem,* 8 de julio de 1964, p. 1.

[66] "Asignan 400,000"; "Fomento planea mayor atención"; *ibidem,* 6 de noviembre de 1962, p. 1; y "Para encarar competencia".

[67] Antonio J. González, *Economía política de Puerto Rico* (San Juan: Editorial Cordillera, 1971), p. 272; Curet Cuevas, *El desarollo económico de Puerto Rico,* p. 272.

que en 1960 las industrias no promocionadas por Fomento proveyeron el 46 por ciento del ingreso neto de la manufactura, para 1970 esa cifra fue de sólo 18 por ciento. En 1965, mientras que el 36 por ciento del empleo total de la manufactura provino de la industria local, sólo el 6.8 por ciento venía de firmas locales promocionadas por Fomento.[68]

El fortalecimiento político del PPD, visto por la burguesía como radical y pro-independencia, aglutinó la alianza entre la burguesía industrial y la azucarera en contra de las reformas implantadas por el PPD; la burguesía local comienza a proponer la estadidad como la única alternativa política posible. Para finales de la década de los cuarenta la burguesía industrial comienza a destacarse en el movimiento estadista. Por ejemplo, el programa del PEP de 1948 destaca los intereses industriales (el comité de plataforma estuvo encabezado por Ferré). El programa promovía la industrialización a través de "estímulos a la empresa privada, principalmente al pequeño industrial", y la protección de los "productos nativos contra la competencia de similares productos importados". El programa también proponía una reducción en la carga contributiva al capital industrial, la provisión de subsidios a la producción industrial local y la revisión de la ley de herencia para facilitar la reproducción del capital local. La burguesía demandó que el Estado defendiera sus intereses o, si esto no era posible, que se abstuviera de interferir en sus asuntos.[69]

El PER hizo suyas las quejas de la burguesía industrial en contra del programa de industrialización del PPD, particularmente en el asunto de la competencia desleal del capital competitivo estadounidense subsidiado por el Estado local. Ya en 1957 el PER se quejaba de la discriminación contra el capital local:

> Opinamos que el capital puertorriqueño, el que produce empleos y jornales, y beneficios que se quedan aquí, merece por lo menos igual trato que el capital americano que viene aquí a producir empleos y jornales, y a llevarse sus beneficios para Estados Unidos.

---

[68] Junta de Planificación, *Informe Económico al Gobernador, 1981* (San Juan: Junta de Planificación, 1982), pp. A-8; Salvador Lugo, *Trends and Problems of the Local Puerto Rican Owned Manufacturing Industries* (San Juan: Interagency Strategy Committee, 1975), p. 8.

[69] El programa del PEP de 1948 aparece en Reece B. Bothwell, *Puerto Rico: Cien años de lucha política* (Río Piedras: Editorial Universitaria, 1979), vol.I, pt.1, pp. 674-81, y en *El Mundo,* 31 de octubre de 1948, p. 12. Ver además Ferré, *El propósito humano,* p. 21-22.

... Creemos que un programa de fomento industrial requiere ayuda y comprensión para las industrias nuevas [promocionadas por Fomento], pero también ayuda y comprensión para las industrias viejas [locales].[70]

Ferré afirma que el capital local, el único que paga contribuciones en la Isla, está subsidiando al capital estadounidense y no recibe beneficio alguno del Estado. Propuso, por lo tanto, la imposición de un salario mínimo al capital extranjero; esto aumentaría el poder adquisitivo de los obreros (y las ventas para el capital local), a la vez que "es la mejor manera de estimular la alta productividad del obrero". Este salario mínimo, sin embargo, "no cobija a las industrias locales que pueden seguir pagando salarios en el nivel razonable que permita el consumo de sus productos en Puerto Rico".[71] Esta es una de las razones por las que la burguesía industrial dentro del movimiento estadista apoya la aplicación del salario mínimo federal en Puerto Rico; esto también ayudaría a la integración económica de Puerto Rico a los Estados Unidos.

Según Ferré, además, el capital extranjero no favorecía las condiciones para el desarrollo del capital local. Ferré no tan sólo abogó por la imposición del salario mínimo para el capital estadounidense en Puerto Rico, sino que demandó la eliminación total de los subsidios gubernamentales al capital extranjero.[72] Pero la solución a las preocupaciones de la burguesía industrial surgió de los desarrollos económicos en Puerto Rico en los años sesenta: la sustitución del capital competitivo por el capital monopólico en la Isla. Esto se tradujo, en cuanto al programa de industrialización, en la promoción de la industria pesada por encima de la industria liviana. La burguesía industrial anexionista apoyó esta política, ya que le garantizaría las condiciones necesarias para el desarrollo del capital local y eliminaría la competencia del capital competitivo estadounidense.[73] La estrategia anexionista era clara: atraer el capital monopólico a Puerto Rico y asegurar así la permanencia del capital estadounidense durante la transición hacia la

---

[70] Anuncio de periódico del PER en *El Mundo*, 14 de octubre de 1957, p. 7.

[71] Discurso de Ferré reproducido en *El Estado*, núm. 43 (mayo-junio 1955), p. 16.

[72] *El Mundo*, 1 de junio de 1967, p. 3.

[73] Ver el programa del PER de 1964 en *ibidem*, 12 de agosto de 1964, p. 19. Esta posición es reiterada en la campaña plebiscitaria de 1967 por Estadistas Unidos, en Estadistas Unidos, *El ABC de la Estadidad* (Panfleto publicado en mayo de 1967), p. 15.

estadidad.[74] El capital monopólico no tan sólo ayudaría a sustentar la expansión del capital local en la Isla, sino que también, al ser menos dependiente de los subsidios del ELA (bajos salarios, exención contributiva, etc.), garantizaría una transición económica a la estadidad sin mucho problema.

Otro evento de vital importancia para el programa estadista de la burguesía fue el incremento espectacular en la transferencia de fondos federales a la Isla, particularmente a raíz del programa de la "Gran sociedad" del presidente Johnson. Aunque este programa fue creado para aliviar las tensiones en las grandes ciudades estadounidenses en los años sesenta, los fondos federales representaban para los anexionistas puertorriqueños un medio para crear apoyo entre las masas beneficiadas por los programas federales. El asunto de los fondos federales no era nuevo en el movimiento estadista. En las décadas de los cuarenta y los cincuenta, la burguesía puertorriqueña había demandado fondos federales para la "la industria, la agricultura y el comercio", esto es, para áreas de beneficio directo a sus intereses. Ferré había demandado la extensión a Puerto Rico de "los beneficios de las leyes federales de seguridad social en toda su amplitud".[75] Pero estas medidas afectaban solamente a ciertos sectores sociales, mayormente a sectores de la clase obrera: el salario mínimo, seguro social, seguro por desempleo, etc. Estos programas no tenían la amplitud de los de la "Gran sociedad", que alcanzaban a los pobres urbanos, cuya fuerza político-electoral era ya evidente a mediados de los años sesenta. La cuestión no era ya cuánto dinero recibiría el gobierno local para carreteras, escuelas, o programas de bienestar; el asunto era de cuán extenso sería el sector de la población que se beneficiaría de los programas de bienestar social. La estadidad se convirtió en sinónimo de fondos federales y servicios de bienestar público.[76] La transferencia de fondos federales para el bienestar público a Puerto Rico funcionaba como un mecanismo para obtener apoyo popular y como un elemento importante de la estrategia estadista de la burguesía puertorriqueña —el gobierno federal mantendría a los margina-

---

[74] Este asunto fue debatido en las vistas sobre el status de 1965 en una discusión entre Teodoro Moscoso y el congresista O'Brien que dilucidaba la relación entre el status político de Puerto Rico y las inversiones estadounidense en la Isla. Ver a United States-Puerto Rico Commission on the Status of Puerto Rico, *Status of Puerto Rico: Hearings*, vol.3 (Economic Factors in Relation to the Status of Puerto Rico). (Wash., D.C.: U.S. Government Printing Office, 1966), p. 729.

[75] *El Mundo*, 26 de julio de 1956, p. 5.

[76] Ferré, *El propósito humano*, p. 257-58.

dos y a los pobres mientras que la burguesía estadounidense y puertorriqueña mantenían sus privilegios económicos.[77]

La burguesía utilizó el debate público sobre el plebiscito de 1967 como un foro para discutir su posición con respecto al status político de la Isla. En el mes de abril de 1967 el PPD organizó el llamado "Hombres de Negocios Pro ELA" con el fin de recabar apoyo de este sector en favor del ELA. El PPD también obtuvo apoyo para el ELA de numerosos representantes del capital estadounidense en Puerto Rico, particularmente del creciente sector de las industrias petroquímicas.[78] En un discurso ante la Asociación de Industriales de Puerto Rico, Ferré argumentó que la estadidad es la mejor alternativa para el capital estadounidense; que el ELA era una fórmula transitoria hacia la estadidad; y propuso "medidas de transición" para facilitar al capital estadounidense el advenimiento de la estadidad. Ferré demandó que la Asociación no se inmiscuyera en la política partidista (esto es, que mantuviera sus intereses de clase por encima de sus diferencias políticas) y sugirió a los empresarios estadounidenses que se abstuvieran de participar en la política puertorriqueña.[79] Pero Ferré no tenía que ir tan lejos. Unas semanas antes del plebiscito salió a la luz pública una encuesta realizada a la burguesía en Puerto Rico (local y extranjera) que indicó que la mayoría de los presidentes y gerentes de empresas industriales en la Isla apoyaban la estadidad para Puerto Rico.[80]

Ferré y el nuevo proyecto estadista

El primer proyecto estadista, el proyecto republicano, fue elaborado a comienzos de siglo por la pequeña burguesía republicana, mejor representada por José Celso Barbosa. Este fue un proyecto radical en su tiempo, pues su objetivo central era transformar a Puerto Rico en una sociedad capitalista dentro del marco político de la federación estadounidense. La crisis del

---

[77] Este asunto fue debatido entre Muñoz Marín y Antonio L. Ferré (hijo del líder estadista y presidente de la Puerto Rico Cement Co.) durante las vistas sobre el status de 1965. Vea United States-Puerto Rico Commission *Status of Puerto Rico: Hearings*, vol.3, p. 232.[78] *El Mundo*, 27 de abril de 1967, p. 7; 20 de julio de 1967, p. 42; y 21 de julio de 1967, p. 7. Ver también a United States-Puerto Rico Commission *Status of Puerto Rico: Hearings*, vol.3, pp. 41-60, 511-20, y 547-49.

[79] *El Mundo*, 27 de abril de 1967, p. 73.

[80] *Ibidem*, 1 de julio de 1967, p. 60; 14 de julio de 1967, p. 3; y 17 de julio de 1967, p. 25.

republicanismo durante los años cuarenta le puso fin a este proyecto estadista. La estadidad se convirtió en parte de un programa reaccionario propulsado por la burguesía azucarera, que buscaba mantener las viejas estructuras sociales y económicas en un mundo en rápida transformación. Un nuevo proyecto estadista fue propulsado por un grupo de nuevos anexionistas, encabezado por Luis A. Ferré. El nuevo proyecto estadista no fue radical, como lo fue el primero, sino reformista; no buscaba la transformación total de la sociedad, sino la continuación del régimen capitalista con las necesarias reformas para asegurar su reproducción. El nuevo proyecto expresaba las preocupaciones de la burguesía local, particularmente de su sector industrial.

En la historia del anexionismo puertorriqueño han existido dos proyectos históricos de la estadidad, representados por las figuras de Barbosa y Ferré. En ambos casos, la estadidad formaba parte de un proyecto histórico mayor. Ferré, como actor social, fue muy importante en el surgimiento del PNP y en la elaboración de su programa inicial. Para entender entonces este primer programa del PNP y la importancia de Ferré para el movimiento estadista, debemos, pues, detenernos en la filosofía social y política de Ferré.

La filosofía de Ferré debe entenderse, primero, en cuanto a su posición de clase. Ferré elaboró una filosofía en la que tanto el capitalismo como su posición social adquieren un sentido particular. Ferré es consciente de su papel histórico como individuo y como miembro de una clase social que está influenciada por fuerzas sociales particulares.[81] Para Ferré, el capitalismo es un medio y no un fin, es un mecanismo al servicio de la sociedad y no un sistema social; el capitalismo es un medio para mantener la libertad y aumentar la producción en la sociedad.[82]

---

[81] En un discurso en contra de la intervención estatal en la economía, Ferré define el rol histórico de "su" clase social: "...esa generación puertorriqueña responsable del superior grado de civilización que estamos alcanzando en Puerto Rico, pertenece casi toda ella, a la misma clase social a que perteneció el Dr. Barbosa y *a la que yo me enorgullezco en pertenecer, la clase media".* En *El Estado,* núm.45 Sept.-October 1955), p. 5.

En otra parte, Ferré admite la influencia del sistema estadounidense en su persona: "Yo no soy, pues, otra cosa que un producto del ambiente desarrollado en Puerto Rico durante los últimos cincuenta años al amparo de las instituciones políticas americanas, y de la nueva actitud social derivada de ellas..."; en *El Estado* núm.49 (June-July 1956), p. 7.

[82] Pepe Ramos, *Ferré,* p. 195.

Dentro de su filosofía social, la preocupación principal de Ferré es la relación entre el capital y el trabajo. Sus primeros escritos tratan extensamente de este asunto (período en el que Ferré comienza a hacerse cargo de la empresa familiar) y reflejan sus inclinaciones ideológico-políticas. Ya en 1929 Ferré deja clara su concepción sobre la necesidad de regular la relación capital-trabajo. Argumenta que los trabajadores deben ser vistos "como una parte consciente e integrante" del proceso productivo capitalista y añade que "el empleado, así como el capital, [tiene] derecho a recibir una parte correspondiente del beneficio obtenido". Ferré argumenta que el capital debe proveerle al trabajador un sinnúmero de beneficios (como seguridad de empleo, seguro de salud, sistema de retiro, etc.), de forma que este pueda "dedicarse con interés a su trabajo y cooperará con gusto al desarrollo de la industria en que trabaja, pues defiende con ello sus propios intereses".[83] Así, pues, a mayor sentido de seguridad en el trabajador, mayor será su productividad.

El interés de Ferré en las relaciones laborales sobrepasa su preocupación inmediata por las relaciones obrero-patronales en la fábrica e incluye una preocupación por la necesidad de estabilidad en el sistema capitalista. Este es el asunto que le mueve en uno de sus más importantes escritos, "Justicia social, seguridad económica y libertad política", redactado en 1941 durante los primeros días de las reformas del PPD. El problema que inquieta a Ferré es "la incertidumbre, el descontento, el apasionamiento político, *el rencor y el forcejeo de clases que existen en este momento* tanto en Puerto Rico como fuera de aquí".[84] Según Ferré, la lucha de clases dentro del sistema capitalista no es producto del sistema mismo, sino que es el resultado de la naturaleza humana; la lucha de clases "nace de un atavismo anacrónico que domina todavía al hombre, heredado de las épocas que antedatan a nuestra presente civilización industrial, y que se origina en el temor que tiene el hombre al espectro de la escasez". Pero la lucha de clases no debería existir, ya que el desarrollo de las fuerzas productivas bajo el capitalismo han creado las condiciones para eliminar la escasez. Que esto no sea así es el producto, no del sistema mismo, sino de los hombres que organizan la producción, movidos por un anacrónico sistema de valores. De acuerdo con Ferré, el hombre "ha creado principalmente un estado de escasez artificial que ha traído como secuela inevitable un estado de desasosiego y de inseguridad

---

[83] Ferré, *El propósito humano,* p. 12.

[84] *Ibidem,* p. 14.

social de tal intensidad, que la humanidad vive siempre atemorizada en el umbral de una revolución". La acumulación de ganancias es el estímulo principal para la producción capitalista; pero este incentivo para la acumulación no puede ser desmedido, pues esto tan sólo ahonda los conflictos sociales que llevan a la revolución social. Estas "imperfecciones" en el sistema capitalista fomentan un "odio de clase" contra el capital que no tiene razón de ser, ya que el capital cumple una función social importante. Por un lado, las capacidades excepcionales de los capitalistas han creado "fuentes de riqueza", las cuales controlan. Esto, por otro lado, les ha permitido desarrollar los métodos y técnicas en la producción, lo que es de beneficio para la sociedad. El aumento en la producción social se debe a un incentivo: "el incentivo al beneficio". Si éste es destruido, la sociedad será perjudicada.[85]

Como solución a esta contradicción entre el "incentivo a la ganancia" y el peligro de una revolución, Ferré propone una serie de reformas que incluyen: un "mínimo de subsistencia" para todos los individuos; la regulación del capital para "evitar el abuso y la explotación" sin "entorpecer el natural desenvolvimiento de los negocios"; un salario mínimo razonable; y una ley de contribuciones "sana y equitativa". A esto Ferré añade que "la solución juiciosa de nuestro problema económico-social requiere, en primer término, el establecimiento de un *principio general de responsabilidad social* en el individuo". El capital y el Estado, en particular, deben promover una ética de responsabilidad social que provea cohesión social a través de la satisfacción de las necesidades de todas las clases. De esta forma, el capitalismo puede proteger la libre iniciativa del capital, proveer "justicia social" para las clases subordinadas y preservar la libertad política requerida para mantener la estabilidad.[86]

La concepción de Ferré sobre la estabilidad capitalista y la regulación de la relación capital-trabajo abarca lo que él llama "democracia industrial", un "principio revolucionario" desarrollado en los Estados Unidos, "que considera su legítimo objetivo el ejercicio de su función económica como medio efectivo para el desempeño de una función social". Esta función social es la de proveer lo que Ferré llama "prosperidad social", que consiste en: un aumento en la producción; "la satisfacción de las necesidades materiales y espirituales" de los trabajadores; asegurar las ganancias al capitalista; y el

---

[85] *Ibidem,* p. 15-17.

[86] *Ibidem,* p. 21-23.

cumplimiento por parte de los capitalistas de su "responsabilidad social" con la comunidad. Para asegurar la paz social, Ferré enumera varios "principios básicos indispensables" para regular las relaciones capital-trabajo. Primero, el derecho de los trabajadores a organizarse en uniones y a recibir aumentos salariales, no sólo "como medio de hacer justicia al obrero y de obtener su más entusiasta colaboración", sino para aumentar su poder adquisitivo y estimular así la economía. Segundo, el obrero debe limitar sus demandas a las justas y razonables y reconocer el derecho del capitalista a obtener ganancias; las demandas obreras deben limitarse al campo sindical y evitar la intromisión de conflictos políticos e ideológicos en sus relaciones con el patrono. Finalmente, tanto el capitalista como los trabajadores deben buscar la conciliación de sus diferencias a través de la negociación y el convenio colectivo. Las relaciones capital-trabajo deben ser reguladas por terceros, ya que "no todos los capitalistas habrán de estar prestos a aceptar estos principios con sentido de generosa responsabilidad social".[87]

La "responsabilidad social" del capitalista es un elemento crucial en la filosofía social de Ferré. Es responsabilidad del capital limitar los conflictos de clase por medio de la moderación en sus ganancias. La responsabilidad para mantener la paz social recae tanto en el capital como en el Estado, el cual debe proveer las condiciones necesarias para el crecimiento económico. Un ejemplo de esta concepción es la noción de Ferré sobre la lucha en contra del comunismo en América Latina.[88]

Argumenta que la promoción de la paz social y la lucha en contra del comunismo en América Latina es también responsabilidad del capital, particularmente del capital estadounidense. Tanto el Estado como el capital norteamericano tienen la responsabilidad de prevenir dictaduras en América Latina, una de las principales causas de insurrecciones comunistas: el Estado debe promover gobiernos democráticos y el capital no debe unirse a la explotación de las masas que mantienen las oligarquías locales.[89] El fomento del desarrollo económico para todas las clases en América Latina beneficia al capital estadounidense políticamente, al prevenir revoluciones comunistas, y económicamente, al expandir los mercados para sus productos.

---

[87] *Ibidem*, p. 25-27.

[88] *Ibidem*, pp. 30-35.

[89] *Ibidem*, p. 339-44.

Al igual que en América Latina, el capital estadounidense en Puerto Rico, que viene a la Isla a beneficiarse de las exenciones contributivas y de los subsidios del gobierno, debe de asumir su "responsabilidad social" con la sociedad local.[90] De aquí parte la posición de Ferré para favorecer un aumento en los salarios en la Isla y, como medida encaminada a esto, la aplicación del salario mínimo federal. Además, Ferré argumenta que el capital multinacional estadounidense debe atraerse a Puerto Rico porque ese capital puede pagar salarios más altos y es partícipe de un sentido de "responsabilidad social" más amplio. Por otro lado, se opone a la penetración del capital competitivo (industria liviana) con sus bajos salarios y carencia de "responsabilidad social", lo que puede llevar al afloramiento de los "odios de clase" en Puerto Rico.

Una parte importante de la filosofía social de Ferré se cifra en destacar la cuestión ético-moral como un cohesionador de la sociedad. Ferré mantiene que la inestabilidad social es producto no tan sólo de las contradicciones de clase, sino también del desbalance entre el avance técnico-material de la sociedad y el atraso moral y espiritual de sus miembros. Las desigualdades en la distribución de las riquezas en el capitalismo están acompañadas por un atraso en los valores espirituales de la población y por la ausencia de una ética social que le dé sostén al tejido social. Ferré plantea que la tensión entre el avance producido por la ciencia y la tecnología y el atraso espiritual de la población siempre ha existido; el progreso espiritual, como la libertad individual, sin embargo, debe ir por encima del progreso material. La subordinación de la libertad individual al progreso material destruye la "disciplina moral individual" necesaria para la democracia. "Al sustituirlo con el espejismo de fáciles promesas de bienestar garantizadas por el estado, la organización social de la democracia se desmorona". Si esto bien puede entenderse como una crítica al socialismo, también puede aplicarse a los "excesos" del "estado benefactor" en los países capitalistas avanzados (como los Estados Unidos). Para Ferré, "la respuesta adecuada para la restitución de estas condiciones de equilibrio" entre la producción capitalista y la ausencia o coerción de la libertad humana es "el derecho a la contratación

---

[90] Luis A. Ferré, *An Engineer Dreams of a Better Puerto Rico* (Address by the Honorable Governor of Puerto Rico before the Puerto Rico Section of the American Society of Mechanical Engineers, Hato Rey, Puerto Rico, February 21, 1969), p. 5.

colectiva no monopolística"[91] —esto es, el derecho de los trabajadores a organizarse en uniones para mejorar sus condiciones de vida.

La ausencia de una ética y de unos valores espirituales en la sociedad capitalista no es meramente un problema humanístico, sino que conflige con el debido funcionamiento del sistema. La educación le otorga al ciudadano la ética que es necesaria para la reproducción del sistema; sirve como correctivo al atávico odio de clases.[92] El "odio de clases" no proviene solamente de los "desbalances" del sistema capitalista (avaricia capitalista, etc.), sino también de la ignorancia, de la ausencia de valores. Si las reformas sociales son un correctivo a la primera, la educación lo es a la segunda. La ausencia de una "moral de libertad" en la sociedad contemporánea es producto del sistema educativo vigente, "preocupado únicamente con el aspecto científico-material de nuestra cultura" a costa de los valores morales; esto ha producido "un grupo de individuos impreparados para vivir dentro del orden democrático que le dio vida".[93]

Según Ferré, Puerto Rico carece de un "orden moral" para sostener su trama social, lo que es fuente de inestabilidad. La transformación de una sociedad agraria a otra industrial en la posguerra desgarró el tejido social sin ofrecer una ética social que absorbiera las tensiones sociales de este proceso. En una situación social caracterizada por el surgimiento de la manufactura, el derrumbe del mundo agrario, la aparición de nuevas clases sociales, la urbanización, la migración, los cambios en la estructura social y en la familia, el rápido cambio tecnológico y, sobre todo, el surgimiento de una mentalidad de dependencia en el Estado benefactor, se hace necesario promover "un régimen de auto-disciplina moral para desarrollar en el [individuo] un sentido de responsabilidad social".[94] El sentido de responsabilidad social en los individuos, producto de una auto-disciplina moral, es, pues, necesario para crear el orden moral requerido para mantener el orden establecido. Este orden moral, además, es necesario como correctivo al odio de clases que puede surgir como resultado de influencias atávicas.

La estadidad es parte esencial del esquema social de Ferré para Puerto Rico y está acoplado firmemente a su filosofía social. La estadidad es la forma política en que se concreta su visión de lo que debe ser la sociedad

---

[91] Ferré, *El propósito humano,* p. 91-92.

[92] *Ibidem,* p. 351-52.

[93] *Ibidem,* p. 92-93.

[94] *Ibidem,* p. 95.

puertorriqueña. Es esto lo que permite que el programa estadista de Ferré forme parte de un proyecto histórico más amplio. Ante la Asamblea Constituyente del ELA en 1951, Ferré defiende primero —no las ventajas políticas y económicas de la estadidad— sino "la evolución hacia una justicia social cada vez más amplia y más comprensiva" en los Estados Unidos. Ferré relata la evolución del capitalismo norteamericano de una sociedad agraria a otra industrial y cómo se establece "el derecho a la vida del ciudadano y el derecho a un empleo decentemente remunerado al amparo de leyes que protejan la dignidad del obrero y empleado"; cómo luego del Nuevo Trato el Estado creó un sinnúmero de medidas en favor del bienestar del obrero, con una "nueva orientación de responsabilidad social en las funciones del Gobierno"; y, finalmente, cómo se desarrolla entre la burguesía norteamericana "el principio de una mayor responsabilidad social hacia el obrero" como parte del espíritu de la "democracia industrial". La estadidad garantiza que la "justicia social" que existe en los Estados Unidos, como resultado del espíritu de responsabilidad social de la burguesía y del Estado norteamericano, sea transferida a Puerto Rico: justicia social que es necesaria para mantener la estabilidad social desequilibrada por las imperfecciones del capitalismo.[95]

La estadidad es también necesaria para crear ese orden social vital que proviene de la tranquilidad espiritual. En su ataque al proyecto Fernós-Murray de 1959, Ferré argumentó que la estadidad le traería a Puerto Rico "el sosiego y calma" necesaria para "eliminar la incertidumbre en que vivimos, que es en gran parte responsable de nuestros serios problemas sociales".[96] Puerto Rico se encuentra, según Ferré, en un estado de desasosiego, de vacío espiritual, sin un orden ético-moral que sostenga su entramado social. La estadidad proveerá los elementos para el establecimiento de ese orden ético-moral que ansía Ferré.[97] Por un lado, la estadidad asegura la infusión de esos valores que caracterizan a la civilización estadounidense: "el sentido de justicia social garantizador del principio de la igualdad de oportunidades para todos, y el pacífico comportamiento democrático, bajo un gobierno de ley y no de hombre".[98] Además, con la estadidad Puerto Rico obtendrá el progreso material sin el cual la creación de un nuevo

---

[95] *Ibidem,* p. 237-238, y 257-58.

[96] *Ibidem,* p. 254.

[97] *Ibidem,* p. 321.

[98] Pepe Ramos, *Ferré,* p. 194.

orden social sería imposible. La estadidad resolverá los problemas económicos de Puerto Rico por medio de la seguridad que ofrece la transferencia del estado benefactor a la Isla. La estadidad provee también estabilidad política, "sin temor de que Puerto Rico pueda ser lanzado por caminos peligrosos", ya que la "unión permanente bajo el Estado Libre Asociado puede peligrar, porque el ELA no tiene garantías de permanencia y puede desembocar en la independencia"[99] y, posiblemente, en una revolución social.

El programa social y estadista de Ferré confligía con el programa reaccionario de la burguesía azucarera en el PER; el suyo era un programa que requería reformas económicas y políticas al capitalismo existente en aquel momento. La formación del PNP representó el ascenso del programa de Ferré al seno del movimiento anexionista. El PNP en 1968 reflejó la influencia de Ferré: la campaña electoral y el programa de 1968, al igual que la primera administración del PNP, debe ser entendida dentro del contexto de la filosofía social de Ferré.

La política de la redención

Siete días después del plebiscito, Estadistas Unidos se reunió en Ponce y acordó formar un nuevo partido. El nuevo partido, según Ferré, buscaba cumplir una misión histórica que sobrepasaba la estadidad: buscaba ser el "instrumento de redención" de la sociedad puertorriqueña. En su discurso a la Asamblea Constituyente del PNP en julio de 1967, Ferré dejó establecido claramente cuál era la naturaleza y el objetivo del nuevo partido:

...este pueblo quiere un nuevo instrumento de redención... tenemos ahora el mandato supremo de defender el ideal de estadidad para el pueblo de Puerto Rico.

Ese mandato supremo quiere decir que *nosotros tenemos que crear el nuevo instrumento.* Los pueblos crean los instrumentos para su redención y para su salvación en los momentos críticos... Vamos a defender con este nuevo movimiento el ideal de Estadidad. Porque el ideal de Estadidad lo comprende todo. Dentro de la Estadidad está la dignidad. Dentro de la Estadidad está garantizada la felicidad. De manera que la Estadidad será el programa de este nuevo movimiento; de este instrumento de redención de Puerto Rico. *Y el segundo objetivo será realizar la verdadera justicia social del pueblo.*[100]

---

[99] Ferré, *El propósito humano,* p. 278-79.

[100] *Ibidem,* p. 285-86.

Este fue el mensaje central de Ferré en la fundación del Partido Progresista Unido (como se llamó inicialmente el PNP) en agosto de 1967, y en todas las actividades posteriores del partido.[101]

El Partido Nuevo Progresista se convirtió, en palabras de Ferré, en el "instrumento de redención de nuestro pueblo en el orden económico,en el orden político y en el orden moral y espiritual".[102] Según Ferré, Puerto Rico en 1968 era una sociedad desequilibrada, donde los "desajustes" e "imperfecciones" del capitalismo prometían convertirse en una crisis irremediable para el sistema. Esta situación es producto del mal manejo de las instituciones del sistema, tanto económicas como políticas por parte de los individuos que las controlan. Para Ferré, los problemas sociales creados por el capitalismo en la Isla llevarían inevitablemente a conflictos de clase, amenazando con destruir la estructura social de la sociedad. Para prevenir esta calamidad social, los "problemas" del capitalismo necesitaban ser resueltos a través de: primero, el uso correcto de la tecnología social aplicada; y, segundo, la creación de un nuevo orden moral ("la redención moral y espiritual"). Esta era la tarea que confrontaba el PNP en su búsqueda de la redención para la sociedad puertorriqueña:

> Nuestro movimiento rechaza el odio de clases y el prejuicio como instrumentos de activación política. Nuestro movimiento cree en la comprensión humana, en el esfuerzo común de todas las clases y todas las profesiones, para buscar medios necesarios que resuelvan nuestros problemas y eliminen los conflictos destructores de energía, de riqueza, de vida y de felicidad.[103]

Ferré creía que "problemas" sociales, como los conflictos de clase, podían resolverse de una forma "técnica", como indicara en una entrevista años después de terminar su gobierno:

---

[101] Su discurso de la asamblea de agosto de 1967 aparece en *ibidem,* pp. 289-91; la asamblea es discutida en Quiñones Calderón, *Del plebiscito a la Fortaleza,* pp. 167-206. El tema es repetido en su discurso de aceptación de la candidatura PNP a gobernador; también "El Puerto Rico olvidado", (octubre 1968); "La Nueva Vida", discurso de clausura de la campaña de 1968; y en su primer discurso a la Legislatura, enero de 1969, todos reproducidos en *El propósito humano.*

[102] "Ferré: Puerto Rico descubrió su derrotero en Plebiscito", *El Mundo,* 21 de noviembre de 1967, p. 36. También "PNP recalca es necesario buen gobierno", *El Mundo,* 8 de octubre de 1968, p. 34.

[103] Ferré, *El propósito humano,* p. 112. Este tema fue repetido en su primer discurso a la Legislatura en enero de 1969, en *ibidem* pp. 147-160.

-[Pregunta]: Al llegar al poder, ¿cuáles fueron sus ideales de gobierno?

-[Ferré]: Aplicar mi filosofía democrática y humanitaria que había defendido a lo largo de mi vida. Como industrial inicié el camino de convergencia entre el trabajo y el capital. Yo no creo, como Marx, que tienen que estar en conflicto. Hay que robustecer el trabajo contra la automatización para que no se acumule el capital en manos de unos pocos. Las tasas y la participación de los obreros mediante uniones bien estructuradas son las trabas ideales para frenar la injusticia.[104]

La formación de Estadistas Unidos representó el ascenso al liderato del movimiento estadista de la burguesía industrial y el declive de la burguesía azucarera.[105] Ferré y su grupo arrastraron consigo al grueso de la membresía del PER y ganaron el apoyo de los estadistas fuera del partido. La mayoría del liderato de Estadistas Unidos provino de las capas medias, de organizaciones como CPE-51 y el Movimiento Demócrata Estadista, que le dieron a la organización su corte liberal. Estadistas Unidos fue también apoyado por los empleados federales y por un grupo de anexionistas del PPD nucleados en el Movimiento Popular Estadista; recibió además el apoyo de la organización juvenil estadista Federación de Universitarios Pro-Estadidad. La organización recibió también mucho de su apoyo popular de sectores de la clase obrera, de dentro y fuera del PER, destacándose los choferes de carros públicos; representantes de uniones obreras se organizaron en el "Grupo de Trabajadores Unidos" para apoyarle. Estadistas Unidos fue también apoyado por la Asociación de Veteranos de Puerto Rico, y por el sector estadista de la Asociación de Industriales de Puerto Rico.[106]

---

[104] Pepe Ramos, *Ferré,* p. 216. Para la vision burgués-tecnocrática de Ferré, ver además Ferré, *An Engineer Dreams of a Better Puerto Rico,* pp. 1 y 3; *El propósito humano,* pp. 115-21, y 159.

[105] De acuerdo con Martínez Fernández, la mayor parte de los fondos para la campaña de Estadistas Unidos en 1967 fueron provistos por la familia Ferré. El autor también demuestra cómo un sector importante del principal liderato de Estadistas Unidos y del PNP estaban vinculados a Ferré por lazos personales, familiares y de negocios. Ver Luis Martínez Fernández, *El Partido Nuevo Progresista* (Río Piedras: Editorial Edil, 1986), pp. 26, 33 y 110-12.

[106] *El Mundo,* 25 de enero de 1967, p. 1; 26 de enero de 1967, pp. 2, 46 y 63; 6 de junio de 1967, p.1; 8 de junio de 1967, p.26; 1 de julio de 1967, p. 14; y 22 de julio p. 71. Ver además a Figueroa Díaz, *El movimiento estadista,* p. 82-83. Entre los organizadores de *Estadistas Unidos* se encontraban: Romero Barceló, Justo Méndez, Menéndez Monroig, Benjamín Franklyn Cerezo, Enrique y Jorge Luis Córdova Díaz, Hernán Padilla, Francisco Ponsa Feliú, Ramón Llobet, y Oreste Ramos, Sr.

Estadistas Unidos fue el embrión ideológico y organizativo del Partido Nuevo Progresista. Llevó a cabo el objetivo de ganar apoyo popular para la estadidad e introdujo un nuevo programa estadista que representaba a los sectores dirigentes de la nueva organización: la burguesía industrial y los sectores medios. El contraste entre los programas del PER de 1960 y 1964 y el programa del PNP de 1968 reflejó las diferencias entre los sectores dirigentes de estos partidos. Los programas del PER de los años sesenta, como los de la década anterior, defendían la estadidad de forma abstracta (como la "garantía de la libertad, la justicia y la igualdad de oportunidades para todos"), defendían la forma republicana de gobierno y la empresa privada. La mayoría de sus propuestas eran de carácter general, particularmente las que favorecían a los "pobres" (transferencia de todos los programas de bienestar federales) y al movimiento obrero (salario mínimo, convenio colectivo, etc.). Las medidas concretas eran aquellas que favorecían a la burguesía local: entregarle las empresas públicas a la empresa privada; reforma fiscal en favor del capital; y, sobre todo, terminar la reforma agraria del PPD (venta de tierras públicas, "la aplicación de la Ley de 500 acres en forma ordenada, razonable y justa", y "rescatar la industria del azúcar de la ruina a que la han llevado los prejuicios del gobierno".[107]

Las medidas adoptadas por el PNP del programa del PER fueron las pertenecientes al programa de Ferré: las relacionadas con "justicia social" y la cuestión obrera, y las relacionadas con la defensa del capital local (reforma contributiva, reforma del programa de exención contributiva, reforma del programa de industrialización). A diferencia del PER, el programa del PNP incluía medidas concretas de corte popular: el salario mínimo federal, mejores servicios públicos, legislación laboral (e.g., el bono de Navidad, plan general de salud, plan de indemnización, vacaciones), vivienda (rehabilitación de arrabales, venta de parcelas públicas) y la creación de un departamento de Bienestar Público; la reforma agraria incluía un sistema de mantenimiento de precios a productos agrícolas, subsidio salarial a obreros agrícolas, subsidios y préstamos a pequeños agricultores; la reforma en la administración pública incluía alzas salariales y seguridad de empleo para los servidores públicos, y mayor participación del sector privado en la planificación pública (ninguna mención de venta de las corporaciones públicas).[108] La campaña política del PNP en los años

---

[107] *Ibidem*, 28 de sept. de 1960, p. 30: y 12 de agosto de 1964, p. 19.

[108] Bothwell, *Puerto Rico*, vol.I, pt.2, pp. 913-23; *El Mundo*, 8 de octubre de 1968, p. 34; 9 de octubre de 1968, p. 43; 10 de octubre de 1968, p. 41; 14 de octubre de 1968, p. 38; 15 de octubre de 1968, p. 22; y 16 de octubre de 1968, p. 62.

de 1967-68 estuvo dirigida a ganar el apoyo popular de la "clase media", de la "clase obrera" y de los "pobres";[109] y en esto fue exitosa.

La "política de la redención", el eje programático del PNP en 1968, se tradujo en el lenguaje de la campaña electoral como la "Nueva vida". Dos temas dominaron esta campaña electoral: "justicia social" y estadidad, en ese orden. Aunque el PNP nació como un partido estadista, en estas elecciones planteó que "el status no está en issue", esto es, que la estadidad no iba a ser el eje de la campaña electoral como lo fue bajo el PER. Bajo el *slogan* de "justicia social", el PNP prometió resolver los problemas sociales que el PPD no había podido resolver: drogadicción, desempleo, vivienda, salud, agricultura, pobreza; el PNP también atacó al PPD por su violación de la democracia ("caudillismo", burocratización, "continuismo"). Estos problemas, sin embargo, sólo podían ser resueltos con los mecanismos que provee la estadidad: dignidad política, igualdad y fondos federales.[110]

La forma en que se llevó a cabo la campaña electoral fue innovadora en Puerto Rico. El PNP introdujo en la política eleccionaria local la campaña "a lo Madison Avenue", saturando los medios de comunicación masiva (particularmente la radio y la televisión) para crear la imagen de un partido de reforma y cambio, contrastado con el cansado y gastado PPD.[111]

Hubo un elemento de continuidad en la retórica anexionista del PNP con su predecesor histórico en la campaña de 1967-68, la retórica anti-independentista/anti-comunista. Para Ferré y otros anexionistas, el fervor independentista y la radicalización del movimiento en los años sesenta era

---

[109] *El Mundo,* 5 de sept. de 1967, p. 1; 27 de nov. de 1967, p. 36; 19 de dic. de 1967, p. 20; 21 de dic. de 1967, p. 73; 21 de feb. de 1967, p. 40; 11 de abril de 1968, p. 28; 6 de agosto de 1968, p. 23; 9 de agosto de 1968, p. 1; 12 de sept. de 1968, p. 40; y 17 de sept. de 1968, p. 27.

[110] "Promete Nueva Vida", *El Mundo,* 16 de septiembre de 1968, p. 31, y 21 de noviembre de 1967, p. 36; Ferré, *El propósito humano,* pp. 296, 308-314. La campaña electoral de 1968 del PNP es discutida en Ruth Martínez Saldaña, "Anatomía de un partido político en su lucha por llegar al poder: El caso del Partido Nuevo Progresista" (Tesis de Maestría, Escuela de Administración Pública, UPR, 1972), p. 12; y William Ríos, "La campaña electoral del Partido Nuevo Progresista en 1968", trabajo presentado en la conferencia "El anexionismo puertorriqueño" celebrada en la Universidad de Puerto Rico, 14 y de 21 abril de 1983.

[111] W. Ríos, *ibidem;* y Marina Plaza Arroyo, "Financiamiento de partidos y campañas políticas en Puerto Rico" (Tesis de Maestría, Escuela de Administración Pública, UPR, 1971), pp. 14 y 19.

el resultado de los "odios de clase" en Puerto Rico. La campaña anexionista presentaba la independencia como sinónimo de comunismo. El PNP acusó al PPD de ser pro-independentista y argumentó que el ELA llevaría inevitablemente a la independencia; el gobierno PPD estaba creando las condiciones —producto del mal manejo de las instituciones económicas y políticas— para el auge de la independencia y el comunismo en Puerto Rico. La estadidad era la única salvaguarda contra la independencia y el comunismo; de aquí su estribillo "la estadidad es seguridad"—no tan sólo seguridad económica (fondos federales, crecimiento económico, etc.), pero también seguridad ante la posible separación de los Estados Unidos y el posible advenimiento del comunismo.[112]

La salida de Ferré y su grupo del PER estremeció al partido, restándole el liderato más dinámico. El éxito de Estadistas Unidos y la creación del nuevo partido minó políticamente al PER y lo dejó inerme organizativamente. Ya para inicios de 1968, la mayoría de los Representantes del PER en la Cámara se habían unido al PNP.[113] Ferré y el PNP atacaron exitosamente el "caudillismo" de García Méndez y la filosofía conservadora del programa PERedeísta. Desde un principio, el PNP estableció una política de no tener alianza política alguna con el PER.[114] Además, el PNP postulaba que era el único partido capaz de defender la estadidad, ya que el PER se había negado a hacerlo en el proceso plebiscitario.

Los programas del PER y del PNP diferían también en su estrategia estadista. El PER clamaba ser el único partido estadista porque demandaba de los Estados Unidos la otorgación inmediata de la estadidad a Puerto Rico. El PNP mantenía, por el contrario, que un período de transición era necesario para mover a Puerto Rico hacia la estadidad (voto presidencial, mayor integración política y económica, más fondos federales, "estadidad jíbara", etc.), y para crear las condiciones necesarias para la estadidad en Puerto Rico y en los Estados Unidos (apoyo mayoritario y estabilidad

---

[112] Sobre el discurso anti-independentista y anti-comunista del PNP ver, "Dice ELA abre puerta a la Independencia", *El Mundo*, 22 de julio de 1967, p. 71; "Ferré ve ELA incapaz de combatir terrorismo", *ibidem*, 6 de abril de 1968, p. 4; "Ferré visualiza un Puerto Rico libre de odios", *ibidem*, 8 de octubre de 1968, p. 8; Ferré, *El propósito humano*, p. 279; Estadistas Unidos, *El ABC de la estadidad*, p. 26-27.

[113] *El Mundo*, 17 de abril de 1968, p. 1.

[114] *Ibidem*, 17 de julio de 1967, p. 1. Además, 28 de noviembre de 1967, p. 1; 10 de abril de 1968, p. 26; y Ferré, *El propósito humano*, p. 291.

[115] *El Mundo*, 10 de octubre de 1968, p. 29; 12 de octubre de 1968, p. 14.

económica y política en la Isla, y apoyo en el Congreso). Para contrarrestar el argumento de que la estadidad representaría la asimilación cultural, el PNP presentó la noción de "estadidad jíbara". Esta concepción plantea que bajo la estadidad no habría pérdida de la cultura puertorriqueña o del idioma español.[115]

Otro elemento de esta estrategia estadista fue el llamado programa de transición económica a la estadidad. Al reconocer que la principal atracción del capital estadounidense en Puerto Rico eran los incentivos económicos del ELA, el PNP propuso un período de transición durante el cual estos acuerdos serían reconocidos. Por ejemplo, las exenciones federales serían eliminadas paulatinamente en un período de veinte años, mientras que, al mismo tiempo, el gobierno local ofrecería otros incentivos.[116]

La "transición a la estadidad" como estrategia estadista fue una de las contribuciones del joven PNP al movimiento estadista. Esta estrategia se basaba en la necesidad de propiciar las condiciones adecuadas en Puerto Rico (apoyo mayoritario) y en los Estados Unidos (apoyo del Congreso) para empujar y alcanzar la estadidad. Para lograr este objetivo era necesario que el partido estadista ganara las elecciones y utilizara el aparato estatal. Esta estrategia fue puntal del programa PNP, como lo anunció Ferré a comienzos de la campaña de 1968:

> Nuestra misión consiste en *convencer y persuadir* a nuestro pueblo de que la estadidad es el camino del progreso y la seguridad y el único que nos asegura unión permanente con Estados Unidos, de manera que el pueblo, *por mayoría*, se manifieste en favor de la estadidad en un proceso plebiscitario... *Sólo así el Congreso considerará la petición de estadidad* para Puerto Rico como algo serio y sincero. Sólo así se verá *obligado* el Congreso a cumplir con su *deber moral* de admitir a Puerto Rico como estado... Pero para poner en marcha el proceso plebiscitario *hay que derrotar al partido en el poder, cuyo liderato no cree en la estadidad* [subrayado en el original]... Hay que llegar al poder para legislar un nuevo plebiscito. Todo partidario de la estadidad debe votar por el Partido Nuevo Progresista que es el legítimo y verdadero defensor de la estadidad y el único que puede derrotar al Partido Popular.[117]

---

[116] El programa de transición económica a la estadidad fue introducido por Arthur Burns en su presentación a favor de esta alternativa durante las vistas sobre el status de 1965. Ver United States-Puerto Rico Commission, *Status of Puerto Rico: Hearings,* vol.3, pp. 623-35.

[117] Ferré, *El propósito humano,* p. 296-97. Ademas, *El Mundo,* 1 de sept. de 1967, p. 12; 13 de mayo de 1968, p. 1; y 8 de octubre de 1968, p. 34.

Para "llegar al poder", y empujar desde ahí la estadidad, había que ganar apoyo popular; pero para lograr esto último había que presentar un nuevo programa social de la estadidad que rompiera con el cascarón reaccionario del PER. Esto era el PNP, donde "justicia social" y estadidad se juntaron simbióticamente para presentar un nuevo programa anexionista.

Para concluir, la formación del PNP en 1968 representó el comienzo de un nuevo período en el desarrollo del movimiento estadista en Puerto Rico. El PNP introdujo un nuevo programa estadista, como parte de un proyecto histórico más amplio de la burguesía industrial puertorriqueña, que, en alianza con sectores de la nueva clase media, logró atraer un apoyo popular masivo. El nuevo programa estadista del PNP, contrariamente al programa conservador del PER, buscaba este apoyo activamente. Dentro del PNP, el programa de "justicia social" de Ferré se entrelazó a la estadidad para llevar a la "política de la redención".

Con la victoria electoral del PNP en 1968, el anexionismo se convirtió en una fuerza política dominante en Puerto Rico. Más aún, esta victoria electoral le dio al PNP la oportunidad de implantar su programa; así, pues, la administración PNP de Ferré tiene que entenderse dentro del esquema de la "política de la redención". Este es el tema del próximo capítulo.

Capítulo 6

EL PNP Y LA POLÍTICA DE LA REDENCIÓN: LA ADMINISTRACIÓN DE FERRÉ

La victoria electoral del Partido Nuevo Progresista en 1968 marcó el fin del dominio político que ejerció el Partido Popular Democrático desde la década de los años cuarenta y significó el advenimiento del PNP como una fuerza determinante en la política puertorriqueña. Pero hasta hace muy poco este movimiento político, tan relevante en Puerto Rico, recibió la debida atención académica. Incluso varios años después de la primera victoria electoral del PNP, un buen observador de la política puertorriqueña se hizo la pregunta de si el movimiento estadista era una "fuerza creciente" o si era meramente un *"slogan* sugestivo" para la mobilización de las masas, decidiéndose por la segunda proposición.[1] La atención académica prestada al PNP se ha centrado mayormente en su relación con la cuestión del status político de la Isla (la estadidad) o sobre su política cultural (la asimilación);[2] recientemente se le ha prestado mayor atención a la base social del PNP. Sin embargo, el estudio de las administraciones PNP —que han controlado el gobierno del ELA por doce años entre 1968 y 1984— no ha recibido aún la atención debida. Tampoco existe ningún estudio comparativo del programa o las administraciones PNP bajo el liderato de Ferré y de Romero Barceló. Los capítulos 6 y 7 pretenden ser una contribución al estudio de tan importante esfera de la política puertorriqueña contemporánea.

---

[1] Robert Anderson, *Gobierno y partidos políticos en Puerto Rico* (Madrid: Editorial Tecnos, 1970), p. 283.

[2] Por ejemplo, Andrés Sánchez Tarniella, *Los costos de la estadidad para Puerto Rico* (Río Piedras: Ediciones Bayoán, 1980).

Como expusiéramos en el capítulo anterior, el PNP se diferenció claramente del Partido Estadista Republicano en su base social y programa, y particularmente en cuanto a su posición sobre la estadidad. Al momento de su primera victoria electoral, la política y el programa PNP estaban grandemente influidos por la figura y el pensamiento de Luis Ferré. La administración de Ferré intentó implantar un programa socio-económico y político determinado, al cual he llamado "el programa de la redención". Este programa estaba dirigido a proveer estabilidad política para Puerto Rico, un requisito crucial para obtener la estadidad y, más importante aún, para la supervivencia del capitalismo en la Isla. Los objetivos concretos de este programa fueron: promover la estabilidad social a través del uso del aparato estatal; buscar la estabilidad económica por medio del fortalecimiento de la posición del capital local en la economía y la redefinición del papel económico del capital estadounidense en Puerto Rico; e impulsar la estabilidad política a través del fomento de una mayor integración política de Puerto Rico con los Estados Unidos. El gobierno de Ferré fue incapaz de realizar los objetivos del programa de la redención, en parte por las limitaciones estructurales que imponía la sociedad puertorriqueña, pero también por la falta de unidad programática que existía en el PNP y que plagó al partido de cismas internos ya para las elecciones del 1972.

Aunque la estadidad fue un asunto importante durante los años del primer gobierno PNP, no fue, sin embargo, de primordial interés en el programa de redención de Ferré. Más aún, la estadidad se convirtió en un elemento divisorio dentro del PNP, alrededor del cual se disputaron las diferencias programáticas e ideológicas en el partido. La derrota electoral de 1972 y las diferencias en torno a cuál debía ser el programa del partido desataron una crisis organizativa en el PNP que fue resuelta con el ascenso de un nuevo liderato representado por la figura de Carlos Romero Barceló. El liderato de Romero Barceló representó además la consolidación de una nueva facción política al mando del PNP y de un nuevo programa estadista.

El debilitamiento del Estado Libre Asociado

Para mediados de la década de los sesenta comenzó a deteriorarse el modelo de industrialización basado en la industria liviana que produjo en la Isla el "milagro económico" de los años cincuenta. El PPD reaccionó a esta situación revisando su programa económico de "Operación manos a la obra", implantando una política de atraer industrias de uso intensivo de capital. El eje de la nueva política económica fue la atracción de plantas petroquímicas, las cuales se suponía que iban a estimular el surgimiento de industrias satélites complementarias y fomentar el crecimiento económico de la Isla. Pero la industria petroquímica decayó en la década de los setenta a raíz de los cambios ocurridos en la economía mundial (el aumento en el precio del petróleo) y los cambios subsiguientes en la política económica estadounidense (tarifas al petróleo importado).

La incapacidad para mantener un desarrollo económico estable es intrínseco al modelo desarrollista implantado en Puerto Rico. Las industrias que se localizan en la Isla son extranjeras (mayormente estadounidenses). La producción y las ganancias son exportadas; muy poco de las ganancias son reinvertidas en la Isla. La industrialización de Puerto Rico ha descansado en la atracción de capital estadounidense interesado en ganancias rápidas y considerables. La fragilidad de este modelo económico ha sido notada por el economista James Dietz, quien señala que los factores que acompañaron al "crecimiento económico" de los años cincuenta eran no tanto un producto de la fortaleza de la economía local como "de la transferencia de ingreso dentro del ciclo de capital de las firmas internacionales. La vinculación de Puerto Rico al ciclo no es intrínseca al proceso de producción, sino más bien depende de las metas de las corporaciones internacionales, el clima de la inversión en Puerto Rico, las leyes contributivas, los salarios, etc".[3]

El aumento en el desempleo y en la marginalidad social entre las masas y el fracaso de un tipo de industria tras otro en mantener un crecimiento económico sostenido cuestionaron la capacidad del ELA de proveer estabilidad social y económica a Puerto Rico. Además, el programa de industrialización requería mayores subsidios e incentivos estatales y mayor inversión por el gobierno local para mantener su crecimiento. La capacidad limitada del ELA para ofrecer servicios sociales y económicos promovió una intervención extensa del gobierno federal en estas áreas. La política económica del ELA se ha basado en el estímulo de la manufactura como la principal fuente de empleo; pero desde el principio de los años setenta el área predominante de la manufactura ha sido de uso intensivo de capital, no de mano de obra. Aunque la aportación de la manufactura al ingreso nacional bruto creció de 26 por ciento en 1970 al 47 por ciento en 1980, durante el mismo período la aportación de la manufactura al empleo total disminuyó

---

[3] James Dietz, *Historia económica de Puerto Rico* (Río Piedras: Ediciones Huracán, 1989), p. 188.

en 0.6 por ciento.[4] Durante la década de los setenta, la manufactura en Puerto Rico estuvo dominada por las industrias químico-farmacéuticas y de electrónica. Estos dos sectores produjeron cerca de dos terceras partes de todo el ingreso de la manufactura y 30 por ciento del ingreso total de Puerto Rico en 1980. Pero, a pesar de lo impresionante de estas cifras, el efecto de estas industrias en la creación de empleos fue mínimo. En 1980 las industrias químico-farmacéuticas y de electrónica aportaron solamente una tercera parte de todo el empleo manufacturero y sólo 6 por ciento del empleo total en Puerto Rico.[5]

Este tipo de industria ha estimulado lo que un estudio del Departamento de Comercio de los Estados Unidos ha llamado "desempleo estructural", esto es, la incapacidad de la economía del ELA de proveer niveles adecuados de empleo para la población. Este "desempleo estructural" se refleja en los niveles de vida de los puertorriqueños; los datos censales de la década de los ochenta indica que el 62 por ciento de la población en Puerto Rico está por debajo de los índices de pobreza estadounidenses.[6] Para mantener la estabilidad social y política, el Estado ha tenido que subvencionar a este creciente sector de la población, tarea que ha recaído en el gobierno federal. Las consecuencias políticas de este proceso son importantes: el Estado norteamericano ha creado su propia base de apoyo político en Puerto Rico. Si sumamos los que dependen del gobierno federal para su subsistencia a los que son empleados por el gobierno federal y a los empleados por el gobierno del ELA en programas federales o con fondos federales, podemos tener una visión clara de la base de apoyo del Estado norteamericano en Puerto Rico. Las fuerzas anexionistas han sido el principal beneficiario de este apoyo social al Estado norteamericano en la Isla.

La integración económica de Puerto Rico a los Estados Unidos se ha incrementado en el período de la posguerra, paralelamente al desarrollo del capitalismo industrial. Aunque la integración económica de Puerto Rico a los Estados Unidos ha permanecido constante a través del siglo, sus formas han cambiado de acuerdo a la forma dominante de capital en cada período: la producción de azúcar, industria liviana, industria pesada, alta tecnología y capital financiero. Las consecuencias económicas de esta situación han

[4] Junta de Planificación, *Informe Económico al Gobernador, 1981* (San Juan: Junta de Planificación, 1982), pp. A7, A27.

[5] *Ibidem*, pp. A7-8, A27, A57.

[6] U.S. Department of Commerce, *Economic Study of Puerto Rico* (Washington, D.C.: U.S. Government Printing Office, 1979), vol. I, p. 4.

sido: el control del capital estadounidense sobre los principales sectores productivos, la producción para el mercado estadounidense, la importación de bienes de capital y materias primas para esta producción y de bienes de consumo para la población, y la constante expansión del capital financiero estadounidense para sostener todo lo anterior. Para mediados de la década de los setenta hubo cambios en la forma dominante de producción (de industria liviana a industria pesada) y en el tipo de capital que controlaba el proceso productivo (de capital competitivo a capital monopólico). Pero ya para finales de la década existen dos nuevos elementos en la forma de integración económica: el papel preponderante del Estado norteamericano como un intermediario económico y el ascenso del capital financiero como el principal sector de la economía y del capital estadounidense en la Isla (lo que será discutido en el siguiente capítulo).

Los fondos federales juegan un papel muy importante en la economía de Puerto Rico: para 1981 las transferencias federales representaban el 25 por ciento del ingreso personal disponible y el total de los fondos federales conformaban el 41 por ciento del producto bruto de la Isla; en 1977 se estimó que los fondos federales constituían el 11 por ciento de las inversión bruta de Puerto Rico.[7] Según el estudio del Departamento de Comercio antes mencionado, los fondos federales "son importantes en satisfacer las necesidades sociales y en estimular el consumo y la demanda".[8] El gobierno federal se ha convertido en un intermediario en la producción y circulación de mercancías en Puerto Rico. Exime al capital estadounidense en Puerto Rico de pagar impuestos y subsidia al capital en el continente con la infusión de dinero en la economía de la Isla que permite el consumo de productos manufacturados en los Estados Unidos. La economía de Puerto Rico produce mercancías para el mercado estadounidense y consume mercancías producidas en los Estados Unidos.

Los cambios económicos y políticos de la posguerra estimularon el crecimiento de los movimientos obrero e independentista para finales de la década de los sesenta. Ambos movimientos fueron críticos en el desarrollo económico y político de la Isla y ambos experimentaron un proceso de crecimiento y radicalización al comienzo de los años setenta, y de estancamiento y radicalización para el fin de la década. El movimiento obrero

---

[7] Junta de Planificación, *Informe Económico al Gobernador, 1982* (San Juan: Junta de Planificación, 1983), p. 408; Department of Commerce, *Economic Study of Puerto Rico,* p. 16.

[8] Department of Commerce, *Economic Study of Puerto Rico,* p. 14-15.

experimentó un resurgir a comienzos de los años setenta con el rompimiento de la "paz laboral" que existió entre éste y el gobierno (PPD). Este período se caracterizó por un aumento en la actividad sindical y por la formación de nuevas organizaciones obreras (uniones "independientes", confederaciones) y una participación política más abierta, particularmente en el sector público. Estas fueron uniones más militantes, como lo refleja el aumento en el número de huelgas y la lucha por lograr el derecho a la sindicalización en el sector público (prohibido por ley). Estas luchas fueron consecuencia del intento de mantener los niveles salariales y de empleo en una economía en deterioro.[9] El movimiento obrero se politizó altamente, con fuertes vínculos con los partidos de izquierda.

Luego de una década de estancamiento y derrotas electorales, los principales partidos independentistas comenzaron a revitalizarse y a radicalizarse. Después de convertirse en el segundo partido electoral en 1952, el Partido Independentista Puertorriqueño (PIP) —fundado en 1946— comenzó a declinar electoral y políticamente. El partido comenzó a crecer a comienzos de los años setenta y a presentarse como un partido social-demócrata con una retórica marxista. El Movimiento Pro-Independencia (MPI), fundado en 1959 por un desprendimiento del PIP, siguió una ruta similar. Luego de una década de dirigir el movimiento independentista en las luchas callejeras, el MPI se convirtió en 1971 en Partido Socialista Puertorriqueño (PSP), de tendencia marxista-leninista. Ambos partidos tuvieron desastrosas participaciones electorales durante la década, el PIP en 1972 y el PSP en 1976; esto llevó a ambos partidos a cambiar su dirección ideológica. El nuevo liderato del PIP purgó la izquierda radical del partido y acentuó su política reformista, electoralista y nacionalista. El PSP sufrió una serie de cismas internos que le alejaron de su programa marxista hacia otro más nacionalista.

La evolución del movimiento obrero, disciplinado por la crisis económica y por sucesivos gobiernos PPD y PNP, y del movimiento independentista, ideológica y organizativamente fragmentado, fortalecieron la estadidad como alternativa a la crisis del ELA en los años setenta. El debilitamiento del movimiento obrero desde finales de los setenta ha reducido su influencia política y ha aumentado su dependencia de los

---

[9] Gervasio L. García y A. G. Quintero-Rivera, *Desafío y solidaridad; Breve historia del movimiento obrero puertorriqueño* (Río Piedras: Ediciones Huracán, 1982), cap. 7; Jesse Pou Rivera, "Public Employee Organizations in Puerto Rico" (Tesis de Maestría, Escuela de Administración Pública, Universidad de Puerto Rico, 1975).

partidos políticos.[10] La política antiobrera del PPD durante la administración de Hernández Colón en 1973-77 y su política económica de bajos salarios como incentivo al capital extranjero han impulsado a sectores del movimiento obrero a apoyar la estadidad y al PNP. Por otro lado, la fragmentación ideológica y programática del movimiento independentista ante la crisis del ELA ha dejado a la estadidad como una alternativa atractiva en Puerto Rico y en los Estados Unidos.

La administración de Ferré

Justicia Social

La primera administración del PNP intentó implantar el programa de redención de Ferré, cuyo propósito era alcanzar la estabilidad en Puerto Rico por medio de la erradicación de los conflictos sociales. "Justicia social" —compuesto de una serie de medidas encaminadas a aumentar el ingreso personal, proveerles servicios básicos a las masas trabajadoras y marginadas y estimular el crecimiento económico por medio del incremento en la demanda agregada— era el medio para promover la "paz social". La "Gran tarea" del PNP era la de llevar a Puerto Rico a la "nueva vida" de paz social y prosperidad económica bajo la federación estadounidense.

El objetivo central de la "nueva vida" fue expuesto por Ferré en su discurso de juramentación a la gobernación en enero de 1969:

> En este nuevo orden de cosas, en esta Nueva Vida, el hombre humilde que hoy sufre y padece será atendido primero, porque hay que corregir de inmediato la injusticia intolerable que lo agobia. Este progreso será de todos los puertorriqueños. Al corregir estas desigualdades extremas, la prosperidad aumentará en todos los sectores de nuestra sociedad...Y finalmente, la eliminación de las tensiones explosivas —consecuencia inevitable de las injusticias- nos brindará una firme estabilidad social.[11]

La "nueva vida" traería progreso "sin destruir los estímulos indispensables para el trabajo y la producción", tan necesarios para armonizar los intereses

---

[10] Robert Anderson, "The Party System: Change or Stagnation?", en Jorge Heine, ed., *Time for Decision; The United States and Puerto Rico* (Lanham, MD: North-South Publ., 1983), pp. 19-20.

[11] Luis A. Ferré, *El propósito humano*, editado por Antonio Quiñones Calderón (San Juan: Ediciones Nuevas, 1972), p. 6.

entre el capital y el trabajo; sería una "Nueva Vida de comprensión mutua y común esfuerzo creador".[12] El logro de la "nueva vida"—donde la "comprensión mutua" entre las clases sociales garantizaría la "paz social"— era la "Gran Tarea" del PNP:

> Nuestra Gran Tarea es preparar un mundo mejor...consciente de sus obligaciones morales e inspirado en un generoso y comprensivo sentido de justicia que permita desterrar la pobreza y la necesidad, requisito indispensable para lograr la paz duradera.

La "Gran Tarea" estaría también "orientada hacia un porvenir de unión permanente con la nación de la cual formamos parte", esto es, a lograr la estadidad.[13]

La realización del objetivo central de la "nueva vida", lograr la "paz duradera" (i.e., la paz social), se levantaba sobre el logro de "justicia social". "Justicia social" significaba la incorporación de los sectores marginados por el capitalismo en Puerto Rico al disfrute de los beneficios materiales de la sociedad para asegurar así la estabilidad social; era un programa burgués para asegurar la reproducción del capitalismo en la Isla. Este fue el mensaje que Ferré le presentó a la Asociación de Industriales de Puerto Rico en 1969:

> También hemos impulsado legislación social innovadora. Sé que a muchos de ustedes les ha sido motivo de preocupación. No debe serlo. Toda nuestra legislación social estará basada en principios sólidos para estimular el progreso económico... Sin un desarrollo industrial saludable que cree empleos bien remunerados no hay justicia social posible. Sólo puedo decirles que con legislación social de este tipo estamos sumando a nuestro esfuerzo a toda una tercera parte de nuestra población que aún vive en la pobreza extrema o está ganando sueldos bajos. Se trata de una inversión para los años venideros y así es como hay que verla.
>
> ...Sólo les pido que tengan confianza en esta Administración, encabezada por uno que ha tenido alguna experiencia en el mundo de la industria.[14]

Ferré no tan sólo le explicó a la burguesía local que su programa era burgués, sino también demandó de ella su apoyo público y material para

---

[12] *Ibidem,* pp. 148 y 160.

[13] *Ibidem,* pp. 176 y 195; y "Ferré insta a abolir desigualdad social", *El Mundo,* 1 de junio de 1970, p. 1A.

[14] *Ibidem,* p. 54.

alcanzar la "justicia social" como una cuestión de sus propios intereses de clase.[15]

Las principales medidas de "justicia social" de la administración de Ferré fueron las relacionadas con su política pública para aumentar salarios e ingresos. La política de "justicia social" buscaba mejorar las condiciones de vida de las masas (mejores salarios y servicios básicos); y la promoción del crecimiento económico a través del estímulo de la demanda agregada (aumento en el consumo). Desde el comienzo de su gobierno, Ferré les otorgó a los empleados públicos aumentos salariales, mayores beneficios marginales (aumento en pensiones, planes de retiro y de salud) y mejores condiciones de trabajo (e.g., permanencia). Ferré legisló el bono de Navidad, por el que el patrono tiene que proveerle al empleado un porcentaje fijo de su salario como bono a fin de año.[16] Otras medidas de "justicia social" de la administración de Ferré fueron el aumento en el salario agrícola y la otorgación de un subsidio salarial a la industria azucarera. Estas medidas buscaban mejorar las condiciones de vida del obrero agrícola y aliviar la escasez de mano de obra que afectaba grandemente a la agricultura.[17] La administración de Ferré trató también de implantar un programa de servicios médicos "universales", por el que todas las instituciones médicas y doctores proveerían servicios a toda persona, y el gobierno pagaría los gastos de los no pudientes.[18] Durante el gobierno de Ferré se aprobó una ley que otorgaba títulos de propiedad a los moradores en terrenos del gobierno y distribuía parcelas a familias con necesidad de vivienda. Esta ley iba encaminada a resolver el grave problema de la

---

[15] "Ferré pide ayuda a empresarios para acabar pobreza", *El Mundo*, 25 de abril de 1969, p. 6A.

[16] "Firma ley alza sueldo a maestros", *ibidem*, 30 de junio de 1969, p. 1A; "Sube ayuda a planes médicos empleados ELA", *ibidem*, 2 de julio de 1969, p. 12A; "Gobernador sube salarios a funcionarios de gobierno", *ibidem*, 22 de junio de 1970, p. 1A; "Ferré ordena incorporación permanente a gobierno de empleados temporeros de 3 años", *ibidem*, 22 de abril de 1972, p. 3A; y "Ferré anuncia aumento sueldo a empleados públicos", *ibidem*, 27 de abril de 1972, p. 3A.

[17] Antonio Quiñones Calderón, *La obra de Luis A. Ferré en La Fortaleza* (Santurce: Servicios Editoriales, 1975), pp. 64 y 66-67. También, "Ferré entregará primeros cheques suplementarios a obreros agrícolas", *El Mundo*, 8 de noviembre de 1969, p. 5A.

[18] Quiñones Calderón, *La obra*, pp. 86; y, "Firma proyecto permite selección médico universal", *El Mundo*, 21 de junio de 1969, p. 1A.

vivienda en la Isla, usando terrenos baldíos del gobierno sin valor agrícola o comercial.[19] Ferré también aprobó una ley dirigida a subsidiar préstamos bancarios a estudiantes universitarios, cuyo propósito era aumentar la capacidad prestataria de los bancos privados y, además, estimular la educación universitaria.[20] La administración de Ferré propulsó otro sinnúmero de medidas en el área de la justicia (adicción a drogas, crimen, etc.) encaminadas a mantener el orden.[21]

Aunque muchas de las medidas implantadas por la administración de Ferré fortalecieron el apoyo al PNP dentro de varios sectores sociales, particularmente entre los empleados públicos, no lograron sin embargo, alcanzar los objetivos deseados. Durante el gobierno de Ferré se recrudecieron los conflictos sociales y políticos en la Isla, estimulados, en algunos casos, por las medidas implantadas por el propio gobierno. El más importante problema social que confrontó el gobierno de Ferré fue el conflicto entre el capital y el trabajo. Entre 1969 y 1972 hubo un total de setenta y dos huelgas en la Isla, la mitad de éstas en el sector público (en algunos casos, sin gozar del derecho de ir a huelga).[22] Esto fue causado, en parte, por el arribo del PNP al gobierno, que minó el delicado acuerdo de "paz laboral" que existía entre los sindicatos del sector público y el PPD. Por otro lado, el intento del PNP de penetrar y controlar el aparato estatal perturbó a grandes sectores de la empleomanía pública.[23] Además, la retórica y las medidas del gobierno PNP en favor del empleado público fomentaron el reclamo de mayores derechos y beneficios (incluyendo el derecho a la sindicalización en el sector público). Estimulados por una recesión, mayor

[19] "Ferré justifica ley parceleros", *El Mundo*, 16 de junio de 1969, p. 3A; "Entrega 650 parcelas", *ibidem*, 5 de octubre de 1972, p. 14D.

[20] Quiñones Calderón, *La obra*, pp. 76-77; y, "Ferré firma 4 leyes dan ayuda a estudiantes" *El Mundo*, 25 de junio de 1969, p. 1A; "Ferré firma orden ayuda a estudiantes", *ibidem*, 2 de septiembre de 1970, p. 14A.

[21] Quiñones Calderón, *La obra*, pp. 79-82, 86-88, 120-121 y 139-142. También, "Combatir el crimen". *El Mundo*, 27 de marzo de 1969, p. 5A; y "Subirán penalidad por drogas", *ibidem*, 26 de marzo de 1971, p. 1A.

[22] Luis R. Torres Rodríguez, "La intervención policíaca en los conflictos obrero-patronales entre los años 1971 y 1973" (Tesis de Maestría, Escuela de Administración Pública, Universidad de Puerto Rico, 1975), pp. XVI-XX.

[23] Pou Rivera, "Public Employee Organizations in Puerto Rico", pp. 250-55. También, "Acusan a Ferré de 'politizar' instituciones", *El Mundo*, 20 de septiembre de 1972, p. 17A.

inflación y un creciente desempleo (de 9 por ciento en 1969 al 12 por ciento en 1973) los obreros en el sector privado también incrementaron su militancia y reclamos, produciéndose también un mayor número de conflictos huelgarios en este sector.

Otros factores obstaculizaron la obtención de la "paz social" buscada por el gobierno de Ferré. Las invasiones de terrenos (públicos y privados) aumentaron, fomentadas en parte por el propio programa de redistribución de tierras del gobierno. Los invasores de tierras se quejaron de falta de atención y discriminación por el gobierno.[24] Pero quizás el más problemático conflicto político para el gobierno de Ferré fue la confrontación continua con el movimiento independentista. El crecimiento y radicalización del movimiento independentista durante este período y la naturaleza anexionista del gobierno aumentaron las tensiones entre ambos. Todas las campañas en las que estuvo envuelto el movimiento independentista (contra la presencia de la Marina estadounidense en las islas de Vieques y Culebra, contra el servicio militar obligatorio y la guerra de Vietnam, las huelgas y motines universitarios, las invasiones de terrenos y huelgas obreras) acabaron en confrontación directa con el gobierno. El gobierno de Ferré coincidió, además, con el surgimiento de grupos clandestinos independentistas. La respuesta del gobierno al rompimiento de la "comprensión mutua" fue un mayor uso de la fuerza; en particular, de la represión policíaca.[25]

El fracaso de las medidas de "justicia social" en asegurar la "paz social" estuvo acompañado por la incapacidad del gobierno de Ferré de estimular la estabilidad económica. El aumento en el número de los empleados públicos, sus salarios y beneficios, y en los gastos totales gubernamentales afectaron la capacidad fiscal del gobierno. Por primera vez en décadas, el gobierno incurrió en enormes déficits presupuestarios que afectaron su capacidad prestataria y de inversión. El aumento en los gastos gubernamentales no pudo contrarrestar el descenso en la inversión real.[26] Ya para 1972

---

[24] "Impulsa desarrollo 40 mil solares en plan para combatir invasiones", *El Mundo*, 22 de febrero de 1972, p. 1A.

[25] Manuel Maldonado-Denis, *Puerto Rico: una interpretación histórico-social* (México: Siglo XXI, 1974), pp. 251-295; "Advertencia a terroristas", *El Mundo*, 15 de diciembre de 1969, p. 3A; y "Ferré critica violencia, sobre motín UPR", *ibidem*, 12 de marzo de 1971, p. 1A; Torres Rodríguez, "La intervención policíaca", pp. 88-108; "Ferré firma ley pena invasores de tierra", *ibidem*, 11 de marzo de 1972, p. 1A.

[26] Comité para el Estudio de las Finanzas de Puerto Rico, *Informe al Gobernador* (Río Piedras: Editorial Universitaria, 1976), pp. 46-54 y 27-33.

las medidas de "justicia social" de la administración de Ferré habían mostrado su incapacidad para lograr la estabilidad social y política. Ferré, sin embargo, llevó a cabo un último intento de realizar esta parte del programa de "redención": el natimuerto "Patrimonio para el Progreso".

El Patrimonio para el Progreso

El "Patrimonio para el Progreso", propuesto en 1972, fue el más claro y abarcador ejemplo del intento del gobernador Ferré de implantar su filosofía social desde el gobierno. Concebido por Ferré durante la década de los cincuenta como contrapropuesta a "Operación Manos a la Obra", el "Patrimonio" fue elaborado por varios asesores, entre ellos Rosostein Roda (asesor del presidente Frei de Chile) y el economista Louis O. Kelso. La importancia del "Patrimonio" dentro del programa de "redención" fue indicada por el propio Ferré años después de su derrota en 1972:

[Pregunta]-¿Cuál fue su derrota legislativa más dolorosa?

[Ferré]-El Patrimonio para el Progreso. Aunque toda mi vida he militado en el capitalismo soy un ferviente defensor de la justicia social. El capitalismo, tal como existe hoy día, es un obstáculo a la justicia...

[Pregunta]-¿Se autoconsidera un socialista?

[Ferré]-Un socialista cristiano en antagonismo implacable con la tiranía. Por eso no creo en el estado socialista. Yo creo en la libre empresa moderada por el Estado y en los derechos inalienables de la dignidad humana que promulga el cristianismo.

[Pregunta]-¿Por qué derrotaron el proyecto legislativo del Patrimonio para el Progreso?

[Ferré]-Por falta de visión. Mi ideal era hacer de todos los ciudadanos, capitalistas, o si prefieres llamarlo de otro modo, socializar el capital. Mi proyecto estaba estudiado a la ley de los mejores economistas de Estados Unidos y pretendía darle al ciudadano de bajos ingresos una fuente adicional económica mediante su participación en las acciones de empresas controladas por el gobierno...Es que no podemos negar la historia. La humanidad camina hacia la justicia distributiva socializada.[27]

---

[27] Pepe Ramos, *Ferré: Autobiografía dialogada* (San Juan: Panavox Multimedia, 1976), p. 220.

El "Patrimonio", propuesto por Ferré en su mensaje a la Legislatura en 1972, fue sometido por el ejecutivo como proyecto de ley meses más tarde; entre otros objetivos, el "Patrimonio" buscaba "detener el socialismo" en Puerto Rico.[28]

El "Patrimonio" —basado en la filosofía social de Ferré— proponía que sólo la "justicia social" por medio de las reformas socio-económicas podía asegurar la estabilidad necesaria para la reproducción del sistema capitalista en Puerto Rico. Ferré definió el objetivo del "Patrimonio" de la siguiente forma:

> Hace falta un cambio revolucionario en nuestras estructuras socio-económicas que mantenga las ventajas de la libre empresa, pero que le dé una oportunidad al trabajador de participar en el enriquecimiento general de la sociedad. Sólo así podemos *ir reduciendo la enorme diferencia entre el capital y el trabajo* y alcanzar la verdadera vida de igualdad en la oportunidad para todos los puertorriqueños, *que elimine las grandes tensiones sociales* que hoy hacen infelices a los hombres aun en medio de la abundancia...
>
> ...Es necesario buscar una solución que modifique el capitalismo democrático de tal manera que se corrijan [sus] injusticias sociales, mientras se mantienen sus ventajas... Procede buscar los medios *para hacer de cada ciudadano un capitalista...*[29]

Hacer "de cada ciudadano un capitalista" era el objetivo del "Patrimonio": erradicar los conflictos sociales convirtiendo a todos los miembros de la sociedad en una clase, la capitalista. El mecanismo para realizar el "Patrimonio" era simple: se crearía una estructura corporativa que contaría con un Fondo o Patrimonio cuyas acciones serían producto de inversiones hechas por obreros y de una aportación proporcional por el gobierno que, además, facilitaría préstamos a los obreros para que éstos invirtieran en el Patrimonio. El Fondo invertiría en actividades productivas y sus ganancias, exentas de contribuciones, serían distribuidas a los accionistas (los obreros) periódicamente.[30] El "Patrimonio" fue un ingenioso mecanismo propuesto para intentar erradicar el conflicto de clases: los obreros con inversiones en el

---

[28] Ferré, *El propósito humano,* pp. 210-232; "Ferré envía bill crearía Patrimonio para el Progreso", *El Mundo,* 10 de marzo de 1972, p. 3A.

[29] Ferré, *El propósito humano,* pp. 229 y 77. La imagen es inevitable: el Patrimonio es, claro está, Marx puesto de cabeza.

[30] *Ibidem,* p. 230; además Quiñones Calderón, *La obra,* pp. 239-41.

Fondo se convertirían en capitalistas (ya que el Fondo invertiría en actividades productivas); por ende, si todos los obreros participaran en el "Patrimonio", las diferencias entre el capital y el trabajo supuestamente desaparecerían. Sin distinciones de clase, la paz social estaría asegurada.

El otro objetivo principal del "Patrimonio" era el de proveer "un fuerte estímulo para la economía de Puerto Rico a través de inversiones en los sectores industriales, comerciales y agrícolas".[31] Se proponía como un mecanismo para remediar uno de los problemas económicos más serios del momento: la baja tasa de inversión en la economía, particularmente por el capital local. Según lo estipulado, el "Patrimonio" facilitaría capital "para inversión en empresas que revistieran interés para Puerto Rico" y su administración estaría en manos del capital local.

El "Patrimonio para el Progreso" fue un proyecto natimuerto. Fuera del círculo cercano a Ferré, la mayoría del liderato del PNP no entendió la naturaleza del proyecto. Su debate en un año electoral, junto a las fisuras ya existentes dentro del partido, no le ganó el debido apoyo dentro del PNP. Pero la oposición mayor provino del PPD; con el control del Senado, nada le fue aprobado al ejecutivo en un año electoral. Además, las críticas al proyecto por varios conocidos economistas (incluyendo a Paul Samuelson) levantaron grandes dudas sobre su viabilidad.[32] El "Patrimonio para el Progreso", al igual que el resto del programa de "justicia social" de Ferré, murió en noviembre de 1972 con la derrota del PNP y el debilitamiento de Ferré dentro del partido.

Si la mayoría de las medidas de "justicia social" fracasaron en lograr su objetivo o no pudieron ser efectuadas, más exitoso, sin embargo, fue el manejo del aparato estatal por el primer gobierno PNP.

Manejo y control del aparato estatal

Uno de los asuntos que dividieron al PER en 1967 fue la insistencia de Ferré y su grupo en acentuar la necesidad de controlar el aparato estatal para

[31] Ferré, *El propósito humano*, p. 78. Sobre el apoyo dado al proyecto del Patrimonio por el sector bancario vea, "Banquero asegura 'Patrimonio' ampliará perspectivas economía", *El Mundo*, 9 de febrero de 1972.

[32] "Defiende Patrimonio para el Progreso", *El Mundo*, 8 de marzo de 1972, p. 3A; "[Hernández Colón] anticipa Senado no aprobará proyecto [Patrimonio]", *ibidem*, 21 de abril de 1972, p. 3A; "Samuelson critica Patrimonio", *ibidem*, 27 de abril de 1972, p. 1A.

poder avanzar la estadidad desde esa posición de poder. La "justicia social" y otras medidas del programa de "redención" tenían que ser promovidas desde el aparato estatal. Según Ferré, la intervención directa del Estado era necesaria para reducir las extremas desigualdades sociales que ponen en peligro la existencia misma del capitalismo.[33] Por lo tanto, la materialización del programa de "redención" y la realización de la "nueva vida" hacían indispensable el uso del aparato estatal.

La noción tecnocrática que tenía Ferré del gobierno impregnó su administración. Según esta noción, una de las funciones principales del Estado era la de confrontar los "problemas sociales", los cuales podían resolverse con la debida atención y la aplicación de la tecnología adecuada. Esta noción tecnocrática de Ferré se refleja en su famosa declaración, "Creo que los ingenieros, por su temperamento, están muy bien preparados para ser gobernadores".[34] Para Ferré, la manipulación social es una cuestión de técnica que nada tiene que ver con las relaciones sociales. El gobierno no debe dedicarse meramente a resolver los "problemas sociales", sino que también debe anticiparse a ellos. Para llevar a cabo su programa, Ferré propuso el uso de la tecnología disponible y su aplicación por "un gabinete de tecnócratas", libre de toda influencia política, que "tratará de aplicar nuestras mejores destrezas científicas y tecnológicas a los problemas de gobierno, con énfasis particular en mantener un equilibrio social bien balanceado".[35]

Este gabinete de "tecnócratas" del que habla Ferré no estaba del todo "libre de prejuicios": incluía a varios profesores universitarios, un comerciante, un banquero, un doctor propietario de un hospital y un "hombre de estado" (ex-asesor de la Asociación de Productores de Azúcar). Exceptuando a dos de ellos, todos eran distinguidos anexionistas y Republicanos. El sector privado tuvo gran peso en la administración de Ferré. Mientras que en la anterior administración de Roberto Sánchez Vilella más de dos terceras partes de los administradores del ejecutivo fueron servidores públicos de carrera y menos del tres por ciento provenían del sector privado, bajo

---

[33] Ferré, *El propósito humano*, pp. 43, 58 y 73.

[34] Luis A. Ferré, *An Engineer Dreams of a Better Puerto Rico* (Address by the Honorable Governor of Puerto Rico before the Puerto Rico Section of the American Society of Mechanical Engineers, Hato Rey, Puerto Rico, February 21, 1969), p. 1.

[35] Ferré, *El propósito humano*, pp. 48 y 60; *An Engineer Dreams*, p. 3; y P. Ramos, *Ferré*, p. 217.

Ferré una tercera parte procedía del sector privado y menos de un tercio de la burocracia gubernamental.[36] Varias razones explican esta situación. Luego de veintiocho años de gobierno Popular, el PNP no contaba con altos funcionarios públicos de confianza. Además, Ferré sostuvo que los individuos provenientes del sector privado estaban mejor preparados técnicamente y tenían una mayor afinidad ideológica con su programa. Había además una razón puramente política: el PNP sabía que tenía que lograr el mayor control posible del aparato estatal para poder efectuar su programa y mantener el poder político.

El proceso de penetración y control del aparato estatal por el PNP se realizó a dos niveles. En primer lugar, se efectuó la penetración del aparato estatal desde abajo a través del aumento en los empleados públicos identificados con el PNP. Un segundo mecanismo fue la imposición de nuevas estructuras de autoridad sobre las diferentes agencias gubernamentales.[37] La administración de Ferré creó juntas, comités y centros de investigación bajo el control del gobernador y fuera de las estructuras formales del gobierno. Ferré organizó estas estructuras desde principios de su gobierno con la ayuda financiera y técnica del gobierno federal, de MIT y de la Fundación Ford. Ferré propuso en 1970 la creación del llamado Instituto de Tecnología Social que buscaba agrupar a destacadas figuras "para estudiar los importantes problemas sociales de Puerto Rico con los mejores y más avanzados métodos de que disponga la técnica moderna". La administración de Ferré también creó el Centro de Estudios Norte y Suramérica, cuyo objetivo era "mejorar la comprensión entre las dos grandes culturas de este hemisferio, la cultura sajona norteamericana y la cultura hispánica", con Puerto Rico como enlace vital entre ambos.[38] En ese mismo año Ferré formó el Consejo Financiero del Gobernador como cuerpo asesor en materia de política económica.[39] Ferré también creó un número de juntas en las áreas de

---

[36] Juan A. Ríos Vélez, "Análisis del diseño de la rama ejecutiva para determinar el tipo de gobierno que se quiere implantar" (Tesis de Maestría, Escuela de Administración Pública, Universidad de Puerto Rico, 1981), pp. 19 y 28.

[37] "Ferré ordena incorporación permanente..." op.cit.; y Edgardo L. Martínez Nazario, "Estudio histórico-teórico sobre el desarrollo administrativo del sector público en Puerto Rico" (Tesis de Maestría, Escuela de Administración Pública, Universidad de Puerto Rico, 1971), p. 94.

[38] Quiñones Calderón, La obra, p. 95; Ferré, El propósito humano, p. 180.

[39] "Establece Consejo Financiero del Gobernador", El Mundo, 9 de agosto de 1970, p. 19A.

educación y salud, cuyo propósito fue establecer política pública en dichas áreas y fiscalizar los respectivos departamentos ejecutivos. Para finales de su administración, Ferré había creado estructuras que sobrepasaban o controlaban áreas del aparato gubernamental formal, como la Junta de Planificación, los departamentos de Salud y Educación y la Administración de Fomento Económico, todas criaturas ideológicas del PPD.

El más importante organismo para formular política pública creado por la administración de Ferré fue el Consejo Asesor del Gobernador para el Desarrollo de Programas Gubernamentales, dirigido por el hijo del gobernador, Antonio Luis. El Consejo Asesor formó doce comités para estudiar cuatro áreas: economía, administración pública, la cuestión social y el ambiente. Entre sus principales recomendaciones figuraban: la reforma del sistema educativo, destacando la instrucción técnica; fomentar el desarrollo de la agricultura; desarrollar un sistema de transportación masiva; fortalecer los programas de planificación familiar como instrumento de control poblacional; fortalecer las leyes de protección ambiental; y la reforma del sistema fiscal. Además, se presentaron dos recomendaciones de particular interés económico. Primero, se propuso una nueva tasa contributiva para las corporaciones que operan en Puerto Rico. Segundo, se propuso la reforma del programa de exención contributiva de Fomento; esta propuesta incluyó el "diseñar un sistema más efectivo de incentivos y elaborar programas que estimulen las corporaciones locales puertorriqueñas".[40] Estas propuestas reflejaron el interés de la administración de Ferré en revisar el programa de industrialización del ELA que favorecía a las corporaciones estadounidenses en detrimento del capital local.

El programa de la redención y el capital local

Las medidas realizadas o propuestas para alcanzar la "justicia social", el proyecto para crear el "Patrimonio para el Progreso" y las recomendaciones del Consejo Asesor del Gobernador reflejan el interés de la administración de Ferré en promover el desarrollo del capital local. Mientras que la política económica del PPD perjudicaba a este sector en beneficio del capital estadounidense, la administración de Ferré desarrolló una política económica para remediar esta situación. Ferré demarcó claramente la posición de su gobierno desde comienzos de su administración al declarar que "no fomentaré ni firmaré legislación alguna que yo esté convencido colocaría a

---

[40] Quiñones Calderón, *La obra*, pp. 96-100.

la industria de nuestra isla en posición de desventaja frente a la industria del continente".[41]

Esta política no es sólo reflejo de intereses económicos en conflicto; era parte importante del programa de "redención" de la administración PNP de Ferré. El control de los medios de producción por la burguesía local no tan sólo aseguraría su existencia material, sino también la reproducción del capitalismo en Puerto Rico. Esta noción quedó plasmada en el primer mensaje de Ferré a la Legislatura en 1969:

> Al iniciarse el programa de industrialización se adoptó una política activa para atraer capital externo. Pero ha llegado el momento de adoptar una política activa para atraer la participación del empresario local, especialmente en el comercio, la construcción y las finanzas. La participación del empresario local es importante no sólo por razones económicas, sino también por fuertes razones sociales. *Un pueblo que no retiene el control de sus fuentes de trabajo y riqueza desarrolla serias tensiones políticas, sociales y emocionales. Hay que evitar que esto ocurra en Puerto Rico.*[42]

Esta política económica fue incorporada al programa económico de Fomento, la agencia gubernamental encargada de implantar el programa de industrialización. Un informe de Fomento de 1971, donde se establecen las prioridades de la agencia bajo el gobierno de Ferré, argumenta sobre la necesidad de "equilibrar la inversión, de forma de que una parte importante de los negocios en la Isla estén en manos de residentes locales. El propósito es que las decisiones importantes que hace el sector privado día a día con respecto a la economía respondan a los mejores intereses de nuestra sociedad". El mismo informe destaca la protección del mercado local como el mecanismo principal en la defensa del capital local. Ya que el capital local se concentra en el mercado doméstico, Fomento señala que "el mercado local y el uso de materias primas locales constituyen las áreas donde el industrial puertorriqueño puede naturalmente alcanzar mayor éxito. Por consiguiente, Fomento ha reservado estas áreas para la promoción de negocios locales y de inversiones conjuntas en donde los inversionistas residentes tienen control".[43]

---

[41] Ferré, *El propósito humano*, p. 54.

[42] *Ibidem*, p. 154.

[43] Economic Development Administration, *Economic Development of Puerto Rico During the Last Twenty Years* (San Juan: Office of Economic Research, 1971), p. 13 y 15-16. Véase las declaraciones del primer administrador de Fomento bajo

La política económica de la administración de Ferré se elaboró con dos proyecciones: primero, la defensa del capital local en la producción para el mercado local; segundo, la promoción de capital estadounidense de "alta productividad", cuya producción fuese para el mercado externo. Esta política económica fue elaborada en otro informe de Fomento de 1971: "El crecimiento industrial será inducido, como en las pasadas dos décadas, principalmente por la exportación de bienes manufacturados. Sin embargo, un papel importante será asignado durante la próxima década a la sustitución de importaciones de bienes manufacturados como consecuencia de la expansión del mercado local".[44] Esta política de "sustitución de importaciones" estaba dirigida a proteger al capital local de la competencia desmedida del capital industrial y comercial competitivo norteamericano en el mercado local. Otro informe de Fomento, titulado, *Action Program to Stimulate Development for the Seventies* (Programa de acción para estimular el desarrollo en la década de los setenta), incluía entre sus principales propuestas la promoción de "una mayor participación de los empresarios puertorriqueños en la industria"; la promoción del ahorro —estableciendo así una base interna para la inversión; y la creación de institutos de investigación científica y tecnológica (de beneficio para el capital local, que no cuenta con gran capacidad de investigación y desarrollo).[45]

Ferré, Juan Rodríguez de Jesús en "Fomentará industrias capital Puerto Rico", *El Mundo,* 27 de diciembre de 1968, p. 1, y "Ofrece ayudas industriales de aquí", *ibidem,* 24 de enero de 1969, p. 30; y las de su sucesor, Manuel Casiano, en "Interesa participación capital local", *ibidem,* 6 de enero de 1971, p. 1A.

Sobre la competencia del capital local con el capital extranjero, véase, Administración de Fomento Económico, *Industrias nativas con problemas causados mayormente por la competencia de productos importados* (San Juan: AFE, Departamento de Industrias Puertorriqueñas, 1964); y además, Economic Development Administration, *Locally and Nonlocally Owned Enterprises in Puerto Rican Manufacturing Industries* (San Juan: EDA, Office of Economic Research, 1963).

[44] Economic Development Administration, *Puerto Rico's Industrial Development: Past Performance and Glance and the Future* (San Juan: Office of Economic Research, 1971), pp. 14-15.

[45] EDA, *Economic Development of Puerto Rico,* p. 22-23; y AFE, *Industrias nativas con problemas,* p. 6.

La posición del capital local en la economía de Puerto Rico no mejoró durante el período de la gobernación de Ferré; todo lo contrario, empeoró desde entonces. Por ejemplo, en 1968 el ingreso neto de la manufactura fue de unos $789 millones, de los cuales $215 millones fueron producidos por firmas no relacionadas con el programa de Fomento (casi exclusivamente de capital local); en 1973 el ingreso

La administración de Ferré usó el aparato estatal para efectuar medidas concretas en favor del capital local. El aumento en salarios y beneficios a los trabajadores de los sectores público y privado, el bono de Navidad, el aumento en los servicios públicos y en gastos gubernamentales estaban dirigidos a aumentar los niveles de ingreso de la población y estimular así el consumo, fomentando, a su vez, la producción local de bienes y servicios. Aun la política pública dirigida a obtener una mayor cantidad de fondos federales fue legitimada en este sentido.[46] El nuevo interés en la política de Fomento de promover el capital local se evidenció a varios niveles. Bajo la administración Ferré el número de firmas locales que recibieron ayuda de Fomento aumentó (ver Tabla I). Ya que el programa de Fomento estaba diseñado para ofrecer incentivos al capital estadounidense, la ayuda ofrecida al capital local tuvo que ser diferente. Una de las áreas de ayuda al capital local fue la de los préstamos otorgados por el Banco Gubernamental de Fomento. En 1969, los préstamos a la manufactura local alcanzaron $7 millones, aumentando a $17 millones para 1972; de igual forma, los préstamos a la agricultura aumentaron de $6 a $12 millones durante el mismo período.[47] Otros hechos reflejan esta política de defensa del capital local. En contra de sus posturas públicas, Ferré se opuso a un proyecto del Congreso que trataba de imponer el salario mínimo federal a Puerto Rico,

---

neto de la manufactura ascendió a $1,293.7 millones, y la partida de las firmas no relacionadas con el programa de Fomento a sólo $297.7 millones. Cifras de la Junta de Planificación, *Informe Económico al Gobernador, 1973* (San Juan: Junta de Planificación, 1974), p. A-9. La situación no es muy distinta aun para aquellas firmas locales que reciben ayuda de Fomento. El capital local se mantiene en las áreas de menor productividad y ganancias de la economía, produce casi exclusivamente para el mercado local, emplea pocos trabajadores y paga bajos salarios. Al igual que en la década anterior, en los años setenta el capital local se concentró en las áreas de alimentos, textiles, productos de cuero, madera y papel, maquinaria y metales. Para finales de la década de los setenta, más de la mitad de las firmas locales tenían menos de diez años de establecidas y estaban acogidas al programa de Fomento, reflejando su frágil existencia y su dependencia de programas estatales. Véase Clapp and Mayne, *Informe sobre el estudio de las características de la industria puertorriqueña y sus dueños* (San Juan, 1978), pp. i, ii, 5, 14, 43, 44, y 79.

[46] Ferré, *El propósito humano*, pp. 5 y 212-13.

[47] Salvador Lugo, *Trends and Problems of the Local Puerto Rican Owned Manufacturing Industries* (San Juan: Interagency Strategy Committee, 1975), pp. 8, 21, 50; y Juan A. Alcázar, *Aspectos sobresalientes de la industria local* (San Juan: AFE, 1979).

argumentando que perjudicaría grandemente al capital local (de hecho, Ferré siempre mantuvo que el salario mínimo federal debería aplicarse en la isla solamente al capital estadounidense extranjero).[48] Fomento abrió una oficina regional en Nueva York para promover la venta de productos manufacturados por el capital puertorriqueño en el mercado estadounidense y para ayudar al capital local en el comercio con los Estados Unidos. La administración de Ferré también promovió el comercio entre la Isla y otros países y las inversiones puertorriqueñas en el extranjero.[49]

TABLA I

Número de fábricas locales y su relación
con el total de fábricas promovidas*

Año	Total de fábricas	Locales	% del total
1960	608	114	18.8
1965	961	228	23.7
1970	1,303	383	29.4
1971	1,332	432	32.4
1972	1,386	479	34.6
1973	1,418	494	34.8

*Cifras tomadas de informes de la División de Estadísticas Económicas de la Administración de Fomento Económico.

[48] "Ferré en contra proyecto salario mínimo federal", *ibidem*, 5 de mayo de 1971, p. 6A; "Si no lesiona industrias, Gobernador dice favorece alza salarios trabajadores", *ibidem*, 24 de abril de 1971, p. 1A. Además, "Statement by Manuel Casiano, Administrator of the Economic Development Administration of the Commonwealth of Puerto Rico, before the Subcommittee on Labor of the Committee of Labor and Public Welfare of the Senate of the United States, on Senate Bill 1861, Washington, D.C., on July 19, 1971", en Manuel Casiano, *Discursos del Sr. Manuel Casiano* (San Juan: AFE, sin fecha), sin compaginar.

[49] Quiñones Calderón, *La obra*, p. 105-106; "Ferré propone capital Isla invierta en República Dominicana", *El Mundo*, 28 de agosto de 1969, p. 1A; "Ferré gestionará equilibrio comercial con Japón", *ibidem*, 23 de junio de 1970, p. 1A. Ver además "Words by Mr. Manuel Casiano, Fomento Administrator, on Occasion of the Banquet Offered by the Products of Puerto Rico Association, El San Juan Hotel, April 24, 1971", en Casiano, *Discursos*.

La agricultura fue otro sector de la economía local que recibió la atención de la administración de Ferré. Este sector, particularmente la producción del azúcar y el café, había sido desatendido bajo el programa de industrialización del PPD; la agricultura se deterioraba rápidamente debido a las alzas en salarios, la escasez de una fuerza laboral estable y barata, bajos niveles de inversión y subsidios inadecuados de parte del gobierno. Las medidas en favor de la agricultura por la administración de Ferré se dieron por dos razones principales: primero, un gran número de agricultores puertorriqueños, principalmente azucareros y cafetaleros, habían apoyado al PNP; segundo, la revitalización de la agricultura formaba parte del programa de "redención". El desarrollo de la agricultura era necesario para promover el desarrollo económico, proveer empleos y mantener la estabilidad social. Resolver el "problema" de la agricultura era un asunto de planificación técnica y de disponibilidad de recursos.[50]

Las primeras medidas agrícolas de la administración de Ferré fueron dirigidas a fortalecer las industrias de azúcar y café. Junto a un aumento en los salarios agrícolas, su gobierno aprobó un subsidio gubernamental a la agricultura y mayores préstamos a los productores de azúcar ($100 millones) y café ($24 millones). La ayuda gubernamental a la agricultura por la administración anterior había sido de $2 millones en su último año. También se eximió de pagar contribuciones a las centrales azucareras cerradas como un incentivo para estimular su reapertura. La administración de Ferré creó el Programa de Rehabilitación de la Industria Azucarera, cuyo propósito fue el de elevar la producción de azúcar a un millón de toneladas y de triplicar el empleo en esa industria. Estas medidas buscaban aliviar la escasez de mano de obra agrícola, subsidiar a las centrales y colonos azucareros, y resolver el problema de la falta de inversión en la industria.[51] Pero ninguna de estas medidas pudo resolver la crisis de la industria azucarera. Esta era una industria obsoleta, sin posibilidad alguna de recuperación; sus problemas estructurales no podían ser resueltos con infusión monetaria alguna. Como resultado de esta situación, la administración de

---

[50] Ferré, *An Engineer Dreams,* p. 7; y además, Ferré, *El propósito humano,* p. 156.

[51] "Firma leyes rehabilitación agrícola", *ibidem,* 25 de junio de 1969, p. 1A; "Ferré pedirá fondos para salario agrícola", *ibidem,* 25 de febrero de 1972, p. 5A; Quiñones Calderón, *La obra,* pp. 64, 67, y 69. Véase también, Joselo Sánchez Dergan, "La industria azucarera operada por el gobierno de Puerto Rico: Necesidad de una política pública azucarera" (Tesis de Maestría, Escuela de Administración Pública, Universidad de Puerto Ricó, 1975), pp. 102-109.

Ferré nacionalizó la casi totalidad de la industria azucarera: el 65 por ciento del total de las tierras dedicadas al cultivo del azúcar y el 100 por ciento de las centrales y refinerías de azúcar fueron tomadas por el gobierno.[52]

La Administración de Terrenos comenzó en 1970 el proceso de "nacionalización" de la industria azucarera con la expropiación de las centrales Guánica (propiedad de la Gulf & Western), Aguirre y Cortada (propiedad de la Aguirre Corporation, de capital estadounidense- francés), que habían anunciado el cierre de sus operaciones. El gobierno también tomó bajo arrendamiento otras ocho centrales, la operación de tres refinerías y adquirió el control de unas cuarenta mil cuerdas de caña.[53] La expropiación de estas centrales fue económicamente lucrativa para las corporaciones azucareras, que no sólo recobraron su inversión sino que además mantuvieron las mejores tierras para la especulación en bienes raíces. Aun así, no es del todo correcto afirmar que estas medidas fueran ejecutadas sólo para subvencionar al capital corporativo estadounidense.[54] Primero, la nacionalización de la industria azucarera aseguraba la existencia y estabilidad de la industria del ron, cuyos intereses estaban íntimamente ligados a la burguesía anexionista y cuyos impuestos de exportación al mercado estadounidense producían millones de dólares al erario. Segundo, se protegía la existencia económica de miles de colonos que dependían de las centrales y refinerías para vender su producción y que habían apoyado masivamente al PNP. Finalmente, se aseguraba, de esta forma, el empleo e ingresos a miles de trabajadores en una de las áreas económicas más atrasadas de la Isla, asegurando así "la tranquilidad y progreso de toda una región de Puerto Rico".[55]

Ninguna de las medidas implantadas por la administración de Ferré para desarrollar la industria y la agricultura puertorriqueña tuvieron el efecto deseado a largo plazo. La posición del capital local en la producción

[52] Sánchez Dergan, "La industria azucarera", p. 82. La producción de caña de azúcar descendió de 465 toneladas en 1969 a 287 toneladas en 1972; cifras de Junta de Planificación, *Estadísticas Socioeconómicas 1980* (San Juan: Junta de Planificación, 1980), p. 7.

[53] Sánchez Dergan, *ibidem,* pp. 136-140; Quiñones Calderón, *La obra,* pp. 123-25; y "Explica expropiación Central Aguirre", *El Mundo,* 21 de agosto de 1970, p. 19B.

[54] Posición mantenida por Ruth Martínez Saldaña, "Anatomía de un partido político en su lucha por llegar al poder: El caso del Partido Nuevo Progresista". (Tesis de Maestría, Escuela Graduada de Administración Pública, Universidad de Puerto Rico, 1972), pp. 43-44.

[55] Ferré, *El propósito humano,* pp. 198 y 216.

industrial de la Isla decayó espectacularmente en la última década y la industria azucarera se ha convertido en una carga económica para el gobierno local. Estos fueron los mayores fracasos de la administración de Ferré en el área económica. Igual de fallido fue el intento del gobierno de Ferré de desarrollar una nueva política económica hacia el capital estadounidense en Puerto Rico.

La administración de Ferré y el capital estadounidense en Puerto Rico

La administración de Ferré elaboró una política económica que buscó promover el desarrollo del capital local y atraer capital estadounidense de alta productividad, que pagara altos salarios y produjera para el mercado externo. Esta política económica implicó revisar el programa de industrialización existente en cuanto al tipo de capital que sería incentivado y los tipos de subsidios que serían otorgados. Desde el comienzo de su gobierno, Ferré intentó enmendar el programa de exención contributiva para adaptarlo a su política económica.[56] En concreto, trató de revisar el programa de exención contributiva para obligar a las corporaciones estadounidenses a pagar contribuciones al gobierno local. En su mensaje a la Legislatura en 1970, Ferré propuso que "la carga contributiva recaiga más sobre el sector que puede pagar contribuciones", con la estipulación de que se mantendría "una diferencia sustancial con el sistema de contribución federal de ingresos, de manera que siga siendo atractiva la inversión en Puerto Rico" para las corporaciones estadounidenses.[57]

---

[56] De acuerdo con un informe publicado por Fomento: "La importante función realizada por el programa de incentivos contributivos en estimular el crecimiento industrial de Puerto Rico debe continuar. Pero la creciente naturaleza compleja del actual y futuro desarrollo industrial requiere que este instrumento se adapte para lidiar con las necesidades de diferentes tipos de empresas y las necesidades de diferentes áreas". Economic Development Administration, *Planning for a Changing Industrial Structure in Puerto Rico,* preparado por Adams, Howard, and Opperman (Planning Consultants) with Alexander Ganz and Gerald Hodge. (San Juan: EDA, 1969), p. 110. También, Ferré, *An Engineer Dreams*, p. 4. Tema también tratado en Consejo Asesor del Gobernador Para el Desarrollo de Programas Gubernamentales, *Desarrollo industrial* (San Juan: Consejo Asesor, 1970).

[57] Ferré, *El propósito humano,* p. 184, y p. 211. También Quiñones Calderón, *La obra,* p. 98; y Consejo Asesor del Gobernador para el Desarrollo de Programas Gubernamentales, *Sistema fiscal* (San Juan: El consejo, 1970).

Aunque la administración de Ferré no pudo enmendar el sistema fiscal para forzar a las corporaciones estadounidenses a pagar contribuciones, sí logró moldear el programa de acuerdo a su política económica. La política de Fomento estuvo dirigida a promover la industria pesada.[58] Esto trajo como corolario la reducción en la ayuda y exenciones a la industria liviana; la ayuda financiera y subsidios a industrias manufactureras extranjeras por el Banco Gubernamental de Fomento y la Compañía de Fomento Industrial se redujeron a partir de 1969. Entre 1969 y 1972 el número de fábricas y el empleo creado en las firmas no locales promovidas por Fomento se estancó, mientras que hubo un aumento en el número de firmas y en el empleo creado en las fábricas locales promovidas por Fomento.[59]

El programa de industrialización de Fomento bajo la administración de Ferré hizo hincapié en la promoción de la industria pesada en la Isla, política que era parte esencial del programa de "redención": la atracción de capital monopólico con una alta "responsabilidad social", que pudiera pagar altos salarios y contribuciones y promoviera así la estabilidad social en Puerto Rico. Como indica un informe de Fomento de 1971, la administración de Ferré visualizó la industria pesada como el eje de un nuevo programa de industrialización; que fomentaría la creación de una infraestructura económica que promovería áreas adicionales para el desarrollo del capital local a través de unos propuestos "complejos industriales":

> Las industrias de metales, petróleo, productos químicos y de manufactura de maquinaria son cada vez más dependientes de otras firmas locales que les suministran componentes y servicios. De este modo, el desarrollo industrial se mueve gradualmente hacia la

---

[58] EDA, *Planning for a Changing Industrial Structure in Puerto Rico*, pp. 5, 9, 62; Ferré, *An Engineer Dreams*, p. 4; S. Lugo, *Trends and Problems*, p. 21. De acuerdo a Casiano: "Nuestra estrategia está ahora cambiando la estructura industrial de la Isla hacia industrias donde los costos salariales son menos significativos que esos sobre los cuales dependemos actualmente... Hemos alcanzado bastante en nuestro esfuerzo por restructurar el sector industrial de Puerto Rico por medio de la creación de empleos más diestros en industrias de uso intensivo de capital". En "Statement by Manuel Casiano... before the Subcommittee on Labor". Ver también "Una nueva política para el desarrollo industrial de Puerto Rico", en Junta de Planificación, *Informe económico al Gobernador 1973*, pp.40-42.

[59] S. Lugo, *Trends and Problems*, pp. 49-50. Las industrias promovidas por Fomento proveyeron sólo 4,000 nuevos empleos entre 1969 y 1973, mientras que el número de plantas se redujo de 930 a 907 durante el mismo período.

implantación de complejos industriales interdependientes... Estas industrias reflejan el eje de futuros grandes complejos industriales. Ellos producirán materias básicas e intermedias a ser procesadas en productos terminados por otras plantas satélites.[60]

Fomento planeaba la creación de estos complejos industriales con la industria pesada como eje alrededor del cual se desarrollarían industrias satélites de capital local. Los principales sectores de la industria pesada serían la industria petroquímica (petróleo y derivados, químicos y farmacéuticas) y la industria electrónica metálica.[61] La promoción de industrias por Fomento bajo la administración de Ferré reflejó esta prioridad; las industrias farmacéuticas aumentaron de 34 a 47 entre 1969 y 1972, mientras que las de equipo electrónico e instrumentos de precisión aumentaron de 36 a 62 durante el mismo período.[62]

La industria del petróleo fue el asunto de mayor relevancia en la política económica de la administración de Ferré. Ferré defendió la presencia de esta industria en la Isla desde los primeros días de su gobierno. Ferré le pidió al presidente Nixon que eximiera a Puerto Rico de las restricciones en importaciones y producción impuesta a la industria petrolera de los Estados Unidos y que se le permitiera a la Isla comprar petróleo en nuevos mercados.[63] Este cabildeo tuvo su efecto y Nixon levantó ciertas restricciones a la Isla en 1973. De mayor repercusión para la industria fue el otorgamiento de exención contributiva a la Union Carbide por diecisiete años adicionales para asegurar que la compañía permaneciera en la Isla; esta acción iba en contra de la política de Ferré de no utilizar la exención contributiva para retener industrias en Puerto Rico. Fue durante la adminis-

---

[60] EDA, *Puerto Rico's Industrial Development*, pp. 13, 15; también, EDA, *Economic Development in Puerto Rico*, p. 12.

[61] EDA, *Puerto Rico's Industrial Development*, pp. 15; EDA, *Economic Development in Puerto Rico*, p. 20-21; Junta de Planificación, "Una nueva política": y Economic Development Administration, *Toward an Industrial Development Policy for the 1970's: The Key Role of the Petroleum Base Project* (San Juan: EDA, 1973).

[62] Economic Development Administration, *The Drug and Pharmaceutical Industry in Puerto Rico* (San Juan: EDA, 1973), p. 5; y Economic Development Administration, *The Measuring, Analysing and Controlling Instruments* (San Juan: EDA, 1975), p. 4.

[63] "Ferré pide a Nixon dejen comprar petróleo a P.R. en cualquier parte", *El Mundo*, 19 de abril de l969, p. 6A; "Ferré en Washington; creen trató posición P.R. en cuota petróleo", *ibidem*, 21 de noviembre de 1969, p. 11B.

tración de Ferré cuando las más importantes industrias de petróleo y relacionados se establecieron en la Isla.[64]

La acción más resonante de la administración de Ferré en favor de la industria petrolera fue su proyecto para construir un superpuerto petrolero en la isla de Mona, al oeste de Puerto Rico. Esta propuesta formó parte del llamado *Petroleum Base Project*, cuyos planes incluían, además, la construcción de medios de almacenamiento y trasvase de petróleo. El proyecto fue diseñado para producir electricidad barata y estimular "la expansión y diversificación de la industria petroquímica" y "proveer nuevos materiales básicos necesarios para el desarrollo de la industria liviana". El proyecto buscaba ofrecer electricidad barata a otras industrias y promover las industrias satélites de capital local.[65] Aunque la idea del superpuerto fue recogida por la administración de Hernández Colón, los cambios en el mercado del petróleo y la oposición generalizada en la Isla pusieron fin a este proyecto.

La otra área económica visualizada como importante para un futuro desarrollo económico fue la industria del cobre. La existencia de depósitos explotables de cobre en la Isla fue un asunto de gran interés para el gobierno del ELA desde comienzos de la década de los sesenta. Por distintas razones, las administraciones anteriores no habían podido llegar a acuerdo alguno con las compañías del cobre para la explotación comercial del mineral. Una de las primeras acciones de la administración de Ferré fue la de buscar un acuerdo satisfactorio con dichas compañías. Un informe de Fomento mencionaba ya en 1969 la futura instalación de fundidoras de cobre, en la costa sur de la Isla, por las corporaciones estadounidenses American Metal Climax y Kennecott Copper.[66] Detrás de estas acciones estaba el interés de la

[64] "Exime tributos Union Carbide por 17 años", *ibidem*, 6 de febrero de 1971, p. 3A [la Union Carbide tenía once plantas en Puerto Rico en 1973]; Luz E. Echevarría Seguí, "El desarrollo de la industria pesada en Puerto Rico" (Tesis de Maestría, Escuela de Administración Pública, Universidad de Puerto Rico, 1979), p. 38-39.

[65] EDA, *Toward an Industrial Development Policy for the 1970's*, p.15; "Gobierno termina estudio; Un estudio para desarrollar en la isla de Mona un superpuerto", *El Mundo*, 13 de diciembre de 1972, p. 1A.

[66] "Ferré y Fomento: tratan en secreto explotación minas", *El Mundo*, 15 de enero de 1969, p. 1A; "Reunión en Fortaleza; reabren negociaciones sobre contratos minas", *ibidem*, 18 de marzo de 1969, p. 1A; y EDA, *The Chemical and Allied Products Industry in Puerto Rico* (San Juan: Office of Economic Research, 1969), p. 9.

administración de Ferré en promover el desarrollo del capital local: estimular industrias extranjeras que proporcionaran la infraestructura para la industria local. En este caso, la explotación de las minas de cobre por corporaciones estadounidenses que estimularían el crecimiento de industrias satélites de capital local en la refinación y procesamiento del cobre y que proveerían materia prima procesada a industrias más avanzadas, como las de maquinaria y electrónica.[67] La industria de metales fue una de las áreas económicas de mayor crecimiento en la Isla; la mitad de la firmas estaban en manos del capital local y sobre ochenta por ciento de su producción estaba dirigida hacia el mercado local.[68] La administración de Ferré y las compañías del cobre nunca llegaron a un acuerdo para la explotación del mineral, por lo que el proyecto económico de Ferré que giraba alrededor del cobre tampoco pudo iniciarse.

Un asunto que perturbó la política de industrialización de la administración Ferré fue el desempeño de Fomento. Fomento confrontó graves problemas de funcionamiento durante el gobierno de Ferré, resultado, en gran parte, del intento de redefinir sus objetivos como agencia gubernamental. La administración de Fomento bajo el primer director durante el gobierno de Ferré, Juan Rodríguez de Jesús, fue en extremo caótica. La agencia sufrió la pérdida de personal especializado que no se adaptó al nuevo gobierno y a su política económica. La lucha entre Rodríguez de Jesús y el principal asesor del gobernador, Antonio L. Ferré, separó a Fomento de la formulación de la política económica del gobierno. El número de fábricas promovidas y del empleo potencial decayó en los primeros años de la gobernación de Ferré, producto del caos organizativo en Fomento y de la política del gobierno de promover la industria pesada. Tanto bajo la incumbencia de Rodríguez de Jesús, como en la de su sucesor, Manuel Casiano, Fomento tuvo que enfrentar la política industrial del gobierno de Ferré, e incluso confrontar la retórica estadista del PNP que alejaba a inversionistas extranjeros de la Isla. Rodríguez de Jesús llegó también a criticar públicamente medidas económicas del propio gobernador. La incumbencia de Casiano representó el regreso a los objetivos tradicionales de Fomento de crear empleos a través de la promoción de la industria liviana. Al igual que su antecesor, Casiano decidió destacar las

[67] EDA, *Economic Development in Puerto Rico*, p. 21.

[68] Economic Development Administration, *The Metal Industry in Puerto Rico* (San Juan: Office of Industrial Economics and Promotional Services, 1975), pp. 3, 6-7.

"ventajas" del ELA para el inversionista extranjero y echar a un lado la retórica estadista del PNP.[69]

Los resultados de la política económica de la administración de Ferré hacia las corporaciones estadounidenses fueron mixtos. Fue durante su administración cuando se logró la transición al modelo de industrialización basado en la industria pesada. Sin embargo, los proyectos para el desarrollo de complejos industriales que girasen alrededor del petróleo y el cobre no pudieron realizarse. Empujado por el creciente desempleo y la caída en la inversión real, el gobierno de Ferré tuvo que desistir en su último año de imponer contribuciones a las corporaciones estadounidenses y de reformar el programa de exención contributiva; fue durante este año cuando el número de industrias promovidas por Fomento y el empleo creado por éstas aumentaron bajo el gobierno de Ferré.[70]

El programa de "redención" de Ferré fue un intento de promover la estabilidad económica y política en Puerto Rico frente a una percibida crisis de la sociedad puertorriqueña. Aun así, el asunto de la estadidad fue importante para el PNP y la administración de Ferré, ya que la estadidad supuestamente representa el mecanismo esencial para mantener la estabilidad política en la Isla. El manejo del asunto de la estadidad, sin embargo, fue un elemento de conflicto dentro del PNP y de la administración de Ferré.

---

[69] Sobre los problemas de Fomento durante la gobernación de Ferré vea los siguientes artículos de A. W. Maldonado: "El descenso de Fomento Económico", *El Mundo,* 28 de marzo de 1970, p. 7A; "Cuadro de una agencia en crisis", *ibidem,* 29 de marzo de 1970, p. 7A; "El presente y futuro de Fomento", *ibidem,* 30 de marzo de 1970, p. 7A; "La salida de Rodríguez de Jesús", *ibidem,* 5 de enero de 1971, p. 7A; "Fomento: Antes y después de Casiano", *ibidem,* 20 de enero de 1970, p. 7A.

Rodríguez de Jesús atacó públicamente la política industrial de Ferré al comentar que "legislación como el bono de Navidad y el propuesto aumento de impuestos a ingresos de grandes corporaciones, contribuyen a crear un clima sicológico de antipatía e incertidumbre en cuanto a la atracción de inversiones industriales se refiere". En "Rodríguez de Jesús analiza labor de Fomento Económico", *ibidem,* 27 de mayo de 1970, p. 6C.

Igualmente, Casiano mantuvo la necesidad de mantener los objetivos tradicionales de Fomento y la estructura existente del ELA, atacando así los del PNP empecinados en la campaña de "estadidad ahora". En "Casiano pronostica mayor crecimiento economía Isla", *ibidem,* 4 de marzo de 1972, p. 3B; y "[Casiano] cree énfasis dado issue estadidad perjudicó PNP", *ibidem,* 9 de noviembre de 1972, p. 18-B.

[70] Ferré, *El propósito humano,* p. 214-15; *Socio-economic Statistics 1980,* p. 5-6.

El manejo de la estadidad

El asunto de la estadidad fue uno de los más conflictivos para el PNP durante la administración de Ferré, ya que surgieron diferencias internas en el partido sobre este asunto. El manejo contradictorio de la estadidad por la administración de Ferré tuvo sus orígenes en la ausencia de una noción clara de cómo utilizar el aparato estatal para promover la estadidad. Por un lado, Ferré advino al poder con la noción de que la estadidad era una tarea a largo plazo que requería apoyo tanto en Puerto Rico como en los Estados Unidos. Varias medidas, como la promoción de un programa cultural (la "estadidad jíbara") y la creación de una base política de apoyo en los Estados Unidos (v.gr., la afiliación del liderato del PNP a ambos partidos estadounidenses) fueron pasos en esa dirección. Por otro lado, Ferré y el PNP defendían que un partido estadista en el gobierno debía usar el aparato estatal para avanzar la causa estadista. El mejor ejemplo de esto fueron las medidas para promover la integración política de la Isla a los Estados Unidos (lo que será discutido más adelante). La política del gobierno de fomentar el desarrollo del capital local, de reducir las exenciones contributivas de las corporaciones estadounidenses y fomentar una mayor integración de este capital a la economía local fueron medidas encaminadas a fortalecer y proveer estabilidad a la economía de la Isla como requisito previo para obtener la estadidad.

La estrategia estadista de Ferré era subjetivista: los puertorriqueños tenían que ser "educados" para aceptar conscientemente la estadidad. La tarea del PNP era la de crear la "voluntad" de los puertorriqueños para la estadidad como prerrequisito indispensable para que el Congreso aceptase a Puerto Rico en la federación. Aunque Ferré reconoció que su elección como Gobernador no fue un mandato para la estadidad, sí opinó que su partido tenía la tarea de promover las "ventajas" de la estadidad entre los puertorriqueños.[71] Uno de los primeros asuntos tratados en la campaña de educación pro-estadidad del PNP fue la cuestión de la asimilación cultural y la estadidad. Para contrarrestar el argumento de que la estadidad representa

---

[71] Programa del PNP de 1967, en Reece B. Bothwell, ed., *Puerto Rico: Cien años de lucha política* (Río Piedras: Editorial Universitaria, 1979), vol.I, pt.2, p. 914; "Ferré en Washington: Dice no tener mandato para estadidad", *El Mundo,* 21 de enero de 1969, p. 28; "Ferré aboga estadidad en convención Oregón", *ibidem,* 2 de septiembre de 1970, p. 18A.

la asimilación cultural de los puertorriqueños, Ferré elaboró una concepción que diferenciaba entre "patria" y "nación". La "patria" es el lugar de nacimiento, el terruño, la gente, las costumbres; "nación" es el gobierno al cual el individuo debe lealtad, las instituciones políticas que rigen la vida de un pueblo. Para los puertorriqueños, Puerto Rico, la isla y su gente, es la "patria"; los Estados Unidos es la "nación", a la cual están vinculados por lazos de ciudadanía y de lealtad.[72]

Es en el PNP, bajo Ferré, donde el concepto de "estadidad jíbara" —desarrollado en las décadas de los treinta y los cuarenta— se convierte en el programa cultural del movimiento estadista. Esta concepción implica que, bajo la estadidad propuesta por el PNP, no habría asimilación cultural de los puertorriqueños; éstos podrían mantener su idioma y costumbres.[73] Más aún, se postula que bajo la "estadidad jíbara" se mantendrá la autonomía cultural necesaria para proteger la cultura e idioma de la Isla. Esta tesis fue elaborada inicialmente por el ideólogo estadista Reece B. Bothwell. Bothwell desempolvó su tesis sobre la relación entre la estadidad y el federalismo estadounidense que había desarrollado en la década de los cuarenta (discutido en el capítulo 4) y la presentó como parte de la "estadidad jíbara". De acuerdo con Bothwell, la estadidad "garantizará nuestra autonomía interna, nuestra personalidad e identidad de pueblo de entronque hispano".[74] Partiendo de esta concepción, Ferré confirma que el derrotero del PNP es "el de la conservación de la identidad de nuestro pueblo, de nuestro idioma, de nuestras tradiciones, de nuestra personalidad dentro de esa unión permanente. Ese derrotero es el ser buen puertorriqueño siendo buen americano y ser buen americano siendo buen puertorriqueño. Ese derrotero es el de seguir cultivando la patria puertorriqueña dentro de nuestra lealtad a la nación americana".[75] Así, pues, la "estadidad jíbara" se convirtió en parte crucial de la estrategia estadista —el vínculo esencial entre la "patria" puertorriqueña y la "nación" estadounidense.

El manejo de la cuestión de la estadidad por Ferré fue muy cauteloso.

---

[72] "Ferré se opone a asimilación", *ibidem*, 13 de octubre de 1969, p. 1A, donde Ferré discurre sobre la tesis de "patria" y "nación"; y "Gobernador defiende 'estadidad jíbara' ", *ibidem*, 4 de agosto de 1969, p. 12A.

[73] Ferré, *El propósito humano*, pp. 61-62 y 50.

[74] Reece B. Bothwell, "La estadidad jíbara", en Bothwell, *Puerto Rico*, vol.4, p. 478-79. El artículo original es "Puerto Rico en la Federación Americana", *El Estado* III:18 (abril-mayo 1949), pp. 9, 11.

[75] Ferré, *El propósito humano*, p. 178.

Aunque en un sentido, todas las medidas de su gobierno estuvieron directa o indirectamente relacionadas con la consecución de la estadidad (estabilidad política, viabilidad económica, voluntad popular), el debate público del asunto tomó una posición secundaria.

Ferré reconoció que no tenía un mandato popular para propulsar la estadidad y que era necesario el proceso de "educar" la población para la estadidad. Esto puede explicar por qué la propaganda estadista fue subordinada a la cuestión gubernamental por la administración de Ferré.[76] Parece haber dos razones para explicar esta posición. Primero, la visión programática de Ferré concedía prioridad a la promoción de la estabilidad social y política de la Isla, prerrequisito no sólo para la viabilidad de la estadidad ante el Congreso, sino, además, para asegurar la reproducción del capitalismo en Puerto Rico. Segundo, esta política estaba basada en el enfoque "gradualista" de Ferré sobre la estadidad —ésta sería alcanzada a través de un proceso gradual de convencimiento de la población sobre las "ventajas" de la estadidad. Uno de los mecanismos propuestos para alcanzar esto último fue el proceso de incrementar la integración política de Puerto Rico a los Estados Unidos.

La integración política

El PNP bajo Ferré elaboró la tesis de que el camino a la estadidad sería a través de una mayor integración del Estado Libre Asociado en el Estado norteamericano, usando el propio aparato estatal local para este propósito:

> El Partido Nuevo Progresista velará por que no se adultere el objetivo de la Constitución del Estado Libre Asociado, que fue afirmar los lazos de la unión de Puerto Rico con los Estados Unidos y propondrá todas aquellas medidas o reformas, tal como el voto presidencial, que hagan más estrechos nuestros lazos de unión con la Nación americana y se oponen a todas las medidas que nos alejen de ese objetivo o que puedan debilitar o diluir nuestros lazos de unión.[77]

---

[76] "Ferré insta dejar debate sobre status", *El Mundo,* 9 de agosto de 1969, p. 1A; "Declara status no estará en issue", *ibidem,* 25 de septiembre de 1972, p. 14A.

[77] Programa del PNP de 1972 en *Guía para las elecciones de 1972: programas oficiales* (San Juan: Banco Popular de Puerto Rico, 1972), pp. 8-9. Ferré se opuso a toda demanda de mayor autonomía para el ELA, como las presentadas por el PPD en 1970; ver "Ferré declara 'separatista' Pronunciamiento de Aguas Buenas", *El Mundo,* 27 de noviembre de 1970, p. 7A.

Esta política partía de la noción de que el ELA era una forma transitoria hacia la estadidad, lo que legitimaba cualquier intento de mover el ELA hacia ese objetivo.[78] En todo caso, las propias estructuras del ELA (programa de industrialización, mayor integración económica y política) y las acciones del sector anexionista del PPD le dieron al PNP los instrumentos para promover la reforma del ELA.

La búsqueda del voto presidencial para la Isla fue el intento más resonante de la administración de Ferré para promover la integración política de Puerto Rico a los Estados Unidos. La obtención del voto presidencial había sido demandada por el PPD en el plebiscito de 1967. Aprovechando las diferencias internas en el PPD (autonomistas vs. anexionistas), el PNP convirtió la búsqueda del voto presidencial en la principal reforma en la estructura del ELA en favor de la estadidad. Uno de los resultados del plebiscito de 1967 fue la propuesta de crear comités *ad hoc* sobre las posibles áreas de crecimiento del ELA. En mayo de 1969, Ferré formó varios comités para estudiar estos aspectos, dando prioridad a las áreas que favorecían la estadidad. En julio de ese año, Ferré nombró los miembros del comité, que incluyó a miembros del Congreso, del PNP y de la facción anexionista del PPD. Las conclusiones del comité fueron las esperadas: una recomendación para pedir el voto presidencial para la Puerto Rico.[79]

Aunque el asunto del voto presidencial fomentó las diferencias internas en el PNP, todos en el partido reconocieron que lograr esto era un paso importante hacia la estadidad. El voto presidencial fue visto como un mecanismo importante para avanzar la integración política del ELA en los Estados Unidos, al igual que la demanda de incorporación a la federación (el territorio incorporado) había sido considerada por las huestes estadistas a principios de siglo. Para los ideólogos estadistas, el voto presidencial establece claramente la vinculación directa entre el Estado norteamericano y los puertorriqueños; es presentado por los estadistas como un "derecho inherente de nuestra ciudadanía" y como un "reclamo legítimo" de los ciudadanos estadounidenses de Puerto Rico.[80] Según Ferré, el voto presiden-

---

[78] "Ferré considera el ELA un status transitorio", *El Mundo*, 22 de julio de 1969, p. 4A.

[79] "Orientarían Comités Ad Hoc hacia estadidad", *ibidem*, 13 de mayo de 1969, p. 1A; y Quiñones Calderón, *La obra*, pp. 159-69.

[80] Ferré, *El propósito humano*, pp. 325-335 y 202; "Ferré: Voto presidencial es reclamo legítimo", *El Mundo*, 26 de julio de 1970, p.1A.

cial representa el instrumento necesario para "darnos participación en la esfera federal para defender allí con más fuerza y efectividad nuestros intereses y derechos", incluyendo una posible "petición de ulterior desarrollo del Estado Libre Asociado o una transición hacia la estadidad o la independencia". Más aún, con el voto presidencial se integraría a los puertorriqueños en el proceso político estadounidense, lo que favorece la estadidad: el voto presidencial "les brindaría a los ciudadanos de Puerto Rico una más amplia experiencia en la vida política americana y les hará más fácil comprender la estadidad".[81] De acuerdo con Justo Méndez, entonces vice-presidente del PNP, la victoria electoral de 1968 le otorgaba al partido el derecho de promover activamente la estadidad. Méndez propuso un plan de tres etapas para obtener la estadidad: 1) conseguir el voto presidencial; 2) demandar dos comisionados residentes con voto en el Congreso; y 3) celebrar un plebiscito luego de una victoria electoral del PNP en 1972.[82] Esta fue una propuesta natimuerta, ya que el proyecto sometido por Ferré murió en el Senado controlado por el PPD y el PNP perdió las elecciones de 1972.

Un intento más exitoso por incrementar la integración política de Puerto Rico a los Estados Unidos fue la política de la administración de Ferré de buscar aumentar las transferencias de fondos federales a la Isla. Los fondos federales jugaban un papel importante en el programa de Ferré para promover la estabilidad social y política en Puerto Rico. Así quedó establecido en el pedido de Ferré al presidente Nixon en 1969 para que su gobierno aumentara la cantidad de fondos federales transferidos a la Isla: "En el pasado, las ayudas federales han estado disponibles en forma limitada a los ciudadanos de Puerto Rico. Esto es como restringir la dosis de medicina que se suministra a un enfermo a sólo una fracción de lo que realmente necesita".[83] Los fondos federales eran la "medicina" para curar las "enfermedades" sociales (desempleo, pobreza, marginalidad) que padecía Puerto Rico. Uno de los logros de la administración de Ferré fue elaborar, por primera vez, una política pública que establecía las normas para la adquisición y el uso de fondos federales por el Gobierno local. Desde los inicios de su administración, Ferré y el Comisionado Residente del PNP cabildearon en Washington para que se incluyera a Puerto Rico en aquellos programas federales de los cuales estaba excluido y se incrementara la

---

[81] *Ibidem,* pp. 201 y 333.

[82] A. W. Maldonado, "El plan del PNP sobre el status", *El Mundo,* 12 de febrero de 1970, p. 7A; y Programa del PNP de 1972 en *Guía para las elecciones,* p. 9.

[83] Ferré en Quiñones Calderón, *La obra,* pp. 221 y 223.

cantidad en aquellos en que ya participaba. Ferré nombró en febrero de 1969, recién comenzado su gobierno, un comité para estudiar la función de los fondos federales en Puerto Rico y los mecanismos para aumentar la participación de la Isla en programas federales; en junio se creó la División de Programas de Asistencia Federal, adscrita a la Junta de Planificación, encargada de coordinar esfuerzos, recopilar información y asesorar en todo lo relacionado con los fondos federales.[84]

La política pública para incrementar el flujo de fondos federales a la Isla formó parte de la estrategia del PNP para fomentar la integración política de Puerto Rico a los Estados Unidos. El reclamo de "trato igual" para la Isla en la distribución de fondos federales se convirtió en el "derecho" de los ciudadanos estadounidenses de Puerto Rico a recibir los beneficios de su ciudadanía y lograr así una mayor participación en los asuntos de la "nación".[85] Más aún, una mayor participación en el disfrute de los fondos federales, al igual que la obtención del voto presidencial, serviría de instrumento para "educar"a la población sobre las "ventajas" de la estadidad. El obtener una mayor cantidad de fondos federales para la Isla les mostraría a los puertorriqueños los "beneficios" de la estadidad; por otro lado, esta política sería el mejor mecanismo para confirmar que sólo la estadidad puede garantizar el flujo de fondos federales a Puerto Rico.[86]

---

[84] *Ibidem,* pp. 222-228; "Ferré pedirá más fondos para P.R.", *El Mundo,* 25 de febrero de 1970, p. 3A; "Gobernador gestionará fondos federales", *ibidem,* 19 de febrero de 1971, p. 3A; y Juan C. Rosado Cotto, "Fondos federales y la política pública del Estado Libre Asociado de Puerto Rico", *Revista de Administración Pública* VI:2 (marzo 1974), p. 119.

[85] Quiñones Calderón, *La obra,* p. 222-23; "Insiste en trato igual", *El Mundo,* 3 de junio de 1971, p. 1A.

[86] Nos dice Ferré: "Cuando nuestra gente vea que el gobierno federal tiene la clave para solucionar nuestros problemas cotidianos en Puerto Rico y se den cuenta, a través del voto presidencial, que tienen la capacidad de mover la maquinaria federal para su propio beneficio, no habrá quien los detenga. Querrán participar más y más y eso es la estadidad". Citado en Dimas Planas, "The Statehood Dream-Now or Later?", *The San Juan Star,* 11 de oct. de 1971, p. 3; y Ferré, *El propósito humano,* p. 61. Baltasar Corrada del Río describió entonces la relación entre fondos federales y estadidad de la siguiente forma: "El problema [económico] no se resuelve con más autonomía y menos fondos federales. Se resuelve con más unión permanente y más fondos federales". Citado en Teresita Picó de Silva, "El impacto de los fondos federales en Puerto Rico". (Tesis de Maestría, Escuela de Administración Pública, Universidad de Puerto Rico, 1976), p. 58.

Otro aspecto de la estrategia del gobierno de Ferré para fomentar la integración política de la Isla a los Estados Unidos fue la política de fortalecer los lazos de ciudadanía de los puertorriqueños con el Estado norteamericano por medio de la defensa de sus derechos como ciudadanos estadounidenses. Si la búsqueda del voto presidencial y el pedido de mayor cantidad de fondos federales fueron claros ejemplos de esto, tal vez el uso más astuto de esta estrategia por la administración de Ferré fue su manejo del conflicto creado por la presencia de la Marina estadounidense en la isla-municipio de Culebra. Durante la Segunda Guerra Mundial, con la aprobación del PPD, la Marina había tomado parte de la isla para uso militar. Esta situación afectaba la calidad de vida y el sustento de los habitantes de Culebra. Para 1970, la oposición a la presencia de la Marina en Culebra había aumentado cuantitativa y cualitativamente. El movimiento independentista se había unido al reclamo de la población culebrense para sacar a la Marina de la isla y luego el Senado (controlado por el PPD) se unió a esta campaña. El conflicto de Culebra sobrepasó el asunto de la presencia de los Estados Unidos en Puerto Rico y se convirtió en una cuestión crítica para el gobierno del PNP al fomentar un frente antianexionista entre independentistas y Populares (que se hallaban en una fase autonomista).

En lo que quizás fue su maniobra política más astuta, el gobierno de Ferré intervino en el asunto y cambió la naturaleza del conflicto. De acuerdo con Ferré, el objetivo de su gobierno fue el de "mantener el conflicto dentro de los límites auténticos, es decir, *una reclamación legítima de ciudadanos americanos a que se les respetaran sus derechos* frente a la actitud arbitraria de una dependencia del Gobierno Federal".[87] El gobierno de Ferré, al tomar las riendas del conflicto, les arrebató el asunto a las fuerzas antianexionistas y lo convirtió en una cuestión burocrática. Confrontado con la actitud intransigente de la Marina, Ferré contrató a Robert A. Kilmax, del "Center for Strategic Studies" de Georgetown, para demostrar la dispensabilidad de Culebra para la Marina. Alertado por Ferré sobre las posibles consecuencias políticas que este asunto podría tener en Puerto Rico y América Latina para los Estados Unidos, el presidente Nixon forzó a la Marina a negociar con el Gobierno local.[88] Luego de años de negociaciones

---

[87] Ferré, *El propósito humano,* p. 203.

[88] Quiñones Calderón, *La obra,* pp. 188-216; "Ferré: Marina debe descontinuar uso Culebra; nueva posición", *El Mundo,* 14 de agosto de 1970, pp. 1A, 6A, y 19A.

con los gobiernos de Ferré y Hernández Colón, la Marina se retiró de Culebra en 1975.

La política del gobierno de Ferré de fomentar una mayor integración política a los Estados Unidos fue parte integral de su programa de "redención". Una mayor integración política representaba un flujo mayor de fondos federales a la Isla, parte importante en el esquema de Ferré para asegurar la estabilidad social. Integración política significaba también fortalecer los lazos de ciudadanía de los puertorriqueños con los Estados Unidos y garantizar además la estabilidad política en la Isla, requisito indispensable para la estadidad y necesario para la reproducción del capitalismo en Puerto Rico. La ejecución del programa de "redención" de Ferré, sin embargo, no tuvo el éxito esperado. Las medidas para lograr la "paz social" y fortalecer el capital local no dieron el resultado esperado y no se pudo revisar el rol económico de las corporaciones estadounidenses en la Isla. Esta situación, junto con los conflictos internos en el partido y la derrota electoral del PNP en 1972, llevó al colapso del programa de "redención" y de la posición de Ferré dentro del partido.

El ocaso de Ferré y su programa

La derrota electoral de 1972 desencadenó una crisis interna en el PNP. Las distintas facciones que se habían unido en 1968 para llevar al PNP a la victoria comenzaron a mostrar sus diferencias en público luego de las elecciones. La maquinaria del partido, que antes de las elecciones de 1972 había mostrado señas de deficiencias, se desarticuló luego de ese evento. La derrota electoral de 1972 y el cuestionamiento del liderato de Ferré llevó a la crisis de liderato y de programa del sector burgués del partido encabezado por el gobernador. La crisis se resolvió con la toma de las riendas del partido por el alcalde de San Juan, Carlos Romero Barceló. El ascenso de Romero Barceló representó algo más que un nuevo liderato partidarista; representó el surgimiento de un nuevo programa estadista en el PNP.

La forma en que se organizó inicialmente el PNP sentó las bases para los conflictos internos de 1973-74 y el ascenso de Romero Barceló al liderato máximo del partido. El PNP se formó como una coalición no muy fuertemente estructurada de varios sectores anexionistas provenientes de distintas organizaciones (el PER, Ciudadanos pro Estado 51, "Americans for Democratic Action", Populares pro Estadidad), muchos de ellos con claras diferencias ideológicas y políticas entre sí. Aun entre los provenientes del PER existían diferencias entre los liberales (que apoyaban al Partido

Demócrata de los Estados Unidos) y los conservadores (Republicanos). El ex-representante PNP Benjamín Franklin (Bennie Frankie) Cerezo describió la formación del partido de la siguiente forma: "Este es un partido que aglutinó lo imposible. El ansia de derrotar a los populares juntó a muchas personas que de otro modo no se hubieran siquiera saludado. *Eran varios partidos en uno".*[89] Esta situación fomentó la ausencia de una unidad de criterio programático entre el liderato del partido, lo que llevó a un analista del período a concluir que "por más que uno busque, uno no encuentra un corazón que pueda agarrar con la mano y decir: Este es el Partido Nuevo Progresista".[90] Esto es parcialmente correcto; por ejemplo, la diversidad de proyectos legislativos sometidos por el PNP reflejan la diversidad de intereses y posiciones ideológicas en el partido.[91]

Existía, sin embargo, una esencia unificadora que fue crucial en la formación del PNP: la defensa de la estadidad. El PNP surgió como organización de Estadistas Unidos, fundada con el único propósito de defender la estadidad en el plebiscito de 1967. La estadidad era el único elemento que le ofrecía al partido una coherencia ideológica; la estadidad era, a la vez, fuente de importantes conflictos internos. Esta diversidad de intereses dentro del partido afectó la estructura organizativa del PNP. El PNP bajo Ferré no fue una organización con una estructura central fuerte ni centralizada; su estructura de poder interna no tenía demarcaciones claras ni precisas.

...el PNP, por lo accidentado de su origen y lo inesperado de su triunfo electoral de 1968, es un partido débil en su estructura interna. Sus líneas externas de autoridad no están claramente definidas. Luis A. Ferré, líder máximo y fundador del partido, es el único que goza de apoyo indiscutible dentro del partido. Pero las otras posiciones, así como las candidaturas de elección popular, se dividen en base de una intensa lucha por el poder, que puede degenerar en el debilitamiento del partido [en 1972].[92]

---

[89] Bennie Frankie Cerezo, "PNP-Energías de ilusión", *Avance* 17 de septiembre de 1973, p. 9.

[90] A. W. Maldonado, "El Partido Nuevo Progresista", *El Mundo,* 8 de abril de 1970, p. 7A.

[91] Ver a Jorge Javariz, "Cosas del Capitolio", *ibidem,* 5 de junio de 1969, p. 10A.

[92] R. Martínez Saldaña, "Anatomía de un partido político", p. 50.

El *caucus* legislativo del PNP durante la gobernación de Ferré fue bastante desorganizado. Los conflictos entre los legisladores del PNP fueron los principales problemas del partido en este período. Las diferencias entre los "liberales" y los "conservadores" en ambas cámaras de la Legislatura obstaculizaron la aprobación de legislación partidaria, incluso de la proveniente del Ejecutivo. Un ejemplo de estas diferencias internas fue la expulsión del "liberal" Cerezo de su alto puesto en la Cámara de Representantes por sus correligionarios "conservadores".[93] Esta debilidad organizativa, y la ausencia de una estructura de poder central, se reflejó en la formación de maquinarias locales con una amplia autonomía de la maquinaria central del partido. La más destacada fue la maquinaria creada por el alcalde de San Juan, Romero Barceló. La fortaleza de esta maquinaria local le permitió a Romero Barceló no tan sólo salir ileso de las elecciones de 1972, sino extenderla luego a toda la Isla.

La ausencia de una unidad organizativa en el partido estuvo relacionada con la falta de unidad programática interna. Esto no debe implicar que el PNP durante este período no tuviese un programa. Como hemos tratado de demostrar, el PNP bajo Ferré trató de realizar un programa específico que hemos llamado el programa de "redención". Pero este programa no fue apoyado por todos los sectores del partido. Las declaraciones en este sentido de Antonio Quiñones Calderón son muy esclarecedoras. Quiñones Calderón fue un destacado miembro fundador del partido y fue secretario de prensa del gobernador bajo Ferré y Romero Barceló; permanece, además, como el más importante cronista-propagandista del PNP. Al describir el intento de Ferré de implantar su programa de "redención", concluye Quiñones Calderón:

..Encarar ese reto, sin lugar a dudas, era la encomienda que entendía don Luis Ferré como su primera prioridad en La Fortaleza. ¿Lo entendía así la base del liderato del PNP? ¿Lo entendía así la mayoría o un sector abrumador de los estadistas...? La respuestas a ambas preguntas es *no*. Lo percibí entonces y lo comprobé después, a lo largo de aquel atormentado cuatrenio. Ciertamente, a lo largo de tres décadas de luchas contra el popularismo y el muñocismo, todos los estadistas —los viejos que pertenecen al grupo de la cáscara amarga del republicanismo

---

[93] "Dos alas del PNP: liberal y conservadora", *El Mundo*, 5 de junio de 1969, p. 10A; y Salvador Guzmán, "Trasfondo", *ibidem*, 13 de febrero de 1971, p. 7A; "Cerezo reta PNP promover cambio", *ibidem*, 21 de mayo de 1970, p. 1A.

y los jóvenes que habían llegado después— se habían convertido en estadistas del "corazón del rollo", que querían "la Estadidad ahora", primero que todo, y por encima de todo.[94]

El vínculo unificador del partido era la estadidad. Esto explica por qué la mayoría de los conflictos entre los legisladores PNP provenía de sus diferencias con relación a la cuestión social, y por qué Ferré tuvo tantos problemas en empujar sus proyectos en la Legislatura, incluso entre los propios miembros de su partido.

Esta falta de apoyo al programa de Ferré reflejó un hecho ya evidente en las postrimerías de su administración: la existencia en el seno del partido de dos programas, no necesariamente complementarios, que representaban a cada uno de los sectores dirigentes del PNP. Como había sucedido en el PER años antes, la confrontación entre estos sectores y sus programas se dio en el aspecto ideológico; concretamente, alrededor del asunto de la estadidad. El sector burgués, encabezado por Ferré, favorecía un enfoque "gradualista" hacia la estadidad y veía su consecución como parte de un proyecto histórico de mayor envergadura que no requería la estadidad inmediata para ser exitoso. Pero existía otro programa estadista elaborado por los sectores sociales intermedios agrupados bajo el liderato de Romero Barceló. Estos presentaban un enfoque "inmediatista" o "radical" hacia la estadidad: "¡la estadidad ahora!"[95] Estas diferencias salieron a relucir en el debate alrededor del voto presidencial. Para Ferré, los puertorriqueños no estaban preparados aún para la estadidad, así que el voto presidencial podría fortalecer la "unión permanente" dentro del ELA, como medida educativa hacia la estadidad. Para Romero, la obtención de la estadidad era el objetivo primordial del PNP, de manera que el voto presidencial sería un paso hacia la estadidad en el futuro inmediato. Romero apoyó la idea de celebrar un plebiscito sobre el status político de la Isla de ganar el PNP en 1972, idea que no fue apoyada por Ferré. Ya para esta fecha otras diferencias habían salido a la luz pública. Ferré apoyó la continuación del programa de exención contributiva como parte del programa de industrialización, particularmente como un arma contra el creciente desempleo. Romero, por otro

[94] Antonio Quiñones Calderón, *Del plebiscito a La Fortaleza* (Hato Rey, P.R.: Ramallo Bros., 1982), pp. 16-17; subrayado en el original.

[95] "Romero: PNP busca lograr la estadidad cuanto antes", *El Mundo,* 23 de agosto de 1970, p. 1A.

lado, apoyó la terminación inmediata de la exención contributiva como una medida transitoria hacia la estadidad. Más importante aún, Romero argumentó que la estadidad debía ser la única "base ideológica", el único programa del PNP, postura que no era apoyada por Ferré.[96]

Ferré mantuvo el control organizativo y programático del partido hasta las elecciones de 1972. En la Convención del PNP, en 1972, Ferré fue aclamado nuevamente como candidato a Gobernador sin oposición alguna. Pero el poder de Romero se evidenció ya para esa fecha. Luego de una fuerte lucha, Romero fue electo primer vicepresidente del PNP y varios de sus protegidos fueron electos a puestos clave en la organización.[97] El programa electoral de 1972 reflejaba la influencia de Ferré en su elaboración; el programa destacaba los "logros" del gobierno de Ferré en el área socio-económica y en otras áreas relacionadas con el programa de "redención"-"La Gran Tarea", el "Patrimonio para el Progreso", "justicia social", etc. El programa y la campaña electoral de ese año restringieron la discusión del tema de la estadidad, limitándose a reafirmar el ideal partidista de conseguir "la estadidad al plazo más corto que sea posible", y aclarando que ello "dependerá fundamentalmente de la expresión de la voluntad del pueblo de Puerto Rico".[98]

La derrota en las elecciones de 1972 exacerbó la desunión en el PNP y llevó a una crisis organizativa y de liderato en el partido. Resentido por la derrota, Ferré culpó al pueblo por no haber votado inteligentemente, y sus allegados manifestaron que la causa de la derrota se encontraba en el relieve dado por algunos al asunto de la estadidad (una clara referencia a Romero).

---

[96] D. Planas, "the Statehood Dream", p. 3; " 'La estadidad no será relegada' - Carlos Romero Barceló", *Avance*, 25 de noviembre de 1972, p. 9. También Jaime Collazo, "La estadidad como ideología política", *El Mundo*, 15 de octubre de 1972, p. 8A.

[97] "El PNP y la Convención de Ponce", *Avance*, julio 27-agosto 3, 1972, p. 5.

[98] Sobre el programa y la campaña electoral del PNP en 1972 ver: *Guía para las elecciones 1972*; Luis A. Ferré, "Visión del futuro de Puerto Rico", *Avance*, 13-19 de julio de 1972, p. 60; "Luis A. Ferré: Candidato a Gobernador del PNP", *ibidem*, julio 27-agosto 3, 1972, pp. 13-17; "Declara status no estará en issue", *op.cit.*; "Ferré reafirma necesidad dar contenido espiritual al pueblo", *El Mundo*, 3 de octubre de 1972, p. 18A; "Ferré considera PPD es de los ricos", *ibidem*, 16 de octubre de 1972, p. 19B; "Ferré asegura se aprobará Proyecto Patrimonio para Progreso si gana PNP", *ibidem*, 30 de octubre de 1972, p. 98.

Ferré presentó su renuncia a la presidencia del PNP y prometió retirarse de la política pública y partidista para siempre.[99] Romero respondió a esta acusación indicando que la derrota del partido se debió al "exceso de confianza" del partido (en clara referencia a la campaña de Ferré sobre los "logros" de su administración) y pronunció enfáticamente que el asunto de la estadidad en nada había afectado los resultados electorales; además, Romero reafirmó que la estadidad debería ser la "base ideológica" del partido. Líderes del PNP cercanos a Romero acusaron al gobierno de Ferré de ser la causa principal de la derrota y apoyaron su renuncia a la presidencia del partido.[100] La desorganización del PNP luego de las elecciones de 1972 llegó a tales niveles que líderes del partido clamaron públicamente por la unidad, la reorganización y el fortalecimiento del organismo.[101] La división del partido se acrecentó; por ejemplo, aumentaron los conflictos entre los legisladores "conservadores" y "liberales" e incluso algunos legisladores del PNP anunciaron su "independencia" legislativa del partido.[102] La automarginación de Ferré, inmediatamente después de las elecciones, y la exacerbación de las diferencias en el liderato partidarista crearon un vacío organizativo y de autoridad en el PNP que se manifestó como una "crisis de liderato". Este vacío lo vino a ocupar la maquinaria

---

[99] "El sabor de la derrota: Ferré, 'El pueblo no votó inteligentemente'", *Avance*, 15 de noviembre de 1972, pp. 8-10; "Ferré presentará renuncia mañana en reunión mesa ejecutiva", *ibidem*, 16 de noviembre de 1972, p. 4A; "Ferré dice no volverá a postularse", *ibidem*, 9 de noviembre de 1972, p. 1A; "Cree énfasis dado issue estadidad perjudicó PNP", *op.cit.*; y para la posición de Romero de presentar la estadidad como un asunto electoral de primer orden en 1972, véase "Romero favorece referéndum", *ibidem*, 12 de octubre de 1972, p. 10C.

[100] "La estadidad no será relegada...", *op.cit.*, p. 9; "Atribuye derrota a escándalo", *El Mundo*, 9 de noviembre de 1972, p. 7B;

[101] "Justo Méndez exhorta a unidad PNP", *El Mundo*, 13 de noviembre de 1972, p. 1A; Arsenio Gutiérez, "Reponerse o perecer", *ibidem*, 26 de noviembre de 1972, p. 8A; Rafael Santiago Rosa, "Se impone reorganización del PNP", *ibidem*, 16 de diciembre de 1972, p. 7A; "Dice PNP carece de unidad", *ibidem*, 30 de enero de 1973, p. 3A; "Hernández Sánchez pide más unión en el PNP", *ibidem*, 4 de febrero de 1973, p. 14A.

[102] "Urbina dice no seguirá instrucciones de nadie", *ibidem*, 11 de enero de 1973, p. 5B; "Romero critica posición legisladores disidentes del PNP", *ibidem*, 14 de enero de 1973, p. 3A; "Alega Menéndez Monroig persigue Liberales PNP", *ibidem*, 4 de febrero de 1973, p. 14A.

local más fuerte del PNP en la Isla, la de San Juan, encabezada por el alcalde de la capital, Romero Barceló.

El ascenso de Romero Barceló

Bajo la bandera de la reorganización partidista, Romero Barceló tomó el control del partido e impuso un nuevo programa y una nueva concepción de la estadidad. Como resultado de su triunfo en las elecciones de 1972, Romero afirmó a San Juan como el principal bastión del PNP en la Isla y permaneció como la figura más destacada entre los miembros del PNP que ocuparon cargos públicos durante el período. Romero había sido miembro fundador de Estadistas Unidos y del PNP; su capacidad organizativa era su principal fortaleza. Político de naturaleza ruda y directa, Romero había rivalizado con Ferré en proeza al derrotar la principal maquinaria política del PPD en la Isla, la de San Juan. Inmediatamente después de las elecciones de 1972, Romero fue mencionado, dentro y fuera del partido, para sustituir al "viejo" en el liderato máximo del partido.[103] En su papel como primer vice-presidente del PNP, Romero fue nombrado en noviembre de 1972 por la Mesa Presidencial del partido, el más alto cuerpo directivo, para dirigir la reorganización del PNP en la Isla. Romero tuvo un control total de la campaña de reorganización desde comienzos del proceso, teniendo fuertes confrontaciones con otros líderes del partido. Romero llevó a cabo la reorganización del PNP en dos campos. Primero, impulsó la unidad partidaria en el aspecto organizativo por medio de la creación de una estructura de poder centralizada y tomando acciones disciplinarias contra los opositores. Segundo, bajo el liderato de Romero, la estadidad se convirtió en la única "base ideológica" del PNP, eliminando así otras fuentes de conflicto interno.[104]

La reorganización del PNP llevada a cabo por Romero en el 1973 no estuvo libre de oposición. A lo largo del proceso, que culminó en noviembre de ese año con la aprobación de un nuevo reglamento partidista, surgió un conflicto interno que se vino a conocer como "la pugna Ferré-Romero".

---

[103] "Romero y el futuro del PNP", *ibidem,* 14 de noviembre de 1972, p. 7A; "Romero candidato a Gobernador", *ibidem,* 28 de enero de 1973, p. 1A.

[104] "La estadidad no será relegada",pp. 8-9; "Justo Méndez renuncia presidencia comité nombrado por CRB para estudiar reorganización", *El Mundo,* 9 de diciembre de 1972, p. 5A.

Ferré y su grupo acusaron a Romero de controlar y prejuiciar a su favor el proceso de reorganización, y de haber marginado a varios sectores del partido —en particular a los llamados "liberales". El conflicto también se manifestó en los debates en torno a la estrategia estadista (entre estadidad "ahora" o estadidad "gradual") y sobre el programa de partido (entre prioridad a la estadidad o a la reforma social).[105] El control de Romero sobre el partido se evidenció con la aprobación del nuevo reglamento en 1973. El preámbulo establecía que el PNP se fundó para combatir los problemas sociales y que la estadidad era el mejor instrumento para ello; la estadidad "garantiza la plena igualdad ciudadana y soberanía política, al mismo tiempo que garantiza nuestro progreso y seguridad económica". Esto refleja un compromiso entre ambas facciones, pero cargado hacia la postura de Romero.

Las reformas más importantes al reglamento evidencian la reorganización del partido en beneficio de Romero. Primero, se creó la posición de presidente-fundador para prevenir una lucha fratricida por la presidencia entre Ferré y Romero. Ferré fue nombrado al cargo, mientras que Romero fue electo presidente en propiedad. Segundo, se estableció una fuerte disciplina en el caucus legislativo, requiriendo la participación y lealtad de todos los legisladores del PNP; el caucus era un organismo interno para fiscalizar el trabajo y las posturas de sus miembros. Tercero, se estipuló el requisito de primarias para todos los puestos electivos (Legislatura, alcaldías y consejos municipales). Cuarto, se introdujo una enmienda que requería que ningún miembro del partido podría mantener su puesto o aspirar a senador, representante, alcalde, concejal, o gobernador por más de ocho años consecutivos.[106] Tomada como un todo, la reorganización del partido benefició directamente a Romero y su grupo. Romero ya tenía el control de la maquinaria del partido, y el nuevo caucus legislativo subordinó los legisladores del PNP a la autoridad central. Admás, los cambios en el reglamento por los que se requerían primarias y se establecía un límite de ocho años para todos los puestos electivos le abrieron las puertas al grupo de Romero para apoderarse de la mayoría de los puestos electivos para las elecciones de 1976 y consolidar así su control sobre el partido. La Tabla II

---

[105] Carlos Yamil Otero, "¿Quién controla el PNP: Ferré o Romero?", *Avance*, 17 de septiembre de 1973, pp. 10-15; Cerezo, "PNP–Energías de ilusión", p. 9; Dimas Planas, "No hay lucha interna en el PNP", *Avance*, 1 de octubre de 1973, pp. 12-13.

[106] Bothwell, *Puerto Rico*, vol. 4, p. 579.

refleja los resultados de este proceso. Los resultados de las elecciones de 1972 demuestran una continuidad en la representación legislativa del PNP; por otro lado, los resultados de las elecciones de 1976 reflejan una ruptura en la representación legislativa, con solo doce incumbentes de un total de cuarenta y siete legisladores electos por el PNP en ese año.

TABLA II

LIDERATO LEGISLATIVO
DEL PARTIDO NUEVO PROGRESISTA, 1969-1980

Año	1968	1972	1976	1980
Senado	13	8	14	12
Reelecto	–	6	3	10
Cámara	33	15	33	25
Reelecto	–	11	9	17

Fuente: Comisión Estatal de Elecciones/Tribunal Electoral, *Elecciones Generales,* 1968, 1972, 1976 y 1980 (San Juan: Estado Libre Asociado de Puerto Rico, fechas respectivas).

La Asamblea del PNP en 1974 legitimó la posición de Romero en el partido, aunque el cónclave no estuvo libre de conflictos. Un grupo considerable de miembros apoyó a Ferré para la presidencia del partido y se opuso a la campaña de "estadidad ahora" de Romero, destacando la necesidad de un programa de reforma social. Romero fue elegido presidente del partido con poderes casi absolutos sobre la organización, y la mayoría del alto liderato del partido elegido en esa asamblea era completamente leal a Romero.[107] Tanto Ferré como Romero demandaron la unidad del partido

---

[107] "Asamblea del PNP-Luis, Carlos y Baltasar... y el último es la estrella en ascenso", *Avance,* 15 de julio de 1974, p. 6-7; "En víspera de Asamblea PNP-el partido tiene que cambiar-Jesús Hernández Sánchez", *ibidem,* 1 de julio de 1974, p. 12-13.

como requisito indispensable para poder enfrentarse al PPD en las próximas elecciones. Ferré, reconociendo su debilitada posición dentro del partido, se resignó, al menos públicamente, a quedar como "fundador y orientador" del PNP y reconoció que "Romero se ha convertido en la hélice propulsora, inyectando savia nueva al partido".[108]

Con la elección de Romero a la presidencia se abre un nuevo capítulo en la historia del PNP. El ascenso del sector de Romero al liderato del PNP puso fin al intento de implantar el "programa de redención" por el sector burgués del partido encabezado por Ferré. El PNP, bajo Romero, convirtió la estadidad en una fuerza política crucial en la política puertorriqueña. El control del aparato estatal por el grupo de Romero, desde 1976 hasta 1984, convirtió a "estadidad ahora" de un programa partidista en política pública.

---

[108] P. Ramos, *Ferré,* pp. 229-30; "Ferré: dos años después", *Avance,* 23 de diciembre de 1974, p. 9.

Capítulo 7

EL PARTIDO NUEVO PROGRESISTA
Y LA POLÍTICA DE LA IGUALDAD

El PNP, bajo el liderato del Carlos Romero Barceló, presentó un nuevo programa y una nueva estrategia estadista, los cuales deben ser entendidos dentro de lo que he llamado "la política de la igualdad". El PNP, sosteniendo que la estadidad es una demanda por la igualdad en la ciudadanía, lanzó una intensa campaña pro-estadidad en los Estados Unidos en una época en que algunos sectores metropolitanos estaban considerando la estadidad como una alternativa ante la crisis del Estado Libre Asociado. Este discurso político, basado en la noción de la igualdad, es central en la política del PNP bajo Romero; argumenta que los puertorriqueños han cumplido con sus deberes como ciudadanos estadounidenses, pero que no han recibido todos los beneficios de la ciudadanía debido al status colonial de Puerto Rico. La igualdad política, posible únicamente con la estadidad, es necesaria para que los puertorriqueños puedan participar completamente en todos los programas sociales y económicos del gobierno federal que les asegurarán su bienestar material. El PNP añadió una retórica "anticolonialista" a su estrategia estadista, argumentando que los puertorriqueños, como ciudadanos estadounidenses, pueden ejercer su derecho a la autodeterminación al demandar la estadidad; una vez que los puertorriqueños se decidan en favor de la estadidad, el Congreso tiene el deber de aceptar esta demanda en reconocimiento de sus derechos como ciudadanos estadounidenses.

Esta estrategia estadista provee el marco para entender la política económica de la administración de Romero Barceló. Dicha estrategia se fundó en promover el desarrollo de las actividades no-manufactureras (las finanzas, los servicios) para fortalecer la economía de Puerto Rico y poder convertir la Isla en un intermediario económico del capital estadounidense en el Caribe. Esta estrategia económica, que incluyó la redefinición del programa de industrialización del ELA, buscaba facilitar la transición económica a la estadidad. Pero la administración de Romero, plagada de corrupción y abusos de poder, fue severamente cuestionada en Puerto Rico y en los Estados Unidos. Los eventos posteriores a las elecciones de 1980 crearon dudas sobre el liderato de Romero en el gobierno y dentro del partido, y condujeron a la primera ruptura del PNP y a la formación del Partido de Renovación Puertorriqueña (PRP). El PRP representó la reacción de sectores de la burguesía local a la crisis política y socio-económica de Puerto Rico. La derrotas electorales de 1984 y 1988 reflejaron la incapacidad del partido para superar una transición a un programa y liderato pos-Romero.

El discurso de la estadidad como igualdad

El ascenso de la alternativa estadista

La administración PNP y la estrategia estadista, bajo Romero, reflejaron el incremento de las fuerzas estadistas en Puerto Rico y el creciente interés por la estadidad en los Estados Unidos. La estadidad se convirtió en una alternativa viable para los Estados Unidos en la década de los setenta como resultado de la crisis económica y política del ELA. La creciente dependencia en el programa de industrialización del ELA de los subsidios al capital estadounidense (especialmente, después de 1976, de los subsidios federales provistos bajo la sección 936 del código de rentas internas); el descenso en la tasa de inversión en la Isla; el creciente desempleo; y la creciente marginación de grandes sectores de la población cuestionaron la capacidad del ELA para mantener la estabilidad económica y política. La legitimidad política del ELA fue también cuestionada por el rechazo del gobierno federal a otorgar más poderes autonómicos a la Isla. Pero Estados Unidos ha mantenido su política de apoyar el *statu quo* en Puerto Rico, al menos hasta que se hagan las reformas necesarias. La oposición a la estadidad en Puerto Rico y en los Estados Unidos ha evitado que se implante una política pro-estadidad dentro del gobierno federal.

La crisis del "modelo de desarrollo puertorriqueño" en la década de los setenta levantó dudas en Puerto Rico y en Estados Unidos sobre la viabilidad política y económica del ELA. La economía de Puerto Rico durante las últimas dos décadas siguió el patrón establecido a finales de los sesenta: una economía dominada por empresas manufactureras estadounidenses atraídas a la Isla por subsidios locales y federales. Desde mediados de los años setenta la industria manufacturera en la Isla ha estado dominada por industrias de alta tecnología y uso intensivo de capital, mayormente farmacéuticas y electrónicas, caracterizadas por una alta tasa de inversión y la poca creación de empleos.

Para fomentar la inversión de capital estadounidense en la Isla, y, por ende, su programa de industrialización, el ELA ha dependido cada vez más de subsidios federales, mayormente del creado por la Sección 936 del Código de Rentas Internas de Estados Unidos. La Sección 936, aprobada por el Congreso en 1976, estableció que cualquier "corporación doméstica" podía ser definida como una "corporación de posesión" si deriva al menos un 80 por ciento de su ingreso bruto en una posesión territorial de los Estados Unidos y si al menos un 50 por ciento de su ingreso bruto era derivado del comercio o negocio activo dentro de una posesión; las ganancias de las corporaciones así definidas están exentas de contribuciones federales. La Sección 936 fue aprobada principalmente para beneficiar al capital estadounidense en Puerto Rico, la posesión estadounidense responsable de un 98 por ciento de todas las transacciones 936. De acuerdo con el departamento del Tesoro de los Estados Unidos, los llamados fondos 936 en Puerto Rico crecieron de $5.3 billones en 1977 a $10.5 billones en 1982. La Sección 936 ha supuesto grandes ganancias para las corporaciones 936. Para finales de los años setenta las ganancias atribuidas a la Sección 936 crecieron en una tasa anual de $1.6 billones; el estimado de las ganancias repatriadas por corporaciones 936 en 1982 fue de sobre $2 billones. De acuerdo con un informe del departamento de rentas internas de 1976 sobre las corporaciones 936, la industria farmacéutica como tal fue responsable del 58.2 por ciento del total de exenciones contributivas federales producto de la Sección 936. Pero del total de fondos 936 existente en 1977, tan sólo el 30 por ciento estuvo disponible para inversiones en la Isla, y la mayoría fueron en depósitos a corto plazo, no en inversiones a largo plazo.[1]

Estimulado por el extraordinario crecimiento de fondos 936 en la Isla, el capital financiero ha aumentado su importancia en la economía de Puerto Rico desde la década de los setenta. Para 1982 los fondos 936 representaban el 38.7 por ciento de todos los depósitos en bancos comerciales en Puerto Rico; de ellos, el 73 por ciento ($3 billones) estaba en bancos estadounidenses y canadienses, lo que representaba el 57.5 por ciento de

---

[1] Cifras de Luis P. Costas Elena, "I.R.C. Section and Fomento Income Tax Exemptions in Puerto Rico", *Revista del Colegio de Abogados de Puerto Rico*, pt.1, vol.40, no.4 (Nov. 1979), pp. 563-64, 566, 577-78, 595; Costas Elena, *ibidem*, pt.2, vol.41, no.4 (Feb. 1981), pp. 113, 125; cifras de 1982 tomadas de *The San Juan Star*, 18 de sept. de 1983, p. B6.

todos los depósitos de bancos extranjeros en la Isla. Los fondos 936 en bancos estadounidenses y canadienses representaban el 28 por ciento de todos los depósitos en bancos comerciales en Puerto Rico. De los $10.5 billones en fondos 936 estimados para 1982, $7 billones estaban en bancos comerciales y $1 billón en bancos de ahorro y préstamos; otros $2.5 billones estaban depositados en compañías de corretaje establecidas en Puerto Rico después de 1976 (E.F. Hutton, Becker, Paine Webber, entre otras). El aumento desenfrenado de los fondos 936 ha estado acompañado de una reducción en la inversión real en Puerto Rico, lo que refleja la incapacidad del gobierno para canalizar el uso de los fondos 936 hacia las inversiones productivas. El valor real de la inversión fija en Puerto Rico disminuyó de $974.8 millones en 1972 a $438.6 millones en 1982. El crecimiento relativo de la inversión real en Puerto Rico ha sido negativo desde 1972 (-12.7 por ciento en este año, -23 por ciento en 1982); la proporción de la inversión real fija del producto bruto total de la Isla decreció de 30.9 por ciento en 1972 a 10.9 por ciento en 1982.[2] En un informe económico al gobierno de mediados de los años setenta, el economista James Tobin concluyó que existían unos $5 billones en inversiones directas en Puerto Rico, con una tasa anual de crecimiento de $1 billón. El informe estimó que el 50 por ciento de estas inversiones estaban en activos financieros.[3]

A comienzos de la década de los ochenta el programa de industrialización del ELA fue cuestionado en Puerto Rico y en los Estados Unidos, a causa del aumento excepcional en el desempleo y la caída en la inversión real. Las industrias farmacéutica y de electrónica obtenían grandes ganancias, pero no proveían empleos ni estímulo alguno a la economía local. La Sección 936 convirtió a Puerto Rico en un centro financiero, pero estos fondos no estaban siendo usados en inversiones productivas en la Isla. La situación económica se hizo tan crítica que en 1984 una comisión bipartita de la burguesía puertorriqueña, el llamado Comité para el Desarrollo Económico de Puerto Rico, publicó un informe sobre la "crisis económica" con un llamado a los partidos de mayoría para que atendiesen el crucial problema.[4]

---

[2] Cifras de la Junta de Planificación, *Informe económico del Gobernador 1982* (San Juan: Junta de Planificación, 1983), pp. 19, 131, 133-34, 222; y *The San Juan Star*, 18 de sept. de 1983, p. B6.

[3] Comité Para el Estudio de las Finanzas de Puerto Rico, *Informe al Gobernador* (Río Piedras: Editorial Universitaria, 1976), pp. 59-60.

[4] *Comité Para el Desarrollo Económico de Puerto Rico, La crisis económica de Puerto Rico: Resumen ejecutivo del diagnóstico y recomendaciones* (mimeo, enero 1984).

La crisis económica y los problemas políticos de Puerto Rico levantaron inquietudes en los Estados Unidos. Un informe del Departamento de Estado caracterizó a Puerto Rico como "un problema de los ochenta" para los Estados Unidos; y un experto en asuntos latinoamericanos incluyó a Puerto Rico entre los "cuatro casos explosivos" para la política exterior estadounidense en América Latina.[5] Pero lo opuesto es también cierto: Estados Unidos se convirtió en un problema para el ELA. Un elemento importante en la crisis del ELA fue su deslegitimación para el Estado norteamericano. La política estadounidense de apoyar el *statu quo* y los cambios en la política económica estadounidense minaron la base política del ELA.

La política estadounidense de mantener el *statu quo* político ha contribuido a la inestabilidad del ELA al impedir su adaptación, aun dentro del esquema colonial, a nuevas condiciones económicas y políticas. Desde finales de la década de los cincuenta, con el natimuerto proyecto Fernós-Murray, los autonomistas puertorriqueños han tratado de realizar reformas a la estructura del ELA. A mediados de la década de los setenta la administración PPD de Rafael Hernández Colón sometió una nueva propuesta de reforma del ELA que ampliaba sus poderes locales y le proveía una limitada presencia internacional. La reacción estadounidense a las demandas del PPD fue negativa; el Departamento del Interior caracterizó la nueva propuesta de "libre asociación" para el ELA como "inadmisible dentro de la Constitución de los Estados Unidos" y concluyó que "Puerto Rico permanece como un territorio de los Estados Unidos".[6]

La inestabilidad económica y política del ELA durante los años setenta, junto a una creciente crítica internacional a este status, llevó a sectores públicos y privados en los Estados Unidos a buscar una solución al

---

[4] *Comité Para el Desarrollo Económico de Puerto Rico, La crisis económica de Puerto Rico: Resumen ejecutivo del diagnóstico y recomendaciones* (mimeo, enero 1984).

[5] Dolores Wahl, "Puerto Rico's Status: A Problem for the Eighties", Executive Seminar in National and International Affairs, Department of State, April 1980; Alfred Stepan, "The United States and Latin America: Vital Interests and the Instruments of Power", *Foreign Affairs* 58, no. 3 (America and the World, 1979), p. 664.

[6] Ver *Report of the Ad Hoc Advisor Group of Puerto Rico* (Washington, D.C.: Ad Hoc Advisor Group, October 1975); la cita es de Roberta Ann Johnson, "Puerto Rico: The Unsettled Question", en Richard Millet and Marvin Will, eds., *The Restless Caribbean: Changing Patterns of International Relations* (New York: Praeger, 1979), p. 109.

"problema puertorriqueño". Cuatro conclusiones principales emergen del debate dentro del gobierno estadounidense. La primera y más generalizada conclusión de los varios informes del gobierno estadounidense que tratan el asunto de Puerto Rico de 1975 al 1981 fue la de cuestionar al ELA como tal. Ya que el ELA era en sí el problema, en general no se recomendó la reforma o continuación de dicho status político. El gobierno del ELA era visto como un "vicioso" (*junkie*) de fondos federales y se puso en duda la voluntad del Congreso de continuar por mucho tiempo su financiamiento. Más aún, se postuló que el ELA ha perpetuado "un status cuasi-colonial para la Isla" y que no satisface las demandas de mayor poder político que surgen en un mundo caracterizado por un "creciente nacionalismo", lo que pudiera dar por resultado un conflicto político altamente perjudicial a los intereses estadounidenses.[7] Finalmente, la legitimidad del ELA fue cuestionada a partir del decreciente apoyo electoral a esa fórmula política y por el aumento en el apoyo a la estadidad en Puerto Rico. Este análisis llevó a la conclusión de que la estadidad, y luego la independencia, han surgido como alternativas viables al ELA; varios informes comisionados por el Congreso discutieron la viabilidad y costos de la estadidad para Puerto Rico.[8]

---

[7] U.S. of Department of State, "The Problem of Puerto Rico's Political Status", Case study by C. Arthur Borg (Seventh Session, Seminar in Foreign Policy, Department of State, 1974-75), pp. 6, 14, a ser citado como Informe Borg; "Puerto Rico: Commonwealth, Statehood or Independence", Memorandum to the President of the United States, Office of the Assistant Secretary of Defense, July 12, 1977, pp. 1, 6, 9, 12, 14; U.S. Library of Congress, *Puerto Rico: Independence or Statehood?: A Survey of Historical, Political, and Socioeconomic Factors, with Pro and Con Arguments*, Prepared by William Tansill (Washington, D.C.: Congressional Research Service, 1977), p. 38, a ser citado como Informe Tansill; U.S. Library of Congress, *Puerto Rico: Commonwealth, Statehood, or Independence?* Prepared by Peter Sheridan (Washington, D.C.: Congressional Research Service, 1978), p. 3, a ser citado como Informe Sheridan; General Accounting Office, *Puerto Rico's Political Future: A Divise Issue with Many Dimensions*, Report to the Congress of the United States by the Comptroller General (Washington, D.C.: General Accounting Office, 1981), pp. i-iii; Wahl, "Puerto Rico's Status", p.12.

[8] El ELA es cuestionado en "Memorandum to the President", pp. 6-9; Informe Borg, p. 15; Wahl, "Puerto Rico's Status", pp. 1, 12; Informe Tansil, pp. 35-36; Informe Sheridan, pp. 1-2. Los estudios Congresionales sobre la estadidad incluyen: U.S. Library of Congress, *Treating Puerto Rico as a State Under Federal Tax and Expenditures Programs: A Preliminary Economic Analysis*, Prepared by Donald W. Kiefer (Washington, D.C.: Congressional Research Service, 1977), que será citado como Informe Kiefer; el Informe Tansil de 1977, el Informe Sheridan de 1978, y el estudio de GAO, *Puerto Rico's Political Future*, todos citados previamente.

La segunda conclusión generalizada de estos informes fue la noción de que es el gobierno de los Estados Unidos, y no los puertorriqueños, el que ha de decidir en última instancia cuál es la alternativa aceptada. Como corolario de esto, se establece que el Estado norteamericano debe tomar el liderato en la resolución del status político de Puerto Rico. Un informe de 1975 del Departamento de Estado por Arthur Borg concluyó que "nosotros realmente no podemos permitir dejar este asunto completamente a un proceso donde los puertorriqueños 'decidan lo que quieran'", y concluye que Estados Unidos necesitaba "'timonear' la cuestión del status político puertorriqueño".[9] Un informe subsiguiente del Departamento de Estado indicó la necesidad que tiene el gobierno estadounidense de definir claramente las alternativas que le son aceptables. Se propuso también que el gobierno de Estados Unidos estableciera una "oficina colonial" para "coordinar" la solución a la cuestión política de Puerto Rico.[10]

La tercera conclusión, íntimamente relacionada con la anterior, fue que la alternativa escogida debía representar los mejores intereses de los Estados Unidos, particularmente sus intereses estratégico-militares en el área. Esto ha sido una consideración que ha favorecido a la estadidad y que ha sido perjudicial a la independencia como alternativa.[11] Además, la condición colonial de Puerto Rico se ha convertido en un elemento entorpecedor para los Estados Unidos en su relación con el Tercer Mundo, particularmente en América Latina. También, al resolver la cuestión política de la Isla, Estados Unidos removería un asunto importante en la campaña del bloque soviético en contra de los Estados Unidos. Fue aceptado por todos que los intereses económicos estadounidenses en Puerto Rico deben ser protegidos, ya que los Estados Unidos tienen billones invertidos en la Isla y ésta es el segundo mercado en el continente americano para las mercancías estado-

---

[9] Informe Borg, pp. 16-17.

[10] Wahl, "Puerto Rico's Status". pp. 7, 17. Sobre la necesidad de establecer una oficina colonial ver el Informe Borg, p. 17; propuesta hecha también por José A. Cabranes, "Puerto Rico: Out of the Colonial Closet", *Foreign Policy* (Winter 1978-79), pp. 90-91; y Jeffrey Puryear, director del Programa Latinoamericano de la Fundación Ford, en "Puerto Rico's Waiting", *New York Times,* 14 de abril de 1981, p. A-23.

[11] Informe Borg, p. 16; "Memorandum to the President", p. 10; Informe Sheridan, pp. 3-4.

unidenses.[12] Las consideraciones económicas, al igual que las estratégicas, tienden a apoyar la estadidad como la mejor alternativa para los Estados Unidos.

La cuarta conclusión general de estos informes fue que, indistintamente de la alternativa escogida, ésta debía representar los menores "costos" posibles para los Estados Unidos. Al igual que con las anteriores conclusiones, una vez el ELA es rechazado, la estadidad surge como la mejor alternativa para los Estados Unidos. La independencia permanece como una alternativa de segundo orden en el caso de que el Congreso o los puertorriqueños rechacen la estadidad.[13] Pero los costos de la estadidad no son totalmente favorables para los Estados Unidos o Puerto Rico. La creencia más común es que Puerto Rico se beneficiará de un aumento en la transferencia de fondos federales bajo la estadidad. Pero esto fue cuestionado por el informe Kiefer de la Biblioteca del Congreso, que argumentó que las contribuciones federales negarían cualquier beneficio obtenido de un aumento en fondos federales.[14] El informe Kiefer concluyó también que la estadidad minaría la estabilidad económica de Puerto Rico al eliminar el principal incentivo que tiene el capital estadounidense para invertir en la Isla, la exención contributiva federal. Por otro lado, informes adicionales han sugerido que la "estabilidad política" creada por la estadidad podría inducir a una mayor inversión de capital estadounidense en Puerto Rico.[15]

Pero la estadidad también tiene costos políticos que deben considerarse. La estadidad puede llevar a la inestabilidad política, y aun a la guerra civil, si la oposición a la estadidad es impetuosa. El terrorismo, tanto en la Isla como en los Estados Unidos, es una respuesta ampliamente esperada en

---

[12] Informe Sheridan, p. 3; "Memorandum to the President", pp. 19-12; Informe Borg, p. 16.

[13] La independencia como la "segunda mejor alternativa" fue propuesta por el Informe Borg, p. 15; y Wahl, "Puerto Rico's Status", p. 10. La independencia como la "mejor alternativa" fue apoyada por el "Memorandum to the President", p. 24; también en un artículo de la revista del Departamento de Estado por Eric Svendsen, "Puerto Rico Libre", *Open Forum,* no. 20 (Spring/Summer 1979); y desde una perspectiva conservadora por Robert Wesson, "A Different Case for Puerto Rican Independence", *Worldview,* 21, no. 11 (November 1978), pp. 8-10.

[14] Informe Kiefer, pp. 4, 34, 36; Informe Tansill, p. 40; y GAO, *Puerto Rico's Political Future,* pp. 56-60.

[15] Kiefer Report, pp.4, 44; GAO, *Puerto Rico's Political Future,* pp. 56-60. La segunda opinión es del Informe Tansill, p. 40.

reacción a la estadidad. La cuestión cultural es otra variable importante para Estados Unidos al considerar la estadidad. Los anexionistas puertorriqueños demandan una autonomía cultural y el español como idioma oficial bajo la estadidad. La aceptación de la estadidad para Puerto Rico sin satisfacer estos reclamos, o el pedido de estadidad por los puertorriqueños y el rechazo por el Congreso de estos términos, pudiera dar por resulado una situación muy explosiva para Washington.[16]

La situación de Puerto Rico también fue estudiada por instituciones privadas estadounidenses que buscaban influir en la política pública. Su principal objetivo ha sido el de convencer a los dirigentes políticos estadounidenses de que Puerto Rico es un problema muy serio que Estados Unidos debe resolver con prontitud.[17] Los medios de comunicación en Estados Unidos también han demostrado un gran interés en la situación económica y política de Puerto Rico. El asunto de la estadidad, en particular, se ha convertido en parte del debate político en los Estados Unidos (como lo fue el apoyo público dado por Ronald Reagan durante la campaña electoral del 1980 a la estadidad para Puerto Rico). Algunos periódicos estadounidenses, notablemente el *Wall Street Journal*, han apoyado incondicionalmente la estadidad para la Isla, basándose en el valor estratégico de la Isla y el derecho a la igualdad política que tienen los ciudadanos estadounidenses de Puerto Rico.[18]

Por primera vez, desde que Estados Unidos invadió a Puerto Rico en 1898, la estadidad ha sido considerada como una alternativa viable por

[16] "Memorandum to the President", p. 27; Wahl, "Puerto Rico's Status", p. 12; Informe Borg, p. 16; Informe Sheridan, p. 4.

[17] *El Nuevo Día*, junio de 1982, p. 7; y 18 de marzo de 1983, p. 4. Los resultados de estas conferencias fueron: Jorge Heine, ed., *Time for Decision: The United States and Puerto Rico* (Lanham, MD; Norht South Publ., 1983); y Richard J. Bloomfield, ed., *Puerto Rico: The Search for a National Policy* (Boulder, CO: Westview, 1985).

[18] Ronald Reagan, "Puerto Rico and Statehood", *The Wall Street Journal*, 11 de feb. de 1980, p. 20; *Forbes*, 6 de agosto de 1979, pp. 47-48; *Fortune*, 13 de agosto de 1979, pp. 163-76; *The New York Times*, Editorial, 21 de agosto de 1979, p. A18: Tom Wicker, "An American Colony?", *The New York Times*, 14 de agosto de 1981, p. A23; *The Wall Street Journal*, 3 de feb. de 1982, p. 1. En favor de la estadidad: *The Wall Street Journal*, Editoriales de 18 de octubre de 1979, p. 16, y 20 de agosto de 1981, p. 26: *Southeast Missourian*, Editorial, 18 de julio de 1979; Editorial, *The Washington Times*, reproducido en *EL Nuevo Día*, 8 de julio de 1982, p. 13. Inseguro sobre la estadidad estaba *The New York Times*, Editorial, 15 de enero de 1982.

sectores dentro de los Estados Unidos durante los gobiernos de Carter, Reagan y Bush. Sin embargo, aun cuando la estadidad se convirtió en una alternativa aceptable para los Estados Unidos, no existe aún una política estadista dentro del gobierno estadounidense. No existe todavía un consenso entre las distintas instituciones del Estado norteamericano para otorgar la estadidad a la Isla en el futuro inmediato. La política del *statu quo* para Puerto Rico todavía reina en los pasillos de Washington.

La estadidad es para los pobres

El ascenso del grupo encabezado por Romero Barceló a la dirección del PNP representó más que un simple cambio en el liderato del partido; significó un cambio en el programa del partido. El programa de la redención, de Ferré, fue sustituido por un nuevo programa que he llamado el "programa de la igualdad". Esta transición fue señalada por la publicación del libro *La estadidad es para los pobres* por Romero en 1973. La fecha es significativa, pues coincidió con la aprobación del nuevo reglamento del PNP, un evento importante en la consolidación de poder de Romero en el partido.

La importancia de la publicación del pequeño libro de Romero es doble. Primero, fue un intento de definir la base política del anexionismo contemporáneo. La búsqueda de apoyo por el PNP entre los "pobres" no era nueva; había sido un factor importante en la campaña de Ferré de 1967-68 (fue él quien acuñó la frase "la estadidad es para los pobres"). Pero en el programa de Ferré, los beneficios a los pobres formaban parte de un programa mayor de reforma social cuyo propósito era promover la estabilidad capitalista en Puerto Rico. El programa de Ferré iba dirigido tanto a la burguesía como a los pobres. Por el contrario, la retórica de Romero iba dirigida únicamente a los pobres: si la estadidad beneficia a los pobres, éstos deben entonces apoyar la estadidad. El objetivo central del programa de Romero es la estadidad, y la reforma social o la estabilidad estaban subordinadas a la estadidad. Romero argumenta que la estadidad es para los pobres precisamente porque los ricos no la quieren; si los ricos apoyan al ELA, porque les conviene, entonces los pobres deben apoyar la estadidad. A pesar de la retórica cuasi-populista, el programa de Romero no era populista: la pobreza es vista como un hecho de la vida, una condición social que debe ser mitigada, no eliminada.[19] Romero no buscaba reformar la sociedad

---

[19] Carlos Romero Barceló, *La estadidad es para los pobres* (San Juan: sin publicadora, 1973), p. 24.

para eliminar la pobreza (elemento importante del populismo); la estadidad traería mayores beneficios para los pobres, pero no cambiaría su condición socio-económica. A fin de cuentas, los pobres eran el medio para conseguir el objetivo principal, la estadidad. La retórica de "la estadidad es para los pobres", que apuntaba correctamente a la base social del anexionismo en este período, fue abandonada ya para el 1976. Una razón para ello fue la contradicción que esto presentaba con el fuerte apoyo al PNP entre los "ricos". Por otro lado, esta retórica fue subordinada al discurso de la "estadidad como igualdad".

En segundo lugar, *La estadidad es para los pobres* es importante porque presenta los contornos del programa de la igualdad de Romero. El argumento del libro es el siguiente: Puerto Rico es un "pueblo" debidamente constituido bajo el colonialismo español, con su propia cultura y costumbres. Pero Puerto Rico es un pueblo de mucha gente y muy pocos recursos, lo que crea los problemas económicos de la Isla. Desde la invasión de los Estados Unidos en 1898, aunque los puertorriqueños han estado subordinados políticamente a la metrópoli, su nivel de vida ha mejorado grandemente por el progreso social y económico traído a la Isla por los estadounidenses. Pero, a pesar de este progreso, los puertorriqueños no han alcanzado la igualdad política de sus conciudadanos del norte. El ELA fue una fórmula política beneficiosa en un período histórico particular, pero se ha convertido en un impedimento al progreso. Los únicos que se benefician del ELA son "los hombres de negocio que vienen a Puerto Rico a hacer dinero a base de pagar sueldos bajos y de no pagar contribuciones" y los ricos del PPD. La independencia no es viable porque limitaría el futuro progreso económico al impedir la entrada de capital estadounidense a la Isla, la base del desarrollo económico de Puerto Rico. Una desventaja del ELA es que aunque los puertorriqueños no pagan contribuciones federales, tampoco reciben los "beneficios que se derivarían en Puerto Rico de la plena participación en los programas federales de ayuda"; más aún, no reciben el salario mínimo federal y sí sueldos bajos pagados por industrias "marginales".[20] La estadidad es la única alternativa para Puerto Rico ya que provee la "igualdad política" que permite a los puertorriqueños votar por el presidente, enviar representantes al Congreso y recibir "trato igual" en la distribución de fondos federales. El voto federal les daría a los puertorriqueños el instrumento para aumentar la ayuda económica y evitar la discriminación política contra la Isla. El "cuco" de las contribuciones federales no debe

---

[20] *Ibidem*, pp. 42 y 57.

asustar al pueblo, ya que los pobres no pagarán contribuciones y gozarán de todos los beneficios de la ciudadanía, incluyendo la ayuda federal. Debido a su bajo nivel de desarrollo económico, la Isla recibirá más en ayuda federal que lo que pagará en contribuciones federales. La estadidad no perjudicará la "personalidad puertorriqueña", ya que ni el idioma español ni la cultura puertorriqueña son negociables para obtener la estadidad. La estadidad será alcanzada cuando la mayoría de los puertorriqueños la demanden, ya que el Congreso tiene la obligación de otorgársela.

Romero no introdujo nada nuevo en el discurso estadista. Las fallas en el programa de exención contributiva, el papel de los fondos y contribuciones federales, la "estadidad jíbara", etc-todos estos elementos existían ya en el programa estadista. La novedad en el programa de Romero es que combina estos elementos con la estrategia de "estadidad ahora", todo ello envuelto en un lenguaje de "igualdad". Contrariamente a los programas de Barbosa y Ferré, en los que la estadidad era parte de unas transformaciones mayores, la estadidad es el eje del programa de Romero. Por otro lado, el programa de Romero difiere del programa estadista conservador de los años cuarenta y cincuenta —que también tenían la estadidad como objetivo central— en que este programa fue la reacción de un sector de la burguesía en decadencia histórica a las transformaciones sociales del período, mientra que el programa de Romero es el de las clases sociales en ascenso en búsqueda de poder político. La elaboración de una estrategia para alcanzar la estadidad y el intento de implantarla caracterizan el programa y la administración del PNP bajo Romero.

Igualdad política

El programa estadista de Romero fue elaborado sobre el concepto de "igualdad". Puerto Rico fue invadido por los Estados Unidos y a su población le fue concedida la ciudadanía estadounidense. Aunque los puertorriqueños han cumplido con los deberes de ciudadanía (e.g., el "impuesto de sangre", lealtad), sus derechos como ciudadanos estadounidenses no les han sido reconocidos. El movimiento estadista es simplemente la expresión del deseo de los puertorriqueños de alcanzar la igualdad que merecen como ciudadanos estadounidenses.[21] Este argumento no es nuevo, ya que había surgido en la década de los cuarenta con la concepción de la ciudadanía como la "puerta a la estadidad": el mero hecho de tener la

---

[21] Carlos Romero Barceló, "Puerto Rico, U.S.A.: The Case for Statehood", *Foreign Affairs* 59:1 (Fall 1980), p. 75.

ciudadanía implicaba que el Congreso debía otorgar la estadidad a los puertorriqueños. El argumento de Romero es un tanto diferente: la ciudadanía de los Estados Unidos les otorga a los puertorriqueños unos derechos que han sido violados por el gobierno estadounidense; al demandar la estadidad, los puertorriqueños meramente demandan la igualdad en los derechos de ciudadanía.

El discurso de la "estadidad como igualdad" se desarrolla en tres aspectos: el ético, el político y el económico. En el ético, se argumenta que "la estadidad se ha convertido en una cuestión moral que envuelve los derechos humanos y políticos de una comunidad de 3.3 millones de ciudadanos americanos sin derechos ciudadanos [*disenfranchized*]".[22] La estadidad no es meramente una cuestión de dólares y centavos: es una cuestión de dignidad. Es también una cuestión de ideales políticos: la demanda de igualdad política es una demanda de derechos democráticos.[23]

Más concretamente, Romero argumenta que sólo la ciudadanía estadounidense puede proveer la igualdad económica y política necesaria para garantizar el progreso de Puerto Rico; pero los puertorriqueños "pueden alcanzar esa igualdad sólo con la estadidad".[24] Los puertorriqueños no gozan de igualdad política debido al prejuicio y la discriminación que sufren como consecuencia de su "ciudadanía de segunda clase". Usando una imagen ya presentada por Barbosa, Romero caracteriza a los puertorriqueños como "agregados en la plantación americana": "Nosotros no pagamos los gastos generales ni los impuestos a la propiedad de la plantación, pero estamos completamente a la merced de sus administradores: ellos deciden cuánto nos beneficiamos de la prosperidad de la plantación; ellos nos envían a pelear sus guerras; y ellos nos hacen pagar por sus errores".[25] Los puertorriqueños son discriminados por ser Puerto Rico una colonia; es

---

[22] Puerto Rico Federal Affairs Administration (PRFAA), *Puerto Rico, U.S.A.: A Political History* (Wash., D.C.: PRFAA, ND), p. 14-15; traducción del inglés del autor.

[23] Carlos Romero Barceló, "Statehood for Puerto Rico", *Vital Speeches* 45 (July 1, 1979), p. 565.

[24] Carlos Romero Barceló, "Address by the Governor of Puerto Rico Commemorating the 205th Anniversary of the Declaration of Independence of the United States of America", July 4, 1981. (San Juan: Administración de Servicios Generales, ND), p. 21.

[25] Carlos Romero Barceló, "Statehood for Puerto Rico" (Address delivered before the Americas Society Conference on "The Press and the Political Status of Puerto Rico", March 17, 1983, New York, p. 6; traducción del inglés por el autor.

ésta la base para la "ciudadanía de segunda clase", y sólo la estadidad puede proveer la igualdad política para sobreponerse a esta discriminación.[26] Pero la igualdad política es importante por otra razón: es la base para la igualdad económica y social: "Ningún grupo étnico, racial o religioso dentro de nación alguna nunca en la historia ha alcanzado la igualdad social y económica hasta que ese grupo logra primero la igualdad política... Y la igualdad política significa estadidad".[27] Este argumento es central en el programa de Romero: es la base de su estrategia para alcanzar la estadidad. La demanda de igualdad en la ciudadanía se levanta sobre la noción de que los puertorriqueños han cumplido con sus deberes como ciudadanos estadounidenses pero no han recibido los beneficios completos de su ciudadanía.

Los deberes y obligaciones de la ciudadanía

La demanda de igualdad política presupone que los puertorriqueños tienen unos derechos de ciudadanía que les son violados o no reconocidos por el Estado norteamericano. Pero el concepto de ciudadanía implica tanto derechos como obligaciones. El argumento del PNP es que los puertorriqueños, aunque no se les ha reconocido la totalidad de sus derechos como ciudadanos, han cumplido con las obligaciones de la ciudadanía: han pagado su "impuesto de sangre" al defender a los Estados Unidos en sus guerras. El cumplimiento del deber militar les concede a los puertorriqueños "el derecho fundamental de igual protección en su propio país".[28] No debe sorprender, entonces, que la propaganda de la administración de Romero, particularmente en los Estados Unidos, resaltara la partici-

---

[26] Carlos Romero Barceló, "Speech Delivered Before the Committee on Decolonization of the United Nations", New York, August 28, 1978, reproducido en *Puerto Rico Business Review* (Special Supplement) (San Juan: Government Development Bank, ND), p. 4. Además, Romero Barceló, "Statehood for Puerto Rico" (1979), p.1567; y Partido Nuevo Progresista, "Declaración de Loíza", *El Nuevo Día*, 11 de marzo de 1983, p. 23.

[27] Romero Barceló, "Statehood for Puerto Rico" (1983), p. 7-8; traducción del inglés por el autor.

[28] Luis R. Dávila Colón, "The Blood Tax: The Puerto Rican Contribution to the United States War Effort", *Revista del Colegio de Abogados de Puerto Rico* 40:4 (noviembre 1979), p. 618.

pación de los puertorriqueños en las fuerzas armadas y en las guerras de este país.[29]

El concepto de "impuesto de sangre" también implica que los puertorriqueños han pagado su parte de contribuciones, en sangre. Los puertorriqueños no pagan contribuciones federales —un deber fundamental de la ciudadanía— debido a que así lo establece la relación entre el ELA y los Estados Unidos. Pero los puertorriqueños han cumplido con sus deberes de ciudadanía al tener una de las tasas de participación militar y de muertes en guerra más altas de toda la federación. Esto es suficiente para que se les reconozca su igualdad como ciudadanos: "Es un principio americano muy bien conocido que la imposición de tributos sin representación es tiranía. Los ciudadanos americanos de Puerto Rico pueden añadir con dignidad que la forma más alta de tributación es el reclutamiento militar. En este sentido, los puertorriqueños han pagado más de lo debido". Este argumento implica que, aunque Puerto Rico no es un "territorio incorporado" (etapa previa a la estadidad), ha pagado sus contribuciones a la federación, lo que lo cualifica para la estadidad. Lo que es todavía más importante, ya que los puertorriqueños han cumplido con sus deberes de ciudadanía, tienen el derecho de recibir sus beneficios, particularmente el recibir "trato igual" en la distribución de fondos federales.[30]

Los fondos federales juegan un papel crucial en el programa de Romero. Como discutiéramos anteriormente, la igualdad política no es importante como tal, sino como un medio para proveer la igualdad social y económica; "igual trato" significa la igual participación en los programas federales de ayuda económica y social.[31] Los fondos federales han jugado un papel importante en todos los programas estadistas contemporáneos, pero su papel estratégico ha cambiado. Para Ferré, los fondos federales servían

[29] Ver, por ejemplo, PRFAA, *Puerto Rico, U.S.A.: In Defense of Democracy* (Wash., D.C.: PRFAA, 1979), p. 1; y PRFAA, *Dateline... Puerto Rico, U.S.A.* (May-June 1980), pp. 8-10; *ibidem,* (November-December 1980), pp. 8-10; *ibidem,* (July-August 1980), pp. 11-14.

[30] Cita de Dávila Colón, "The Blood Tax", p. 628 y además pp. 616 y 618. También, Romero Barceló, "Address Fourth of July 1981", pp. 23-26; y Carlos Romero Barceló, "Por el bien de nuestra causa y el bien de Puerto Rico", Mensaje del Presidente del Partido Nuevo Progresista al Comité Central, 10 de febrero de 1983, Loíza, Puerto Rico, reproducido en *El Nuevo Día,* 21 de febrero de 1983, p. 8.

[31] Romero Barceló, "Address Fourth of July 1981", p. 28.

para aliviar las tensiones sociales producidas por el capitalismo en Puerto
Rico. Para Romero, los fondos federales son necesarios porque "Puerto Rico
no tiene suficientes recursos materiales para satisfacer sus propias necesidades. Dependemos de los fondos federales para resolver nuestros problemas
básicos... Eso es una realidad inalterable".[32] Para Ferré las reformas económicas y sociales eran necesarias para proveer estabilidad al capitalismo; los
fondos federales, pues, tenían un papel secundario en su programa social.
Para Romero, los fondos federales *son* la reforma social y económica; de
aquí su centralidad en el programa económico estadista para Puerto Rico.
Según observó un analista extranjero: "el programa de recuperación económica del gobernador [Romero] está basado en la no muy republicana teoría
de que el gasto federal es el mejor programa económico [*bootstrap*] para
Puerto Rico".[33] Pero para Romero, la única "forma digna de los puertorriqueños solicitar fondos federales es en igualdad de condiciones con los
demás estados".[34] Es ésta la principal razón para la retórica de "igualdad" de
Romero. Además, los fondos federales promueven la base estructural para el
apoyo popular a la estadidad. Preguntado sobre si "la dependencia en los
fondos federales es una forma de acercarnos a la estadidad sin que el pueblo
haya hecho esa determinación tan importante", Romero respondió: "Ciertamente lo es".[35]

La estrategia y requisitos para la estadidad

El discurso sobre la "igualdad" le proveyó a Romero las bases para su
estrategia estadista: "estadidad ahora" o estadidad por *fait accompli*. Como
discutiéramos anteriormente, para Ferré la obtención de la estadidad sería a
través de un proceso gradual; se movería al ELA hacia ese objetivo en etapas
que fortalecieran los vínculos de "unión permanente" que facilitaran la
estadidad (por ejemplo, el voto presidencial). Para Romero, por el contrario, Puerto Rico está ya preparado para la estadidad; es necesario, sin
embargo, usar la estrategia adecuada para alcanzarla. Nada es más revelador

---

[32] "Carlos Romero Barceló se prepara para el '76", *Avance*, 20 de mayo de
1974, p. 13-14. Además, *La estadidad es para los pobres*, p. 19-20.

[33] Jonathan Evan Maslow, "Puerto Rico the 51st State?", *The New Republic*, 2
de julio de 1977, p. 13; traducción del inglés por el autor.

[34] "CRB se prepara para el '76", p. 13.

[35] En "Should Puerto Rico be a State", *US News and World Report*, 11 de abril
de 1977, p. 14.

de la estrategia de Romero para la estadidad que su concepción sobre los requisitos para la estadidad.

Previamente al plebiscito de 1967, la Comisión del Status enumeró tres requisitos para la estadidad: a) estabilidad económica y política; b) apoyo mayoritario para la estadidad entre los puertorriqueños; y c) apoyo congresional para la estadidad. El PNP bajo Ferré usó estos requisitos para definir su estrategia evolucionaria hacia la estadidad. El grupo de Romero, sin embargo, presentó su propia versión de los requisitos para la estadidad, moldeados por su estrategia de "estadidad ahora":

La constitución de los Estados Unidos no establece condiciones para la estadidad. Pero el Congreso tradicionalmente ha requerido que tres normas sean cumplidas para la admisión:

1) Que los residentes del propuesto nuevo estado estén imbuidos de los principios de la democracia ejemplificados por la forma americana de gobierno...

2) Que una mayoría del electorado del propuesto nuevo estado desee la estadidad...

3) Que la población y los recursos sean suficientes para mantener el gobierno del nuevo estado y para pagar la porción de los costos que el nuevo estado deba al gobierno federal.[36]

Las diferencias entre la versión de la Comisión del Status y la de Romero son claras. Primero, el requisito de estabilidad económica y política no tiene relación alguna con los ideales de una población; ésta puede estar "imbuida" de ideales democráticos y, aun así, tener inestabilidad económica y política. Segundo, la capacidad de "contribuir en los gastos" del gobierno federal depende en gran medida de la estabilidad económica y política del nuevo estado. Tercero, la versión de Romero no menciona lo que es tal vez el requisito más importante: la aprobación de la estadidad por el Congreso.

El grupo de Romero estaba consciente de los requisitos establecidos por el Congreso para la admisión de un nuevo estado. Por ejemplo, Romero atacó a aquellos que argumentaban que, al obtener la estadidad, Puerto Rico se convertiría para los Estados Unidos en otro Irlanda del Norte, otro Quebec, u otra región Vasca; Romero resalta la estabilidad política de que ha gozado Puerto Rico, "donde ningún gobierno ha sido derrocado por

---

[36] PRFAA, *U.S.A.: A Political History*, p. 15-16; traducción del inglés por el autor.

una revuelta interna... [y] no existe razón alguna para suponer que el advenimiento de la estadidad daría por resultado un aumento significativo de la violencia".[37] Contrariamente al argumento tradicional del PNP de que Puerto Rico estaba en medio de una crisis económica, Romero ensalza el desarrollo económico producido por la industrialización y la presencia del capital estadounidense en la Isla.[38]

Esta omisión del papel del Congreso en el proceso de admisión a la federación no fue un olvido involuntario, sino parte intrínseca de la estrategia estadista de Romero y su grupo. La admisión de Puerto Rico como estado requiere el apoyo de las instituciones políticas y de la opinión pública de los Estados Unidos. Para ganar este apoyo, la administración de Romero creó la Administración de Asuntos Federales de Puerto Rico ("Puerto Rico Federal Affairs Administration") en Washington, D.C., cuyo propósito era vender la idea de la estadidad puertorriqueña a los estadounidenses. Pero si Romero estaba consciente de la necesidad de obtener apoyo del Congreso y del público de los Estados Unidos, ¿por qué omitir el papel del Congreso en los requisitos para la estadidad? La razón es simple: esto implicaba una disposición del Congreso a admitir a Puerto Rico a la federación, lo que el Congreso estaba renuente a hacer en aquel momento y en el futuro inmediato. Dada esta situación, la estrategia de Romero fue la de obtener la estadidad por *fait accompli*: los ciudadanos estadounidenses de Puerto Rico demandarían sus derechos constitucionales, su igualdad política, del mismo cuerpo político que les otorgó la ciudadanía. De acuerdo con Romero, los puertorriqueños

> tienen un inherente derecho constitucional a la igualdad política, y se tiene igualdad política solamente con el voto y la representación. Así que si nosotros hubiéramos de celebrar un plebiscito en Puerto Rico y la mayoría de los puertorriqueños votaran por la estadidad, eso significaría que nosotros estaríamos demandando esa igualdad política. Si el Congreso rechazara esa petición, eso sería negar la democracia misma...[39]

---

[37] Romero Barceló, "The Case for Statehood", p. 69.

[38] PRFAA, *Puerto Rico, U.S.A.: Science and Industry* (Washington. D.C.: PRFAA, sf); y *Puerto Rico U.S.A.* (Washington, D.C.: PRFAA, sf), pp. 49-63.

[39] Romero según citado por Ronald Walker, "Romero and Statehood", *The San Juan Star*, 11 de octubre de 1982, p. 17; traducción del inglés por el autor. Este es el argumento elaborado por el Grupo de Investigadores Puertorriqueños, un

He aquí la importancia del discurso político de Romero sobre la "igualdad": el hacer quedar mal al Congreso, dañándole la imagen internacional a
los Estados Unidos, si éste rechazaba la demanda de estadidad de los
puertorriqueños:

> ¿Cómo... podría América predicar la democracia y los derechos humanos
> en cualquier parte del planeta luego de haberle negado rotundamente
> la igualdad política a sus propios ciudadanos? Además, aparte de ser
> mofada como increíblemente hipócrita, bajo tales circunstancias los
> Estados Unidos casi seguramente serían también acusados de vergonzoso
> racismo [*blatant bigotry*], ya que el objeto de su rechazo sería una
> población que busca la admisión a la nación como el primer y único
> estado hispano-parlante.[40]

Para Romero, la demanda de estadidad por los puertorriqueños es suficiente para que el Congreso se vea obligado a otorgarla; la aprobación previa por
el Congreso no debe ser un requisito.

Esta estrategia "inmediatista" hacia la estadidad fue desarrollada en el
aspecto teórico por un grupo de jóvenes estadistas. Aseguran que Puerto
Rico cumple con las "guías Jeffersonianas" para la admisión a la federación:
una población adecuada; experiencia en la vida democrática; y el deseo de la
estadidad. Puerto Rico debe seguir el "plan Tenesí", según el cual, la
población del territorio se organiza políticamente y demanda del Congreso
la estadidad. Afirman también que Puerto Rico, como muchos otros
estados, ha atravesado por la "experiencia colonial" y que la única solución
digna es la estadidad. Añaden que, aunque el Congreso tiene la potestad de
admitir nuevos estados, el "principio de soberanía popular" le otorga a la
población del territorio el derecho a la autodeterminación —el derecho de
formar un nuevo estado dentro de la federación. El proceso de admisión a
la federación debe iniciarse una vez que una mayoría (del 60 por ciento) de
la población apoye la estadidad. Concluye el argumento de la siguiente
forma:

---

grupo de jovenes estadistas interesados en proveer un argumento para la estadidad,
en su voluminoso, pero confuso, *Breakthrough From Colonialism: An Interdisciplinary
Study of Statehood* (Río Piedras: Editorial de la Universidad de Puerto Rico, 1984),
particularmente la parte 5 en el vol. 2.

[40] Romero Barceló, "The Case for Statehood", p. 67; traducción del inglés por
el autor.

Al no haber impedimento constitucional, legal o histórico a la admisión de Puerto Rico a la Unión, la población de la Isla puede demandar la admisión legítimamente como un derecho inalienable de su ciudadanía americana y como un derecho a la igual protección. Una vez que la petición para la admisión ha sido hecha, la estadidad es la única solución racional, democrática y digna al problema del status político de Puerto Rico.[41]

El programa de "estadidad ahora" del PNP bajo Romero representó un intento de movilizar un apoyo masivo en Puerto Rico para forzar al Congreso a bregar con el asunto de la estadidad para la Isla. La estrategia de "estadidad por *fait accompli*" reflejó la fuerza del movimiento estadista en este período; fue la respuesta a los ataques hechos al ELA tanto en los Estados Unidos como en Puerto Rico. Si el PNP tuvo algún éxito en elaborar un argumento ético-legal para la estadidad, tuvo menos éxito en elaborar una estrategia económica viable de transición a la estadidad.

El programa de transición económica a la estadidad

La estrategia política del PNP estuvo acompañada de una política de recuperación económica vinculada al programa de transición económica a la estadidad. El programa de transición de cinco puntos de Romero no difería en esencia del presentado anteriormente por Ferré y Burns: 1) "trato igual" en todos los programas federales; 2) la imposición gradual de contribuciones federales en un período de veinte años; 3) el ajuste concomitante de la estructura fiscal de Puerto Rico; 4) la reforma del programa de exención contributiva; y 5) el aumento gradual en la representación puertorriqueña en el Congreso hasta alcanzar la representación debida.[42] Al igual que antes, los aspectos económicos del programa de transición a la estadidad eran problemáticos; en particular, cómo convencer a los Estados Unidos de la viabilidad económica de Puerto Rico como estado a la vez que se elabora una estrategia de desarrollo económico para la Isla.

---

[41] Nélida Jiménez Velázquez and Luis R. Dávila Colón, "The American Statehood Process and Its Relevance to Puerto Rico's Colonial Reality", en Heine, *Time for Decision*, p. 260. Argumento elaborado más extensamente en *Breakthrough From Colonialism*, particularmente vol. 2, cap. 4, pt. 4.

[42] "Exención contributiva: Una polémica que se traduce en 5 puntos para traer la estadidad por filtración", *Avance*, 18 de noviembre de 1974, p. 6-7.

El problema más apremiante, sin embargo, fue lo concerniente al programa de industrialización basado en la exención contributiva: esto es, cómo asegurar la inversión de capital estadounidense en Puerto Rico luego de terminados los incentivos actuales. Varias alternativas fueron sugeridas. El entonces Comisionado Residente Baltasar Corrada del Río propuso que se le reconociera la exención contributiva federal hasta que expire su término a las industrias que gozan de ella en la actualidad, y que cualquier impuesto cobrado a estas industrias le sea devuelto al gobierno de Puerto Rico durante el período de transición para "desarrollar un programa de incentivos y subsidios para aquellas industrias que han gozado de exención contributiva".[43] Romero, por otro lado, insistía en que el gobierno de los Estados Unidos asumiera responsabilidad por la deuda pública de Puerto Rico, ya que esto "permitiría a Puerto Rico dedicar más de sus recursos locales a satisfacer los requisitos de infraestructura de su economía posestadidad".[44] Estas propuestas reflejan el programa de transición de Romero: el proveer nuevos incentivos al capital estadounidense, incluyendo subsidios federales directos o indirectos.

El problema principal del programa de transición económica estadista es cómo lograr que el capital estadounidense, que está exento de pagar contribuciones federales, permanezca en la Isla. Dos soluciones relacionadas entre sí han sido presentadas. Primero, la atracción de industrias de alta tecnología que puedan pagar el salario mínimo federal y para las cuales la exención contributiva no sea el principal incentivo para establecerse en Puerto Rico. Esta política económica fue impulsada por los gobiernos de Ferré y Romero. La segunda fue presentada por Arthur Burns ante la Comisión del Status: argumentar que la estadidad proveerá la estabilidad política necesaria para asegurar la inversión estadounidense en Puerto Rico.[45] Este argumento fue expuesto por Romero ante inversionistas estadounidenses; sostiene que, aunque algunas "industrias marginales" abandonarán la Isla con la estadidad, la mayoría no lo hará:

---

[43] Baltasar Corrada del Río, U.S. Congress. House, "Puerto Ricans Celebrate Adoption of Constitution", *Congressional Record*, 95th Congress, lst Session, vol.123, no.20, July 25, 1977, p. 24837. Traducción del autor.

[44] Romero, "The Case for Statehood", p. 79.

[45] "Presentation by Dr. Arthur Burns, Liason Consultant on Behalf of Statehood for Puerto Rico," en United States-Puerto Rico Commission on the Status of Puerto Rico, *Status of Puerto Rico: Hearings*, vol. 3 (Washington, D.C.: U.S. Government Printing Office, 1966, pp. 623-35.

¿Por qué? Porque aunque las retribuciones a la inversión pueden ser menores bajo la estadidad, el inversionista considera la ganancia potencial como una función directa del riesgo, y la seguridad y estabilidad política ofrecida por la estadidad automáticamente reducirá la demanda existente actualmente por una retribución mayor en las inversiones en Puerto Rico que la demanda de retribución en los Estados unidos.[46]

Esta fue la base programática de la política económica de la administración de Romero; en particular su intento de enmendar el programa de exención contributiva (con la ley de Incentivos Industriales de 1978) y la insistencia porfiada en la promoción de industrias de alta tecnología. Esto no resuelve, sin embargo, el problema de cómo puede Puerto Rico competir con los otros estados de la federación que les ofrecen a los inversionistas los mismos incentivos y estabilidad política, o con los bajos salarios de los países del Tercer Mundo. La respuesta a esto fue argumentar que Puerto Rico puede ofrecer el mejor de ambos mundos: los incentivos y la estabilidad ofrecida por los estados y las altas tasas de ganancia producidas por salarios más bajos que en los Estados Unidos.[47]

Bertram Finn, ex-Director del Consejo Financiero del Gobernador Romero, elaboró claramente el programa de transición económica. Finn basó su argumento para la viabilidad económica de la estadidad en las llamadas "ventajas comparativas" de Puerto Rico. La primera de estas ventajas son los "recursos naturales y humanos" de la Isla. Puerto Rico puede explotar sus reservas de cobre y petróleo, y así incrementar la importancia económica de la Isla para los Estados Unidos, a la vez que se estimula nueva inversión de capital estadounidense. Pero "la mayor ventaja comparativa de Puerto Rico" son sus "recursos humanos", esto es, su fuerza de trabajo. Finn resalta que el "excedente en mano de obra" asegurará salarios más bajos que en el continente, aun después de la estadidad; éste será el mayor incentivo para el capital estadounidense en la Isla.[48] La segunda "ventaja comparativa" de Puerto Rico es su clima, ideal para el

---

[46] Romero, "Statehood for Puerto Rico" (1983), p. 5, traducción del inglés por el autor; "The Case for Statehood", p. 79; "Should Puerto Rico be a State?", p. 47; *La estadidad es para los pobres*, pp. 59-61.

[47] Romero, "The Case for Statehood", p. 79. Ver también *Puerto Rico Bussiness Review* 5:3 (March 1980), p. 2.

[48] Bertram Finn, "The Economic Implications of Statehood", en Heine, *Time for Decision*, pp. 185, 188, 198, 207-208.

turismo y la agricultura, y su proximidad a los mercados del Caribe y América Latina. De acuerdo con Finn, bajo la estadidad Puerto Rico tendrá acceso a la alta tecnología necesaria para desarrollar una agricultura de exportación dirigida hacia los Estados Unidos y estimulará nuevas inversiones en el turismo local. El crecimiento de estas áreas, junto a las de manufactura, construcción, servicios, comercio y finanzas, le proveerán a la economía de Puerto Rico el "balance estructural" para hacer económicamente viable la estadidad. La manufactura se beneficiará de los bajos salarios, mientras que la construcción y los servicios tomarán ventaja del aumento en fondos federales luego de la estadidad. Además, la estadidad estimulará la expansión del comercio, las finanzas y los servicios al convertir a Puerto Rico en un centro de la actividad económica de los Estados Unidos en el Caribe y la América Latina.

Sin embargo, dos áreas necesitarán ayuda especial del gobierno federal: la integración de Puerto Rico en la estructura fiscal de los Estados Unidos, y la reforma del programa de industrialización basado en la exención contributiva. Finn reitera la necesidad de un período de transición de veinte años para ajustar la estructura fiscal de Puerto Rico a la de Estados Unidos. Además, propone que el gobierno federal reconozca las exenciones actuales y les permita expirar. Para aliviar la condición fiscal del nuevo estado, Finn propone la eliminación gradual de los derechos de aduanas; la transferencia de tierras propiedad del gobierno federal en Puerto Rico al nuevo estado; y ayuda monetaria al nuevo estado como se ha hecho en casos anteriores. Ayuda económica adicional a Puerto Rico podría darse en forma de un tratamiento estatutario especial (e.g., exención de leyes marítimas federales) y la asignación de una cantidad fija de contratos gubernamentales a industrias en Puerto Rico. Finalmente, Finn reitera el pedido de que el gobierno federal asuma la responsabilidad por la deuda pública de la Isla.

La transición a la estadidad promovida por el PNP bajo Romero era muy cara para los Estados Unidos. Pero esta estrategia se levantaba sobre el convencimiento de que el gobierno estadounidense estaría dispuesto a pagar el precio, ya que la estadidad es la única forma de asegurar los intereses estratégicos y económicos de los Estados Unidos en el Caribe y en América Latina.[49] Romero promovió la idea de que Puerto Rico se convir-

---

[49] Carlos Romero Barceló, "The Russian Threat to the Americas", *Vital Speeches*, no.45 (May 15, 1981), p. 457-58. Además, Carlos Romero Barceló, *Forjando el futuro*, editado por Antonio Quiñones Calderón (Hato Rey: Ramallo Bros., 1978), p. 211-12; y *The San Juan Star*, 12 de mayo de 1982, p. 20.

tiera en la respuesta estadounidense a "la amenaza rusa en las Américas". Una forma de servir la "causa de la libertad" fue acceder a que unidades de la Guardia Nacional de Puerto Rico participaran en maniobras militares en el Caribe y Centroamérica. Finalmente, el PNP argumenta que tener un "estado hispano-parlante" mejoraría las relaciones de los Estados Unidos con América Latina y con su propia población hispana.[50]

La estrategia de Romero se basó en el hecho innegable de que Estados Unidos tiene intereses económicos y militares importantes en Puerto Rico y que está dispuesto a pagar un alto precio para retener el territorio. La administración de Romero intentó implantar varias medidas para facilitar la transición a la estadidad, particularmente durante su primer cuatrenio (1977-1981), cuando el PNP controló el Ejecutivo y ambas cámaras del Legislativo.

La administración de Romero

Un nuevo gobierno PNP

Las elecciones de 1976 demostraron que el grupo de Romero tenía el control de la maquinaria y del programa partidario desde la reorganización del partido llevada a cabo dos años antes. De igual forma, el programa electoral del PNP reflejó la influencia de Romero. Conceptos como "Nueva vida", "redención", y "justicia social", que fueron centrales en el programa de Ferré, desaparecieron del programa de 1976. Aunque en éste se prometía avanzar la causa de la estadidad, se puso mayor hincapié en el "programa de recuperación económica".[51]

---

[50] Sobre el tema anticomunista: Romero, "The Russian Threat to the Americas", p. 457. Además, *The San Juan Star,* 1 de febrero de 1982, p. 6; George McDougall [Ayudante Especial de Romero] "War Zone" y "Bad News" en *ibidem,* 11 y 14 de enero de 1982, p. 17 y 18, respectivamente; *El Nuevo Día,* 30 de mayo de 1983, p. 2; y *The San Juan Star,* 12 de noviembre de 1983, p. 2.

Sobre el uso de la guardia nacional: Romero, "... The Case for Statehood", pp. 72-75. Para el apoyo de la administración de Romero a las actividades militares estadounidenses en la región ver: *El Nuevo Día,* 17 de agosto de 1983, p. 5; *The San Juan Star,* 2 de febrero de 1983, p. 1; 23 de septiembre de 1982, p. 6; 29 de abril de 1983, p. 3.

[51] El Programa PNP de 1976 en Reece B. Bothwell, ed., *Puerto Rico: Cien años de lucha política* (Río Piedras: Editorial Universitaria, 1979), vol.I, pt.2, p. 1293.

El objetivo principal del programa de recuperación económica del PNP era "restaurar la fe y confianza" del sector privado en el gobierno y, de esta forma, estimular la inversión privada. Esto era un ataque directo a la política de intervención gubernamental de la administración de Hernández Colón; respondía también a la noción de que este tipo de actividad debería ser eliminada para poder mover a Puerto Rico hacia la estadidad.[52] El programa de "recuperación económica" prometía restaurar las áreas de manufactura, servicios, turismo, agricultura, construcción y comercio (las áreas económicas "vitales" para la estadidad, según Finn). Mientras se criticaba el programa de exención contributiva existente, el programa del PNP propuso "reforzar el programa de fomento industrial para incluir... la promoción de industrias de servicios" (definidas como comercio, transportación, comunicaciones, utilidades públicas, finanzas, seguros y bienes raíces); esto es, para expandir el programa de exención contributiva con la inclusión de estas áreas. Otra propuesta importante fue la de crear el llamado "Fondo para el Desarrollo de Puerto Rico", cuyo propósito era fomentar la "formación interna de capital". El Fondo estaría compuesto de inversiones públicas y privadas, y recibiría dinero de los sistemas de retiro privados y del gobierno, de la venta de terrenos del gobierno, de ingresos gubernamentales procedentes de la explotación del cobre y de los fondos 936. Su propósito era promover "el desarrollo de la infraestructura económica de Puerto Rico".[53] El programa económico del PNP en 1976 reflejó la existencia de un nuevo programa en el PNP y presentó los contornos de la política económica que implementaría la administración de Romero.

La campaña electoral del PNP en 1976 no discutió el asunto de la estadidad, y se promulgó la consigna de que "el status no está en issue", (esto es, que las elecciones no debían usarse para debatir el status político de la Isla). La campaña electoral del PNP llamó la atención sobre los desaciertos económicos de la administración de Hernández Colón, atribuyéndole todos los males económicos de la Isla. En la campaña de 1976, Romero argumentó sobre la necesidad de continuar con el ELA y su programa de industrialización hasta que la mayoría del pueblo se decidiera por la estadidad; prometió, sin embargo, que su administración promovería la estadidad en la Isla y en los Estados Unidos. Un aspecto crucial de esta

---

[52] Romero, "The Case for Statehood", p. 77.

[53] Del programa del PNP en 1976, en Bothwell, *Puerto Rico*, vol. I, pt. 2, pp. 1300-1307.

campaña electoral fue la presentación de Romero como "un hombre de pueblo", acentuando la retórica "populista" del partido y su candidato.[54]

El triunfo electoral del PNP en 1976 reflejó el creciente apoyo al partido en la Isla: el PNP recibió 158,000 votos más que en las elecciones anteriores; su fuerza electoral creció en todos los pueblos de la Isla menos en una; ganó una mayoría de votos en 22 pueblos y ganó 40 alcaldías; eligió 33 de los 51 representantes a la Cámara y 14 de los 27 Senadores, obteniendo así el control de la Legislatura; ganó en 9 de 10 pueblos con más de 50,000 habitantes y en 5 de 6 pueblos de las áreas metropolitanas de San Juan, Ponce y Arecibo; de igual forma tuvo éxito en pueblos con muy poco o ningún crecimiento económico. El apoyo al PNP provino tanto de los grandes centros urbanos, con su concentración de sectores sociales intermedios (servicios, finanzas, administración pública), de la pequeña burguesía comercial, y de áreas económicamente marginadas, como de las regiones económicamente estancadas de la Isla (regiones central y oriental). El anexionismo puertorriqueño había cesado de ser un fenómeno "urbano" y se había extendido a través de toda la Isla.

La reorganización del PNP que realizara Romero en 1973 alteró la composición social del liderato partidario. El gobierno de Romero se caracterizó por una división socio-política del trabajo: la administración fue encargada a los "políticos profesionales", mientras que la política económica estuvo en manos del sector proveniente de la banca y las finanzas. Un estudio de la composición de las últimas cuatro administraciones de gobierno en Puerto Rico concluyó que la mayoría de los administradores bajo Romero (1977-1981) provinieron de la administración pública (44 por ciento) y del sector privado (35 por ciento); la mayoría de los no provenientes del sector privado estuvieron en el gobierno de Romero en la capital. El estudio concluyó también que "aumentaron los políticos profesionales en las agencias gubernamentales" durante esa misma administración.[55] Aunque esto aseguró el control de Romero sobre la estructura gubernamental,

---

[54] "CRB: El status no es el issue de la campaña", *El Mundo*, 13 de octubre de 1976, p. 1A; "Romero: Hay que continuar con ELA mientras el pueblo no pida estadidad", *ibidem*, 23 de octubre de 1976, p. 10C. Además *ibidem*, 20 de octubre de 1976, pp. 10-11A; 13 de octubre de 1976, p. 12C; 18 de octubre de 1978, p. 1A. Esta imagen "populista" fue presentada también en la propaganda electoral; vea Comité Carlos '76, *Carlos Romero Barceló...el hombre, el amigo, el político* NP: Comité Campaña Carlos ' 76, 1976).

[55] Juan A. Ríos Vélez, "Análisis del diseño de la rama ejecutiva para determinar el tipo de gobierno que se quiere implantar" (Tésis de Maestría, Escuela de Administración Pública, Universidad de Puerto Rico, 1981), pp. 47 y 52.

también promovió la corrupción rampante que caracterizó su administración.

La mayoría de los administradores en el gobierno de Romero provenientes de la empresa privada venían de la banca y las finanzas; estos fueron responsables de elaborar la política económica de Romero, que favoreció grandemente a la banca y las finanzas.[56] Este es un elemento importante que diferencia las políticas económicas de Ferré y Romero, con importantes consecuencias para los respectivos programas estadistas. La importancia de la burguesía financiera y bancaria en el programa económico de Romero refleja el predominio de estos sectores en la economía puertorriqueña para mediados de los años setenta. El sector bancario-financiero, y sectores aliados como los "servicios" (comunicaciones, comercio, turismo) se convirtieron en el eje del nuevo programa estadista. Las principales políticas económicas del gobierno de Romero (ley de Incentivos Industriales, el programa de plantas gemelas, los nuevos incentivos, el centro de mercadeo internacional) representaban los intereses de estos sectores.

Las transformaciones económicas de los años setenta que empujaron al capital financiero a ser avanzada de la economía de Puerto Rico también fortalecieron la posición de la burguesía financiera puertorriqueña dentro de las esferas de la burguesía local. Un análisis de la banca local refleja que la burguesía financiera local creció a la par que el capital financiero en general. Aunque permanecen subordinados a los bancos estadounidenses, los bancos locales controlaron el 54 por ciento de los activos totales entre 1976 y 1982 y mantuvieron su porción del bizcocho 936, controlando una cuarta parte de los fondos 936 en los bancos comerciales de la Isla.[57]

---

[56] El primer director de Fomento bajo Romero, Manuel H. Dubón, era un abogado corporacionista (ley contributiva), y su sucesor, José R. Madera, provino del sector bancario (Citibank); la Secretaria de Hacienda, Carmen A. Culpeper, también provino del sector bancario (Citibank), al igual que el primer presidente de PRIDCO bajo Romero, Enrique Rodríguez-Negrón (Bank of America, Banco Popular, Swiss Bank) y su sucesor, Eugenio H. Fontanes (Citibank, Banco Crédito y Ahorro Ponceño). También provenientes del sector bancario fueron Mariano Mier, ex-Presidente del Banco Gubernamental de Fomento (Banco Popular); Luis S. Montañez, Director de la Oficina del Presupuesto (Banco de San Juan); Ivar Pietri, Ayudante Especial de Romero y luego Vice-presidente del BGF (Citibank); y Neil Montilla, Presidente de PRIDCO (Citibank). Nelson Famadas, Director del Consejo Económico del Gobernador, era socio de una firma de consultoría financiera; su predecesor, Bertram Finn, antes con Fomento, paso a ser Vice-presidente de A.G. Becker de Puerto Rico.

[57] "Análisis de la banca comercial de Puerto Rico", *El Mundo,* 5 de febrero de 1982, p. SC8; *Informe Económico al Gobernador, 1982,* p. 133.

Lo anterior es parte de un proceso en el que la posición de la burguesía industrial local ha declinado y el capital estadounidense ha incrementado su control sobre la industria del país. Desde que comenzó el programa de industrialización del ELA la proporción del ingreso manufacturero neto de la Isla obtenido por las fábricas promovidas por Fomento se ha incrementado consistentemente: en 1970 el 81.6 por ciento del ingreso manufacturero provenía de industrias promovidas por Fomento (mayormente estadounidenses); para 1980 esta cifra alcanzaba el 92.5 por ciento. Aunque el número de firmas locales promovidas por Fomento ha aumentado desde los años setenta, su número e importancia económica son mínimos. El capital estadounidense domina las principales áreas manufactureras: químicos y electrónica. Los bastiones del capital local en la manufactura (alimentos y vestidos) han perdido su importancia económica (de 34.8 por ciento del ingreso neto manufacturero en 1970 al 19.5 por ciento en 1982). Más aún, estas industrias han sido fuertemente penetradas por el capital estadounidense. De acuerdo con un estudio gubernamental, las industrias menos productivas corresponden a las de capital local: cueros, plásticos, ladrillos y cristal. Entre 1980 y 1982 el 59 por ciento de todos los cierres de fábricas fue en industrias en las que el capital local era predominante (cueros, ropa y textiles, madera, muebles, tabaco, procesamiento de alimentos, productos de piedra y papel).[58] Estos desarrollos se reflejaron en el programa y en la política del PNP.

La burguesía y los sectores sociales intermedios vinculados al capital financiero y bancario tomaron una posición dominante en el PNP bajo Romero. Estos sectores estaban localizados en las áreas de la economía más integradas en el capital estadounidense: banca, finanzas, manufactura de alta tecnología y servicios. Su posición económica y social se reflejó en el programa estadista. En el programa de Ferré, la estadidad era parte de un proyecto histórico más amplio de la burguesía industrial local, entre cuyos propósitos estaba el de asegurar y fortalecer la base económica de la burguesía local como un mecanismo para asegurar la reproducción del

---

[58] Cifras de la Junta de Planificación, *Estadísticas socio-económicas 1980* (San Juan: División de Análisis Económico, 1980), pp. 3-4; *Informe Económico al Gobernador, 1983* (San Juan: Junta de Planificación, 1984), p. A7; e *Informe Económico al Gobernador 1982,* p. 69. Además, Oficina del Gobernador, Consejo Asesor Sobre Política Laboral, *Plan de acción para aumentar la productividad en la economía de Puerto Rico: Diagnóstico y recomendaciones* (San Juan: Consejo Asesor, 1979), p. 37.

capitalismo en Puerto Rico. El PNP bajo Romero no tiene otro proyecto histórico que la estadidad; ya que estos sectores intermedios están vinculados y subordinados crecientemente al capital estadounidense, su proyecto histórico es asegurar la presencia de este capital en la Isla a través de políticas económicas que lo favorezcan; la estadidad es la forma más segura para alcanzar este objetivo.

La economía política de la igualdad I: incentivos, "como los demás estados"

La administración de Romero confrontó una crisis económica en Puerto Rico, crisis de base estructural y no meramente coyuntural (sacudidas del petróleo a comienzos de los años setenta, recesión, etc.). Esta crisis, producto de los cambios en la economía mundial y en la de Estados Unidos,[59] afectó grandemente la estructura social y económica de Puerto Rico. La administración de Romero tiene que ser entendida entonces investigando cómo bregó con la crisis a la misma vez que presentaba un programa de crecimiento económico, necesario para promover la estabilidad política y hacer de la estadidad una alternativa atractiva en los Estados Unidos; su programa económico estuvo vinculado al programa económico de transición a la estadidad.

Un elemento importante del programa económico de la administración de Romero fue la reforma del programa de exención contributiva. Aunque Romero había anunciado que el programa de exención contributiva continuaría, desde el inicio de su gobierno dejó claro que buscaría "alternativas de incentivos adicionales que permitan el fortalecimiento de nuestro crecimiento económico" y que produzcan más empleos; añadió que los incentivos existentes serían extendidos a la industria de servicios.[60] En su primer discurso ante la Asociación de Industriales en marzo de 1977, Romero reiteró su objetivo de reformar el programa de exención contribu-

---

[59] Ver Emilio Pantojas, *Development Strategies as Ideology: Puerto Rico's Export-Led Industrialization Experience* (San Juan: Editorial Universidad de Puerto Rico, 1990); y Edwin Meléndez, "Accumulation and Crisis in the Postwar Puerto Rican Economy" (Ph.D. Diss., Dept. of Economy, Univ. of Massachussetts, 1985).

[60] Carlos Romero Barceló, Mensaje del Honorable Gobernador de Puerto Rico a la Octava Asamblea Legislativa en su Primera Sesión Ordinaria, 24 de febrero de 1977. (San Juan, Administración de Servicios Generales, 1977), p. 25-26.

tiva y dejó claro que, en el futuro, las exenciones serían otorgadas según el número de empleos bien pagados que estas industrias crearan. Respondiendo a las reacciones adversas de la burguesía a su política económica, Romero reafirmó que su administración se "distanciaría del concepto de 100 por ciento de exención contributiva industrial".[61]

A pesar de una fuerte oposición de sectores de la burguesía en Puerto Rico, tanto local como estadounidense, la administración de Romero revisó el programa de exención contributiva con la Ley de Incentivos Industriales de 1978. El preámbulo de la nueva ley establecía que ésta respondía a "un nuevo enfoque del desarrollo industrial y económico de Puerto Rico". Los objetivos de la nueva ley eran: crear más empleos; fortalecer la infraestructura económica como un incentivo adicional al capital extranjero y parear la carga contributiva entre los que pueden pagarla (esto es, las corporaciones extranjeras). La nueva ley eliminó la exención contributiva total, excepto para aquellas industrias que estaban beneficiando en ese momento y para los "intangibles" de cualquier industria. Las nuevas tasas de exención contributiva se establecieron con relación al período de exención acogido, la zona geográfica donde se localiza la nueva industria, los productos manufacturados y, en algunos casos, la nómina de la industria. La ley también les otorgó exención contributiva (hasta un 50 por ciento) a industrias no-manufactureras, las llamadas industrias de servicio (incluyendo al comercio, las finanzas, relaciones públicas, publicidad, comunicaciones, electrónica y equipo científico); otras industrias incentivadas por la nueva ley fueron el turismo, la industria liviana y la industria pesada (incluyendo la farmacéutica).[62]

Los resultados de la nueva ley no fueron los esperados por la administración. El número de empleos y firmas promovidas por Fomento disminu-

---

[61] *Forjando el futuro,* pp. 123-133; Carlos Romero Barceló, Speech Delivered Before the Puerto Rico Manufacturers Association, October 22, 1977, p. 3. Traducción del autor.

En 1982 se desarrolló, un acalorado debate entre el gobierno de Romero y la Asociación de Industriales de Puerto Rico. La AIPR demandó el retorno a la exención contributiva total, mientras que la administración Romero se opuso fuertemente a la propuesta. Vea *The San Juan Star,* 26 de sept. de 1982, pp. B2 y B7; y *El Mundo,* 14 de noviembre de 1982, p. 3A.

[62] "Ley de Incentivos Industriales de 1978", *Leyes de Puerto Rico 1978* (Octava Asamblea Legislativa). (Hato Rey: Equity de Puerto Rico, 1979), p. 59. También, "The 1978 Industrial Incentives Program", en *Puerto Rico Business Review* (Special Supplement-February 1979).

yeron desde 1978 durante la administración de Romero. La carga contributiva tampoco fue distribuida de forma equitativa; de acuerdo con el director de Fomento, José Madera, sólo se recolectaron unos $164 millones en impuestos corporativos entre 1978 y 1982 como resultado de la nueva ley. La nueva ley fracasó también en atraer industrias de servicio a Puerto Rico; desde su aprobación, sólo 35 nuevas "industrias de servicio" se establecieron en la Isla.[63] En julio de 1983, Romero se vio forzado a enmendar la ley de 1978, aumentando la exención contributiva a las industrias de servicio a un 75 por ciento y extendiendo el período de exención. La ley de 1978 fue enmendada también en 1982 para extender el período de exención a las industrias livianas (muchas de estas firmas con 100 por ciento de exención) en un intento por contrarrestar la reducción en los empleos.[64] Bertram Finn, uno de los artífices del programa económico de la administración de Romero, sugirió la necesidad de nuevos incentivos, incluyendo mayores tasas de exención contributiva, para poder atraer al capital estadounidense.[65] En 1983 Romero extendió las exenciones contributivas a industrias de investigación y desarrollo en Puerto Rico, en lo que caracterizó como "una extensión lógica del revisado programa 936", i.e., como una compensación a las corporaciones afectadas por las reformas del Congreso a la Sección 936.[66]

El programa económico de la administración de Romero buscó sustituir el programa de exención contributiva con nuevos incentivos al capital

---

[63] El número de las nuevas industrias promovidas por Fomento declinaron de 196 a 170 entre 1977-78 y 1980-81; las industrias "no-locales" declinaron de 116 a 70 en el mismo período. Ver *El Nuevo Día*, 31 de enero de 1982, p. 4. Cifras de contribuciones corporativas de *The San Juan Star*, 5 de noviembre de 1982, p. 6. Las industrias de servicio son discutidas por Fred H. Martínez, "June 2 Marks Industry Anniversary Incentive Act" and "Service Industry Tax Exemption: Trials and Tribulations", *ibidem*, 16 y 23 de mayo de 1982, p. B3 y B5, respectivamente.

[64] *The San Juan Star*, 12 de julio de 1983, p. 16; *El Nuevo Día*, 4 de diciembre de 1982, p. 27.

[65] *The San Juan Star*, 23 de noviembre de 1981, pp. 1 y 14. Además: Bertram Finn, "U.S. Tax Cuts Can't Match Allure of P.R. Exemptions", *ibidem*, 6 de septiembre de 1981, p. B3; "Signs Point To Possible Recession Recovery", *ibidem*, 6 de junio de 1982, p. B6; y "Boost Tax Exemption to Regain P.R. Edge", *ibidem*, 23 de octubre de 1983, p. B3.

[66] *Ibidem*, 20 de febrero de 1983, p. 1.

estadounidense.[67] Un importante nuevo incentivo fue la creación de AFICA (Autoridad para el Financiamiento de Facilidades Industriales, Médicas, para la Educación y de Control de Contaminación Ambiental). La nueva agencia estaba autorizada a vender bonos para financiar proyectos industriales (para reducir las inversiones corporativas en el cumplimiento de leyes ambientales federales). De 1977 hasta 1983, la agencia emitió $935 millones en bonos (a través de instituciones financieras como A.G. Becker, etc.), la gran mayoría en beneficio de corporaciones estadounidenses en la Isla.[68] Otros nuevos incentivos al capital estadounidense fueron el Fondo de Desarrollo y el Fondo de Liquidez. El Fondo de Desarrollo, supuestamente una subsidiaria del Banco Gubernamental de Fomento, proveería préstamos al sector privado; su fuente de financiamiento era, sin embargo, el Fondo de Liquidez, que obtenía sus fondos de un impuesto de repatriación (*tollgate tax*) de 7 por ciento sobre las ganancias repatriadas por las corporaciones 936. Esto es, las corporaciones 936 podían repatriar 75 por ciento de sus ganancias con un *tollgate tax* (impuesto de repatriación) de 7 por ciento; tenían que reinvertir un 25 por ciento de sus ganancias en la Isla, repatriadas libres de impuestos después de 8 años. Para 1981, el *tollgate tax* de las corporaciones 936 alcanzó $55.8 millones.[69]

Las medidas económicas de la administración de Romero, como la ley de Incentivos Industriales de 1978 y los nuevos incentivos, iban dirigidas a "acostumbrar" a las corporaciones estadounidenses en Puerto Rico a pagar contribuciones y a recibir otros incentivos distintos a la exención local. Se esperaba que, junto a la estrategia de atraer compañías de alta tecnología que pudieran pagar el salario mínimo federal, estas corporaciones —dispuestas a pagar contribuciones a cambio de otros incentivos (salarios más bajos

---

[67] Romero en *Forjando el futuro,* pp. 148-156; y "Governor Announces Economic Stimulus Program", *Puerto Rico Business Review* 2:5 (May 20, 1977), pp. 1-3.

[68] Cifras de 1983 tomadas de *Puerto Rico Business Review* 8:7-8 (July-August 1983), p. 38. Las corporaciones que más se beneficiaron de este programa para 1983 fueron Abbot, Squibb, PPG, Bristol, Cyanamid, Merck, Sharp and Dome, Pfizer, Upjohn, Union Carbide, i.e., farmacéuticas y petroquímicas; también Pepsi, Frito-Lay, Prime Computers, Wang, Star Kist, Weinthrop Labs, Sykes Datatronics, entre otras. Vea *ibidem,* 6:6 (June 1981), pp. 1 y 9; *ibidem,* 5:3 (March 1980), pp. 1 y 15; *The San Juan Star,* junio 16 y 17, 1982, p. 26 y 36, respectivamente; *ibidem,* 24 de noviembre de 1982, p.22; *El Nuevo Día,* 31 de marzo de 1982, p. 72, y 9 de julio de 1982, p. 50.

[69] *Informe económico al Gobernador 1982,* p. A26.

que en los Estados Unidos, fuerza de trabajo diestra, infraestructura, ayuda financiera del gobierno)— estarían en mejor condición de resistir la transición económica a la estadidad; bajo la estadidad tendrían que pagar contribuciones federales, pero estarían exentas de impuestos locales, "como los demás estados". Si a esto le añadimos otras medidas, como la reducción en las contribuciones por ingreso individual y la imposición del salario mínimo federal, se hace evidente que la administración de Romero buscaba adaptar las estructuras contributivas y salariales de Puerto Rico con las de Estados Unidos, como un paso de tránsito a la estadidad.[70]

La economía política de la igualdad II: crecimiento económico y la caribeñización de la economía puertorriqueña

El PNP intentó reemplazar al PPD como el intermediario del capital estadounidense en Puerto Rico; buscaba abrir nuevas áreas de inversión en Puerto Rico y mediar en la expansión del capital estadounidense en el Caribe. El PNP reaccionaba así al programa de industrialización del PPD basado en la exención contributiva a industrias de la manufactura —una estrategia que, argumentaban los artífices de la política económica del PNP, no podía generar un crecimiento económico estable a largo plazo. La estrategia económica del PNP fue llamada de "crecimiento múltiple", porque, en ella, otros sectores, además de la manufactura, serían subsidiados a través de la exención contributiva y otros incentivos. Esta política no excluía la manufactura; por ejemplo, se propusieron nuevos incentivos para industrias de alta tecnología (farmacéuticas y electrónicas).[71] Uno de los incentivos principales era el entrenamiento de la fuerza de trabajo para acoplarla a los "nuevos requisitos" del capital, i.e., proveerle el entrenamiento técnico requerido por la tecnología productiva avanzada. Romero propuso un "fideicomiso para la educación" para financiar la educación técnica de la población escolar. Nelson Famadas, asesor económico de Romero, propuso que Puerto Rico se convirtiera en un centro de investigaciones para

---

[70] *Dateline...Puerto Rico, U.S.A.* (March-April 1981), p. 6.

[71] Bertram Finn, "Need to Redirect Development is Urgent", *The San Juan Star*, 7 de agosto de 1982, p. S2; José Madera, "Strategies Should be Continually Reviewed", *ibidem*, 29 de septiembre de 1983, p. S30; y los comentarios de Nelson Famadas, asesor económico de Romero, *El Nuevo Día*, 11 de junio de 1983, p. 9.

Estados Unidos y el Caribe, donde la investigación industrial, financiada por el gobierno local, sirviera como incentivo adicional para atraer capital estadounidense.[72] La administración de Romero también buscó traer un mayor número de contratos federales a la Isla, particularmente de industrias militares; esta política tuvo algunos resultados positivos. En 1983 la administración de Romero y el Departamento de la Defensa lograron reunir las nueve principales corporaciones militares estadounidenses en la isla-municipio de Vieques, el área de mayor exención contributiva y foco de una confrontación entre la población y la Marina.[73] Otro componente de la estrategia de "crecimiento múltiple" fue el turismo. La administración de Romero trató de fortalecer la debilitada industria turística —con la esperanza de convertir la Isla en un centro turístico de los Estados Unidos— con la ley de Incentivos al Turismo en 1983 la cual extendió el período y la cantidad de las exenciones a esta industria e introdujo nuevos incentivos.[74]

Otra área importante en la estrategia de "crecimiento múltiple" fue la agricultura. El desarrollo agrícola, basado en industrias altamente tecnificadas, proveería al capital estadounidense otra área de inversión, mientras que le permitiría a Puerto Rico aspirar a la auto-suficiencia agrícola y convertirse en un exportador de alimentos tropicales al mercado de los Estados Unidos.[75] De acuerdo con un plan de desarrollo agrícola, anunciado en 1978, la estrategia de la administración de Romero era la de "producir eficientemente la mayoría del alimento consumido en Puerto Rico usando técnicas modernas y probadas"; esto es, introducir los avances técnicos de la agricultura estadounidense en Puerto Rico. Para lograr que Puerto Rico se convirtiera en un "exportador agrícola" de vegetales y frutas al mercado

---

[72] Comentarios de Madera en *El Nuevo Día,* 25 de mayo de 1983, p. 74; además *The San Juan Star,* 5 de julio de 1983, p. 1; y entrevista con Famadas en *ibidem,* 18 de septiembre de 1983, p. B2.

[73] Puerto Rico recibió $200 millones en contratos militares durante 1982; *The San Juan Star,* 5 de noviembre de 1982, p. 20; *ibidem,* 3 de noviembre de 1983, p. 23; *El Nuevo Día,* 22 de junio de 1963 p. 4. La racionalización de esta política se encuentra en George McDougall, "Eating From the Military Pie", *The San Juan Star,* 12 de julio de 1983, p. 14.

[74] *The San Juan Star,* 29 de octubre de 1981, p. 21; *ibidem,* 19 de septiembre de 1982, p. B1; *ibidem,* 5 de junio de 1983, p.B1, 8.

[75] Carlos Romero Barceló, Mensaje del Honorable Gobernador de Puerto Rico a la Octava Asamblea Legislativa en su Primera Sesión Ordinaria, 24 de febrero de 1977. (San Juan: Administración de Servicios Generales, 1977), p. 30; Romero, *Forjando el futuro,* pp. 59-76; *El Mundo,* 9 de abril de 1977, p. 14A.

estadounidense, se les facilitaría exención contributiva, préstamos y otros incentivos a los agricultores.[76]

El alcance real de esta "industrialización de la agricultura" está dado por los dos principales proyectos agrícolas de la administración: el de vegetales y frutas en la costa sur y el de arroz en el norte. El proyecto de frutas y vegetales requirió la "transferencia de la tecnología agrícola moderna" a tierras dedicadas previamente a la caña en la costa sur. Esta tecnología fue provista por una corporación israelí que recibió préstamos, subsidios y tierras. El proyecto fue repudiado por los agricultores locales, que no recibieron beneficio alguno de esta empresa. Lo mismo ocurrió con el proyecto del arroz en el norte. El gobierno de Romero le concedió a la Comet Rice Corporation tierra barata, préstamos y le construyó un molino de arroz a cambio de su "tecnología".[77] Como indicara Romero en su propuesta para crear la Administración de Fomento y Desarrollo Agrícola, el desarrollo de la agricultura se propulsaría a través de la exención contributiva y otros subsidios.[78]

Otra estrategia económica de la administración de Romero fue lo que puede llamarse la "Caribeñización de la economía de Puerto Rico". Aunque esta estrategia se concibió al principio de su gobierno, no fue hasta que la administración de Reagan sometió su Iniciativa para la Cuenca del Caribe cuando la administración de Romero promovió su propuesta activamente.[79] Esta estrategia presenta a Puerto Rico como el poder económico y el modelo de desarrollo económico en el Caribe. La administración de

---

[76] "Plans for a Modern Agricultural Industry in Puerto Rico", *Puerto Rico Business Review* (February 1978-Special Supplement), p. 1. *The San Juan Star*, 5 de noviembre de 1981, p. 6; 18 de agosto de 1982, p. 10; 25 de septiembre de 1983, p. B8; *El Nuevo Día*, 19 de enero de 1983, p. 11; "P.R. Experiment Yielding Crops", *Dateline... Puerto Rico, USA* (September-October 1980), p. 27-28.

El desarrollo de esta área económica tiene que entenderse también en función de la estrategia estadista: una agricultura fuerte y rentable era un requisito importante para la viabilidad económica de la estadidad.

[77] *The San Juan Star*, 17 de octubre de 1982, p. B1; 18 de abril de 1982, p. B1; 10 de marzo de 1983, p. 3; 23 de julio de 1983, p. 2; 14 de septiembre de 1981, p. 1; 9 de enero de 1983, p. 1; 11 de marzo de 1983, p. 3.

[78] *El Nuevo Día*, 19 de enero de 1983, p. 11.

[79] *El Mundo*, 16 de marzo de 1982, p. 1A; 18 de abril de 1982, p. 1; Bertram Finn, "P.R. Could Reap Big Gains Under Carib Plan", *The San Juan Star*, 7 de marzo de 1982, p. B7.

Romero argumentó que Puerto Rico, dado su desarrollo económico, debería ser el centro tecnológico y financiero del Caribe y servir de puente para la transferencia de capital y tecnología de los Estados Unidos al Caribe. Según José Madera, Puerto Rico debe funcionar como el "eje tecnológico de una economía regional caribeña entrelazada con los Estados Unidos".[80] Por un lado, esta estrategia abriría el Caribe a la inversión y al mercadeo de productos estadounidenses a través de Puerto Rico; y, por otro lado, les abriría el Caribe a sectores del capital puertorriqueño, particularmente al capital financiero y comercial.

Pero la estrategia tenía también sus implicaciones políticas: sólo la estadidad podía asegurar que Puerto Rico permanecería como una "base para la expansión" del capital estadounidense en el Caribe y la América Latina.[81] Como indicara Romero:

> Puerto Rico como estado puede ayudar en las relaciones comerciales y políticas [de Estados Unidos] en toda el área del Caribe. El hecho de que Puerto Rico se involucre más con los países caribeños no significa que lo separe de Estados Unidos...porque estando dentro del Caribe beneficiamos a la Nación.[82]

Los dos elementos más importantes de la estrategia de caribeñización fueron las "plantas gemelas" y la exportación de productos producidos "en Puerto Rico" al Caribe. El proyecto de plantas gemelas se había implantado anteriormente a través de la frontera entre Méjico y los Estados Unidos; había sido propuesto para Puerto Rico por Arthur D. Litle a inicios de la década de los setenta. Romero comenzó a promover el proyecto de plantas gemelas en 1978.[83] Se propuso la extracción de materia prima y el procesamiento inicial de un producto en un área subdesarrollada de bajos salarios en el Caribe, y la manufactura final del producto en un área económica y tecnológicamente más avanzada. Esto es, la fuerza de trabajo más explotada del Caribe se usaría para la manufactura inicial del producto, que se completaría en Puerto Rico con el uso de tecnología avanzada, mano de

---

[80] *The San Juan Star,* 22 de julio de 1983, p. 32. Además, *El Nuevo Día,* 4 de octubre de 1981, p. 2; 4 de marzo de 1982, p. 72; 12 de abril de 1983, p. 23.

[81] *El Nuevo Día,* 4 de marzo de 1982, p. 72.

[82] *El Nuevo Día,* 28 de marzo de 1982, p. 2.

[83] "Speech by Carlos Romero Barceló before the Caribbean Business, Trade, and Development Conference in Miami", reproducido en *Puerto Rico Business Review* 3:1 (January 1978), p.1.

obra diestra y salarios más bajos que en los Estados Unidos.[84] Para principios de la década de los ochenta ya varias compañías estadounidenses,
mayormente de electrónica, habían implementado el plan de plantas gemelas en el Caribe y usaban a Puerto Rico de punto final en el proceso
productivo.[85] El papel de Puerto Rico en el programa de plantas gemelas del
Caribe fue apoyado por la administración de Reagan —que lo incluyó en la
propuesta de la Iniciativa para la Cuenca del Caribe— y por sectores de la
burguesía local, mayormente de las finanzas y del comercio.[86]

El otro elemento en la estrategia de caribeñización de la administración
de Romero fue la transformación de Puerto Rico en un centro de comercio
y finanzas caribeño. Esta política consistió, primero, en el mercadeo de
productos estadounidenses en el Caribe usando a Puerto Rico como
intermediario; y segundo, la venta de productos manufacturados en Puerto
Rico, en particular los productos de alta tecnología manufacturados por el
capital estadounidense en la Isla. La administración de Romero promovió
las llamadas "misiones comerciales", a través de las cuales, representantes
del gobierno local, junto a sectores de la banca, el comercio y la industria de
Puerto Rico, negociaban acuerdos comerciales con países del Caribe. La
administración de Romero también fomentó la creación de un Centro de
Comercio Mundial en San Juan para mercadear productos manufacturados
en la Isla a través del Caribe y la América Latina. En 1979 Fomento creó el
Departamento de Servicios e Industrias, "en anticipación a la expansión de
los mercados en el Caribe y América Latina".[87]

---

[84] *The San Juan Star,* 4 de octubre de 1981, p. 16; 27 de febrero de 1983, pp. B1,
6; 28 de agosto de 1983, p. B3; *El Nuevo Día,* 17 de marzo de 1983, p. 118. Además,
Jerry de Moss, "Haiti...Emerging as an ideal 'Twin Plant' Site for...Puerto Rico", *The
San Juan Star,* 21 de agosto de 1983, p. B1.

[85] Entre otras, Qume, Digital, Power Parts Sigma, Dwyer Instruments, GTE
Sylvania, Masco y Wellmach en Haití; Inter y Playtex en Barbados; Bristol en la
República Dominicana; General Electric, Honeywell y Applied Magnetics en las
islas de Caribe oriental; y varias otras en Jamaica. Vea *The San Juan Star,* 27 de
febrero de 1983, p. B1, 6; 21 de agosto de 1983, p. B1.

[86] *Ibidem,* 11 de septiembre de 1982, p. 21; 8 de diciembre de 1981, p. 27; *El
Nuevo Día,* 24 de mayo de 1983, p. 54.

[87] *El Mundo,* 2 de septiembre de 1980, p. 16A; 27 de marzo de 1981, p. 3A; *El
Nuevo Día,* 5 de junio de 1981, p. 24; 25 de septiembre de 1983, p. 44. *El Nuevo Día,*
25 de agosto de 1982, p. 72; *The San Juan Star,* 22 de mayo de 1983, p. B1; 11 de
agosto de 1983, p. 3. Cita de Fomento en "Fomento's Export Service Program
Geared Up for Continued Success as Caribbean Basin Plan Unfolds", *Puerto Rico
Business Review* 6:9 (September 1981), p. 17-18.

La estrategia de caribeñización de la administración de Romero incluyó la creación de vínculos más estrechos con los gobiernos del Caribe, particularmente con el gobierno conservador de Edward Seaga en Jamaica. En 1983 Jamaica y Puerto Rico firmaron un acuerdo de cooperación mutua. Puerto Rico acordó proveer ayuda técnica para el desarrollo económico, tecnológico y cultural de Jamaica, incluyendo la implantación del programa de plantas gemelas entre ambos países; esto sería financiado por la Agencia para el Desarrollo Internacional (AID). El gobierno de Romero obtuvo de Seaga el apoyo para que Puerto Rico se incorporara al Banco de Desarrollo Caribeño y a CARICOM, lo que ciertamente acrecentaría la presencia de Puerto Rico en el área.[88]

La campaña por la estadidad

El programa de la "igualdad" de Romero incluía medidas económicas para promover la viabilidad económica bajo la estadidad y medidas políticas para avanzar el proceso estadista en Puerto Rico. La estrategia estadista de presentarle un *fait accompli* al Congreso requería el apoyo mayoritario de los puertorriqueños y de importantes sectores en los Estados Unidos.

El principal objetivo en la campaña estadista de Romero durante los primeros años de su gobierno fue el buscar apoyo en los Estados Unidos, por varias razones. El PNP había ganado el control del ejecutivo y del legislativo en Puerto Rico y su liderato se sentía optimista pensando que este apoyo seguiría creciendo. Creían también que las primarias presidenciales en la Isla fomentarían el sentimiento estadista. Pero una razón importante para que Romero concentrara su campaña estadista en los Estados Unidos fue la declaración del presidente Ford el 31 de diciembre de 1976 en favor de la estadidad para Puerto Rico. La explicación más probable para este hecho es que Ford estaba pagando una deuda política a los republicanos puertorriqueños por su apoyo en la convención republicana de 1976.[89] En todo caso, la declaración Ford estimuló el debate sobre la estadidad para Puerto Rico en los Estados Unidos. Días antes de terminar

---

[88] *The San Juan Star*, 31 de oct. de 1981, p. 3; *ibidem*, 6 de feb. de 1982, p. 6; 31 de mayo de 1983, p. 3; 11 de agosto de 1983, p. 36; *El Nuevo Día*, 17 de junio de 1982, p. 16; 4 de julio de 1983, p. 19.

[89] *The Nation*, 15 de enero de 1977, p. 36; *The New Republic*, 21 de julio de 1977, pp. 12-14.

su presidencia, Ford sometió un proyecto sin precedentes que establecía las guías para el proceso hacia la estadidad de Puerto Rico. El llamado Proyecto Ford para la Estadidad creaba un comité para establecer las condiciones previas y las consecuencias de la estadidad para Puerto Rico. El proyecto, sin embargo, no fue apoyado por la administración de Romero, para sorpresa de todos; esta acción incomprensible fue reacción, aparentemente, a una de las cláusulas del proyecto, que establecía que "el Congreso, luego de recibir el Informe de la Comisión, establecería los términos y condiciones de la estadidad" —en oposición a la estrategia estadista de Romero. El proyecto estadista de Ford, sin embargo, le dio la oportunidad a Romero de presentar su programa estadista en los Estados Unidos.[90]

Para el PNP, su control de las maquinarias locales de los Partidos Republicano y Demócrata de Estados Unidos y la celebración de primarias presidenciales en Puerto Rico fueron las medidas políticas más exitosas para avanzar la causa estadista en los Estados Unidos. De acuerdo con el PNP, "Estos desarrollos son vistos por los estadistas como nuevos pasos lógicos en el camino hacia la estadidad".[91] Aunque en los años setenta la maquinaria local republicana estaba ya en manos del PNP, la del Partido Demócrata estaba controlada aún por el PPD. En 1976, un grupo de estadistas, mayormente del PNP, penetraron la maquinaria local demócrata y apoyaron al entonces desconocido candidato presidencial Jimmy Carter. La victoria electoral de Carter les dio el control de la maquinaria local a los estadistas y marcó el comienzo de una alianza política entre Carter y Romero en la Isla. Por primera vez desde los años cincuenta, el Partido Demócrata abandonó su defensa programática del ELA y le dio su apoyo al "derecho de auto-determinación" de los puertorriqueños, que culminó con una proclama presidencial de Carter en 1978 comprometiendo a los Estados Unidos a aceptar cualquier status político que decidan los puertorriqueños, incluyendo la estadidad. Ese mismo año, la facción de Romero

---

[90] Cita de U.S. Congress, House of Representatives, Puerto Rico Statehood Act of 1977; Communication From the President of the United States Transmitting a Draft of Proposed Legislation to Enable the People of Puerto Rico to Form a Constitution and State Government, to be Admitted into the Union, and for other purposes. 95th Cong., 1st Sess., House Document no. 95-49. Ver a Romero, *Forjando el futuro*, pp. 148-231, para los diferentes discursos en favor de la estadidad durante el año 1977, dirigidos principalmente al público estadounidense.

[91] *Puerto Rico, U.S.A.: A Political History*, p. 22.

tomó el control de la maquinaria local del Partido Demócrata.[92] En 1980 se celebraron las primeras primarias presidenciales en Puerto Rico, y los dos candidatos apoyados por el PNP, George Bush y Jimmy Carter, salieron victoriosos. De acuerdo con Romero, el triunfo de su candidato sobre el candidato apoyado por el PPD fue "una opinión clara en favor de la estadidad".[93] Estas primarias sentaron el patrón de las relaciones entre los políticos estadounidenses y el PNP en el gobierno: cualquier candidato que busque el apoyo del PNP en Puerto Rico debe comprometerse con la estadidad.[94]

La estrategia estadista de Romero cambió luego de las elecciones de 1980. La estadidad no fue un tema para el PNP durante esa campaña electoral, aparte de la propuesta de Romero de celebrar un plebiscito sobre el status en 1981. El programa electoral del PNP en 1980 fue similar al presentado en 1976, destacando esta vez, sin embargo, los "logros" de la administración de Romero. El programa económico permaneció intacto y la campaña del PNP subrayó cómo Romero había forzado a las corporaciones estadounidenses a pagar contribuciones. En un ataque de anti-comunismo, el PNP acusó al PPD de aliarse con el Partido Socialista Puertorriqueño y Cuba en contra de la estadidad, partiendo de la acción concertada de éstos en las Naciones Unidas en 1978. Por otra parte, el PNP reafirmó que la estadidad era la única garantía para que los fondos federales permanecieran en la Isla.[95] Los resultados de estas elecciones sorprendieron a todos: el conteo computarizado fue detenido en un momento en que el candidato PPD, Rafael Hernández Colón, tenía ventaja; al continuar el conteo, Romero Barceló estaba al frente. Esto llevó a actos generalizados de violen-

---

[92] Ver a Juan M. García Passalacqua, "Ideological Links Between Puerto Rican and U.S. Political Parties", en Heine, ed., *Time for Decision,* pp. 213-34.

[93] Citado en *The New York Times,* 17 de marzo de 1980, p. A1; ver además *ibidem,* 19 de feb. de 1980, p. A16.

[94] Ronald Reagan, "Puerto Rico and Statehood", p. 20; *The San Juan Star,* 28 de sept. de 1981, p. 1; 30 de junio de 1982, p.6; 11 de feb. de 1983, p.3; 31 de octubre de 1983, p. 3.

[95] *El Mundo,* 14 de octubre de 1980. p. 1A; 24 de octubre de 1980, p.15A; 27 de agosto de 1980, p. 10C; 10 de sept. de 1980, p. 1A; 22 de julio de 1980, p.10C. Para el programa del PNP de 1980 véase Partido Nuevo Progresista, *Programa del Partido Nuevo Progresista para el cuatrenio 1981-84* (Hato Rey: Ramallo Bros., 1980) Un análisis de las elecciones de 1980 aparece en Harold Lidin, "Puerto Rico's Elections: The Voters Seek the Center", *Caribbean Review* 10, no.2 (Spring 1981), pp. 28-31; y Alines Frambes Buxeda, "Economía, publicidad y comicios de 1980 en Puerto Rico", *Homines* 5, nos.1-2 (enero-dic. 1981), pp.67-101.

cia, no vistos en la Isla en décadas, siendo el PNP responsable en la mayoría de los casos. No fue hasta julio de 1981 cuando la Junta Estatal de Elecciones certificó a Romero como el gobernador electo, lo que provocó acusaciones de fraude por todos los sectores de la oposición.[96] El PPD, sin embargo, obtuvo el control de la legislatura y la mayoría de las alcaldías de la isla. El apoyo al PNP había disminuido en 48 pueblos, incluyendo las ocho principales ciudades del país.

La victoria electoral de Romero en 1980 fue pírrica. El Senado, controlado por el PPD, comenzó una campaña de fiscalización contra el gobierno de Romero. En 1981 el Senado aprobó una ley para investigar el llamado "caso Maravilla", en el que la policía asesinó a dos jóvenes independentistas. La investigación del caso Maravilla, que comenzó con vistas televisadas en 1983, se convirtió en el cuestionamiento más grave al liderato de Romero en el gobierno y en el partido. Para mediados de 1981, miembros del PNP comenzaron a poner en entredicho el liderato de Romero, acusando a éste de distanciarse del partido y de las actividades gubernamentales. Hernán Padilla, entonces alcalde de San Juan, comenzó a ser promovido para la presidencia del partido y la gobernación.[97] Confrontado con esta situación, Romero tomó el grito de "¡estadidad ahora!" para consolidar su posición en el partido y mejorar su imagen pública.

"La estadidad ahora"

La campaña de "estadidad ahora" comenzó en junio de 1981 con unas declaraciones de Oreste Ramos, hijo, miembro prominente del ala derecha del PNP y aliado de Romero, en las que manifiesta que el partido sufría de una "anemia ideológica" con respecto a la estadidad. Ese mismo mes se creó la "Comisión Estadista" como una organización "autónoma", cuyo propósito era "educar" a los puertorriqueños en las ventajas de la estadidad; la comisión estaba dirigida por la facción de Romero y formaba parte de la "reorganización" del partido llevada a cabo para consolidar el liderato de Romero.[98] La declaración formal de la campaña de "estadidad ahora" surgió

---

[96] Ver a Lidin, "Puerto Rico's 1980 Elections"; Frambes, "Economía, publicidad y comicios de 1980".

[97] *The San Juan Star*, 28 de julio de 1981, p. 1; *El Mundo*, 15 de feb. de 1982, p. 7A; *El Nuevo Día*, 3 de mayo de 1981, p. 4.

[98] *El Nuevo Día*, 9 de junio de 1981, p.6; 1 de julio de 1981, p.32; *The San Juan Star*, 4 de julio de 1982, p.1, y 12 de julio de 1982, p. 6; *El Mundo*, 20 de enero de 1983, p. 6A.

en el discurso que Romero pronunció en la celebración del cuatro de julio de ese año, en el que declaró que el objetivo de su administración sería la obtención de la estadidad en el período más corto posible. Estas manifestaciones reintrodujeron en el discurso estadista la noción de Puerto Rico como colonia de los Estados Unidos; esta concepción, tan central en el programa de "igualdad" de Romero, dominaría su retórica y la del partido desde entonces.[99] En enero de 1982, como parte de la campaña estadista, el ex-asesor de Romero, Antonio Quiñones Calderón, comenzó a publicar el periódico *La Democracia*, que en su corta vida se convirtió en el principal defensor de la estadidad y de la administración de Romero. En marzo de ese año, Romero forzó al caucus legislativo del PNP a que apoyara la celebración de un plebiscito sobre la estadidad, a pesar de una gran oposición dentro del liderato del partido a esta medida. A tan temprana fecha, Romero anunció que sería el candidato del PNP a la gobernación para 1984, obteniendo el apoyo de las organizaciones de la juventud, las mujeres y los alcaldes del partido.[100]

Romero continuó su campaña de "estadidad ahora" al lanzar la consigna de que la década de los ochenta sería la "década de la "descolonización" de Puerto Rico. Para ello propuso la formación de una comisión compuesta por los tres principales partidos electorales, la cual presentaría medidas concretas para solucionar el status político de la Isla.[101] Pero el interés de Romero en controlar la agenda de la comisión y los conflictos entre el PPD y el PNP hicieron cualquier acuerdo y el funcionamiento mismo de la comisión imposible. Por otro lado, Romero intensificó su campaña estadista dirigida hacia los Estados Unidos. Durante la convención de la Asociación de Gobernadores del Sur, celebrada en Puerto Rico durante septiembre de 1981, Romero demandó de sus participantes el apoyo para la estadidad de la Isla; en esa convención, el vice-presidente George Bush lanzó su grito de "estadidad ahora" para Puerto Rico. En enero de 1982 el sector republicano del PNP logró concertar una reunión entre Romero y el presidente Reagan, quien reafirmó su apoyo a la estadidad para Puerto Rico.[102]

---

[99] *El Nuevo Día*, 5 de julio de 1981, p. 4; 1 de oct. de 1981, p.39; 4 de nov. de 1981, p. 37; y 7 de julio de 1982, p. 3; *The San Juan Star*, 4 de agosto de 1982, p. 18.

[100] *The San Juan Star*, 22 de marzo de 1982, p.3; 2 de agosto de 1981, p. 1; 13 de oct. de 1981, p. 3; y 26 de oct. de 1981, p. 12; *El Nuevo Día*, 7 de mayo de 1982, p.3.

[101] *The San Juan Star*, 4 de sept. de 1981, p.1.

[102] *Ibidem*, 30 de sept. de 1981, p.3, y 13 de enero de 1982, p. 1.

La campaña de reorganización del PNP realizada por Romero culminó en la Asamblea de noviembre de 1982, donde la facción Romerista suspendió los estatutos del partido y declaró a Romero candidato a gobernador para 1984. Padilla comenzó inmediatamente a organizar a sus seguidores para oponerse al liderato de Romero en el partido. Romero respondió aplastando toda oposición dentro del partido; forzó, por ejemplo, la remoción del vice-presidente del partido Angel Viera Martínez de su posición como portavoz en la Cámara, lo que motivó que el removido se uniera rápidamente al movimiento de Padilla.[103]

Romero presentó su conflicto con Padilla como basado en diferentes concepciones de la estadidad. Padilla se oponía a la campaña de "estadidad ahora" de Romero, argumentando que la solución de los problemas socioeconómicos de la Isla era más importante que el status político. Pero la crítica principal de Padilla hacia Romero se dirigía al control de este último sobre el PNP; por todo ello, demandaba Padilla una "renovación" completa del liderato y de las estructuras internas del partido.[104] En su discurso ante la Junta Central del Partido el 10 de febrero de 1983 en Loíza, Romero reafirmó, en una alusión directa a Padilla, que la estadidad era la única base programática e ideológica del PNP:

> Los progresistas no somos adversarios de otros progresistas y los estadistas no debemos restarle vigor a la lucha por la estadidad. Este ha sido nuestro empeño colectivo siempre y lo realizaremos si mantenemos la unidad... El ideal de Estadidad no es un señuelo electoral del Partido Nuevo Progresista. No es un adorno llamativo. Es la espina dorsal y la razón de ser de la colectividad que organizamos hace quince años bajo la inspiración y el liderato de don Luis A. Ferré, nuestro presidente fundador. Para todos nosotros, la estadidad es la medicina contra los males y los complejos coloniales que sufre Puerto Rico.[105]

La Junta Central del PNP aprobó una resolución conocida como la "Declaración de Loíza", el documento más importante en el anexionismo puertorriqueño de la posguerra. En éste, el PNP reafirmó la noción sobre la

---

[103] *Ibidem,* 14 y 15 de nov. de 1982, pp. 3 y 1, respectivamente; 19 de nov. de 1982, p. 1; 28 de feb. de 1983, p.3; y 30 de enero de 1983; *El Nuevo Día,* 1 de feb. de 1983, p. 4.

[104] *The San Juan Star,* 18 de nov. de 1983, p.3.

[105] Carlos Romero Barceló. "Por el bien de nuestra causa y el bien de Puerto Rico", en *El Nuevo Día,* 21 de feb. de 1983, pp. 8-9.

estadidad expuesta por Romero, atacando los "vestigios" coloniales del ELA, y la desigualdad política de los ciudadanos estadounidenses de Puerto Rico. Por primera vez desde Barbosa, la crítica al colonialismo se convirtió en el eje ideológico del anexionismo puertorriqueño:

> La estadidad es, pues, la principal razón de ser del Partido Nuevo Progresista. La condición política que padecemos no nos satisface porque no podemos admitir, a perpetuidad, la legitimidad de un poder federal que se ejerce sin nuestra participación y porque no nos complace una ciudadanía incompleta, desprovista de los derechos políticos y económicos que le son inherentes. Tampoco podemos aceptar la fragilidad de nuestra relación política con la Nación, que afecta el desarrollo económico y social de Puerto Rico.[106]

La "Declaración de Loíza" llevó a la ruptura del partido; Padilla organizó estructuras paralelas dentro del PNP, recabando abiertamente apoyo para su candidatura, y desafiando a Romero para la candidatura a gobernador en marzo de 1983.[107] En julio de ese año, Padilla y sus seguidores abandonaron el PNP y formaron el Partido de Renovación Puertorriqueña. Romero entonces incrementó su campaña estadista, convirtiéndose ésta en el eje de su discurso político.[108]

La crisis del Romerismo

Romero ha sido descrito como un político agresivo, astuto e inmisericorde. Pero el comportamiento político de Romero no puede ser explicado únicamente por su personalidad, sino como parte de un programa político. Este es el intento de ganar control del estado y las instituciones civiles para promover su programa político, y el intento de destruir la oposición por cualquier medio disponible. Este estilo político es legitimado como necesario para lograr la estadidad.

---

[106] Partido Nuevo Progresista. "Declaración de Loíza", en *El Nuevo Día*, 11 de marzo de 1983, p. 23.

[107] *Ibidem*, 21 de marzo de 1983, pp. 2-3; *The San Juan Star*, 29 de abril de 1983, p.34.

[108] *El Nuevo Día*, 14 de marzo de 1983, p. 28; 19 de abril de 1983, p. 13; 4 de mayo de 1983, p. 3; 11 de junio de 1983, p. 4; 28 de julio de 1983, p. 5; y 8 de agosto de 1983, p. 2; *El Mundo*, 26 de sept. de 1983, p. 30; *The San Juan Star*, 4 de nov. de 1983, p. 3; 22 de nov. de 1983, p.3.

El PNP bajo Romero intentó obtener el control de varias instituciones estatales para avanzar la causa estadista y la del partido , particularmente las estructuras ideológicoeducativas como el sistema escolar público, la universidad estatal, y el Instituto de Cultura.[109] Esta política se extendió también a las instituciones no ideológicas del gobierno como la Administración de Fomento Económico, cuyo director fue acusado de promover la política del PNP, de discriminación política, aun en áreas técnicas, y de favorecer a los pueblos controlados por el PNP en la promoción de industrias. El sector de Romero también penetró el aparato policíaco. Se estimó que en las elecciones de 1980 la policía votó tres a uno en favor del PNP; las actividades de la policía en favor del PNP, como la persecución a la oposición del PNP, fue demostrada en las vistas de Maravilla. La Corte Federal en Puerto Rico, históricamente de composición anexionista, está relacionada en su mayoría, directa o indirectamente, con el PNP.[110]

El comportamiento político de Romero se caracterizó además por el intento de acallar la oposición, a veces de forma violenta. Nada es más indicativo de esto que el asedio y persecución a Padilla y sus seguidores dentro del partido. Pero esta política no se restringió a la oposición dentro del partido. El uso de la fuerza para romper la huelga estudiantil en la Universidad de Puerto Rico en 1981 y para expulsar a los invasores de terrenos en Villa Sin Miedo en 1982 refleja esta tendencia de Romero a la no negociación y al uso de la fuerza. Los ataques al Colegio de Abogados y a la Corte Suprema de Puerto Rico siguen el mismo patrón.

El liderato gubernamental y partidista de Romero fue socavado grandemente por la investigación del Senado sobre los asesinatos en el Cerro Maravilla, las investigaciones federales sobre corrupción gubernamental y la creación del Partido de Renovación Puertorriqueña. En el caso Maravilla, el Senado investigaba la muerte de dos jóvenes independentistas abatidos por la policía, luego de que el Departamento de Justicia local y dos gran jurado federales hubieran exonerado a la policía y al gobierno. La investigación realizada por el Senado reveló que los jóvenes fueron asesinados a sangre

---

[109] Ver el artículo de Fernando Picó en *The San Juan Star,* 28 de junio de 1982, p. 18; e *ibidem,* 22 de nov. de 1982, p. 3.

[110] Ver los artículos de Harry Friedman en *The San Juan Star,* 17, 18 y 19 de enero de 1982, p. 1, respectivamente. Además, Lidin, "Puerto Rico's Elections", p. 28; *The San Juan Star,* 21 de sept. de 1981, p. 3, 11 de marzo de 1982, p. 3; 14 de julio de 1983, p. 3.

fría; que fueron entrampados por un agente encubierto; que hubo una conspiración de la policía y del Departamento de Justicia local para llevar a cabo la acción y luego encubrirla; que Romero intervino en las investigaciones locales y federales; que el FBI estuvo envuelto en los incidentes, incluyendo posiblemente su participación indirecta en los sucesos, y el encubrimiento por el Departamento de Justicia Federal, de evidencia que pudiera "desacreditar" al gobierno de Puerto Rico. Romero reaccionó a la investigación del Senado con su característica agresividad: condenó la investigación como parte de una "conspiración comunista" en contra de su gobierno; atacó a los medios de comunicación; rehusó cooperar con la investigación senatorial e incluso trató de detenerla; la policía y miembros del PNP persiguieron a personas envueltas en la investigación, incluyendo a Senadores y a investigadores; finalmente, Romero despidió a dos Secretarios de Justicia por oponerse a sus maniobras en el caso. El gobierno de Romero logró detener las vistas precisamente en la etapa de investigación sobre la conspiración y encubrimiento. En febrero de 1984 diez policías fueron acusados de perjurio ante un gran jurado federal que investigaba el caso y fueron encontrados culpables en 1986. En 1987 enfrentaron cargos criminales en cortes puertorriqueñas.[111] Estos eventos fueron políticamente devastadores para Romero. La opinión pública apoyó las vistas senatoriales sobre el Cerro Maravilla y cuestionaron la obstrucción de Romero y su posible participación en los incidentes. Ya para fines de 1983 sectores dentro del PNP argumentaban que Maravilla perjudicaba grandemente al PNP, y pedían un nuevo presidente y candidato a gobernador por el partido.[112]

A esta situación se añadió la intervención del gobierno federal en la fiscalización del gobierno local. Desde la década de los treinta Puerto Rico no padecía de tanta corrupción gubernamental como la que se vio bajo la administración de Romero. De acuerdo con el Contralor de Puerto Rico, al menos un diez por ciento (unos $600 millones) del presupuesto del gobierno se perdía por corrupción (malversación, robo y uso indebido de

[111] El mejor análisis y resumen del caso del Cerro Maravilla es el de Manny Suárez, *Requiem on Cerro Maravilla: The Police Murders in Puerto Rico and the U.S. Government Coverup* (Maplewood, NJ; Waterfront Press, 1987). Ver también, Anne Nelson, *Murder Under Two Flags: The U.S., Puerto Rico, and the Cerro Maravilla Coverup* (New York: Ticknor & Fields, 1986).

[112] *El Nuevo Día*, 26 de oct. de 1983, pp. 4-5, y 27 de nov. de 1983, p. 5.

fondos) a todos los niveles del gobierno estatal y municipal.[113] Existen varias razones para esta corrupción rampante en el gobierno: los salarios extremadamente bajos en el sector público; la distribución de empleos públicos a través del patronazgo, dando prioridad a la lealtad política sobre la capacidad administrativa o técnica; y finalmente, el uso del aparato estatal para proveer fondos al partido en el poder. El uso del gobierno para proveer "favores políticos" al sector privado a cambio de "donaciones" al partido creó el ambiente en que se generalizó el uso del puesto público para beneficio personal. La corrupción en el gobierno de Romero llegó hasta los más altos niveles, incluyendo miembros del Gabinete, directores de agencias públicas y destacados líderes del PNP.[114]

Esta "corrupción institucionalizada" incluyó el robo y uso indebido de fondos federales (por ejemplo, el robo de $100 millones en cupones de alimentos), lo que utilizó el gobierno federal para intervenir y "sanear" el aparato estatal local. Investigaciones federales revelaron que la corrupción no se limitaba a programas federales, y que se extendía al sistema de justicia y la policía; miembros de la policía fueron acusados de tráfico de drogas, robo, secuestro, asesinato y de operar un escuadrón de la muerte.[115] Como destacara un analista local, las investigaciones federales efectivamente "pusieron al gobierno local en un tipo de sindicatura bajo la tutela federal".[116] En efecto, el gobierno federal intervino directamente para asegurar la reproducción del aparato estatal local dada la incapacidad del partido gobernante en hacerlo. El Departamento de Justicia local se vio obligado a investigar el crimen organizado y la corrupción gubernamental aun cuando afectaba a miembros del PNP dentro y fuera del gobierno. La legitimidad de Romero como gobernante y líder del partido fue cuestionada aún más por el conflicto con Padilla y la ruptura que llevaría a la formación del PRP.

---

[113] *The San Juan Star*, 13 de enero de 1983, p. 6; *El Nuevo Día*, 16 de oct. de 1983, p. 3.

[114] *The San Juan Star*, 28 de feb. de 1983, p. 1; 17 de marzo de 1982, p. 1; 8 de julio de 1983, p. 1. Ver también el artículo de Juan M. García-Passalacqua en *ibidem*, 25 de abril de 1983, p. 31.

[115] *Ibidem*, 19 de marzo de 1982, p. 1; y *El Nuevo Día*, 29 de abril de 1983, p. 6; 8 de enero de 1983, p. 2; 23 de julio de 1983, p. 2; 18 de sept. de 1983, p. 3.

[116] J.M. García Passalacqua. "The Issue of Corruption", *The San Juan Star*, 27 de enero de 1983, p. 31.

El PRP y la política de la redención

El PRP y la reacción burguesa a la crisis

La ruptura del PNP en 1983 y la formación del Partido de Renovación Puertorriqueña (PRP) trascendieron el asunto de la estadidad y la lucha de poder interna en el PNP. El conflicto Romero-Padilla y la subsecuente ruptura en el PNP reflejaron el reavivamiento de la pugna entre dos programas distintos dentro del anexionismo contemporáneo: entre la política de la "redención" y la política de la "igualdad". La formación del PRP representó el resurgir de la política de la "redención" en el PNP.

El surgimiento de Padilla como una figura política nacional y la formación del PRP fueron producto de la preocupación de sectores de la burguesía puertorriqueña sobre la estabilidad económica y política de Puerto Rico. Antonio Luis Ferré, hijo del ex-gobernador y director de Empresas Ferré y del periódico anexionista *El Nuevo Día*, se destacó notablemente en llamar la atención sobre la caótica situación económica y política de Puerto Rico y acerca de la necesidad de crear una nueva estrategia económica. Ferré, hijo, criticó al liderato político de Puerto Rico, particularmente a la administración de Romero, por no enfrentar estos serios problemas: "Al gobernador le ha faltado la altura para llamar a un Gobierno de Unidad Puertorriqueña, con los mejores hombres por sobre las banderías políticas... Hay en el pueblo la sensación que el país está sin cabeza, sin brújula".[117] Ferré, hijo, caracterizó, más tarde, el período existente como la "era de fango de la política puertorriqueña", y concluyó con un llamado a "desarrollar un programa de acción común para atender los problemas sociales y económicos que aquejan a la sociedad puertorriqueña".[118] Otros sectores de la burguesía local apoyaron este llamado a "un gobierno de unidad" para asegurar la estabilidad social y política del país.[119] Al principio de 1984, el llamado "Comité para el Desarrollo Económico de Puerto Rico", una organización "bipartita" de la burguesía local, hizo

[117] Citado de "El país en el limbo", Editorial, *El Nuevo Día*, 8 de marzo de 1981, p. 2. También de Ferré, hijo, "En camino a la recuperación", *ibidem*, 30 de mayo de de 1987, p. 7.

[118] "Un alto en el camino", *ibidem*, 10 de dic. de 1981, p. 46. Además, Antonio L. Ferré, "Paz, pan y palabra", *ibidem*, 26 de octubre de 1983, p. 6-7.

[119] *El Mundo*, 12 enero de 1982, p. 8B; *The San Juan Star*, 24 de sept. de 1982, pp. 5-6; *El Nuevo Día*, 17 de julio de 1983, p. 73, y 25 de sept. de 1982, p. 20.

público un informe titulado "La crisis económica de Puerto Rico", donde daba la voz de alarma sobre la situación económica de la Isla.[120]

Como corolario a la tesis de que un gobierno de "unidad nacional" era necesario para solucionar los graves problemas económicos y sociales de Puerto Rico, surgió el argumento de que la "política del status" era un impedimento a la unidad nacional y que debería ser echada a un lado. A fines de 1981 Abidam Archilla, prominente hombre de negocios y fundador del PNP, publicó una serie de artículos en los que proponía la formación de un "partido sin status" (*no status party*). De acuerdo con Archilla, un grupo de "políticos del status", enfrascados en una lucha de poder entre sí, usan la cuestión del status para ganar adeptos; una vez que están en el poder se olvidan no tan sólo de la cuestión del status sino de los graves problemas del país. El "partido sin-status" dejaría la política de status a un lado y se concentraría en proveer un buen gobierno: "Se dedicaría exclusivamente a la propuesta de unir a toda nuestra gente, de todas las esferas de la vida y de todas las ideologías de status, haciendo uso de nuestro talento y recursos nativos para llevar a cabo un ataque frontal planificado y energético contra nuestros apremiantes problemas sociales y económicos para el bien de nuestra gente".[121] Este clamor por la creación de un partido y un gobierno de "unidad nacional" para solucionar los problemas de la isla se convirtió en la plataforma política del PRP.

Para mediados de 1982, las encuestas de opinión pública, particularmente las de *El Nuevo Día,* mostraban al PNP perdiendo apoyo popular, debido mayormente a la imagen de Romero. En 1983, Padilla superaba a Romero en las encuestas y semanas antes de la formación del PRP iba en cabeza de todos los candidatos. Las encuestas también reflejaron que los asuntos que más preocupaban al público eran los problemas sociales y no la cuestión del status político. Las encuestas reflejaron, además, una actitud pesimista entre la población sobre el futuro del país, y caracterizaban la situación existente de "sombría".[122]

Los conflictos entre Padilla y Romero se acrecentaron desde el comienzo del segundo cuatrenio del gobierno de Romero. Mientras Romero criticó

---

[120] Comité para el Desarrollo económico de Puerto Rico, *La Crisis económica de Puerto Rico.*

[121] "The No-Status Party", *The San Juan Star,* 6 de oct. de 1981, p. 15. También por Archilla, "The Status Syndrome", *ibidem,* 19 de dic. de 1981, p. 2.

[122] *Ibidem,* 19 de agosto de 1982, p. 3; 2 de oct. de 1982, p. 3; 15 de nov. de 1982, p. 3; y 12 de marzo de 1983, p. 1. *El Nuevo Día,* 1 de junio de 1983, pp. 2-4; 27 de oct. de 1983, p. 5.

la política de la administración de Reagan hacia Puerto Rico, Padilla la apoyó públicamente, incluyendo la propuesta de un "nuevo federalismo", bajo el cual, Puerto Rico recibiría una transferencia en bloque de fondos federales en vez del "trato igual" que demandaba Romero. La "conexión republicana" de Padilla le dio a éste acceso a la Casa Blanca y a más fondos federales para San Juan, un papel tradicionalmente realizado por el gobernador. Padilla también comenzó a criticar las acciones de Romero, incluyendo su relación conflictiva con la Legislatura, sus ataques al Comité Olímpico y a la autonomía olímpica de Puerto Rico, su manejo de la huelga universitaria, y aun su propuesta para celebrar un plebiscito sobre la estadidad.[123] Pero el choque importante entre ambos vino con el nombramiento de Padilla como embajador especial de los Estados Unidos ante las Naciones Unidas. Padilla defendió la postura estadounidense de que la ONU no debería intervenir en los asuntos "internos" de los Estados Unidos (con referencia a la discusión del caso colonial de Puerto Rico) y de que el status de la Isla ya había sido decidido por los puertorriqueños (con la aprobación del ELA). Esto contradecía la posición de Romero de que Puerto Rico era todavía una colonia de los Estados Unidos y que, por lo tanto, su status estaba aún por resolverse.[124]

Romero movilizó la maquinaria del partido y el aparato estatal en contra de Padilla aun antes de que éste anunciara su intención de desafiar al gobernador en su liderato del PNP.[125] Después que Padilla retó a Romero por la candidatura a la gobernación, la Junta Central del PNP decidió celebrar primarias cerradas (entre miembros certificados) y no primarias abiertas (entre todos los simpatizantes), como demandaba Padilla. Esta acción restringió las primarias del partido al grueso de la maquinaria de Romero, lo que forzó a Padilla y su grupo a romper con el PNP. El PRP se formó en agosto de 1983 en Ponce, donde Padilla fue electo presidente del partido y su candidato a la gobernación. El PRP fue inscrito como un partido electoral en un plazo sorprendente de tres meses.[126]

---

[123] *El Mundo,* 23 de nov. de 1981, p. 10C; *The San Juan Star,* 8 de feb. de 1982, p. 6; 4 de oct. de 1981, p. 7; 28 de oct. de 1982 p. 22; 11 de marzo de 1982, p. 3; 30 de enero de 1982, p. 2.

[124] *The San Juan Star,* 3 de sept. de 1982, p. 1.

[125] *Ibidem,* 11 de marzo de 1982, p. 3; 30 de enero de 1982, p. 2; 25 de sept. de 1982, p. 1.

[126] *El Nuevo Día,* 15 de mayo de 1983, pp. 2-3; *The San Juan Star,* 3 de julio de 1983, p. 3; 15 de julio de 1983, p. 1; y 17 de oct. de 1983, p. 10.

El PRP y el programa de redención

El programa del PRP fue un intento de revivir el programa de "redención" de Ferré, el cual le había dado vida al PNP década y media antes. Planteaba que la crisis social, económica y política por la que atravesaba Puerto Rico sólo podía solucionarse por medio de la acción de un "gobierno de consenso" que restaurase la fe pública en las instituciones políticas, para de esta manera alcanzar la estabilidad social y económica necesaria para la reproducción del sistema. El PRP se presentaba como el mecanismo para lograr ese "gobierno de consenso". Una vez más, sin embargo, se planteó el conflicto entre la estadidad y la necesidad de alcanzar estabilidad en la sociedad puertorriqueña.

El programa del PRP resolvió este conflicto en favor de la estabilidad. Al igual que en el programa de "redención" de Ferré, el PRP propuso un enfoque "gradual" para alcanzar la estadidad. Padilla introdujo en el discurso anexionista el concepto de "estadidad por consenso"; su más concreta exposición se encuentra en la respuesta de Padilla a la "Declaración de Loíza". De acuerdo con Padilla, "no existe incompatibilidad entre ser estadista y resolver los problemas de mi pueblo"; la tarea de cualquier partido estadista "consiste en convencer y persuadir a nuestro pueblo para que continúe en el camino de la Estadidad". Atacando directamente la campaña de "estadidad ahora" de Romero y a su caótica administración, Padilla argumentó que el pueblo se decidirá por la estadidad luego que se convenza "y se sienta seguro que los Estadistas podemos darle tranquilidad, seguridad y progreso". De acuerdo con Padilla, el movimiento estadista se había estancado en esos años debido al gobierno de Romero.[127]

Para Padilla, la estadidad será posible únicamente por "consenso", lo que requiere la solución de los problemas económicos y políticos del país: "La Estadidad es un instrumento de cambio y reforma social y política que requiere tiempo, pero más que nada, requiere consenso del Pueblo... El Futuro de la Estadidad está cifrado en la Renovación y Cambios que pide nuestro pueblo para solucionar sus problemas inmediatos".[128] La estrategia estadista de Padilla difiere de la estrategia de Romero de "simple mayoría" en que, como explica el primero, "Mientras exista un puertorriqueño que

---

[127] Hernán Padilla, "Voto Explicativo del Doctor Hernán Padilla sobre la declaración de Loíza", *El Nuevo Día*, 28 de feb. de 1983, p. 14; e *ibid.*, 19 de junio de 1983, pp. 10-11.

[128] "Voto Explicativo", *ibidem.*

dude de los beneficios de la estadidad, no podemos estar tranquilos".[129] La estrategia de Padilla respondía al hecho real de que la mayoría de la población no apoyaba la estadidad; más aún, la estadidad, según la proponía Romero, no tenía apoyo en los Estados Unidos, donde se teme otorgar la estadidad en ausencia de un sólido apoyo mayoritario de la población. Padilla se opuso a la propuesta de Romero para celebrar un plebiscito "estadidad sí o no" por ser ésta una forma de forzar la estadidad; argumentó que el mecanismo correcto era un plebiscito en el que se incluyeran las tres alternativas de status cuando el Congreso hubiera definido, de antemano, las condiciones para aceptar cada alternativa.[130] La estadidad, según Padilla, requiere "un proceso lento de convencimiento mutuo", proceso en el que se destaca la necesidad de una mayor integración política; esta última debería incluir una mayor participación de los puertorriqueños en los asuntos políticos de los Estados Unidos y proveer un mejor entendimiento de los valores y del sistema político estadounidense.[131]

La estrategia estadista del PRP estuvo acompañada de un programa para confrontar "el cuadro de crisis" que padecía Puerto Rico. Esta crisis general se reflejaba en una crisis moral y una ausencia de valores basada, según Padilla, en la "carencia de los elementos que nos brindan tranquilidad, estabilidad y coexistencia en armonía con la sociedad".[132] En cuanto al ámbito político, Padilla destacó el origen de esta crisis en "la política de la confrontación" entre el PPD y el PNP, convertidos en "vehículos personales" en la lucha de poder de sus líderes: "Los conflictos políticos eclipsan todos los esfuerzos, y ambas partes son dadas cada vez más a la confrontación y son incapaces de trabajar juntos en los asuntos económicos y sociales que requieren un nivel mínimo de cooperación bipartita".[133] Es esta la base para el argumento del PRP de que el asunto de la estadidad tenía que ser pospuesto en favor de la solución de los problemas económicos y políticos

---

[129] *The San Juan Star,* 2 de marzo de 1982, p. 3.

[130] *Ibidem,* 19 de junio de 1983, p. 5, y 5 de marzo de 1983, p. 1.

[131] Charla del Dr. Hernán Padilla en la Facultad de Estudios Generales, Universidad de Puerto Rico, 21 de octubre de 1983.

[132] *El Nuevo Día,* 3 de octubre de 1983, p. 4. También, Partido de Renovación Puertorriqueña, *Plataforma política* (San Juan: PRP, 1983), p. 1.

[133] Hernán Padilla, "Hernán Padilla Explains His Objetives", *The San Juan Star,* 6 de sept. de 1983, p. 16. Además, Hernán Padilla, "Speech before the Association of Food Wholesalers, Importers, and Retailers of Puerto Rico", 25 de agosto de 1983, pp. 2-4; y PRP, *Plataforma Política,* p. 1.

de la Isla. Para lograr esto se hace necesario formar un "gobierno de unidad" y forjar un "consenso" entre todos los sectores de la sociedad. Para facilitar la formación de este "gobierno de unidad", el PRP estableció que el partido no favorecería ninguna alternativa de status; esta política también promovería el "consenso" requerido para solucionar la cuestión del status.[134] De acuerdo con Padilla la "política de la confrontación" y el deseo de "continuismo" en el PNP habían convertido al gobierno en "un instrumento del Partido Nuevo Progresista", lo que, a su vez, estimulaba la corrupción gubernamental que carcomía la fibra moral del país. La separación de gobierno y partido en el "gobierno de unidad" del PRP, junto al reclutamiento de los administradores públicos más capaces, aseguraría un gobierno responsable dedicado a solucionar los problemas apremiantes de Puerto Rico.[135]

De acuerdo con programa económico del PRP, Puerto Rico depende en exceso de las inversiones y el comercio "extranjero" para su desarrollo económico; se hace necesario fortalecer la base de su economía para prevenir una catástrofe social y económica. De acuerdo con Padilla, Puerto Rico se ha convertido en un *shopping center* [sic] de importaciones" que ha destruido la base productiva local dirigida al consumo local. Esta situación, junto con el control de la producción industrial de Puerto Rico en manos "extranjeras", promueve la repatriación de ganancias al "extranjero", creando desempleo y falta de capital para la inversión. Para lograr una nueva estrategia económica que pudiera "asegurar que el futuro económico de Puerto Rico esté en manos de los puertorriqueños", el PRP propone una política de "sustitución de importaciones" para incentivar y proteger al "pequeño empresario" (i.e., al capital local).[136] Padilla criticó el programa de exención contributiva porque favorecía al capital estadounidense y discriminaba contra el capital local. Argumentó que el gobierno debería proveer subsidios e incentivos al "pequeño empresario" y debería desarrollar, en favor de éste, aquellas áreas donde existiera poca inversión privada.[137] La

---

[134] *El Nuevo Día*, 24 de marzo de 1983, p. 12; *The San Juan Star*, 19 de julio de 1983, p. 2. Además, PRP, *Plataforma Política*, pp. 1-2.

[135] Padilla, Charla en la UPR. También, *The San Juan Star*, 1 de oct. de 1983, p. 14; y *El Nuevo Día*, 8 de sept. de 1983, p. 31.

[136] *The San Juan Star*, 19 de oct. de 1981, p. 3. Padilla, "Padilla Explains His Objetives"; Hernán Padilla, "Speech before the Association of Public Accountants of Puerto Rico", 10 de sept. de 1983, pp. 11-13; y PRP, *Plataforma Política*, p. 3.

[137] *El Nuevo Día*, 28 de marzo de 1983, p. 18; *The San Juan Star*, 26 de oct. de 1983, p. 14.

estrategia económica del PRP era similar a la propuesta anteriormente por Ferré: la promoción del capital estadounidense en áreas de alta tecnología y la promoción del capital local en industrias de uso intensivo de mano de obra y cuya producción estuviera dirigida al mercado local, y posiblemente al Caribe.[138] El PRP también propuso el desarrollo de la agricultura para satisfacer la demanda local y exportar a los Estados Unidos; aunque estaba de acuerdo con Romero en que el gobierno debía proveer incentivos y subsidios para el desarrollo agrícola, el PRP resaltaba que esto debía estar en manos de agricultores puertorriqueños.[139]

El apoyo popular del PRP se deterioró a lo largo de 1983. Una encuesta de opinión pública celebrada en octubre de 1983 puso a Padilla en un distante tercer lugar en la carrera a la gobernación, detrás de Romero y Hernández Colón.[140] Por otro lado, el PRP padeció de constantes problemas organizativos. Su liderato provino casi totalmente del PNP, en particular de los sectores medios y profesionales que ocupaban posiciones intermedias de liderato en el PNP. El PRP fue incapaz de atraer líderes de otros partidos para poder legitimar su clamor de ser un partido de "unidad nacional"; además, tuvo problemas para reclutar liderato efectivo en el ámbito local.[141]

El programa del PRP representó un intento de revivir dentro del anexionismo contemporáneo el programa de "redención". El programa del PRP fue una reacción al decaimiento material de la burguesía local y al avance del capital estadounidense, y a la crisis de legitimidad de las instituciones político-ideológicas bajo Romero, lo que podía llevar a una crisis del sistema mismo. Una vez más, la espada de Damocles se cierne sobre la burguesía anexionista puertorriqueña: para asegurar su propia reproducción económica y política busca la anexión a los Estados Unidos; pero la creciente integración a los Estados Unidos socaba su propia base material y política. El programa "redencionista" del PRP no era la solución

---

[138] *El Nuevo Día,* 26 de agosto de 1983, p. 6; y PRP, Plataforma Política, p. 11.

[139] *El Mundo,* 27 de junio de 1983, p. 7A; PRP, *Plataforma Política,* pp. 27-33; Hernán Padilla, "Speech before the Puerto Rican Teachers Association", 27 de dic. de 1983.

[140] *El Nuevo Día,* 25 de oct. de 1983, pp. 2-3.

[141] *El Nuevo Día,* 4 de marzo de 1983, p. 10; 27 de oct. de 1983, p. 49; *The San Juan Star,* 30 de mayo de 1983, p. 3; 30 de julio de 1983, p. 14; 19 de agosto de 1983, p. 3; 15 de sept. de 1983, p. 18.

mágica a sus problemas, pero buscaba proveer el espacio necesario para capear el caos económico y político de la administración de Romero, y, tal vez, la oportunidad de elaborar una nueva estrategia estadista.

El PNP y las elecciones de 1984

Varios días después de las elecciones de 1984 el periódico pro-anexionista *El Nuevo Día* publicó los resultados de una encuesta de opinión electoral con un titular de primera plana que leía: "Votación anti-Romero en las elecciones". La encuesta reveló que la mayoría del voto "indeciso-independiente" fue para el candidato del PPD, Rafael Hernández Colón, lo que evidenció la antipatía de este bloque electoral por el candidato del PNP, Carlos Romero Barceló.[142] Hernández Colón fue electo gobernador, derrotando a Romero por un margen de 50,000 votos, de un total de 1.7 millones de votos. El PPD también ganó ambas cámaras de la Legislatura y 59 de 78 municipios.[143] La encuesta de *El Nuevo Día* también reveló que dos asuntos cruciales en el voto anti-Romero fueron la corrupción en su gobierno y su manejo del caso del Cerro Maravilla, y la insistencia en la estadidad como principal asunto de la campaña electoral. Sin embargo, Romero recibió el 44 por ciento de los votos para gobernador y el PNP retuvo control sobre algunas de las principales ciudades, incluyendo a San Juan, la capital.

La elecciones de 1984 tuvieron resultados contradictorios para el PNP. El partido mantuvo su fortaleza electoral, a pesar de que su única bandera de campaña fue la estadidad; por otro lado, la campaña del PPD se concentró en la corrupción y mala administración del gobierno PNP, en el caso del Cerro Maravilla y en la crítica condición económica de la Isla. El PPD buscó, y obtuvo, miles de votos independentistas temerosos de otro gobierno estadista. El Partido de Renovación también atacó el abuso del gobierno y del partido en que había incurrido Romero y pudo sustraer sobre 60,000 votos del PNP. La carrera electoral fue más cerrada de lo esperado; una encuesta de *El Nuevo Día* días antes de las elecciones reflejó una ventaja para Romero de uno por ciento (35 a 34) sobre Hernández Colón, con un gran por ciento de los votantes aún indecisos. Una encuesta de mayo hecha por el mismo periódico dio una ventaja de 2 por ciento (30

[142] *El Nuevo Día,* 11 de nov. de 1984, pp. 1-3.

[143] Comisión Estatal de Elecciones, *Informes estadísticos Generales 1984* (San Juan: Comisión Estatal, s.f.).

a 28) para Romero.[144] Otra encuesta de octubre de ese año tenía a Hernández Colón al frente por un dos por ciento, con un apoyo creciente en el voto de clase media.[145]

Los resultados de las elecciones de 1984 crearon las condiciones para la lucha por el control del partido. El PNP no pudo lograr una transición rápida y sin conflictos a una etapa pos-Romerista, debido principalmente a Romero mismo. El político que respondió "¿Qué derrota?" a preguntas de los periodistas sobre los resultados de las elecciones de 1984 estuvo reacio a aceptar un nuevo liderato partidista. Esto presentó una situación delicada para el PNP en aquellos momentos, pues aunque el alcalde de San Juan, Baltasar Corrada del Río, y su grupo hubieran controlado la maquinaria partidista, Romero aún atrae una gran parte del voto estadista, particularmente entre los sectores de más bajos ingresos y menor educación, indispensables para cualquier victoria del PNP.

Importantes sectores del partido, incluyendo a Ferré y a la Federación de Alcaldes del PNP, comenzaron a demandar cambios en el liderato partidista inmediatamente después de las elecciones de 1984. Luego de varios meses de luchas internas, Romero anunció en septiembre de 1985 que tomaría unas "vacaciones políticas", dejando a Corrada del Río como presidente interino. En junio de 1986 Corrada fue electo presidente del PNP.[146] Pero aparentemente cansado de sus vacaciones, Romero volvió al ruedo político con todo vigor. En octubre de 1986 fue nombrado senador e inmediatamente tomó el mando del *caucus* legislativo del partido. Romero también realizó una campaña intensa para la presidencia del Partido Demócrata en Puerto Rico. Respondiendo, en parte, a la amenaza de Romero, el comité central del PNP aprobó en enero de 1987 una resolución que apoyaba a Corrada como el candidato a gobernador por el partido; en febrero de 1987 Corrada se convirtió en el candidato oficial del PNP a la gobernación.[147] Pero Corrada fue incapaz de fortalecer su posición en el partido. No demostró competencia en el manejo de los asuntos de la capital como alcalde y se vio envuelto en controversias que minaron su imagen pública. Corrada no pudo controlar la organización del partido ni arreglar sus precarias finanzas; varios líderes del partido se quejaron de la apatía reinante entre los miembros del PNP.

---

[144] *El Nuevo Día*, 30 de oct. de 1987, pp.2-3; 27 de mayo de 1987, p. 2.

[145] *El Reportero*, 2 de oct. de 1987, p. 3.[146] *El Nuevo Día*, 17 de nov. de 1984, p. 3; 23 de junio de 1986, p. 4; *The San Juan Star*, 15 de sept. de 1985, p. 2.

[147] *El Nuevo Día*, 5 de oct. de 1986, p. 8; 6 de feb. de 1987, p. 6.

Luego de 1984 la Federación de Alcaldes se ha convertido en el nuevo centro de autoridad del partido. Corrada tuvo que ganar el apoyo de la federación para ser el candidato a gobernador. La federación logró nombrar a uno de los suyos como vice-presidente del PNP. Sin la presencia carismática de un Romero, Corrada no pudo avivar el fervor necesario entre las masas estadistas y no pudo penetrar las estructuras locales de los partidos, controladas por los alcaldes. El PNP estuvo tan desorganizado que sectores dentro del partido clamaron por el regreso de Hernán Padilla al partido; tanto Corrada como Romero hicieron llamados públicos a Padilla. Las peleas internas se extendieron a otras áreas de la política del PNP; por ejemplo, la asamblea de noviembre de 1987 del Partido Republicano en Puerto Rico (controlado por el PNP) acabó en insultos y acusaciones entre el liderato del partido luego de no ponerse de acuerdo en un candidato común para las primarias presidenciales. Corrada pudo obtener apoyo en el partido, incluyendo el de la Federación de Alcaldes, más por el temor de estos sectores a Romero y a su férreo control de la maquinaria que a su propio liderato. Como consecuencia de esto, Corrada perdió apoyo dentro y fuera del partido; dos encuestas de *El Nuevo Día* mostraron a Corrada perdiendo apoyo frente a Hernández Colón. Aprovechando esta situación, Romero anunció su candidatura a la gobernación por el PNP en noviembre de 1987.[148] Aunque todos los bandos prometieron una campaña primarista amistosa, el PNP pudo muy bien haberse presentado dividido por conflictos internos a las elecciones de 1988.

La campaña del PNP bajo Corrada, al igual que bajo el liderato de Romero, se centró en la estadidad como la "única base ideológica" del partido. Corrada creó el Comité para el Logro de la Estadidad en agosto de 1986 en una de sus primeras acciones como presidente del partido. Este comité de 45 personas, criticado por algunos líderes del partido, concluyó su trabajo de un año recomendando un plebiscito para la estadidad de ganar el PNP las elecciones de 1988.[149] Además, la asociación independiente Acción Ciudadana Puertorriqueña, que defiende la estadidad por encima de líneas partidistas, logró supuestamente recolectar y llevar al Congreso cientos de miles de firmas en favor de la estadidad.[150] También se sometie-

---

[148] *Ibidem,* 1 de nov. de 1987, pp. 4, 8; 2 de nov. de 1987, p. 7; y 4 de nov. de 1987, p. 4.

[149] *The San Juan Star,* 1 de agosto de 1986, p. 12; *El Nuevo Día,* 4 de junio de 1987, p. 16.

[150] *The San Juan Star,* 4 de abril de 1985, p. 3; 8 de agosto de 1986, p. 31.

ron en Washington dos proyectos de ley presentados por el vice-presidente Bush y el senador Dole en favor de realizar un referéndum por la estadidad; estos fueron obvios intentos de ganar apoyo para sus candidaturas presidenciales entre los Republicanos puertorriqueños.[151]

Algunos "jóvenes turcos" del PNP, críticos de la inacción del partido en empujar la estadidad mientras ha estado en el gobierno, hicieron un llamado a una "insurrección cívica" en favor de la estadidad de ganar el partido en 1988 o de simplemente descartar al PNP como un partido estadista.[152] Otros criticaron el uso que algunos han hecho de la estadidad como un *modus vivendi* para su beneficio personal y su olvido del ideal tan pronto ganan un puesto.[153] De otra parte, desde 1985 la retórica del PNP se ha centrado en el asunto de la "república asociada" que supuestamente es empujada desde Washington. En una postura totalmente defensiva, el PNP ha acusado al PPD de empujar secretamente a Puerto Rico hacia la independencia y mantiene que la estadidad es la única forma de retener la unión permanente con los Estados Unidos.[154]

[41] Nélida Jiménez Velázquez and Luis R. Dávila Colón, "The American Statehood Process and Its Relevance to Puerto Rico's Colonial Reality", en Heine, *Time for Decision*, p. 260. Argumento elaborado más extensamente en *Breakthrough From Colonialism*, particularmente vol. 2, cap. 4, pt. 4.

[151] , 18 de mayo de 1987, p. 14; *El Nuevo Día*, 13 de mayo de 1987, p. 7.

[152] Ver el artículo de Orestes Ramos, hijo, en *El Nuevo Día*, 10 de marzo de 1987, p. 43.

[153] Ver el artículo de Antonio Quiñones Calderón en *ibidem*, 4 de sept. de 1986, p. 69.

[154] Ver, e.g., *ibidem*, 3 de nov. de 1986, p. 51; 13 de nov. de 1986, p. 4; y 31 de mayo de 1987, p. 8.

EPÍLOGO

La política del PNP de 1988 a 1992 estuvo dominada por dos asuntos principales: 1) el pasado proceso plebiscitario de 1989 a 1991 confrontó al partido con un dilema que no será fácil resolver: mientras el apoyo a la anexión ha aumentado en Puerto Rico, la oposición en Estados Unidos a la alternativa estadista para Puerto Rico ha aumentado de igual forma; 2) la dificultad de consolidar un liderato y desarrollar un programa político innovador con el intento de llegar a una transición partidista pos-Romero. El proceso plebiscitario dejó claro que la "estadidad jíbara" y otros componentes del programa estadista del PNP no son bien vistos en Washington; el PNP no ha podido elaborar un nuevo programa estadista y aparentemente existen diferencias en el campo anexionista en cuanto a si debería promover abiertamente la estadidad. Por otro lado, el fantasma de Romero todavía recorre el partido; luego de retirarse a tiempo para las elecciones de 1988, Romero volvió por sus fueros y dirigió los trabajos del partido en el proceso plebiscitario. Con el apoyo de las principales instituciones del partido, el Dr. Pedro Rosselló obtuvo la presidencia y candidatura a gobernador del PNP en 1991; a pesar de la oposición de Rosselló, Romero logró obtener la candidatura a Comisionado Residente por el PNP, lo que puso en entredicho el intento del candidato a gobernador por "renovar" el liderato y programa del partido. De hecho, la campaña electoral de 1992 reflejó la escasa diferencia en el programa y liderato entre el PNP de Rosselló y el PNP de Romero.

La estadidad y el proceso plebiscitario

La política del plebiscito

Los principales partidos políticos de Puerto Rico se enfrascaron por dos años (1989-1991) en un largo proceso político, en la capital estadounidense, en el que se debatió la posibilidad de celebrar un plebiscito para que los puertorriqueños decidieran finalmente su status político. Este proceso plebiscitario no produjo ningún resultado concreto importante, ya que nuevamente la cuestión del status político de Puerto Rico volvió a ser echada a un lado por Washington. El proceso plebiscitario, sin embargo, tuvo importantes consecuencias para los principales partidos puertorriqueños.

El proceso plebiscitario comenzó para los puertorriqueños con el mensaje al país del recién reelecto gobernador Rafael Hernández Colón en enero de 1989, en el que sorpresivamente anunció la celebración de un plebiscito para decidir el status político de la Isla. Este anuncio sorprendió a todo el mundo, incluso al alto liderato de su partido, ya que el PPD había anunciado en su campaña electoral de 1988 que no trataría el tema del status de la Isla. Además, en la noche de elecciones, al saber de la elección del republicano George Bush a la presidencia de Estados Unidos, el gobernador declaró "congelada" la discusión del status político para los próximos años. El PPD había apoyado al candidato demócrata a la presidencia, y Bush era un conocido defensor de la estadidad para Puerto Rico, con fuertes vínculos con el PNP. Pero eventos posteriores han indicado que la idea de celebrar un plebiscito no pudo haber surgido de las mentes políticas del PPD, sino que con toda seguridad surgieron de donde reside el poder en una relación colonial: de la metrópoli.

El proceso plebiscitario comenzó realmente cuando el comité de Energía y Recursos Naturales (ERN) del Senado —bajo la tutela bipartita del presidente del comité J. Bennet Johnston (Dem. Louisiana) y del vicepresidente James McClure (Rep. Idaho)— preparó tres proyectos de ley para permitir a Puerto Rico celebrar un plebiscito. Aunque suene raro, el comité ERN del Senado, anteriormente el comité del Interior, está a cargo de los asuntos de los territorios en el Senado. La idea de celebrar un plebiscito para Puerto Rico cogió fuerza en Washington cuando el presidente Bush en su mensaje sobre el estado de la nación de enero de 1989 endosó la propuesta, aunque hizo claro su apoyo a la alternativa estadista. De los tres proyectos de ley para el plebiscito —el S710, el S711 y el S712— se sometió a vista pública en el Congreso el S712, el más detallado de los tres y el que fuera apoyado por los tres principales partidos políticos puertorriqueños: el PNP, el PPD y el PIP. El S712 contenía los pedidos o lista de deseos (*wish list*) de los tres partidos de cada una de las opciones definidas en el proyecto: la estadidad, la independencia y el estado libre asociado (*Commonwealth*).

Durante el verano de 1989 el comité ERN del Senado celebró vistas publicas sobre el S712 en Washington y en San Juan.[1]

En septiembre de 1989 el comité ERN sometió una versión revisada del S712 a la consideración del Senado. Esta versión echó a un lado las principales demandas de los tres partidos y presentó unas definiciones y concesiones sobre cada alternativa que satisfacían las críticas hechas al proyecto inicial por el Ejecutivo y otros sectores del Congreso. Aunque inicialmente los tres partidos puertorriqueños no vieron con agrado estas revisiones, acabaron por dar su apoyo al proyecto. Aun así, esta versión modificada de S712 enfrentó oposición en el Congreso debido a dos de sus cláusulas: una que establecía la naturaleza auto-ejecutoria del proceso y otra que otorgaba la victoria a la alternativa ganadora por mayoría simple. Estas cláusulas crearon mucha animosidad hacia la idea de un plebiscito para Puerto Rico, particularmente entre aquellos que temían una victoria de la alternativa estadista, pues el Congreso tendría que reconocer la validez de cualquier alternativa que obtuviese el cincuenta por ciento más uno de los votos.

Por otro lado, el comité de Asuntos Insulares y del Interior de la Cámara de Representantes de Estados Unidos decidió no apoyar el proyecto del Senado y presentó su propio proyecto de plebiscito para Puerto Rico. El comité de la Cámara celebró vistas en la primavera de 1990 y sometió su proyecto de ley —el HR4765— en el verano de ese año. El proyecto de la Cámara era más sencillo que el del Senado (parecido al proyecto S711 inicialmente sometido por el Senado y rechazado por los tres partidos puertorriqueños); este proyecto no presentaba definiciones detalladas de las tres alternativas ni una cláusula auto-ejecutoria. La alternativa victoriosa tendría que negociar las condiciones del futuro status con el Congreso, y luego pasaría a los puertorriqueños para ser refrendada.

El proceso plebiscitario estuvo repleto de contrariedades desde sus comienzos. Los tres partidos políticos puertorriqueños, en un momento u otro, manifestaron sus dudas sobre el proyecto S712 y sobre el proceso plebiscitario mismo. Una vez que surgió oposición al proyecto del Senado, los tres partidos puertorriqueños pasaron a apoyar el proyecto de la

---

[1] U.S Congress, Senate, *Political Status of Puerto Rico* (Hearings Before the Committee on Energy and Natural Resources on Bills S.710, S.711, and S.712 to Provide for a Referendum on the Political Status of Puerto Rico, 10lst Congress, lst Session, June 1 and 2, 1989) (Washington, D.C.: Government Printing Office, 1989), part 1.

Cámara, cuya versión había sido ya presentada por el Senado (en los proyectos S710 y S711) y que ellos habían rechazado. Por otro lado, el Comité de Finanzas del Senado celebró, en varias ocasiones, vistas sobre el proyecto S712, en las que se presentaron graves preocupaciones por los aspectos económicos del proyecto, particularmente en cuanto a la transición económica a la estadidad.[2] Finalmente, una vez que la Cámara aprobó su proyecto de ley para el plebiscito en octubre de 1990, se creía muy difícil el poder conciliar este proyecto con el del Senado.

Pero la conferencia legislativa entre Cámara y Senado para conciliar sus respectivos proyectos sobre el plebiscito no fue necesaria. La cuestión del plebiscito para Puerto Rico murió en el mismo lugar en donde nació: en el comité ERN del Senado. El proyecto inicial de plebiscito fue posible gracias al apoyo bipartita creado por los senadores Johnston y McClure. Pero este último se retiró en 1990 y el nuevo miembro republicano de mayor rango en el Comité, Malcolm Wallop, era un feroz opositor del proyecto del plebiscito, particularmente por su temor a una victoria de la estadidad. Wallop fue capaz de obtener los votos suficientes, tanto de republicanos como de demócratas, para poder detener un nuevo proyecto de plebiscito sometido al comité en febrero de 1991. Críticos del proyecto argumentaron que la celebración de un plebiscito puede abrir la puerta para una demanda de estadidad para Puerto Rico, algo para lo cual Estados Unidos no está listo aún. Ni tan siquiera una carta del presidente Bush, en la que apoyaba el proyecto de plebiscito, pudo detener la avalancha en contra del proyecto.[3] No existe actualmente interés alguno ni en la Cámara ni en el Senado por revivir la idea de un proyecto para celebrar el plebiscito de status en Puerto Rico. Por el momento, la idea de un plebiscito parece estar muerta.

Para entender estos eventos tenemos que comprender la naturaleza del propuesto plebiscito. La idea de celebrar un plebiscito sobre el status político de Puerto Rico fue decididamente una iniciativa que vino del gobierno de los Estados Unidos, y el proceso fue manejado cuidadosamente por los dirigentes estadounidenses para satisfacer y garantizar los intereses

---

[2] U.S. Congress, Senate, Committee on Finance, *Puerto Rico's Political Status* (Hearings Before the Committee on Finance on S712, November 14 and 15, 1989) (Washington, D.C.: U.S. Government Printing Office, 1990).

[3] "Statehood Foes Surface: Outcome Uncertain for P.R. Plebiscite Bill", *The San Juan Star*, 21 de feb. de 1991, p.1; Plebiscite Bill Shot Down", *ibidem*, 28 de feb. de 1991, p.1; "Puerto Rico Referendum Killed", *The Washington Post*, 28 de feb. de 1991, p.A6.

estadounidenses en la Isla. El plebiscito fue presentado públicamente tanto por el Ejecutivo como por el Congreso estadounidense como un mecanismo para garantizar la auto-determinación de los puertorriqueños. Pero esta posición puede ser cuestionada desde dos puntos. Primero, la administración de Bush y el Congreso han indicado que la cuestión del status político de Puerto Rico es una cuestión interna de los Estados Unidos y han rechazado propuestas para que el plebiscito se celebre bajo los auspicios de organizaciones internacionales como la Organización de las Naciones Unidas. Segundo, los representantes puertorriqueños no participaron en la definición final de la propuesta de plebiscito. El Congreso y el Ejecutivo moldearon las diferentes definiciones de las opciones de status que serían sometidas a los puertorriqueños. Será Washington quien finalmente decida en última instancia lo que Estados Unidos está dispuesto a aceptar. Más aún, el Departamento de Estado de Estados Unidos reiteró durante las vistas congresionales la posición oficial del gobierno estadounidense de que los puertorriqueños habían ejercido su derecho a la autodeterminación en 1953.[4] La pregunta obvia es, ¿qué clase de autodeterminación es ésta?, ¿cuántas veces van los puertorriqueños a "autodeterminarse" en menos de medio siglo?

Considerar el pasado proceso plebiscitario como un proyecto de negociación entre los puertorriqueños y Washington es también confundir la realidad con lo deseado. La supuesta "consulta" estuvo limitada a la élite puertorriqueña, particularmente a la representada en los tres principales partidos políticos puertorriqueños. Pero todas las demandas sustantivas presentadas por los tres partidos en la primera propuesta del proyecto plebiscitario fueron eliminadas en la segunda versión del S712 que fue sometida al debate congresional en septiembre de 1989. Dado el hecho de que el propuesto plebiscito fue una iniciativa y un proceso en manos de Washington, la pregunta que debemos hacernos es ¿qué es lo que buscaba Estados Unidos con esto? El fallecido proceso plebiscitario no fue más que el último intento de los Estados Unidos de encarar la "cuestión del status" de Puerto Rico, que no es más que el eufemismo usado para referirse a la condición colonial de la Isla. El deterioro estructural de larga duración de la economía de Puerto Rico y sus ascendentes costos para el tesoro de los Estados Unidos, la pérdida de legitimidad del ELA en Estados Unidos y

---

[4] U.S Congress, Senate, *Political Status of Puerto Rico* (Hearings ... July 11, 13, and 14, 1989) (Washington, D.C.: Government Printing Office, 1989), parte 3, pp. 177.

Puerto Rico, y el costo político internacional para Washington de mantener en una condición colonial a la Isla son factores cruciales que movieron a Washington a revisar una vez más el "problema" colonial de Puerto Rico.[5]

Existe descontento en los Estados Unidos con la condición económica y política de Puerto Rico. El pasado proceso plebiscitario fue un intento de forzar a debatir alternativas sobre Puerto Rico a aquellos sectores en el Congreso, el Ejecutivo y el sistema político estadounidense en general que tienen un interés en los asuntos de la Isla. Cuán efectivo puede ser esto es otra cosa. La política congresional y la política burocrática dentro del Ejecutivo no son la mejor forma para manejar los asuntos coloniales. Ha quedado demostrado, una vez más, que en Washington predomina la política del *statu quo* con respecto a Puerto Rico. La falta de un consenso con respecto a Puerto Rico entre los intereses dominantes estadounidenses puso fin, una vez más, a la discusión sobre el status de Puerto Rico en Washington.

Si el pasado proceso plebiscitario fue una iniciativa y un proceso manejado por Washington, ¿por qué razón participaron en él los puertorriqueños? Según las reglas de juego establecidas por Washington, los representantes de los puertorriqueños serían los tres principales partidos puertorriqueños, cada uno de estos representando una opción de status particular: el PPD, el ELA; el PNP, la estadidad y el PIP, la independencia. De esta forma el Congreso intentó validar el proceso al darles participación a los sectores dominantes de la política isleña. Los tres partidos representan distintos grupos de la élite puertorriqueña, cada uno con particular interés en presentar sus demandas ante la metrópoli. Cada opción de status representa las aspiraciones de un sector de la élite por transformar el estado colonial en una forma estatal apropiada a sus intereses.

El proceso plebiscitario les permitió a los partidos presentar sus demandas a la metrópoli, buscando cada uno el apoyo de Washington para su alternativa. Las demandas iniciales de los partidos siguieron su trayectoria programática de las últimas décadas. El PPD pidió inicialmente un ELA "ensanchado" o renovado; el PNP demandó un "estado soberano", con

---

[5] Para un análisis del proceso plebiscitario en sus inicios véase el número especial de *Radical America* (23:1) "Puerto Rico: A Colonial Dilemma", particularmente los artículos de: Pedro A. Cabán, "Reworking the Colonial Formula: Puerto Rico Into the 21st Century"; Carmen Gautier Mayoral, "'The Puerto Rican Socio-Economic Model': Its Effects on Present Day Politics and the Plebiscite"; y Edgardo Meléndez, "Will Puerto Rico Become the 51st State?"

igualdad política y basado en la concepción de "estadidad jíbara" (idioma español y una generosa transición económica); y el PIP demandó una república desmilitarizada y libre de armamentos nucleares. Según el patrón histórico hasta el momento, la metrópoli rechazó las principales demandas de los tres partidos. El proyecto sometido a discusión congresional implicaba que no habría un ELA renovado, ninguna estadidad jíbara o soberana, ni se aceptaría una república desmilitarizada y sin presencia militar estadounidense.

La concepción de la estadidad del PNP

La propuesta inicial presentada por el PNP al Congreso a comienzos del proceso plebiscitario recogía la retórica estadista del partido de las pasadas dos décadas. Lo que era nuevo en la propuesta del PNP era el intento de elaborar, en un programa, las dos concepciones más importantes en la ideología estadista puertorriqueña: la "estadidad como soberanía" y la "estadidad como igualdad". Era también la primera vez que los anexionistas puertorriqueños elaboraban y presentaban un programa concreto para la estadidad a los dirigentes estadounidenses. Aunque algunos sectores en los Estados Unidos habían visto la estadidad como alternativa a la crítica situación del ELA a mediados de la década de los setenta, no fue sino hasta estos momentos cuando, por primera vez, los dirigentes estadounidenses revisaban y debatían la alternativa estadista tal como la definían los estadistas puertorriqueños. Desafortunadamente para éstos, su concepción de la estadidad para Puerto Rico no era la que tenían los estadounidenses en mente.

Estas concepciones de la estadidad eran intentos de resolver asuntos cruciales que habían preocupado al movimiento estadista históricamente. La noción de "estadidad como soberanía" trata de identificar la posición política y cultural futura de Puerto Rico dentro de la estructura política de los Estados Unidos. Esta noción, al argumentar que Puerto Rico tendrá soberanía para los asuntos locales (incluyendo asuntos de idioma y cultura), les asegura a los puertorriqueños que mantendrán su identidad étnico-nacional en la estadidad. La noción de la "estadidad como igualdad" trata de definir la relación económica y social de los puertorriqueños con el Estado norteamericano. Esta noción ofrece seguridad económica a los puertorriqueños al garantizarles las bienandanzas del Estado benefactor estadounidense. La estadidad como igualdad trata también de legitimar la demanda de estadidad puertorriqueña ante los sectores dirigentes estadounidenses: se presenta como una demanda de igualdad de los ciudadanos de segunda clase de la colonia estadounidense de Puerto Rico.

La concepción de la estadidad como soberanía —en donde se propone que los puertorriqueños gozarán de autonomía sobre los asuntos locales- fue la primera concepción desarrollada por los anexionistas puertorrique- ños a principios de siglo. Entonces y ahora, esta noción representa el intento de los sectores dirigentes del movimiento anexionista de legitimar sus aspiraciones a convertirse en grupo dominante en Puerto Rico. Los anexionistas de principios de siglo, organizados en el Partido Republicano, definieron la estadidad como "la independencia para los asuntos locales". De esta forma buscaban legitimar para la élite criolla el control de los espacios económicos y políticos locales; esperaban una interferencia míni- ma del Estado metropolitano en los asuntos locales. De hecho, por varias décadas la demanda de independencia coexistió lado a lado con la de estadidad en el programa republicano como medio para garantizar su poder sobre los asuntos locales (ver capítulo 3).

La concepción de la estadidad como soberanía enfrenta otro problema no resuelto para los anexionistas desde principios de siglo: cómo ajustar las diferencias étnico-culturales de los puertorriqueños al proceso de anexión. Esto es, la no asimilación cultural de los puertorriqueños presenta un gran obstáculo a la anexión; el idioma español, entre otros factores, ha sostenido la identidad puertorriqueña históricamente. A través del siglo, los anexionistas puertorriqueños han argumentado que el federalismo estadounidense pro- vee la solución a este problema, ya que permite a los estados la autoridad para mantener la identidad cultural de los diversos grupos étnicos existentes en la nación. Ya en la asamblea de fundación del Partido Republicano en 1899 se discutía el concepto de la "patria regional", el cual ha evolucionado hasta el día de hoy como solución a este problema. El concepto de patria regional distingue entre la región-patria, determinada étnica y culturalmen- te, y la "Nación", el Estado central al cual todos los puertorriqueños le deben lealtad (capítulo 3). Esta concepción se revisó en la década de los cuarenta, cuando se concibió que los Estados Unidos era un "gran caldero" de nacionalidades (*melting pot*) donde el Estado no intervenía en la defini- ción de la identidad cultural de las diversos grupos étnicos. Se argumentó incorrectamente que el federalismo estadounidense garantizaba la diversi- dad cultural de sus unidades componentes (los estados), como si Estados Unidos fuera en efecto una federación multinacional, lo cual no es (capítu- lo 4). De esta noción proviene la concepción moderna de la "estadidad jíbara", promocionada por Luis Ferré y el PNP desde la década de los sesenta. Para Ferré "Puerto Rico es la patria y Estados Unidos la Nación". La noción de "estadidad jíbara" sostiene que el federalismo estadounidense -al otorgarles a los estados autonomía sobre los asuntos locales- protegerá la identidad lingüística y cultural de los puertorriqueños.

El programa de la "igualdad" ha dominado la retórica PNP bajo el liderato de Carlos Romero Barceló. Esta noción revivió la noción elaborada durante la década de los cuarenta que postulaba la ciudadanía estadounidense como la "puerta" (*gateway*) a la estadidad; la estadidad se convirtió en un "derecho" de ciudadanía en el momento en que la ciudadanía estadounidense les fue otorgada a los puertorriqueños. Razona también que la estadidad es el único mecanismo para garantizarles a los puertorriqueños la igualdad completa bajo la ciudadanía estadounidense (capítulo 4). Partiendo de estas ideas, el PNP bajo Romero ha defendido que sólo la estadidad puede garantizar la completa igualdad política (el voto presidencial, representación congresional) que es necesaria para obtener la completa igualdad social y económica (esto es, para recibir todos los beneficios del Estado benefactor estadounidense). El PNP bajo Romero ha sido extremadamente exitoso en crear una base de apoyo popular para la estadidad al unir el discurso de la "estadidad como igualdad" con la demanda por la "estadidad ahora" (capítulo 7).

El PNP presentó bajo el liderato de Ferré una concepción evolutiva de la estadidad. Para Ferré la estadidad sería alcanzada tras un largo proceso de educación y adaptación, luego que los anexionistas convencieran a los puertorriqueños de los beneficios de la estadidad; esta visión también fue presentada por Hernán Padilla en su campaña de 1984 (ver capítulos 6 y 7). Contrariamente a esta visión evolutiva de la estadidad, Romero presenta una visión "inmediatista", argumentando que Puerto Rico ya está listo para convertirse en estado una vez los puertorriqueños así lo demanden. Al fusionar el fervor anti-colonialista con la retórica anexionista, el PNP bajo Romero ha podido presentar la estadidad como la única forma digna para los Estados Unidos de eliminar la ciudadanía de segunda clase de los puertorriqueños y al mismo tiempo poner fin a la condición colonial de Puerto Rico. Según Romero, la estadidad les otorgará a los puertorriqueños el derecho a la autodeterminación y resolverá el problema colonial de Estados Unidos en Puerto Rico, no separando sino integrando completamente la Isla a la metrópoli. Romero popularizó la noción de que, una vez que los puertorriqueños se decidan por la estadidad, Estados Unidos no tendrá otro remedio que otorgarla (capítulo 7).

Para que Puerto Rico se convierta en un estado de la federación estadounidense hay dos requisitos esenciales: que los puertorriqueños la deseen y la soliciten, y que los Estados Unidos la acepten y la otorguen. El discurso estadista del PNP, particularmente la retórica de la estadidad jíbara y la de igualdad, fueron muy importantes en crear una base de apoyo para la estadidad en Puerto Rico. Pero esta visión puertorriqueña de la estadidad nunca había sido presentada a los sectores dirigentes estadounidenses para su consideración. El proceso plebiscitario ofreció esa oportunidad, con no muy buenos resultados para el PNP.

Las demandas plebiscitarias del PNP

Se esperaba que la propuesta del PNP saliera beneficiada en las vistas congresionales. El presidente Bush había apoyado abiertamente la estadidad para Puerto Rico y se esperaba que los representantes de la administración favorecieran abiertamente la opción estadista sobre las otras dos. Pero, al contrario de lo esperado, la propuesta PNP fue fuertemente criticada por la administración Bush y fue reducida grandemente en sus pedidos, según se desprende de la versión de septiembre del S712.

En la sección introductoria del apartado sobre la estadidad de la versión de junio de 1989 del S712 (la "lista de deseos" de los partidos), se presentan unos "por cuantos" que establecían lo siguiente: que el nuevo estado de Puerto Rico se conocería en inglés como *Commonwealth of Puerto Rico* y en español como "Estado soberano de Puerto Rico"; que "la admisión a la Unión históricamente ha sido un proceso flexible y variado, que ha sido adaptado a las circunstancias individuales de cada nuevo estado"; que "el Congreso está dispuesto a proveer para que haya un proceso cómodo" de ajuste de la estructura fiscal del status territorial al sistema fiscal federal; que el nuevo estado "estaría asegurado de sus derechos reservados como estado bajo la Constitución de continuar manteniendo tanto el Español como el Inglés como idiomas oficiales, al igual que su derecho a preservar y desarrollar sus particulares características culturales"; y que "la estadidad conlleva la inmediata y completa extensión de los beneficios y legislación que provean paridad para los residentes de Puerto Rico en todos los programas federales".[6] Esta sección, que presentaba los reclamos de estadidad puertorriqueña como de soberanía e igualdad, fue eliminada completamente de la segunda versión del S712 (septiembre).

---

[6] *Political Status of Puerto Rico,* pt.1, pp. 33-35.

Las demandas concretas del PNP en la versión original de S712 fueron: el pago de la deuda pública de Puerto Rico por el gobierno de Estados Unidos; la transferencia de las contribuciones federales de la Isla al gobierno del nuevo estado por un período de años (se deseaban 20 años); la permanencia de la Sección 936 por un número de años (se esperaban 20 años); la creación de tarifas para proteger el café puertorriqueño; la devolución de los impuestos cobrados a las bebidas alcohólicas de Puerto Rico al entrar al mercado estadounidense; la retención del idioma español como idioma oficial de Puerto Rico; la transferencia de tierras en manos federales al nuevo estado; y una zona económica de 200 millas para Puerto Rico.[7]

La definición de la estadidad en la segunda versión del S712 no fue lo que el PNP esperaba. Fuera de ella quedaron las nociones de "estado soberano", de "estadidad jíbara", de estadidad como completa "igualdad". De las demandas concretas de la propuesta inicial del PNP fueron eliminadas las siguientes: la demanda de una zona económica de 200 millas; el pago de la deuda pública de Puerto Rico por el gobierno estadounidense; las tarifas para proteger al café; y la sección sobre el idioma y la cultura. La transferencia de tierras federales al nuevo estado sería considerada luego de una evaluación que se realizaría cinco años después de obtener la estadidad. La transición económica propuesta por el PNP fue reducida ampliamente: los impuestos federales a las importaciones de Puerto Rico serían aplicados inmediatamente; las contribuciones federales sobre ingreso serían impuestas en su totalidad a partir de 1994; las exenciones contributivas de la Sección 936 serían reducidas en 20% anualmente desde 1994 y eliminadas en 1998. Como donación (*grant*) federal al nuevo estado se sometió lo siguiente: la devolución de los impuestos sobre las bebidas alcohólicas y tarifas aduaneras; los tributos a las importaciones desde Puerto Rico serían devueltos hasta el 1998; y las contribuciones federales de los años 1994 y 1995 serían devueltas al gobierno de Puerto Rico.[8]

A pesar del apoyo público del presidente a la estadidad, la administración Bush criticó fuertemente la propuesta estadista del PNP. Representantes de la administración cuestionaron las principales demandas del PNP: la zona económica de 200 millas; las tarifas sobre el café; la generosa transición económica con un período de veinte años para imponer las contribu-

---

[7] *Ibidem*, pp. 36-49, 122-142.

[8] U.S. Congress, Senate, *Puerto Rico Status Referendum Act* (Report together with Additional Minority Views, Committee on Energy and Natural Resources, 101st Congress, 1st session, September 6, 1989), pp. 3-7.

ciones federales y mantener la Sección 936; y el pago de la deuda pública, entre otras. Otros representantes de la administración Bush fueron más allá y criticaron nociones que eran esenciales en el programa estadista del PNP, como la noción de la estadidad en cuanto a igualdad. La noción de que la estadidad es el único mecanismo para garantizar la igualdad económica y social fue rechazada de plano por Edward Dennis, representante del Departamento de Justica federal. En la primera versión del S712 se requería del Congreso que aprobara un estatuto especial (*omnibus act*) para "garantizar que el pueblo de Puerto Rico alcanzara iguales oportunidades económicas y sociales que los residentes de los demás estados".[9] Dennis caracterizó esta propuesta no tan sólo como irreal, sino también como posiblemente anticonstitucional:

> Es imposible prever todas las implicaciones de una estipulación tan vaga. Pero es dudoso que el Congreso pueda "garantizar" verdaderamente que el pueblo de Puerto Rico —o cualquier otro grupo— pueda gozar de iguales "oportunidades sociales y económicas", presumiblemente en todas las esferas de la vida. La Constitución y las leyes pueden garantizar la igualdad bajo la ley, y prohibir la discriminación abierta. Dudamos que cualquier código legal pueda efectivamente asegurar iguales oportunidades sociales y económicas.[10]

La cláusula en cuestión fue eliminada de la segunda versión del S712. En efecto, el Ejecutivo estadounidense les expuso claramente a los puertorriqueños que el Estado norteamericano no puede garantizar la plena igualdad bajo la ciudadanía, que la "igualdad política" no puede traducirse en plena igualdad económica y social.

La noción del PNP de que podía haber un "estado jíbaro", que el "estado soberano" de Puerto Rico podría tener poderes sobre asuntos tales como el idioma, la cultura, las tarifas, la zona marítima, etc., también fue criticado en las vistas senatoriales. La propuesta PNP de mantener el español como idioma oficial del nuevo estado —central en la retórica de "estadidad jíbara"— fue uno de los asuntos más debatidos en las vistas. Después de defender apasionadamente la propuesta sobre el idioma en su primera presentación al Senado, Carlos Romero Barceló tuvo que aceptar la fuertemente fraseada recomendación que le hiciera el senador Johnston

---

[9] *Political Status of Puerto Rico*, pt.1, p.47.

[10] *Political Status of Puerto Rico*, pt.3, p. 2526.

para que tal propueta fuera removida, dada su naturaleza conflictiva.[11] El asunto del idioma ocupo el tercer día de vistas senatoriales. Los representantes de "US English" y "English First" demandaron que el inglés fuera declarado idioma oficial en Puerto Rico bajo la estadidad (el último llegó inclusive a demandarlo para el ELA). El senador McClure, co-auspiciador del proyecto S712 y defensor de la estadidad, insistió en tener el inglés como idioma oficial incluido en la medida, en claro desacuerdo con Johnston.[12]

El asunto de las contribuciones durante la transición a la estadidad (la Sección 936 y las leyes de contribuciones sobre ingresos) fue extensamente debatido durante las vistas senatoriales. En un esfuerzo por proteger la propuesta estadista, la administración Bush recomendó que las alternativas de status deberían ser discutidas sin considerar sus implicaciones y costos económicos. Esta estrategia fue contraproducente. El comité de ERN del Senado acusó a la administración de torpedear el proceso plebiscitario y demandó cifras exactas sobre los costos económicos de cada alternativa. Un informe de noviembre de 1989 preparado para el comité senatorial por la Oficina de Presupuesto Congresional (Congressional Budget Office) indicó que la estadidad era por mucho la alternativa más costosa económicamente: la transición a la estadidad le costaría al gobierno federal unos $3,250 millones para el año 1995, mientras que el ELA no representaría aumento alguno y la independencia significaría un descenso en las transferencias federales.[13]

El asunto de los costos de la estadidad se convirtió en el asunto más debatido del proceso plebiscitario luego de las primeras vistas senatoriales. El informe del comité de ERN reconoció que ésta fue una importante consideración al revisar las demandas de transición económica de la propuesta PNP. En respuesta a las críticas de que el proyecto S712 era "demasiado desbalanceado" en favor de la estadidad, el informe del comité señaló que cualquier consideración futura sobre el asunto del status político de Puerto Rico debería estar guiado por tres principios: 1) que deberían existir unas "reglas de juego similares" (*an even playing field*) entre las tres alternativas; 2) que debería existir una transición cómoda (*smooth*) para la estadidad y la independencia; y 3) que "el ajuste económico debe ser neutral fiscalmente en la mayor medida posible, de forma que no le cueste al Tesoro

---

[11] *Political Status of Puerto Rico,* pt. 1, p. 369-70.

[12] *Ibidem,* p. 404-405.

[13] El informe de 1989 del CBO aparece en *ibidem,* pt. 1, pp. 53-62.[14] *Puerto Rico Status Referendum Act,* p. 26.

dólares adicionales en un período de tiempo".[14] "Neutralidad fiscal" se ha convertido en la espada de Damocles sobre la opción estadista. La principal oposición al proyecto S712 dentro del comité de ERN provino precisamente del asunto de los costos económicos de la estadidad en una época de déficits presupuestarios.[15]

La preocupación por las implicaciones económicas de la estadidad aumentaron con un informe de abril de 1990 hecho por la Oficina de Presupuesto Congresional a pedido del Comité de Finanzas del Senado. El informe presentó un panorama económico sombrío con la llegada de la estadidad a Puerto Rico: un descenso real en el crecimiento económico, una caída sustancial en la inversión y la pérdida masiva de empleos con la terminación de la Sección 936, un aumento en la carga contributiva y la reducción en los servicios sociales provistos por el gobierno local.[16] Este informe del CBO le dio un golpe mortal al argumento del PNP de que la estadidad, al proveer estabilidad política, aumentaría la tasa de inversión y traería consigo un crecimiento económico sostenido.

Por vez primera en la historia del anexionismo puertorriqueño, el programa estadista del PNP —que había sido tan exitoso en consolidar el apoyo a la estadidad en Puerto Rico— fue criticado severamente en Washington. Nociones centrales en el programa estadista del PNP —como eran la estadidad como garantía de la completa igualdad, el español como idioma oficial, la transición económica y el estado soberano— ya no pueden tomarse como algo dado en Puerto Rico. Para sacar provecho del proceso plebiscitario, el PNP cambió su estrategia: rechazó el proyecto S712 del Senado y favoreció el proyecto de la Cámara, que no incluía definiciones precisas de las alternativas de status y no contenía promesa alguna del Congreso de aceptar la decisión de los puertorriqueños.[17]

La oposición a la estadidad

¿Llegará Puerto Rico a convertirse en el estado cincuenta y uno de la federación? Esta es la pregunta que mucha gente se está haciendo en los

---

[14] *Puerto Rico Status Referendum Act,* p. 26.

[15] *Puerto Rico Status Referendum Act,* p. 63-67.

[16] *El Mundo,* 6 de abril de 1990, p.4-5.

[17] El presidente del PNP, Romero Barceló, reconoció este punto en respuesta a unas críticas hechas por Rosselló; dijo que: "Exigir definiciones para un proyecto de plebiscito no abunda a nuestro favor. Por el contrario, abunda en contra nuestra y en contra de lograr la consulta". En *El Nuevo Día,* 31 de octubre de 1990, p. 18.

Estados Unidos y Puerto Rico. No parece haber una contestación definitiva a esta pregunta por el momento, pero sí existen unas indicaciones claras de los obstáculos que enfrenta la estadidad para Puerto Rico en los Estados Unidos y Puerto Rico. Está meridianamente claro, al día de hoy, que no existe todavía un consenso en los Estados Unidos para otorgarle la estadidad a Puerto Rico.

Algunos grupos de interés han comenzado a cuestionar la idea de un cambio en el status político de la Isla, temiendo particularmente las posibles consecuencias económicas y políticas de la estadidad. Un sector muy importante que ha tomado una posición de línea dura en contra de la estadidad son las corporaciones 936 y sectores de la burguesía puertorriqueña. Las corporaciones 936, particularmente a través de su organización de cabildeo, la "Puerto Rico-USA Foundation", presentaron una campaña muy bien orquestrada en Washington para detener el plebiscito.[18] En Puerto Rico todas las organizaciones de la burguesía puertorriqueña clamaron por la permanencia de la Sección 936 bajo cualquier alternativa de status político, lo que es imposible bajo la estadidad. La Asociación de Industriales, la Cámara de Comercio, y la comunidad financiera alertaron durante las vistas del Senado y la Cámara de Representantes que la eliminación de la Sección 936 representaría el caos económico para Puerto Rico.[19] Aun prominentes miembros de la burguesía anexionista han advertido sobre las implicaciones económicas de un cambio de status en la Isla. El periódico *Caribbean Business,* abiertamente pro-negocios y pro-estadidad, encabezó al sector de la burguesía puertorriqueña que se opuso al plebiscito.[20]

La estadidad para Puerto Rico confronta otros obstáculos en los Estados Unidos. Se hizo claro durante los últimos meses del proceso plebiscitario que existe una fuerte oposición en el Congreso a que se mantengan las cláusulas de auto-ejecución y de simple mayoría en un proyecto plebiscitario; de aprobarse estas cláusulas en un futuro proyecto esto significaría que el Congreso tendría que aceptar una estadidad para

[18] "Votan contra el plebiscito las 936", *El Nuevo Día* , 5 de noviembre de 1989, p. 5. La "PR-USA Foundation" lanzó un intenso ataque a la propuesta PNP de eliminar la Sección 936; en "Tildan de miope al liderato PNP", *ibidem,* 12 de julio de 1990, p. 13.

[19] U.S Congress, Senate, *Political Status of Puerto Rico* (Hearings ... June 16, 17, and 19, 1989) (Washington, D.C.: Government Printing Office, 1989), parte 2, pp. 204-241. Una defensa de la Seccion 936 por Miguel Ferrer (presidente de Payne Webber Puerto Rico) aparece en *El Mundo,* 19 de diciembre de 1989, p. 34-35.

[20] Manuel Casiano, Editorial, "A Plebiscite in 1991? Forget It!", *Caribbean Business,* 7 de diciembre de 1989, p. 36.

Puerto Rico que no contaría necesariamente con el apoyo mayoritario de los puertorriqueños. A esto se le añade el temor generalizado en los Estados Unidos a integrar en la federación a una población caribeña que pudiera costarle muchos dólares al Tesoro, esto es, integrar en la nación un "estado de pordioseros" (*welfare state*). Más aún, los favorecedores de la estadidad para el Distrito de Columbia (D.C.) —cuya población es mayoritariamente negra— han tratado de entrelazar su causa con la de Puerto Rico, lo que pudiera afectar la causa de los puertorriqueños. Muchos republicanos, correctamente, temen que la adición de dos nuevos estados que favorecen al Partido Demócrata le daría a éste la mayoría definitiva en el Congreso, además de que serían dos estados no blancos, uno negro y otro puertorriqueño. Como reacción al rechazo del presidente Bush de la propuesta de estadidad para el Distrito (a la vez que apoya la estadidad para Puerto Rico), los miembros del caucus negro del Congreso han amenazado con parar la estadidad para Puerto Rico si el mismo derecho le es negado al Distrito de Columbia.[21]

Las vistas del comité de ERN del Senado en febrero de 1991 hicieron realidad los peores temores del PNP: el rechazo público de la estadidad para Puerto Rico en el Congreso. Como cuestión de realidad, fue la oposición a la estadidad lo que mató el proyecto plebiscitario en el Congreso. El senador Wallop sostuvo convincentemente que el asunto de la estadidad para Puerto Rico debe ser decidido por los cincuenta estados (y no por los puertorriqueños). El senador Nickles (R-Oklahoma) indicó que la cultura e idioma hispanos de Puerto Rico y sus altos niveles de pobreza y dependencia del bienestar público son fuertes impedimentos para la estadidad. El senador Conrad (D-N.D.) estableció que "pudiéramos crear otro Quebec si integramos a Puerto Rico como estado". El influyente periódico *The Washington Post* resumió el argumento de los oponentes a la estadidad de la siguiente forma: "Los oponentes del referéndum han dicho que temen que tal voto pudiera mover a la empobrecida e hispano-parlante Isla caribeña más cerca de la estadidad, opción que el Congreso no otorgaría no importa la decisión de los votantes de la Isla".[22]

Una de las fuentes de oposición a la estadidad que más ha afectado la causa estadista puertorriqueña es la que proviene de la extrema derecha del Partido Republicano, tradicional defensor de la estadidad en los Estados Unidos. El ejemplo más prominente de esta oposición ultraconservadora

---

[21] "Altered States", *The New Republic*, 28 de mayo de 1990, pp. 7-9; Tom Wicker, "The 51st State?", *The New York Times*, 9 de febrero de 1991.

[22] "Puerto Rico Referendum Killed", *op.cit.*; ver también, "Rechazo mayoritario a la estadidad", *El Nuevo Día*, 21 de febrero de 1991, p. 4.

estadounidense a la estadidad proviene de Pat Buchanan, ex-asesor del presidente Reagan y conocido vocero del conservadurismo norteamericano. Durante el proceso plebiscitario Buchanan advirtió desde las páginas de *The Washington Times* que Puerto Rico muy bien pudiera convertirse en una "Irlanda del Norte" estadounidense, llamó a Puerto Rico "una reservación caribeña" de gentes hispano-parlantes y dependientes del bienestar público, y además demandó al menos un 75% de apoyo a la estadidad para que ésta sea considerada. En un artículo posterior, que escribiera en respuesta a los ataques que le hicieran los estadistas puertorriqueños, Buchanan declaró que "la isla de Puerto Rico es una nación *in utero*, y convertirla en nuestro estado 51 es una invitación al caos".[23] Al parecer, las reservas de Buchanan sobre la estadidad para Puerto Rico son compartidas por otros republicanos; el reclamo personal del presidente Bush a los miembros de su partido en el comité de ERN del Senado no pudo impedir que votaran en contra del proyecto para celebrar el plebiscito. Para complicar más aún las cosas con relación a la agenda estadista, Buchanan retó a Bush en las primarias presidenciales del Partido Republicano en 1992, ondeando la bandera ultraconservadora del partido; entre sus múltiples argumentos en contra de Bush: la estadidad para Puerto Rico. Si la posición de Buchanan refleja un sentimiento generalizado en el Partido Republicano, y el surgimiento del ultraconservadurismo así parece testificar,[24] el PNP pudo haber perdido su último bastión de apoyo para la estadidad en los Estados Unidos.

Repercusiones locales del proceso plebiscitario: la ley del idioma oficial y el referéndum de 1991

Un asunto con posibles repercusiones para la postura programática del PNP fue la ley que convertía al español en idioma oficial del gobierno de Puerto Rico, ley aprobada por el gobernante PPD (con el respaldo del PIP). El objetivo político del PPD en este asunto era claro: poner una tranca a la

---

[23] Patrick J. Buchanan, "Puerto Rico as Our 51st State?", *Washington Times,* 26 de febrero de 1990; y Patrick J. Buchanan, "Let Puerto Rico Be a Nation", *New York Post* 16 de mayo de 1990.

[24] Ejemplos de los nuevos ataques a la estadidad para Puerto Rico provenientes de la derecha Republicana son: Richard A. Viguerie and Steven Allen, "To Bush: The Right Has Other Choices", *The New York Times,* 14 de junio de 1990, p. A-27; George F. Will, "Does Puerto Rico Belong Within the Federal Union?", y Patrick J. Buchanan, "Puerto Rico Asserts Her Nationhood", ambos publicados en *The Washington Post,* y reproducidos en *The San Juan Star,* 24 de marzo de 1991, p. 24.

estadidad en los Estados Unidos al presentar a Puerto Rico como un territorio hispano-parlante; por otro lado, enfrentaba directamente al PNP con uno de los elementos más importantes de su concepción de "estadidad jíbara" —la defensa del idioma español. Confrontado con el rechazo congresional a su propuesta en el proyecto de plebiscito de mantener el idioma español como idioma oficial en la estadidad, y con el argumento de que dicha medida era un ardid del PPD para separar a Puerto Rico de los Estados Unidos, el PNP decidió combatir dicho proyecto. Llamada la ley del *Spanish Only* por el PNP y *El Nuevo Día*, la medida fue rechazada por el liderato del partido; Romero incluso prometió derogarla de ser electo gobernador, y la Federación de Alcaldes amenazó con violar la ley en los asuntos municipales.[25] Sin embargo, la reacción popular a la ley no fue lo que esperaba el PPD, ya que sectores profesionales se han quejado de que la ley afecta sus oficios, y sectores populares han demostrado temor a perder una destreza necesaria en el mercado de trabajo local y estadounidense. Aun así, aunque el PNP puede cantar victoria en este asunto, ha tenido que echar a un lado una de las concepciones que tanto fruto le dio al partido: la noción de que los estadistas defenderán la cultura y el idioma español. Esta postura parece estar vinculada a uno de los resultados del proceso plebiscitario para los estadistas: ha quedado claro de parte del Congreso que no habrá concesiones especiales para Puerto Rico en el tránsito a la estadidad. Esto ha llevado a muchos estadistas a proponer que ellos aceptarán la estadidad "al pelao", no importa las consecuencias que esto conlleve.[26] Esto es, en

---

[25] Véase, Ramón Luis Rivera, "English Only", *El Nuevo Día*, 23 de agosto de 1990, p. 75; "Los penepés a la desobediencia", *ibidem*, 3 de abril de 1991, p. 4; y "CRB rips 'Spanish-only' bill in House testimony", *The San Juan Star*, 8 de sept. de 1990, p. 3.

[26] La cita es en referencia al título de un artículo del ex-representante PNP Jesús Hernández Sánchez sobre el plebiscito y la estadidad, en "La estadidad en pelo", *El Nuevo Día*, 14 de junio de 1989, p. 14. De otro lado, los comentarios recientes del candidato a gobernador PNP Pedro Rosselló no están muy lejos de esta posición: "la estadidad es igual para todos los estados, que no hay tal cosa como una estadidad diferente y por lo tanto lo que se ha llamado estadidad jíbara es simplemente la estadidad clásica con unos elementos individuales que tiene el estado". *El Nuevo Día*, 14 de abril de 1991, p. 14. Días antes, en una conferencia en la Universidad de Yale, Rosselló había planteado, según lee el parte de prensa "dejar a un lado el término 'estadidad jíbara' en futuras discusiones sobre el status". En *ibidem*, 8 de abril de 1991.

resumidas cuentas, que los beneficios económicos y político-ideológicos de la estadidad están por encima de cualquier cuestión de índole cultural o nacional.

El proceso plebiscitario como tal acabó en el verano de 1991, pero los rezagos permanecieron por el resto del año. El gobernador Hernández Colón propuso en agosto de ese año la idea de celebrar un referéndum para enmendar la constitución de Puerto Rico, aparentemente con la intención de mantener vivo el debate sobre el status de la Isla y sacar partido a los golpes recibidos por la opción estadista en Washington. Entre las enmiendas propuestas estaban: que un futuro plebiscito sobre el status político de Puerto Rico deberá incluir las tres alternativas de status (ELA, estadidad e independencia); que se garantice la permanencia de la ciudadanía estadounidense y la protección de la identidad puertorriqueña bajo cualquier fórmula de status. Las conversaciones para concertar el referéndum entre los tres partidos acabaron en discordia, pero, aun así, el gobernador decidió celebrar el referéndum sin la participación del PNP.[27] Pero Hernández Colón confrontó oposición dentro de su propio partido. Un grupo de legisladores PPD, encabezados por la aspirante a gobernadora Victoria (Melo) Muñoz, rechazó la propuesta basándose en que sin el apoyo del PNP el referéndum no contaría con el apoyo popular necesario para una enmienda constitucional. El gobernador sometió de todas formas el proyecto de ley a la Legislatura, el cual no obtuvo las dos terceras partes requeridas para someter una enmienda constitucional; los disidentes PPD votaron en contra de la medida.[28] El PPD logró acordar luego someter un proyecto de ley para celebrar un referéndum que consultara al pueblo sobre la deseabilidad de realizar un referéndum para enmendar la constitución sobre la cuestión del status político. Esta vez, sin disidencia interna, el PPD logró aprobar por una mayoría simple de la Legislatura la medida para celebrar el referéndum en diciembre de 1991; el PNP votó en contra de la medida.[29]

La llamada "Ley de derechos democráticos" proponía celebrar un referéndum en el que los puertorriqueños votaran en favor o en contra de incluir los siguientes "derechos" en la Constitución de Puerto Rico: el

---

[27] "RHC calls for referendum", *The San Juan Star,* 5 de agosto de 1991, p.1; "Parties OK Status Study Panel", *ibidem,* 10 de agosto de 1991, p. 1; "Governor submits bill seeking Dec. 8 referendum", *ibidem,* 29 de agosto de 1991, p. 28.

[28] "Proposed referendum bill fails to win 2/3 majority", *The San Juan Star,* 7 de septiembre de 1991, p. 12.

[29] "Vía libre a la consulta", *El Nuevo Día,* 18 de sept. de 1991, p. 6.

derecho inalienable de los puertorriqueños a decidir su status político, libre y democráticamente; el derecho a escoger un status de completa dignidad política sin subordinación colonial o territorial a los plenos poderes del Congreso de los Estados Unidos; el derecho a votar por las tres alternativas: ELA, estadidad e independencia, basado en la soberanía del pueblo; el derecho a que la alternativa ganadora en una consulta sobre el status requiera más de la mitad de los votos emitidos; el derecho a que cualquier consulta sobre el status garantice, bajo cualquier alternativa, la cultura, el idioma y la identidad puertorriqueña, lo que incluye su representación deportiva internacional; el derecho a que cualquier consulta sobre el status garantice, bajo cualquier alternativa, la ciudadanía estadounidense.

El referéndum produjo unas alianzas y posturas políticas extrañas. El anexionista PNP se opuso a una medida que garantizaba la ciudadanía estadounidense, mientras que el Partido Independentista la favoreció. A fin de cuentas, el PPD y el PIP presentaron un frente común en favor del "sí" en el referéndum, situación que el PNP aprovechó en su campaña para argumentar que un voto por el "sí" era un voto por la separación de los Estados Unidos. El PNP tenía razones de peso para oponerse al referéndum, ya que las medidas incluidas estaban cargadas en contra de la estadidad. La inclusión de las tres alternativas en un futuro referéndum sobre el status prevenía el referéndum "estadidad sí o no" que favorecía el PNP y que éste había prometido en caso de ganar las elecciones de 1992. El requisito de una mayoría simple en una consulta de status militaba en contra de la "supermayoría" que muchos miembros del Congreso habían demandado para la estadidad. La petición de protección de la identidad y la cultura puertorriqueña, bajo cualquier futuro status forzaba al PNP a demandar en el Congreso, nuevamente, la "estadidad jíbara", la cual había sido rechazada vehementemente en el proceso plebiscitario.

Los resultados del referéndum de diciembre del 1991 sorprendieron a todos, desde analistas y sabios políticos hasta los medios de comunicación y los partidos mismos. El PPD y el PIP estaban seguros de que el "sí" ganaría el referéndum; el debate giraba en torno al margen de victoria. El PNP esperaba la derrota, argumentando que la consulta estaba cargada en contra del voto "no". Una encuesta representativa que hiciera el proanexionista *El Nuevo Día*, que encabezó la campaña a favor del "no" desde sus páginas, había reportado una leve pero significativa ventaja en favor del "sí" a unos tres días del referéndum.[30] El "no" ganó por más de 100,000 votos, con un resultado de 53% a favor del "no" y un 45% a favor del "sí".

---

[30] "Una tendencia favorable al 'sí'", *El Nuevo Día*, 5 de dic. de 1991, p.4.

Los resultados del referéndum ocasionaron consecuencias importantes para la política puertorriqueña. El gobernador Hernández Colón anunció en enero de 1992 que no sería candidato para el puesto en las elecciones de ese año. Acusó a la candidata PPD a la gobernación Victoria Muñoz de haber saboteado el referéndum; los seguidores de Muñoz son responsabilizados por la baja votación de Populares en la consulta. Para no levantar más rencillas, Muñoz se mantuvo firme en su posición de no lidiar con el problema del status político en su campaña electoral, ni aunque fuera elegida al cargo. El objetivo del PIP de crear un "frente patriótico" en contra de la estadidad fue hecho añicos. Pero mientras en los otros partidos los resultados del referéndum afectaron a su liderato, el liderato del PIP no sufrió cambios (el voto pipiolo en 1992 bajó del cinco por ciento tradicional). El PNP parece ser el único ganador de la escaramuza referendista. El partido obtuvo un ímpetu político importante luego de los embates recibidos en el proceso plebiscitario. Desde diciembre de 1991 los analistas políticos predijeron una victoria PNP en las elecciones de 1992, y las encuestas parecían confirmar este análisis; las encuestas de opinión del *El Nuevo Día* (que pronosticaron la victoria del "sí") anunciaron una victoria del PNP de un 5 a un 8 por ciento.[31] La estadidad también parece haberse beneficiado del referéndum; los favorecedores de la estadidad en Puerto Rico y Washington señalan que los resultados del referéndum indican un sentimiento mayoritario de la estadidad en la Isla. Finalmente, el liderato del nuevo presidente y candidato a gobernador por el PNP, Pedro Rosselló, quedó fortalecido en el partido; a pesar de haber sido cuestionado antes y durante la campaña del referéndum dentro y fuera del partido, incluso por Romero Barceló, lo que presagiaba una nueva trifulca de liderato en el partido.[32]

El PNP de 1988 a 1992: en busca de una transición

En nuestro último capítulo sostuvimos que, a la altura de las elecciones de 1988, el PNP se encontraba en una situación crítica: sectores importantes del partido buscaban llevar a cabo una transición hacia un nuevo liderato

---

[31] Para las encuestas realizadas por *El Nuevo Día*, vea: "Los jóvenes y la clase media con Rosselló", 1 de sept. de 1992, p.4; "Rosselló consolida su candidatura", 26 de mayo de 1992, p. 4. Para la encuesta de Hamilton y el Canal 2 de televisión, ver: "Rosselló, Muñoz in neck and neck duel", *The San Juan Star,* 19 de mayo de 1992, p. 3.

que sustituyera la imagen y retórica de Carlos Romero Barceló, pero no habían logrado el objetivo, y la figura de Romero todavía dominaba tras bastidores la política del partido. La situación no ha cambiado en el período entre el 1988 y 1992. Romero no tan sólo volvió a retomar las riendas del partido una vez más en 1989, sino que, a la altura de 1992, obstaculizó la transición a un nuevo liderato; Romero se impuso como candidato a Comisionado Residente en la papeleta de 1992, a pesar de la oposición del candidato a gobernador, Pedro Rosselló.

Luego de varios meses en pugna, Romero Barceló tuvo que retirarse de la presidencia del partido a principios de 1988, cargo que pasó a ocupar el entonces alcalde de San Juan, Baltasar Corrada del Río. Corrada, con una imagen muy distinta a la de Romero, no pudo levantar el ánimo de las huestes estadistas, acostumbradas al estilo brusco y combativo de Romero, y confrontó además graves problemas organizativos desde un principio. A mediados de año, Romero retó a Corrada por el liderato del partido, acción de la que tuvo que retractarse al no contar con el apoyo de la Federación de Alcaldes del partido, influyente organismo dentro del PNP. Para muchos estadistas esta acción afectó el desempeño electoral del partido, ya que Romero se alejó de la campaña electoral de ese año y el partido llegó a las elecciones sin unidad firme, con una campaña desorganizada, y sin el empuje de masas que caracteriza a Romero.[33]

La derrota en las elecciones de 1988 reactivó las pugnas internas en el partido y abrió una vez más el camino para el retorno de Romero al liderato máximo del PNP. A pesar de las predicciones de la mayoría de las encuestas, el PNP no salió tan mal parado en los resultados electorales como se esperaba; aun el pro estadista *El Nuevo Día* había publicado una encuesta días antes de las elecciones, en la que el candidato del partido Popular, el gobernador Hernández Colón, aventajaba a Corrada en un 7%, por cerca de 100,000 votos.[34] El PNP obtuvo unos 805,500 votos (45.8%), perdiendo las elecciones por unos 50,000 votos y un 3%, un resultado alentador para el liderato del partido. Una encuesta de *El Nuevo Día* el mismo día de las elecciones reflejó que el PNP pudo reducir la ventaja del PPD gracias a su campaña de "república asociada", en la que el PNP acusaba al PPD de

---

[32] "Al copo electoral el PNP", *El Nuevo Día,* 11 de dic. de 1991, p. 12.

[33] "El suicidio de la Palma", *ibidem,* 13 de nov. de 1988, pp. 6-7.

[34] "Solo una incógnita hacia la reelección", *El Nuevo Día,* 6 de noviembre de 1988, p. 4.

querer separar a Puerto Rico de los Estados Unidos.[35] Pero a pesar de estos resultados, el PPD logró mantener una posición ventajosa en toda la Isla, obteniendo el control de ambas cámaras legislativas y la mayoría de las alcaldías, incluyendo los principales centros urbanos como Ponce, Carolina, Mayagüez, Caguas, Trujillo Alto, Arecibo y San Juan. La pérdida de San Juan, capital de la Isla y bastión penepeísta desde 1968, fue la más dolorosa para el PNP; el PPD ganó San Juan por un puñado de votos en una pugna que tuvo que ser decidida por los tribunales.

Si la derrota electoral de 1988 acrecentó los problemas internos del partido, y, por ende, debilitó el ya frágil liderato de Corrada, el puntillazo final para éste vino con el asunto del plebiscito. En un histórico acuerdo, los líderes de los tres principales partidos políticos puertorriqueños aprobaron el 17 de enero de 1989 una resolución en la que exigían del Congreso que atendiera el asunto del status de Puerto Rico a la vez que solicitaban la celebración de un plebiscito.[36] Esta acción le causó problemas a Corrada, pues, al parecer, no fue consultada con el liderato del partido; importantes líderes del PNP criticaron partes del acuerdo firmado por su presidente. [37] Se criticó a Corrada por no haber mostrado firmeza en las negociaciones con los líderes del PPD y del PIP ni con el Congreso. Presionado por el ritmo acelerado del proceso plebiscitario, el liderato del PNP decidió poner a la cabeza de la defensa de la estadidad a Romero Barceló, quien obtuvo la presidencia del partido nuevamente a finales de febrero de 1989.[38]

Quedaba demostrado así, una vez más, que el PNP no había podido trascender la etapa de liderato de Romero Barceló. Luego de la derrota de 1988, y presionado por el proceso plebiscitario, se hizo evidente la centralidad de Romero en la política del PNP. Aunque se estableció que la decisión de devolver a Romero la presidencia obedecía a la necesidad de que éste dirigiera los trabajos del plebiscito, Romero no vaciló en utilizar nuevamente el puesto para fortalecer su posición en el partido. Romero mantuvo un

---

[35] "El esfuerzo de Corrada resultó tardío", *El Nuevo Día*, 13 de noviembre de 1988, p. 4.

[36] "Parties unite for U.S. Pledge", *The San Juan Star*, 18 de enero de 1989, p. 1.

[37] "En balanza el liderato de Corrada del Río", *El Nuevo Día*, 27 de enero de 1989, pp. 4-5.

[38] "Romero abre puertas al debate del status", *El Nuevo Día*, 23 de febrero de 1989, p. 5.

control férreo sobre los asuntos plebiscitarios, limitándolos a un pequeño círculo de leales, asunto que levantó ronchas en el partido y avivó nuevamente las críticas al liderato de Romero.

Aun así, y como había hecho en el pasado, Romero utilizó el asunto del status para mantener su liderato en el partido, al menos por un tiempo. En mayo de 1990 Romero logró zanjar diferencias con los alcaldes PNP, que lo acusaban de manejo unilateral de los asuntos del partido y del plebiscito.[39] Ya para esta época comienza a destacarse la figura de Pedro Rosselló, doctor en medicina y candidato al puesto de comisionado residente por el PNP en las elecciones de 1988. La figura de Rosselló, así como la de otros anteriores líderes de oposición a Romero en el PNP (Padilla, Corrada), fue muy bien cultivada por el influyente y proestadista *El Nuevo Día;* ha sido este periódico el que ha empujado en los últimos años la noción de la necesidad de las "caras nuevas" en la política puertorriqueña, favoreciendo desde sus páginas las contrafiguras de Rosselló en el PNP y de Victoria (Melo) Muñoz en el PPD. Rosselló, con el apoyo manifiesto de la Asociación de Alcaldes, lanzó su aspiración al liderato del PNP antes de la asamblea del partido celebrada en octubre de 1990.[40] Romero, sin embargo, logró imponerse en la asamblea de octubre al evitar la discusión de las candidaturas y obtener una manifestación de apoyo a su labor plebiscitaria en favor de la estadidad.[41]

Pero la posición de Romero dentro del partido continuó debilitándose a medida que el proceso plebiscitario fue perdiendo fuerza y vigencia y en el momento en que la estadidad fue perdiendo apoyo en el Congreso. La discusión en febrero de 1991 en el Comité de ERN del Senado donde el proyecto de plebiscito fue derrotado —con el apoyo de los miembros republicanos que temían una posible victoria estadista— fue un duro golpe para el PNP y para Romero. Los alcaldes decidieron en ese mismo mes apoyar abiertamente la candidatura de Rosselló a la gobernación; Rosselló más tarde culpó a Romero por la derrota de la causa estadista en el proceso plebiscitario.[42] Ante la falta de apoyo de importantes sectores del liderato

---

[39] "CRB logra zanjar diferencias", *El Mundo,* 2 de mayo de 1990, p. 5.

[40] "Rosselló may challenge Romero for gubernatorial bid", *The San Juan Star,* 16 de sept. de 1990, p. 4; "Rosselló presto a retar a la 'vieja guardia' en la Palma", *El Mundo,* 1 de octubre de 1990, p. 2A.

[41] "Lucha abierta en el PNP", *El Nuevo Día,* 8 de octubre de 1990, p. 4.

[42] "Sublevación a favor de Rosselló", *El Nuevo Día,* 8 de febrero de 1991, p. 8; "Responsabiliza a Romero por el 'fracaso' estadista", ibidem, 25 de febrero de 1991, p. 18.

PNP, Romero decidió en marzo de 1991 no aspirar a la candidatura a gobernador por el partido, abriéndole paso así al liderato de Rosselló.[43]

En junio de 1991 Rosselló fue electo presidente del PNP, y en julio presentó su candidatura a la gobernación por el partido. Rosselló prometió una "nueva agenda" y desarrollar una plataforma para resolver los graves problemas económicos, de servicio público, del aparato gubernamental, ambientales y del status (temas que se discutirán más adelante).[44] Para llevar a cabo esta "nueva agenda" el nuevo presidente parecía dispuesto a reformar las viejas estructuras del partido. Inmediatamente se rodeó de un nuevo cuerpo administrativo y de nuevos asesores; nuevos candidatos (muy parecidos a Rosselló) comenzaron a aparecer en la lucha por puestos públicos (siendo el más destacado la figura de Carlos Díaz Olivo para alcalde de San Juan). Ayudados por la campaña de las "caras nuevas" del periódico *El Nuevo Día,* todo indicaba que la vieja maquinaria Romerista daría paso a una nueva estructura dirigida por Rosselló.

Meses antes del referéndum de diciembre, Rosselló intentó además redefinir la agenda de status político del PNP. Participó en la discusión anual del caso de Puerto Rico en el Comité de Descolonización de la ONU, donde reconoció que la ONU tenía el deber de atender el caso colonial de Puerto Rico e incluso de participar en un plebiscito sobre status (contrariamente a la postura anterior del PNP).[45] Cuando el PPD presentó su proyecto para celebrar un referéndum para enmendar la constitución, el presidente del partido propuso que de ganar el PNP las elecciones de 1992 celebraría un referéndum local con las tres opciones, propuesta distinta a la de un referéndum "estadidad sí o no" que había mantenido el PNP anteriormente.[46]

Los resultados del referéndum de diciembre de 1991 dieron un giro radical al PNP. Se percibía a Rosselló como otro Corrada del Río, un líder sin mucha atracción carismática y sin capacidad organizativa, lo que implicaba un posible retorno al liderato de Romero Barceló. Por primera vez en mucho tiempo, la campaña del "no" (el PNP) no esperaba el triunfo, porque todas las encuestas vaticinaban un amplio triunfo del "sí". El PNP argumentó que el referéndum era una estratagema política en contra de la

---

[43] "Viva la unidad del PNP", El Nuevo Día, 11 de marzo de 1991, p. 6.

[44] "Oficializa su candidatura", *El Nuevo Día,* 9 de julio de 1991, p. 4.

[45] "Frente contra la descolonización", *ibidem,* 13 agosto de 1991, p. 5.

[46] "Engaveta Rosselló la 'estadidad sí o no'", *ibidem,* 5 de sept. de 1991, p. 4.

estadidad por el "frente unido" del PPP y el PIP y que toda la dinámica de la campaña (fondos públicos, tiempo en los medios de comunicación) estaba en contra del voto "no".[47] El PNP acudió entonces a la campaña que le ha traído éxito por varias décadas: repitió que el referéndum era un intento de los "independentistas" del PPD y el PIP para separar a Puerto Rico de los Estados Unidos y que los puertorriqueños perderían todos los beneficios federales.

La campaña anti-separatista volvió a rendir frutos y le dio al PNP la impresionante y totalmente inesperada victoria del "no" en el referéndum. El PPD quedó sacudido por los resultados de la contienda: el gobernador Hernández Colón abandonó su aspiración a la reelección y la candidata Victoria Muñoz heredó un partido dividido y desmoralizado. El PNP, de otro lado, quedó revitalizado y con la expectativa de triunfo electoral para el 1992. El primer resultado concreto de la victoria PNP fue la consolidación del liderato de Pedro Rosselló en el partido; éste logró lo que nadie esperaba –una victoria en el referéndum–, obteniendo así un aura de carisma y liderato que no tenía anteriormente.[48] La campaña del referéndum logró además revitalizar la estructura organizativa del PNP, debilitada anteriormente por las luchas de liderato y la contienda del plebiscito. Falto de fondos, el PNP realizó una campaña proselitista en los ámbitos locales muy efectiva, logrando una impresionante movilización de sus seguidores y rearticulando las estructuras locales del partido.[49] Las expectativas del PNP cambiaron radicalmente con el triunfo en el referéndum. En el momento del triunfo Rosselló vaticinó un "copo electoral" del PNP en las elecciones de 1992 y prometió celebrar un plebiscito de status con las tres alternativas de ganar el PNP las elecciones.[50]

---

[47] "Vote said threat to statehood", *The San Juan Star,* 1 de dic. de 1991, p. 3; "Rossello: Dec. 8 vote stacked to favor 'yes'", *ibidem,* 9 de dic. de 1991, p. 3.

[48] Según un líder del PNP: "El referéndum sin duda ha dejado más sólido el liderato de Rosselló. El logró lo que todo el mundo decía que era imposible; derrotar a dos partidos, con todas las ventajas". Citado en "Cautela penepé con la victoria", *El Nuevo Día,* 15 de dic. de 1991, p. 4.

[49] "5 prime lessons learned from 'no' victory", *The San Juan Star,* 14 de dic. de 1991, p. 3. Baste decir que la campaña a favor del "no" contó con el apoyo de algunos medios de comunicación, en particular de *El Nuevo Día* y *The San Juan Star.*

[50] "Al copo electoral el PNP", *El Nuevo Día,* 11 de dic. de 1992, p. 12; "Rosselló vows to call 3-option referendum", *The San Juan Star,* 9 de dic. de 1991, p.5.

Pero no tardaron en aparecer sombras sobre el espíritu triunfalista y de unidad del partido. La figura cimera del PNP por las últimas dos décadas volvió a sembrar vientos de temporal en lo que él parece considerar *su* partido: en enero de 1992, Carlos Romero Barceló lanzó su candidatura para el cargo de Comisionado Residente. Esta acción comprometió severamente el liderato de Rosselló, quien montó su campaña, dentro y fuera del partido, sobre la consigna de reclutar "caras nuevas" para la política, de fomentar un cambio generacional que presentara nuevos programas para los viejos problemas del país. Además, ya Rosselló había dado su apoyo a la representante PNP Zaida Hernández. Desafiado por Romero, Rosselló obtuvo respaldo de la poderosa Federación de Alcaldes los cuales decidieron que el presidente (y candidato a gobernador) del partido escogiera al candidato al cargo de Comisionado Residente.[51] Rehuyendo un posible enfrentamiento y una división en el partido, la representante Hernández retiró su candidatura y le abrió paso a Romero Barceló. El 25 de enero de 1992 la Junta Central del PNP validó la recomendación del presidente del partido para que Romero Barceló fuera el candidato a Comisionado Residente.[52]

¿Qué representa la candidatura de Romero a Comisionado Residente? La acción de Romero de forzar su candidatura al cargo y la decisión del partido de aceptarla tendrán grandes repercusiones en la dirección futura del partido. En primer lugar, esta situación valida la tesis, que he sostenido por varios años, de que el PNP ha sido incapaz de lograr una transición hacia un programa, ideología y liderato más allá del que ha mantenido por veinte años. El PNP sigue siendo un partido "Romerista", y no hay mejor evidencia de esto que el hecho de que Romero Barceló siga ocupando altos puestos de liderato en el partido. No hay duda alguna de que Romero Barceló es todavía la figura central del PNP. Como el ave fénix, Romero Barceló resucitó de las cenizas de varias derrotas políticas para ascender nuevamente a puestos de liderato en el partido y en la política pública. Ni el empuje de las "caras nuevas" en el PNP ni las investigaciones realizadas por el PPD han podido sacarlo de carrera. El Senado —controlado por el PPD— comenzó en octubre de 1991 una nueva etapa en la investigación de los asesinatos ocurridos en el Cerro Maravilla en 1978. Si bien es cierto que la investigación senatorial buscaba concluir con la etapa investigativa sobre el

---

[51] "Rosselló pide marcha atrás a Romero", *El Nuevo Día*, 18 de enero de 1992, p.5; "Vientos divisionistas estremecen la palma", *ibidem*, 19 de enero de 1992, p. 6.

[52] "Ratifican a Romero", *ibidem*, 26 de enero de 1992, p. 5.

encubrimiento por las altas esferas gubernamentales envueltas, el objetivo implícito en la agenda PPD era inculpar a Romero en estos actos y destruirlo políticamente. Pero la ineficiencia en la investigación senatorial y la campaña de Romero y el PNP en los medios de comunicación convirtieron a Romero en una figura popular nuevamente; las encuestas de opinión pública sobre la investigación senatorial del caso del Cerro Maravilla reflejaron un rechazo a las vistas públicas senatoriales y un apoyo a Romero Barceló.[53]

Sin duda alguna, la figura de Romero Barceló tiene una gran influencia en la dirección del PNP y en la vida pública del país. La ideología y el programa estadista del PNP no han cambiado en nada desde que Romero tomó las riendas del partido en los años setenta; la "política de la igualdad" sigue siendo el norte ideológico-programático del partido. El programa económico del PNP (que se discutirá más adelante) no ha cambiado, en sus aspectos fundamentales, del elaborado hace dos décadas bajo el liderato de Romero. Su imposición para el cargo de Comisionado Residente refleja que el PNP tampoco ha podido distanciarse de su figura; Romero logró su objetivo sencillamente con la amenaza de celebrar unas primarias de partido, donde era de esperarse que arremetería contra su oponente y que ganaría fácilmente.

La presencia de Romero presenta un gran cuestionamiento para el liderato partidista y para un futuro gobierno de Rosselló. Al parecer, no existe una relación de intimidad personal y política entre ambos líderes. Rosselló representa una nueva generación de líderes estadistas que llegaron a la política después que Romero, que vienen de altos estratos sociales (lo que en Puerto Rico llaman comúnmente "blanquitos") y buscan representar esa generación de jóvenes profesionales (llamados en Estados Unidos "yuppies") que mantienen ideas distintas sobre el estado y la sociedad. Estos acusan al grupo de Romero de ser carreristas políticos, de estar vinculados a un pasado negro en el PNP, acusados de corrupción, o, como el mismo Romero, de estar envueltos en escándalos como el Cerro Maravilla.

---

[53] "Poll: 64% against televised Cerro hearings", en *The San Juan Star,* 21 de mayo de 1992, p.8. Las encuestas de opinión pública sobre los candidatos hechas por *El Nuevo Día* indicaron que la figura de Romero Barceló no se vio afectada por las vistas de Maravilla y que se mantenía en una cerrada carrera con su contrincante PPD para el cargo de Comisionado Residente. Ver "Colorado y Romero en una reñida contienda", *El Nuevo Día,* 1 de sept. de 1992, p. 4.

Desde al comienzo de las vistas, el PNP cerró filas y las presentó como un ardid político del PPD en contra del partido y de Romero Barceló; ver "Voto de confianza del PNP a Romero Barceló", *ibidem,* 4 de nov. de 1991, p. 12.

Romero Barceló mantendrá su influencia en la política del partido y en la política pública. La campaña de Rosselló por traer "caras nuevas" para los puestos públicos del partido —esto es, de colocar candidatos afines a su persona y política— fracasó. Las primarias de partido el 31 de mayo demostraron la influencia de las viejas estructuras: la gran mayoría de los candidatos apoyados por la membresía del partido fueron actuales o pasados incumbentes, la mayoría de éstos vinculados a la maquinaria de Romero Barceló.[54] Y si bien la poderosa Federación de Alcaldes ha enfrentado en repetidas ocasiones a Romero, no ha podido todavía echarlo a un lado, y temen la división que pudiera causar un enfrentamiento total con el ex-gobernador.

Es muy posible también que después de la victoria del PNP surjan diferencias en política pública entre el gobernador PNP y su Comisionado Residente. Ambos manifestaron diferencias sobre si celebrar un plebiscito de tres alternativas (como propuso Rosselló) o celebrar un plebiscito "estadidad sí o no" (propuesto por Romero). De mayor importancia fue el debate entre ambos sobre el asunto de la permanencia de la Sección 936. Aunque Romero defendió la Sección 936 como gobernador y el PNP reclamó una transición económica a la estadidad con Sección 936 en su propuesta estadista ante el Congreso, la retórica pública del PNP en Puerto Rico había establecido su oposición a las 936 por ser un impedimento a la estadidad y por representarles beneficios a los grandes intereses económicos en detrimento de las masas puertorriqueñas que pagan contribuciones. Pero en julio de 1992 Rosselló fue a Washington a defender la permanencia de la Sección 936, por entender que es necesaria hasta que se llegue a la estadidad. Romero se opuso a esta acción y propuso que se les impusieran altas contribuciones a las compañías 936. Confrontado con las posibles diferencias de criterio con el entonces candidato a gobernador y presidente de su partido, Romero indicó que él sería electo por el pueblo y que eran los intereses del pueblo los que tenía que velar en Washington. Aunque la asamblea de programa del PNP aprobó apoyar la permanencia de la Sección 936, Romero, al parecer, no se ve obligado a seguir la línea de partido.[55]

---

[54] Ver *El Nuevo Día*, 1 de junio de 1992, pp. 4-8; para la defensa de Rosselló del cuadro de candidatos "viejos" del PNP, vea "Defiende Rosselló el cuadro del PNP", *ibidem*, 14 de junio de 1992, p. 4.

[55] "Firme Romero en su postura sobre las 936", *ibidem*, 19 de junio de 1992, p. 14; "Rosselló da cara por las 936", *ibidem*, 21 de julio de 1992, p. 5.

Los resultados de las elecciones de 1992 sorprendieron a todos, analistas y políticos por igual, no tanto por el triunfo (la victoria del PNP fue presagiada por la mayoría de las encuestas) sino por su amplitud.[56] Pedro Rosselló ganó la gobernación con una votación de unos 939,000 votos (que representaban el 49.9 por ciento de los votos), con una ventaja de casi 76,000 votos (un cuatro por ciento) sobre la candidata del PPD, Victoria Muñoz. Pero el resultado más sorprendente fue en los ámbitos legislativo y municipal. El PNP ganó ambas cámaras de la legislatura, dándole así la oportunidad para implantar su programa político sin oposición alguna. El PNP también barrió en el espacio municipal, ganando 54 de 78 municipios de la Isla. Inesperada fue también la victoria de Romero Barceló, elegido para cargo de comisionado residente. Le benefició el altísimo voto íntegro por el partido y por Rosselló, ya que esta marea del voto PNP alcanzó un resultado a su favor.[57]

¿Qué puede esperarse de un gobierno PNP a partir de 1993? No debe esperarse un cambio radical en la política pública del país. El hecho irrefutable es que, a pesar de los cambios en la administración partidista del gobierno en las últimas décadas, ha existido una continuidad asombrosa en la administración y la política pública del país. No creo que esto vaya a cambiar con el nuevo gobierno PNP. De hecho, si comparamos las plataformas políticas de los partidos para las elecciones de 1992 y las declaraciones de sus candidatos a gobernador, las similitudes son mayores que nunca. Un área en la que las diferencias entre el PPD y el PNP son regularmente marcadas es la cuestión del desarrollo y de la política económica, donde el PNP acentuaba sus diferencias en política fiscal, programa de industrialización (exención contributiva, contribuciones a las corporaciones, Sección 936) y estrategia económica (desarrollo de ciertas industrias). En la campaña de 1992 las diferencias fueron más de tono que de esencia. En política económica, el PNP y Rosselló presentaron el desarrollo del turismo como la solución a todos los problemas económicos del país (creación de empleos, mayor inversión extranjera, mayor competitividad mundial). Se menciona-

---

[56] La última encuesta preelecionaria de *El Nuevo Día*, le otorgó una ventaja a Rosselló de 43 por ciento frente al 37 por ciento de Muñoz; sin embargo, el candidato PPD a comisionado residente, Antonio Colorado, aventajaba a Romero 43 por 39 por ciento. En "Rosselló mantiene ventaja pese al ´incidente' ", *ibidem*, 1 de noviembre de 1992, p. 4-5.

[57] "El margen de triunfo más amplio en 16 años", *ibidem*, 21 de diciembre de 1992, p. 4-5.

ron ciertas áreas como el desarrollo del pequeño comercio y el capital manufacturero local, mayores contribuciones a las corporaciones 936, la desrregulación de la banca local, pero sin mucha elaboración concreta de estas políticas. En las áreas de problemas sociales (crimen, drogas, la familia), educación, el ambiente, la salud, la privatización de los servicios públicos y la reducción del aparato gubernamental, todos los partidos estuvieron de acuerdo en los asuntos principales, y sus diferencias fueron, una vez más, de tono. El programa presentado por el PNP y Rosselló se asemeja mucho al programa republicano estadounidense, particularmente al presentado por Reagan años atrás. Rosselló propone liberar el mercado de todas las trabas impuestas por el Estado y eliminar la competencia entre el Estado y la empresa privada, así que favorece la privatización completa de las empresas públicas (produzcan ganancias o no). Para reducir el aparato gubernamental propuso, además de la privatización, reducir áreas gubernamentales que puedan ser tomadas por la empresa privada. Por ejemplo, el programa PNP propuso vales médicos y educacionales del gobierno para que la población escoja el médico y la escuela de su predilección.[58]

La victoria electoral del PNP en 1992 confirma lo discutido en páginas anteriores del libro: el anexionismo, que es el eje ideológico del PNP, se ha convertido en una gran fuerza político-electoral en Puerto Rico, tal vez la más cohesionada. ¿Quiere decir esto que estas elecciones marcan un cambio importante hacia la consolidación del anexionismo como la fuerza domi-

---

[58] Aunque las críticas al modelo económico y a la política pública del PPD son muchas, las propuestas concretas del PNP escasean, siendo la mayoría muy generales y a veces hasta abstractas. Por ejemplo, en la sección sobre desarrollo económico del programa de gobierno del PNP se dice lo siguiente: "La forma más efectiva de fortalecer estos factores [de desarrollo económico] es mediante una integración más completa de la economía de Puerto Rico con la de Estados Unidos". [En "Programa de gobierno del Partido Nuevo Progresista, 1993-1996" (Mimeo, sin fecha), p. 4.] ¿A que integración se refiere? Las únicas áreas de la economía puertorriqueña que restan por integrarse en la de los Estados Unidos son la fiscal y las transferencias federales, lo que no asegura de ningún modo el desarrollo económico.

El programa de gobierno del PNP es muy sucinto, por lo que una mejor elaboración de las políticas públicas que ofrecen los partidos aparece en las declaraciones públicas de sus candidatos a gobernador; para ellas vea lo siguiente: de *El Nuevo Día* (año 1992), 23 de marzo, p. 10; 18 de mayo, p. 8; 25 de mayo, p. 10; 8 de junio, p. 10; 15 de junio, p. 14; 6 de julio, p. 10; 13 de julio, p. 16; 14 de sept., p. 8; en *Caribbean Bussiness*, 10 de sept. de 1992, pp. 22-29, y 17 de sept., pp. 16-21.

nante en la política puertorriqueña? Creo que habrá que esperar algún tiempo para poder contestar a esta pregunta. Lo que sí es cierto es que se ha mantenido el patrón establecido en 1968 de rejuego electoral de dos partidos, en el que éstos se intercambian la administración del Estado colonial. La consolidación de un bloque político-electoral anexionista dominante dependerá, entre otras cosas, de la administración gubernamental del PNP en el próximo cuatrienio. Aun las encuestas favorecedoras del PNP indicaron que el masivo voto al partido vino del deseo de "cambio", del rechazo a una administración que se percibía ajena a los problemas que más acosan a la población (el crimen, la drogadicción, los pobres servicios en salud, educación, electricidad y agua potable).[59] Incluso, sectores de la burguesía cercanos al PNP le han recomendado al nuevo gobierno que se dedique a la solución de los problemas sociales y que deje a un lado la cuestión del status (el gobernador electo Rosselló reafirmó su propuesta de celebrar un plebiscito sobre el estatus en su primer año de gobierno).[60]

A la altura del primer mes de gobierno, podemos decir que resulta incierto predecir el desenvolvimiento del nuevo gobierno PNP. Como era de esperarse, Rosselló nombró un número de jóvenes tecnócratas para su gabinete de gobierno, semejantes en estilo e ideas al nuevo gobernador; muchos de estos nombramientos han sido de los grandes bufetes legales y casas de corretaje de la Isla, usualmente de corte conservador ideológica y políticamente (e.g., en cuanto al asunto de las 936). Pero también ha hecho nombramientos de claro corte político, por deferencia obviamente a la maquinaria del partido.[61] Es de esperarse que, ocasionalmente, al menos, surjan conflictos entre el ejecutivo y el legislativo, ya que en éste predominan representantes de la vieja maquinaria PNP, muchos de ellos vinculados a Romero. Por otro lado, las dos principales promesas de campaña del PNP —los vales educativos y el seguro nacional de salud— fueron revisadas por el

---

[59] "Hernández Colón pesó en la derrota", *El Nuevo Día*, 8 de noviembre de 1992, pp. 4-5.

[60] Ver de Antonio Luis Ferré, dueño de *El Nuevo Día*, "Descontento electoral", 14 de noviembre de 1992, p. 63. También, de Andrew Viglucci, editor del periódico, "Too Early for Plebiscite", *The San Juan Star*, 22 de noviembre de 1992, p. 35; y desde la pespectiva empresarial anexionista, "Welcome Governor", *Caribbean Business*, 5 de noviembre de 1992, p. 1-2.

[61] Ver, e.g., "Expertos financieros al gabinete", *El Nuevo Día*, 19 de noviembre de 1992, p. 5.; y "P.R.'s New Leaders Called 'Technocrats'", *The San Juan Star*, 13 de diciembre de 1992, p. 2.

gobernador en sus primeros días de gobierno y hasta cuestionadas por miembros del partido y de la legislatura.[62] También se revivió el debate interno y nacional sobre las 936 cuando Rosselló propuso una revisión en la carga contributiva a estas corporaciones, a la misma vez que apoyaba ante la nueva administración de Clinton la permanencia de la sección 936; estas proposiciones fueron cuestionadas por la burguesía local y por Romero Barceló, respectivamente.[63]

Dirigentes del PNP, en particular su gobernador, han expresado, desde el día de las elecciones, que su partido recibió un "mandato" del pueblo para realizar grandes cambios en el país.[64] Apoyado en este "mandato", el gobernador Rosselló hizo el desacostumbrado reclamo público de exigir la renuncia a todos los directores de las juntas de gobierno y corporaciones públicas (nombrados por el anterior gobierno y cuyos términos no expiran a corto plazo) e incluso de pedir la renuncia al presidente, los rectores y aun a los decanos de la universidad pública; este reclamo fue rechazado por los incumbentes de dichos cargos.[65] También bajo la teoría del "mandato", el nuevo gobierno PNP aprobó, con suma urgencia y como primer proyecto de ley, una nueva ley que convierte el idioma inglés en el idioma oficial de Puerto Rico, derogando así la ley aprobada por el anterior gobierno PPD que convertía el idioma español en la lengua oficial del gobierno. En rechazo a esta nueva ley, se realizó la primera gran manifestación —de sobre unas 100,000 personas— en oposición al nuveo gobierno.[66] Por esta misma

---

[62] "Cuelgan los vales este cuatrienio", *El Nuevo Día*, 20 de noviembre de 1992, p. 4; "Confía Romero en que Clinton le salve la promesa a Rosselló", *ibidem*, 18 de diciembre de 1992.

[63] Ver "Carga impositiva a las exentas", *ibidem*, 16 de diciembre de 1992, p. 5; "Apoyo bipartito para las 936", *ibidem*, 5 de diciembre de 1992, p. 19; y "Romero Links 936 Changes to Funding for P.R. Programs", *The San Juan Star*, 6 de diciembre de 1992, p. 4.

[64] Ver " 'El pueblo habló y yo obedezco' ", *El Nuevo Día*, 4 de noviembre de 1992, p. 4. La noción del "mandato" en la política puertorriqueña surgió en los años cincuenta con Muñoz Marín, cuando el PPD obtenía sobre el 60% de los votos y ganaba la totalidad menos un puñado de los municipios de la isla.

[65] "Primera llamada para las renuncias", *ibidem*, 13 de noviembre de 1992, p. 7; " 'Indebida' petición de Rosselló", *ibidem*, 18 de noviembre de 1992, p. 24; y "Rexach Benítez: PNP to Take Control of UPR", *The San Juan Star*, 8 de diciembre de 1992, p. 2.

[66] "Gritan el repudio al proyecto del inglés", *El Nuevo Día*, 25 de enero de 1992, p. 8; "Its Official", *ibidem*, 29 de enero de 1993, p. 8.

lógica, de que es mucho más fácil tratar asuntos de corte simbólico-político, es probable que el PNP impulse con ahinco la celebración de un plebiscito en el año 1993. Para el PNP, estas medidas sirven para enardecer la causa estadista en la Isla y en los Estados Unidos, donde la estadidad salió mal parada del proceso plebiscitario de 1989-91.

En cuanto a la cuestión del status, no es previsible tampoco que el nuevo gobierno PNP produzca cambios sustanciales a la situación actual. Aun de celebrarse un plebiscito local de tres alternativas —y las posibilidades de que esto ocurra no deben ser exageradas, dadas las rencillas y diferencias tradicionales de los tres partidos—, la posibilidad de que tenga alguna repercusión a largo plazo es mínima. No existe, en estos momentos, receptividad en el Congreso al asunto del status de Puerto Rico, particularmente en lo que se refiere a la estadidad. De ganar la estadidad un plebiscito de status local, éste sería visto por el Congreso como el primero de mucho plebiscitos en los que los puertorriqueños tendrían que manifestar su deseo de integrarse en la federación. Para ello el PNP tendría qu cuajar una sólida mayoría en Puerto Rico, lo cual no es previsible en el futuro inmediato.